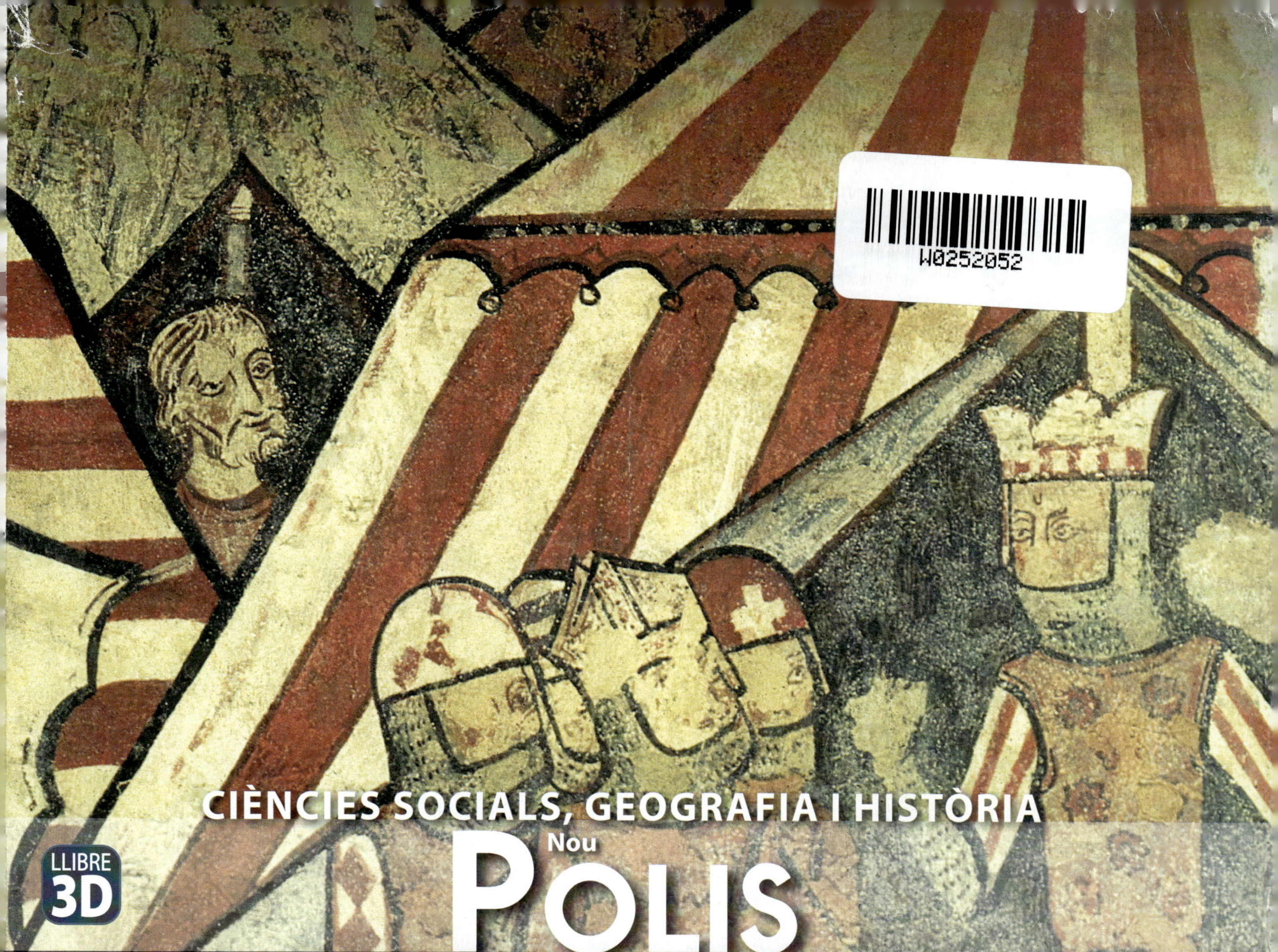

CIÈNCIES SOCIALS, GEOGRAFIA I HISTÒRIA

Nou POLIS

LLIBRE 3D

Vicens Vives

Educació Secundària

2

HISTÒRIA

M. García Sebastián
Catedràtica de Geografia i Història d'IES

C. Gatell Arimont
Catedràtica de Geografia i Història d'IES

GEOGRAFIA

A. Albet Mas
Professor titular de Geografia d'Universitat

P. Benejam Arguimbau
Catedràtica de Didàctica de les Ciències Socials de la UAB

Índex

EDAT MITJANA

1 L'ISLAM I AL-ANDALUS pàg. 4

1. Mahoma difon una nova religió
2. L'expansió de l'islam
3. L'islam a la Península Ibèrica: Al-Andalus
4. Del Califat de Còrdova als regnes de taifes
5. Economia i societat andalusines
6. Cultura i art islàmics

Practica competències bàsiques

2 L'EUROPA FEUDAL pàg. 20

1. El naixement de l'Europa feudal
2. La monarquia i la noblesa feudal
3. Els castells medievals
4. Les terres del feu
5. Els pagesos al món feudal
6. L'Església cristiana: els clergues

Descobreix: La vida als monestirs

7. L'art romànic. L'arquitectura
8. La pintura i l'escultura romàniques

Practica competències bàsiques

3 LA CIUTAT MEDIEVAL pàg. 42

1. La recuperació de la vida urbana

Descobreix: Les ciutats medievals

2. El desenvolupament econòmic de la ciutat
3. La societat urbana
4. La consolidació de les monarquies
5. La crisi de la Baixa Edat Mitjana (segles XIV i XV)
6. L'art gòtic. L'arquitectura
7. L'escultura i la pintura gòtiques

Practica competències bàsiques

4 ELS ORÍGENS DE CATALUNYA (SEGLES VIII-XII) pàg. 62

1. La Catalunya islàmica
2. L'origen dels comtats catalans
3. Feudalització i expansió dels comtats catalans
4. La formació de la Corona d'Aragó
5. Els repoblaments i les activitats econòmiques
6. L'art romànic a Catalunya

Practica competències bàsiques

5 CATALUNYA DINS LA CORONA D'ARAGÓ (SEGLES XIII-XV) pàg. 78

1. L'expansió militar i comercial del segle XIII
2. Les activitats econòmiques
3. L'organització de la societat
4. Les institucions de govern de la monarquia
5. La crisi dels segles XIV i XV
6. Els conflictes socials i la guerra civil catalana
7. L'art gòtic a la Corona d'Aragó

Practica competències bàsiques

6 ORÍGENS I EXPANSIÓ DE LA CORONA DE CASTELLA pàg. 96

1. Origen i expansió dels regnes occidentals

Descobreix: El camí de Sant Jaume

2. Les grans conquestes del segle XIII
3. Economia i societat de la Corona de Castella
4. Les institucions de govern i la crisi baixmedieval
5. L'art medieval als regnes de Castella i Lleó

Practica competències bàsiques

EDAT MODERNA

7 EL NAIXEMENT DEL MÓN MODERN pàg. 112

1. La recuperació del segle XV
2. L'Humanisme
3. La Reforma religiosa
4. La Contrareforma catòlica
5. L'esperit del Renaixement. L'arquitectura
6. L'escultura i la pintura italianes
7. La difusió del Renaixement a Europa

Practica competències bàsiques

8 LA MONARQUIA AUTORITÀRIA: ELS REIS CATÒLICS pàg. 130

1. Unió dinàstica i expansió territorial
2. La política de redreç de Ferran II a la Corona d'Aragó
3. La monarquia autoritària a la Corona de Castella
4. La difusió de l'Humanisme i del Renaixement
5. L'escultura i la pintura renaixentistes

Practica competències bàsiques

9 ELS DESCOBRIMENTS GEOGRÀFICS: L'IMPERI AMERICÀ pàg. 144

1. Els grans viatges marítims
2. Castella troba un nou continent
Descobreix: Com es va confirmar que la Terra és rodona
3. Els pobles precolombins
4. Conquesta i organització de l'imperi americà
5. La colonització de l'Amèrica espanyola
Practica competències bàsiques

10 L'IMPERI DELS ÀUSTRIES pàg. 160

1. L'imperi universal: Carles I (1516-1556)
2. L'imperi hispànic: Felip II (1556-1598)
3. Economia i societat hispàniques al segle XVI
Descobreix: La vida quotidiana a l'època dels Àustries
4. El segle XVII: el declivi de l'imperi
5. La crisi econòmica i social del segle XVII
Practica competències bàsiques

11 L'EUROPA DEL BARROC pàg. 176

1. Crisi i transformació de l'economia
2. L'Europa de l'absolutisme
3. La revolució científica del segle XVII
4. L'art barroc. L'arquitectura
5. La pintura i l'escultura barroques
6. El Barroc a la Península Ibèrica
Descobreix: El Segle d'Or de la pintura espanyola
Practica competències bàsiques

12 CATALUNYA DINS LA MONARQUIA HISPÀNICA (SEGLES XVI I XVII) pàg. 194

1. Les institucions de poder a Catalunya
2. Societat i economia als segles XVI i XVII
Descobreix: Els bandolers. Pirates i corsaris
3. La revolta catalana del 1640
4. El Renaixement i el Barroc a Catalunya
Practica competències bàsiques

GEOGRAFIA

13 LA POBLACIÓ MUNDIAL pàg. 210

1. La població mundial i la seva distribució
2. La dinàmica de la població
3. L'evolució de la població mundial
4. Els desequilibris demogràfics
5. Els moviments migratoris
6. L'estructura demogràfica de la població
Descobreix: Com són els tipus de piràmides de població
7. L'estructura econòmica de la població
Practica competències bàsiques

14 LA POBLACIÓ D'ESPANYA I DE CATALUNYA pàg. 230

1. La població espanyola i la seva distribució
2. L'evolució de la població espanyola
3. Els moviments migratoris a Espanya
4. La immigració estrangera a Espanya
5. L'estructura de la població espanyola
Aprèn: Interpretar la piràmide de població d'Espanya el 2011
6. La població de Catalunya
Practica competències bàsiques

15 LA CIUTAT I EL MÓN URBÀ pàg. 248

1. El poblament urbà. Una aproximació a la ciutat
2. El creixement urbà actual
3. Un món de grans ciutats
Descobreix: La ciutat com un ecosistema humà
4. La ciutat europea al llarg del temps
5. L'espai urbà a Espanya
6. El fet urbà a Catalunya
Practica competències bàsiques

16 LES SOCIETATS HUMANES pàg. 266

1. Organització de la societat humana
2. Evolució de la societat humana
3. La diversitat cultural al món d'avui
4. La societat europea
5. La societat espanyola i catalana
Practica competències bàsiques

ATLES GEOGRÀFIC pàg. 281

Com és aquest llibre?

COM S'ESTRUCTURA CADA TEMA

INTRODUCCIÓ

Mapa del període i l'àrea treballats.

Introducció amb una sinopsi del tema que s'ha d'estudiar.

Fotografies que il·lustren els aspectes més rellevants del tema.

Eix cronològic amb els esdeveniments més destacats de l'època.

Activitats destinades a repassar els coneixements previs i a formar una opinió general sobre el tema.

INTERIOR DEL TEMA

Temes estructurats en apartats i subapartats.

Dibuixos detallats amb activitats per treballar.

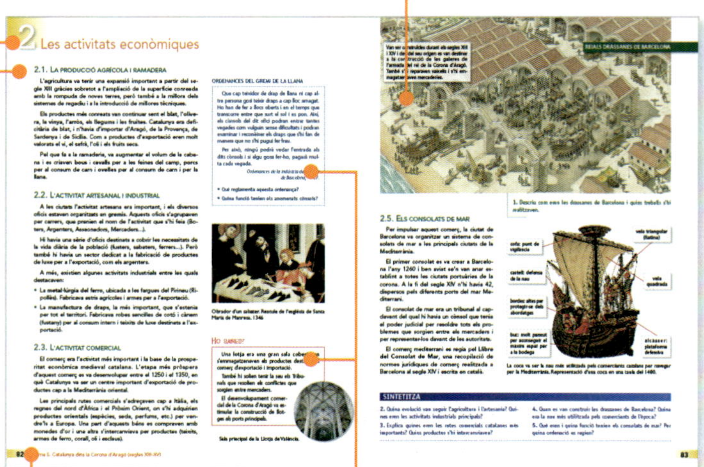

Número i títol del tema que s'està estudiant.

Textos i documents que complementen i clarifiquen els conceptes teòrics.

Referències a pàgines web per ampliar coneixements i resoldre activitats.

Mapes i fotos que il·lustren el contingut.

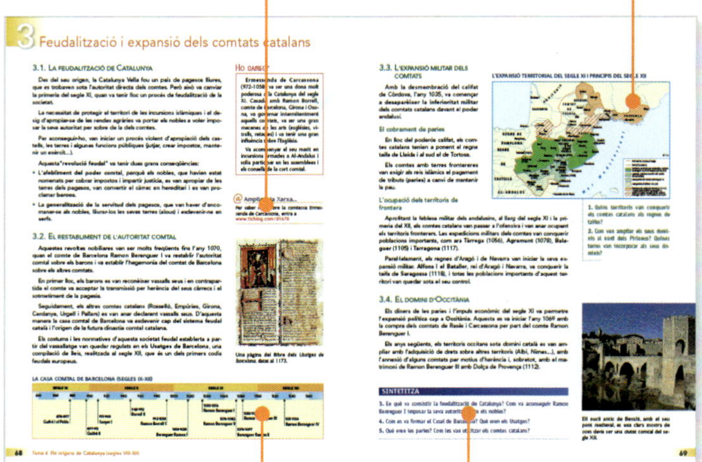

Esquemes i gràfics per facilitar la comprensió dels conceptes estudiats.

Activitats per consolidar les idees més importants.

PÀGINES MONOGRÀFIQUES

Textos per completar la informació.

Text explicatiu per aprofundir algun aspecte concret del tema.

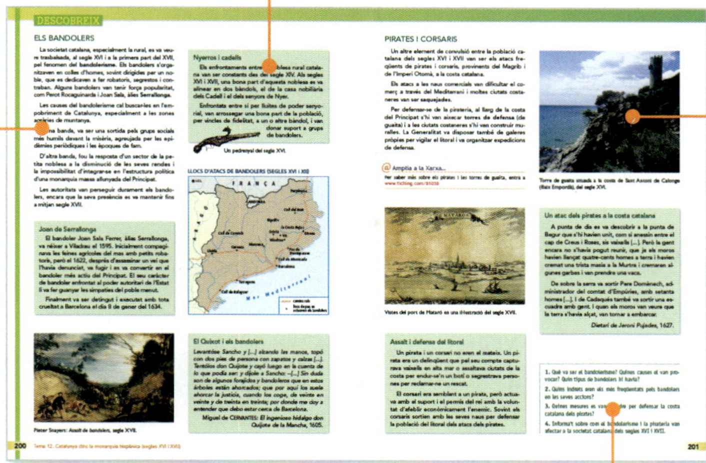

Dibuixos, fotografies i mapes que representen de manera gràfica els continguts.

Requadre d'activitats per raonar els continguts exposats.

PRACTICA COMPETÈNCIES BÀSIQUES

Mapa conceptual per completar, en el qual s'esquematitza el contingut de tot el tema.

Qüestionari de repàs de les idees clau del tema.

Activitat per consolidar el vocabulari propi de cada tema.

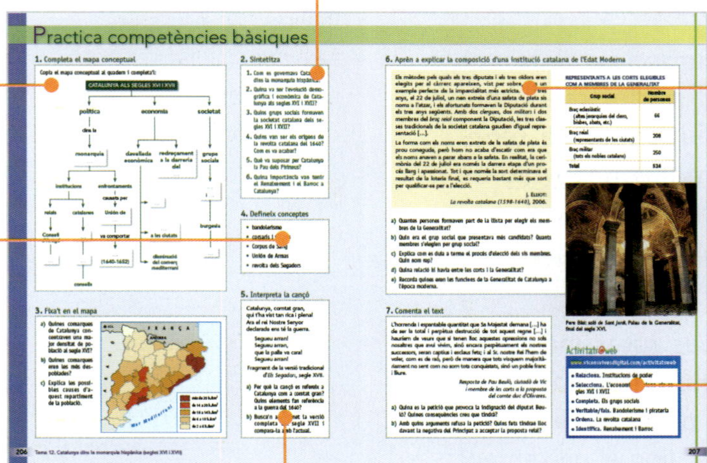

Activitat que fa atenció especialment als aspectes procedimentals (cerca d'informació, anàlisi, síntesi, etc.).

Activitats que ajuden a consolidar els continguts apresos en el tema.

Activitats autocorregibles per fer-les amb l'ordinador.

El contingut i les activitats d'aquest llibre s'han orientat a la consecució de les competències bàsiques establertes al currículum. A la guia didàctica s'hi especifiquen les competències bàsiques que es treballen amb les activitats.

A més, totes les activitats destacades amb color **vermell** representen un nivell de dificultat més alt. Els espais inclosos a les activitats són simplement indicatius i tenen una finalitat didàctica.

HISTÒRIA

L'Edat Mitjana (segles V-XIV)

L'Edat Mitjana és un període històric que s'estén des de la fi de l'Imperi Romà (segle V) fins a l'arribada a Amèrica (1492).

Durant aquest període, la unitat de les terres que vorejaven el Mediterrani es va fragmentar en tres grans àrees culturals:

- L'Imperi Romà d'Orient o **Imperi Bizantí** va perviure fins al segle XV.
- L'Imperi Romà d'Occident va ser ocupat pels **pobles germànics**, que van establir diferents regnes cristians, com ara el dels visigots a Hispània i el dels francs a la Gàl·lia.

  Carlemany, rei dels francs, va crear l'Imperi Carolingi en un intent de reconstruir la unitat de l'Imperi Romà. Després de la seva mort, la disgregació de l'imperi va donar lloc a un nou sistema econòmic i social, el **feudalisme**.
- A partir del segle VII, l'**islam**, una nova religió sorgida a Aràbia, es va expandir pel Pròxim Orient i pel nord d'Àfrica, i va arribar a la Península Ibèrica.

L'Edat Moderna (segles XV-XVII)

Durant aquests segles, Europa va viure una època de consolidació del poder reial (**monarquia autoritària** i **absolutisme**), de renovació del pensament (**Humanisme**) i també de l'art (**Renaixement** i **Barroc**), i de formació de noves religions (**luteranisme**, **calvinisme** i **anglicanisme**).

A més, l'obertura de noves rutes marítimes cap a Àsia, l'arribada a Amèrica i la primera volta al món van estimular un període de creixement econòmic que va donar lloc al naixement del **capitalisme comercial**.

En aquesta etapa, la **monarquia hispànica** dels Àustries va construir un imperi immens, que es va estendre per gran part d'Europa i per Amèrica, va tenir el moment d'esplendor al segle XVI i va entrar en decadència al segle XVII.

A la darreria del segle XVIII, l'esclat de la Revolució Francesa i l'inici de la Revolució Industrial van obrir pas a l'Edat Contemporània.

Atles realitzat pels cartògrafs mallorquins Abraham i Jefudà Cresques l'any 1375. Els mapes van ser elaborats a petició del futur rei Joan I d'Aragó, que volia disposar d'una carta nàutica amb tot el territori existent més enllà de l'estret de Gibraltar cap a l'est.

Aquest atles va ser un dels més importants de l'Edat Mitjana i presenta una concepció del món clarament centrada al Mediterrani. Els llocs de què es tenia molt poca informació geogràfica es van omplir amb ornamentació per tal d'evitar el buit.

Aquest planisferi, realitzat pel cartògraf holandès Pieter van den Keere l'any 1628 mostra l'expansió del món conegut pels europeus a l'Edat Moderna.

Les expedicions marítimes i la millora de la cartografia van permetre representar amb més precisió el perfil i l'extensió dels continents. L'arribada de Cristòfol Colom al continent americà va proporcionar una visió del món centrada en l'Atlàntic i el descobriment d'un nou oceà, el Pacífic.

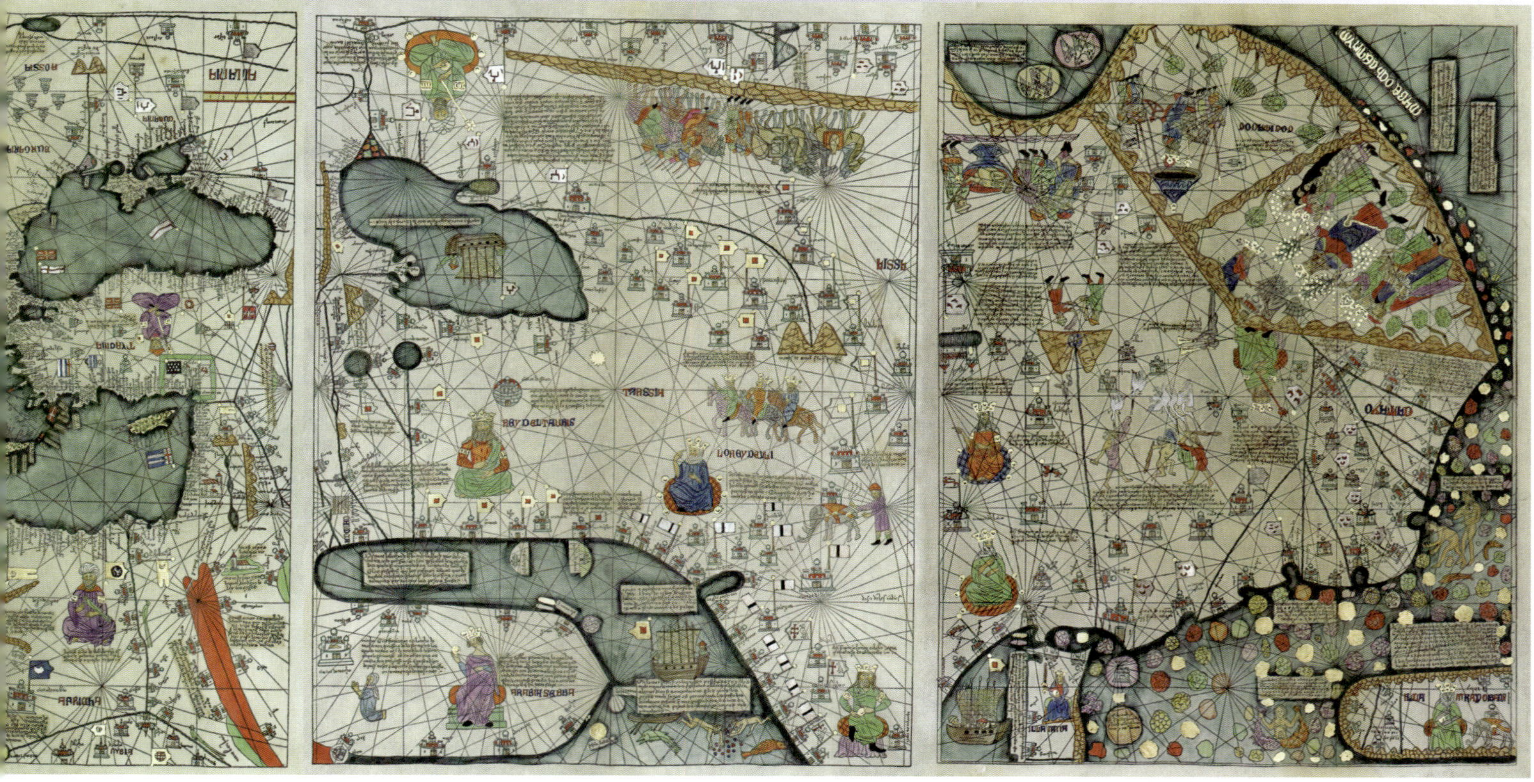

OTIUS TERRARUM ORBIS GEOGRAPHICA AC HYDROGRAPHICA TABULA. a Pet. Kærio.
AMERICA
Anno Domini 1492 a Christopho ro Columbo nomine Regis Castel. le primum detecta, et ab Ameri co Vespucio nomen sortita 1499.
AMERICA SEPTENTRIONALIS
MAR DEL NORT
MAR DEL ZUR
PACIFICUM MARE
Linea Aequinoctialis
Tropicus Capricorni
OCEANUS
HIPERBOREUS
MARE GLACIALE
NOVA ZEMLA
OCEANUS ARCTICUS
OCEANUS AETHIOPICUS
MAR DI INDIA
MAGALLANICA
TERRA AUSTRALIS INCOGNITA
MAGALLANICA
AMSTELODAMI
Excudebat
Ioannes Ianssonius
Fretum Magellanicum

Caravana àrab dirigint-se a la Meca

Reunió d'artistes en un jardí a prop de Bagdad

1

L'ISLAM I AL-ANDALUS

L'islam, com el judaisme i el cristianisme, és una religió **monoteísta**, és a dir, que creu en un Déu únic, **Al·là**. Segons els seus seguidors, va ser transmesa als éssers humans per mitjà d'un profeta anomenat **Mahoma**.

La nova religió va començar a ser predicada per Mahoma a l'**Aràbia** del segle VII, d'on era originari. Després de la seva mort, els àrabs la van estendre per **Àfrica**, Àsia i una part d'**Europa**, i milions de persones es van islamitzar.

En la seva expansió, els musulmans van iniciar l'any 711 la conquesta de la **Península Ibèrica**, porta d'entrada a Europa. La feblesa del regne visigot els va permetre dominar fàcilment la Península, on es van quedar fins que en van ser expulsats l'any 1492.

L'Estat que els musulmans van crear a la Península Ibèrica va rebre el nom d'**Al-Andalus** i va tenir la seva màxima esplendor durant el segle X, quan es va proclamar el **califat de Còrdova**. Els segles posteriors, els seus territoris van ser conquerits de manera progressiva pels regnes cristians peninsulars.

Els vuit segles de presència de l'islam a la Península hi van deixar una empremta que segueix present en la cultura, l'art, els costums i la llengua.

- Fixa't en el mapa i explica on va sorgir l'islam. Per quines zones es va expandir?
- Fixa't en l'eix i estableix els grans períodes de la història d'Al-Andalus. Esmenta'n els esdeveniments més importants.

Palau de Comares i pati dels Arrayanes, l'Alhambra, Granada

AL-ANDALUS

- EMIRAT DEPENDENT DE DAMASC
- EMIRAT INDEPENDENT DE BAGDAD
- CALIFAT DE CÒRDOVA
- REGNES DE TAIFES
- REGNE NASSARITA DE GRANADA

600 · 700 · 800 · 900 · 1000 · 1100 · 1200 · 1300 · 1400 · 1500

- 570 Naixement de Mahoma
- 622 Hègira: fugida de Mahoma a Medina
- 632 Inici de l'expansió de l'islam
- 711 Batalla de Guadalete
- 732 Derrota dels musulmans a Poitiers
- 750 Els abbàssides de Bagdad derroten els omeies de Damasc
- 756 Abd al-Rahman I, emir omeia d'Al-Andalus
- 929 Abd al-Rahman III, califa d'Al-Andalus
- 979 Expedicions militars d'Almansor
- 1086 Arribada dels almoràvits
- 1147 Arribada dels almohades
- 1453 Conquesta de Constantinoble pels turcs
- 1492 Conquesta de Granada pels Reis Catòlics

AVANÇAMENT PROGRESSIU DELS REGNES CRISTIANS

1 Mahoma difon una nova religió

Al començament del segle VII, el sorgiment d'una nova religió, l'islam, va dividir l'espai mediterrani en dues cultures ben diferenciades, la **cristiana** i la **musulmana**.

1.1. Mahoma, profeta de l'islam

La religió islàmica va tenir l'origen a Aràbia, una península desèrtica situada a l'Orient Mitjà. La majoria dels seus habitants (caravaners, pastors i agricultors) vivien en tribus prop dels oasis. Eren politeistes i peregrinaven a **la Meca**, un centre religiós on es conserva la pedra sagrada de la Kaaba.

Mahoma va néixer a la Meca l'any 570 i, segons la tradició, quan tenia quaranta anys, l'arcàngel Gabriel li va anunciar que ell era el nou **profeta** elegit per **Al·là** (Déu, en àrab) per predicar una nova religió: l'**islam**. Les seves ensenyances van tenir pocs seguidors i les autoritats el van perseguir per les seves idees.

L'any **622** va haver de fugir de la Meca i es va refugiar a la ciutat de **Medina**: va ser l'anomenada **hègira** o fugida, i aquesta data marca l'**inici de l'era musulmana**. El profeta va convertir els habitants de Medina i, amb la seva ajuda, va conquerir la Meca l'any 630. A la seva mort (632), la majoria d'àrabs eren musulmans i la Península Aràbiga s'havia **unificat políticament**.

Les veritats que Al·là va revelar a Mahoma van ser recollides i escrites, després de la seva mort, en l'**Alcorà**, el llibre sagrat dels musulmans. Consta de 114 sures o capítols. Les primeres sures defineixen les bases de l'islamisme i la resta regula la vida quotidiana i social dels creients.

1.2. La divisió de l'islam

Després de la mort del profeta, la comunitat de fidels va ser guiada pels **califes** (successor o representant, en àrab), el poder polític i religiós dels quals estava fixat per la llei de l'islam. Els primers quatre califes van ser elegits entre els deixebles més propers al profeta i van continuar la difusió de l'islam pel món.

Els seguidors de Mahoma no van acceptar unànimement l'autoritat dels primers califes i es van dividir en dues grans tendències, que han perdurat fins als nostres dies:

- El **sunnisme** (90% dels creients) defensa que els musulmans han de seguir l'exemple del profeta (*sunni* significa 'camí mostrat per Mahoma'). Es basen en l'Alcorà i també en els textos que recullen les paraules i les gestes del profeta (Sunna).
- El **xiisme** (10% dels creients) només reconeix l'autoritat religiosa de Mahoma i els seus descendents directes. Per això, els xiïtes sostenen que el primer califa va ser Alí, cosí de Mahoma i espòs de Fàtima, filla del profeta, i rebutgen l'autoritat dels tres califes anteriors. Les comunitats xiïtes són majoritàries a l'Iran.

Miniatura del segle XVI, que representa el profeta amb els seus deixebles. La tradició islàmica prohibeix que Al·là i Mahoma siguin representats en imatges. Per això, el seu rostre sempre apareix tapat amb un vel.

Ho sabies?

La paraula **islam** (submissió) engloba tots els qui professen la fe predicada per Mahoma, que és l'**islamisme**. El terme **musulmà** (creient) designa els seguidors de l'islam.

Exemplar de l'Alcorà del segle XII.

@ Amplia a la Xarxa...

Per saber més sobre la religió islàmica, entra a www.ticheing.com/30618

- Quines són les festes religioses principals de l'islam?
- En què consisteix la peregrinació a la Meca?

UNA MESQUITA

La **mesquita** és el lloc de culte, d'estudi dels textos alcorànics i de reunió dels musulmans. Els creients hi van, especialment el divendres, per fer les seves pregàries.

L'estructura de l'edifici és molt simple: un gran **pati** obert, una **sala d'oració** i un **minaret**.

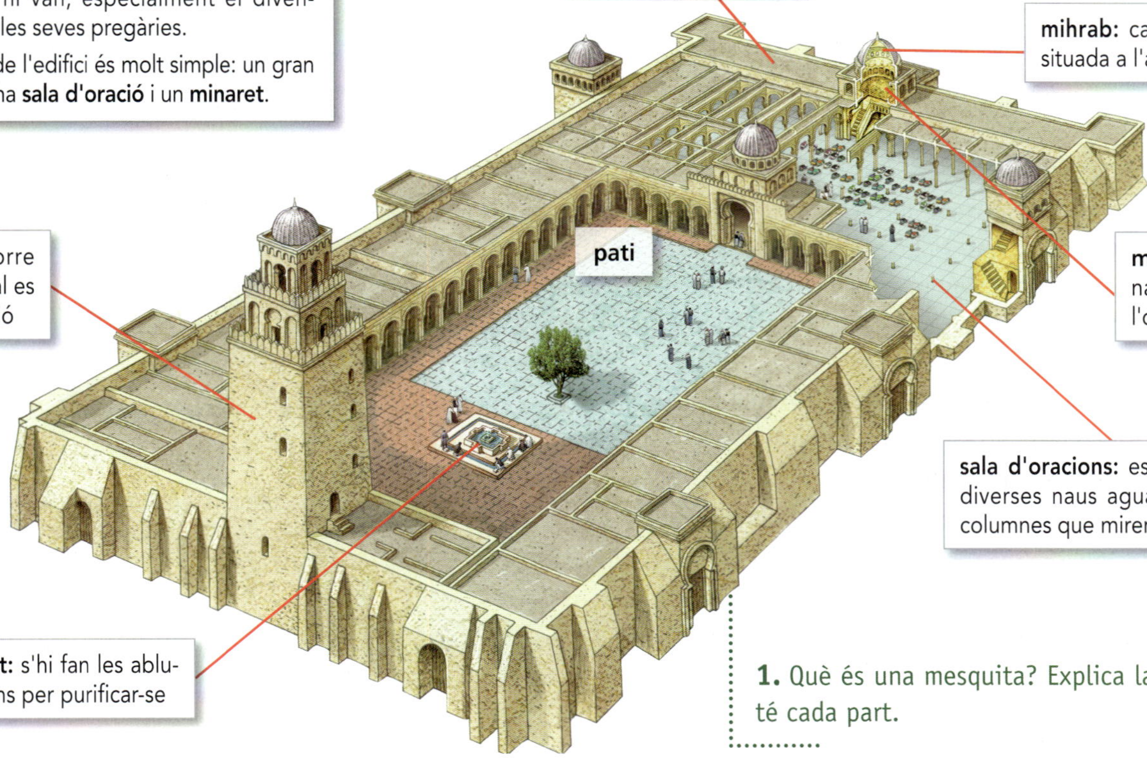

1. Què és una mesquita? Explica la funció que té cada part.

1.3. L'ISLAM, UN CODI DE CONDUCTA

Els musulmans segueixen unes normes dictades per l'Alcorà i la tradició. Aquestes normes, que regulen el comportament individual i l'organització social, econòmica i política, conformen la **llei islàmica** o *xaria*.

Tot bon musulmà ha de seguir els anomenats cinc **pilars de l'islam**: la professió de fe en Al·là com a únic Déu, pregar cinc vegades al dia, fer almoina, dejunar durant el mes del ramadà i fer el pelegrinatge a la Meca. D'altra banda, tenen prohibit consumir begudes alcohòliques i menjar carn de porc.

L'islam no té sacerdots, però hi ha directors d'oracions (**imams**) i intèrprets dels textos sagrats (**ulemes**). Els jutges (**cadis**), elegits entre els musulmans més devots, apliquen la justícia seguint les normes de l'Alcorà.

SINTETITZA

2. Qui era Mahoma? Com es va convertir en el profeta d'Al·là? Quins problemes va tenir a partir d'aquell moment? Quina divisió va patir l'islam després de la mort de Mahoma?

3. Per què l'Alcorà és important per als musulmans?

4. Quines obligacions i prohibicions imposa l'islam als creients?

Al centre de la Gran Mesquita, a la Meca, hi ha situada la Kaaba, el lloc més sagrat per als musulmans. La Kaaba és un monument cúbic, cobert amb un vel negre, a l'interior del qual hi ha una pedra basàltica negra. Per als musulmans és la residència de Déu a la terra.

2 L'expansió de l'islam

Després de la conquesta de la península Aràbiga per Mahoma i els seus seguidors, els musulmans, en nom de la religió, van conquerir territoris extensos, que comprenien cultures i religions molt diferents.

Genets musulmans en formació de batalla en una pintura del segle XII. La cavalleria va tenir un paper molt important en la ràpida expansió de l'islam.

2.1. La primera expansió

L'expansió territorial de l'islam es va fer en diverses etapes:

- L'islam es va estendre molt ràpidament sota el govern dels **quatre primers califes** (632-661), que van conquerir Egipte, Síria, l'Iraq i una part de l'Iran (antiga Pèrsia).
- Posteriorment, els musulmans van ocupar el **nord d'Àfrica** (Kairouan) després d'una dura guerra contra els **berbers**. Més tard van conquerir gran part de la **Península Ibèrica**.

  Posteriorment van penetrar al territori dels francs, que van frenar la seva expansió derrotant-los a la batalla de **Poitiers** (732) i es van haver de retirar al sud dels Pirineus.
- Paral·lelament, aprofitant la feblesa de l'**Imperi Bizantí**, van arribar fins a la seva capital, Constantinoble, però, després d'un any de setge, es van haver de retirar (718).
- Finalment, després de conquerir l'**Iran** i l'**Afganistan**, van penetrar per l'Àsia central i van travessar el riu Indus, a la regió del **Pakistan**.

Ho sabies?

Els **berbers** eren tribus nòmades originàries de la regió del Magrib i dedicades, especialment, a la ramaderia.

A partir de l'arribada dels musulmans, i després d'anys d'enfrontaments, es van convertir a l'islamisme.

2.2. El califat de Damasc

Entre els anys 661 i 750, els territoris conquerits van restar sota l'autoritat dels califes de la **família Omeia**, establerts a **Damasc** (Síria). Per governar, els califes delegaven el seu poder en un primer ministre, el visir, i cada província estava governada per un **emir** o **valí**.

L'EXPANSIÓ DE L'ISLAM ALS SEGLES VII I VIII

1. Esmenta el territori i les ciutats originàries de l'islam.

2. Quines terres van conquerir els musulmans fins a la darreria del segle VIII? Què va passar amb els bizantins?

3. On i quan es va frenar l'expansió musulmana a la zona occidental d'Europa?

2.3. El califat de Bagdad

A partir de l'any 750, la família dels **abbàssides** de **Bagdad** va derrotar els omeies i va fundar una nova dinastia califal.

Durant el califat abbàssida, els musulmans dominaven el Mediterrani i s'estenien des de l'oceà Atlàntic fins a l'Índic. L'activitat comercial de **navegants** i **caravaners** va facilitar la difusió de l'islam per Àfrica, l'Àsia central, Malàisia, Indonèsia, les Filipines i la costa meridional de la Xina.

Tot i així, entre els segles IX i XIII, la unitat del califat es va afeblir a causa de la invasió de tribus nòmades procedents de l'Àsia central (turcs i mongols).

El 1258, el saqueig de Bagdad pels mongols va posar fi a la dinastia abbàssida i al predomini àrab sobre el món islàmic. A partir de llavors, i gràcies a la islamització de turcs i mongols, l'islam es va expandir per l'Àsia Menor, l'Àsia central i l'Índia.

El 1453, després de la presa de Constantinoble pels turcs, l'**Imperi Turc** va exercir el seu domini en el món islàmic fins al segle XIX.

El califa tenia poder absolut. Era la màxima autoritat religiosa, jutge suprem, general dels exèrcits, i nomenava tots els càrrecs públics. Miniatura àrab del segle XIII.

2.4. La integració dels pobles conquerits

Els musulmans, en nom de l'islam, van portar a terme una conquesta militar (*gihad*) i una expansió cultural, malgrat permetien els pobles conquerits mantenir la pròpia religió.

Els cristians i els jueus, que també eren monoteistes i tenien un llibre sagrat, constituïen una **minoria protegida**. Podien practicar la seva religió, dirigir les seves comunitats, conservar les seves lleis i els seus costums i exercir els seus oficis. A canvi d'aquests privilegis, havien de pagar **tributs** al governador musulmà.

Durant els segles següents, com que els musulmans gaudien d'**avantatges socials** i **econòmics**, la major part dels habitants dels territoris conquerits es va islamitzar.

Vaixell de comerciants musulmans al riu Tigris. Miniatura àrab del segle XIII.

@ Amplia a la Xarxa...

Per saber més sobre l'expansió de l'islam, entra a www.tiching.com/71818

Ho sabies?

El *gihad* (esforç, en àrab) significa la lluita personal per arribar a ser cada dia més bon musulmà.

També significa l'esforç militar per defensar el territori poblat per musulmans i per expandir les creences de l'islam.

SINTETITZA

4. Quan es va iniciar l'expansió de l'islam i per què? Quina ciutat i quina família tenien l'autoritat califal?

5. Explica el canvi que es va produir a partir de l'any 750. Quina ciutat i quina família van tenir el poder aleshores?

6. Explica l'evolució de l'islam a partir de la caiguda de la dinastia abbàssida. Per què es va fragmentar el califat abbàssida?

3 L'islam a la Península Ibèrica: Al-Andalus

En la seva expansió cap a les terres d'occident, els musulmans, que ja dominaven el nord d'Àfrica, van iniciar, al començament del segle VIII, la **conquesta de la Península Ibèrica**. Així es va iniciar una etapa llarga de presència musulmana en la Península que va marcar d'una manera molt rellevant la llengua, la cultura i la manera de viure de la societat hispànica.

3.1. La conquesta (711-718)

Els exèrcits musulmans que van envair la Península estaven formats majoritàriament per berbers, però eren dirigits per una minoria àrab. Van travessar l'estret de Gibraltar l'any **711**, van entrar a Hispània per Tarifa i van iniciar la conquesta del regne visigot.

Els visigots, que ja estaven afeblits a causa de baralles internes, van ser incapaços d'enfrontar-s'hi. El rei **Roderic** va morir a la **batalla de Guadalete** i les seves tropes es van dispersar.

Els exèrcits musulmans, amb **Tariq** i **Musa** al capdavant, van avançar molt ràpidament i van ocupar les principals ciutats d'Andalusia i la capital del regne visigot, Toledo. En pocs anys van controlar tota la Península, llevat de les zones més muntanyoses o despoblades, i van travessar els Pirineus.

Alguns nobles i clergues hispanovisigots, juntament amb una petita part de la població, es van refugiar a la **zona asturiana**, que va restar al marge de l'ocupació.

La rapidesa de la conquesta s'explica perquè la majoria de la població hispanovisigoda amb prou feines els va oferir resistència. La noblesa de seguida va establir pactes amb els conqueridors per conservar les terres i el poder. Els pagesos simplement van passar a dependre d'uns nous senyors.

PACTES ENTRE VISIGOTS I MUSULMANS

En el nom de Déu, clement i misericordiós. Escriptura atorgada per Abd al-Aziz ben Musa a Teodomir ben Cobdux. Que aquest s'avé a capitular [...] amb la condició que no s'imposarà domini sobre ell ni sobre cap dels seus, que no podrà ser pres ni desposseït de la seva senyoria, que ells no podran ser morts ni fets presoners [...] ni violentats en la seva religió, ni les seves esglésies cremades [...]. La seva capitulació s'estén a set ciutats, que són: Oriola, Valentila, Alacant, Mula, Bigastre, Ello i Llorca [...].

Pactes entre musulmans i hispanogots, 713.

- Què s'establia en aquest pacte? Relaciona'l amb la facilitat amb què es va produir la conquesta musulmana de la Península.

LA DERROTA DEL REI VISIGOT

Mentre es trobava al nord d'Àfrica, Musa va nomenar cap de l'exèrcit [...] el persa Tariq, perquè anés a Hispània amb 7000 guerrers, la majoria berbers, perquè hi havia molt pocs àrabs [...]. Quan va tenir notícia d'aquests fets, el rei Roderic, que es trobava a Pamplona, va preparar un gran exèrcit contra Tariq i es va dirigir cap al sud. Però Musa va enviar a Tariq 5000 homes més [...].

Roderic i Tariq es van trobar en un indret a la riba del riu Guadalete i van lluitar acarnissadament. L'exèrcit de Roderic era superior, però les seves ales dreta i esquerra, dirigides per nobles enemics del rei, van fugir i Roderic fou derrotat.

Crònica musulmana de la conquesta. Segle VIII.

- Qui eren Tariq i Musa? I el rei Roderic?
- Per què va ser derrotat el rei visigot a Guadalete?

El rei Roderic i Tariq. Miniatura de *Semblanza de reyes*, segle XI.

Castell de Molina de Aragón (Guadalajara) d'època andalusina.

LA CONQUESTA MUSULMANA DE LA PENÍNSULA IBÈRICA

1. Quan van desembarcar els exèrcits musulmans a la Península i on ho van fer?

2. Quines rutes van seguir en la invasió? Quines ciutats van conquerir?

3. Quins territoris van quedar relativament al marge de la invasió?

4. A quin lloc de la Gàl·lia (França) i quin any els musulmans van ser derrotats i obligats a retirar-se?

3.2. L'EMIRAT DEPENDENT (718-756)

Una vegada controlat el territori, que els musulmans van anomenar **Al-Andalus**, el van convertir en una província o **emirat dependent** del califat omeia de Damasc. La capital es va establir a la ciutat de **Còrdova** i va ser nomenat un **valí** per governar el territori.

Els exèrcits musulmans van continuar la conquesta més enllà dels Pirineus, però, un cop derrotats pels francs a **Poitiers** (732), es van replegar definitivament a la Península.

3.3. L'EMIRAT INDEPENDENT (756-929)

A mitjan segle VIII, quan els califes de Damasc van ser destronats pels abbàssides de Bagdad, l'últim membre de la família Omeia, el príncep Abderraman, va fugir de la seva ciutat i es va establir a Al-Andalus.

Ben aviat va trencar els vincles polítics amb el califat de Bagdad, es va proclamar emir independent i va fundar l'**emirat independent** de Còrdova amb el nom d'**Abderraman I**. Això va suposar el trencament de la unitat política del califat, malgrat que Al-Andalus es va mantenir sotmès a l'autoritat religiosa del califa.

Durant l'emirat independent, les disputes entre les famílies nobles establertes a Al-Andalus van ser freqüents, així com les baralles amb la població hispànica (mossàrabs).

Tot i els conflictes i la seva feblesa política, amb l'emirat, es va iniciar un procés de **puixança econòmica i cultural**.

L'emir de Còrdova i els seus dignataris, segons un manuscrit del segle XVI.

@ Amplia a la Xarxa...

Per saber més sobre l'emirat independent, entra a www.tiching.com/71822

- Quina va ser la construcció més important dels omeies a Al-Andalus?

SINTETITZA

5. Per què va ser tan ràpida la conquesta musulmana de la Península? Qui es va refugiar en terres asturianes?

6. Què era l'emirat dependent? On va establir la capital? Qui el governava?

7. Explica per quines causes l'emirat de Còrdova es va independitzar del califat de Bagdad.

8. Quins problemes va haver d'afrontar l'emirat independent?

4 Del califat de Còrdova als regnes de taifes

4.1. El califat de Còrdova (929-1031)

L'any 912, en què va accedir al poder l'emir **Abderraman III**, els problemes a Al-Andalus cada vegada eren més greus: baralles internes, atacs dels regnes cristians del nord (Lleó, Navarra, Castella) i amenaces al comerç marítim per part dels musulmans del nord d'Àfrica.

Aquest emir va aconseguir dominar militarment els cristians i els va obligar a pagar-li impostos, va crear bases militars a la zona de l'estret de Gibraltar per garantir el comerç i va imposar la seva autoritat damunt de tots els grups socials.

L'any **929**, Abderraman III es va sentir prou fort per independitzar-se de l'autoritat religiosa de Bagdad i es va proclamar califa d'Al-Andalus. D'aquesta manera va néixer el **califat de Còrdova**.

El califat va ser l'època de **màxima esplendor** i estabilitat d'Al-Andalus: es va produir una gran expansió econòmica, amb un comerç marítim molt actiu, i es va frenar l'expansió dels regnes cristians hispànics. També hi van contribuir les victorioses expedicions militars contra els regnes del nord, que va organitzar **Almansor**, a la darreria del segle X.

4.2. Els regnes de taifes (1031-1248)

A partir de l'any 1008, la unitat del califat es va començar a desintegrar. L'aristocràcia, els alts funcionaris i l'exèrcit lluitaven per escapar-se del control dels califes i convertir-se en la màxima autoritat als seus territoris.

En menys de trenta anys, Al-Andalus es va fragmentar en més de vint-i-cinc **taifes**, uns regnes independents que tenien la ciutat com a principal centre econòmic.

Les taifes van viure una època de gran prosperitat econòmica, però van ser incapaces de frenar l'avanç dels exèrcits cristians. Les més importants van ser les de Sevilla, Toledo, Badajoz, Saragossa, Tortosa, Dénia i Granada.

La fragmentació política va afeblir militarment Al-Andalus. Malgrat l'ajuda d'exèrcits musulmans procedents del nord d'Àfrica (**almoràvits** i **almohades**), durant el segle XIII els reis cristians van ocupar gairebé tots els territoris d'Al-Andalus (Sevilla va ser conquerida l'any 1248).

L'únic territori andalusí que va sobreviure a l'avanç dels regnes cristians va ser el **regne nassarita de Granada**.

EL CALIFAT DE CÒRDOVA AL SEGLE X

ELS PRINCIPALS REGNES DE TAIFES AL SEGLE XI

EL REGNE NASSARITA DE GRANADA AL SEGLE XV

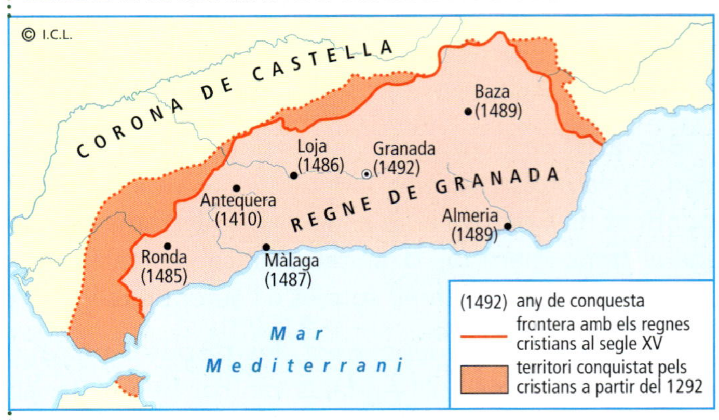

1. Descriu, a través dels mapes, l'evolució dels territoris d'Al-Andalus.

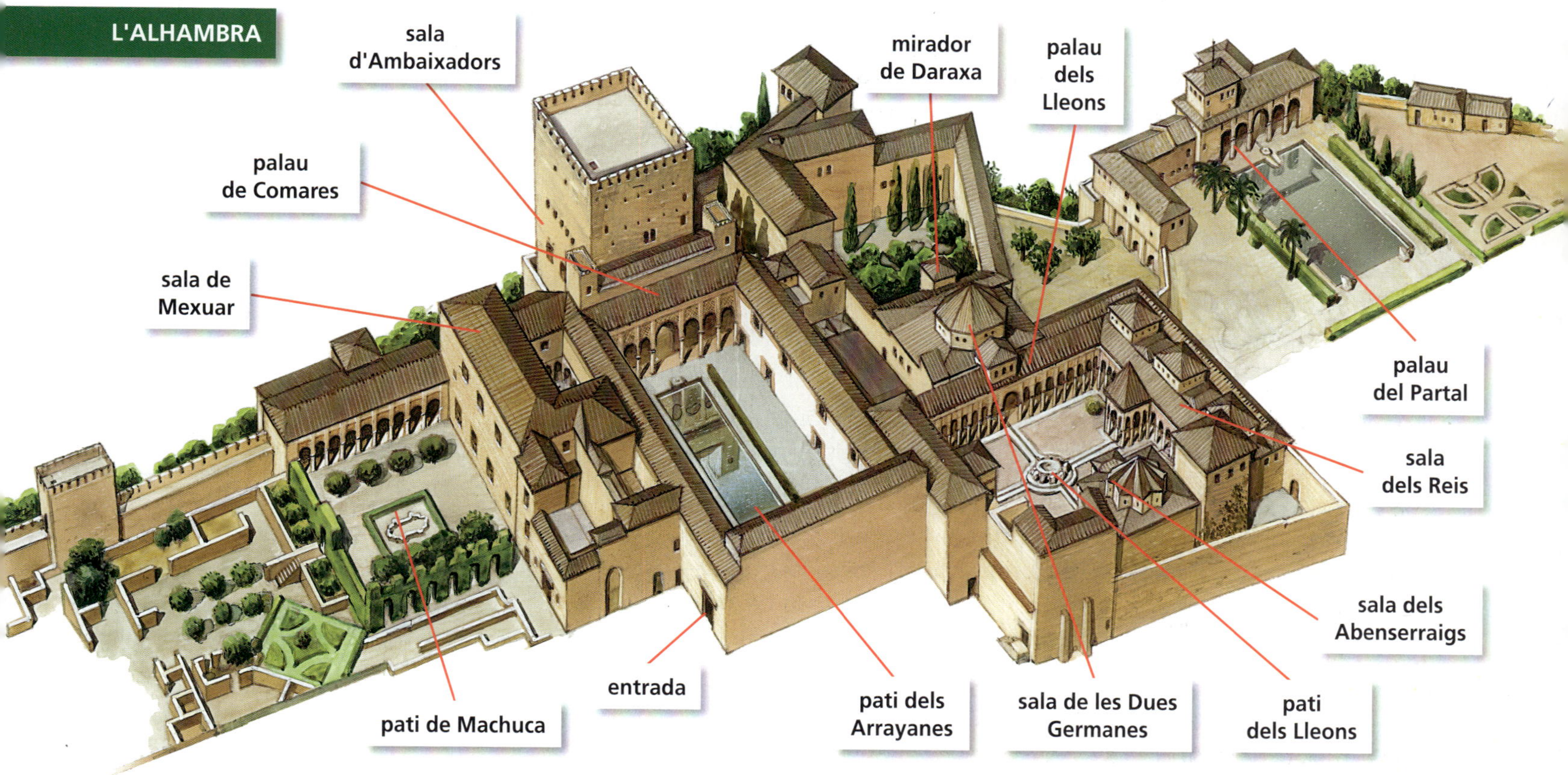

En un turó de Granada es va construir, entre els segles XIV i XV, la residència dels reis nassarites. Pel color rogenc dels maons de les torres, aquest recinte va ser anomenat Alhambra ("la roja").

L'Alhambra està formada per dos palaus: el dels Lleons i el de Comares. Al voltant de dos grans patis, el dels Arrayanes i el dels Lleons, es distribueixen les dependències i els jardins.

4.3. El regne nassarita de Granada (1238-1492)

Des de l'any 1238, el regne de Granada estava governat per soldans o reis de la **dinastia nassarita**, relacionats amb els califes del nord d'Àfrica.

Aquest regne ocupava un ampli territori, que comprenia les actuals províncies de Màlaga, Almeria, Granada i una part de la de Cadis. Tenia una àmplia façana marítima, ports importants per al comerç i una agricultura de regadiu pròspera. La capital del regne, Granada, era un dels centres culturals i comercials més importants d'Europa.

La seva **riquesa** extraordinària i la seva **activitat econòmica** pròspera, que li van permetre pagar impostos elevats en or als reis de Castella per comprar la pau, en van fer possible la pervivència fins a la darreria del segle XV, quan va ser conquerit pels Reis Catòlics.

@ Amplia a la Xarxa...

Per saber més sobre l'Alhambra, entra a www.tiching.com/50205

SINTETITZA

2. Què va ser el califat de Còrdova? Qui el va fundar? Quan i per què va desaparèixer?

3. Explica què eren els regnes de taifes. Quins exèrcits musulmans els van ajudar? Què va passar?

4. Què era el regne nassarita de Granada? Per què va durar tants anys?

5 Economia i societat andalusines

5.1. Les activitats econòmiques

Al món islàmic, el centre de qualsevol activitat econòmica era la **ciutat**. S'hi concentrava la producció artesanal, s'hi intercanviaven els productes agraris i artesanals, i s'hi connectaven les grans línies del comerç internacional.

La majoria de la població es dedicava a l'**agricultura**. Els musulmans van introduir tècniques noves, com ara el **regadiu** mitjançant l'excavació de pous i la construcció de sínies i sèquies. També van posar en pràctica nous conreus, com ara l'arròs, els cítrics, el cànem, etc.

Hi havia, a més, una **artesania** florent (tèxtil, paper, cuir, forja, vidre, etc.), organitzada i controlada per l'Estat, els productes de la qual es posaven a la venda als mercats (**socs**).

El **comerç** era molt actiu, no només en l'àmbit local, sinó també en l'internacional. D'Europa arribaven metalls i fusta; d'Àfrica, esclaus, or i marfil, i d'Orient, objectes de luxe i espècies. Al seu torn, Al-Andalus exportava objectes d'artesania i productes agrícoles.

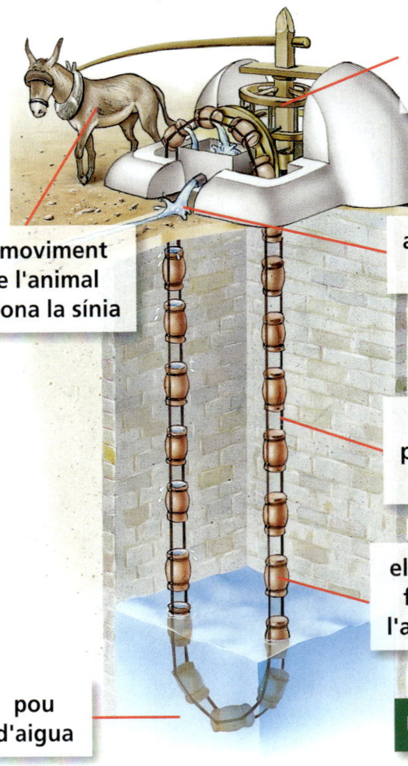

UNA SÍNIA

Els musulmans van introduir la sínia a la Península. Algunes sínies d'època andalusina continuen funcionant actualment.

1. Explica el mecanisme i la funció de la sínia o roda hidràulica.

5.2. L'organització social

La societat andalusina era complexa, perquè hi havia una gran diversitat de cultures, religions i categories socials.

Els musulmans

En la població de **religió musulmana** hi havia:

- Els **àrabs**, que eren la minoria que havia dirigit la conquesta. Formaven l'elit del poder polític i social, i acaparaven els càrrecs, els privilegis i la propietat de la terra.
- Els **berbers**, que eren més nombrosos i havien arribat a la Península amb l'exèrcit conqueridor o hi havien emigrat des del nord d'Àfrica (*mauri* o moros). Molts es dedicaven al pasturatge i eren de condició humil.
- Els **muladís**, que constituïen la majoria de la població. Eren els hispanovisigots convertits a l'islamisme. No només van adoptar la religió dels conqueridors, sinó també els costums i la llengua.

Els no musulmans

Les minories no musulmanes pagaven més impostos i tenien limitats alguns drets:

- Els **mossàrabs** eren hispanovisigots que van mantenir la seva religió i majoritàriament vivien a les ciutats. Molts van patir persecució i van emigrar cap als regnes cristians.
- Els **jueus** van millorar la seva situació amb l'arribada dels musulmans. Es dedicaven a l'artesania, el comerç, la medicina o la ciència, i gaudien d'autonomia jurídica.

Ho sabies?

La prosperitat econòmica del món musulmà es basava en:

- El **sistema d'impostos**. Permetia potenciar el desenvolupament agrícola i industrial i finançar l'administració de l'Estat.
- La **unitat monetària**. El dinar d'or i el dírham de plata circulaven per totes les terres islàmiques i eren molt apreciats pel seu valor i estabilitat.

Dues monedes d'Al-Andalus. La unitat monetària en terres islàmiques va facilitar el comerç internacional.

UNA CIUTAT HISPANOMUSULMANA

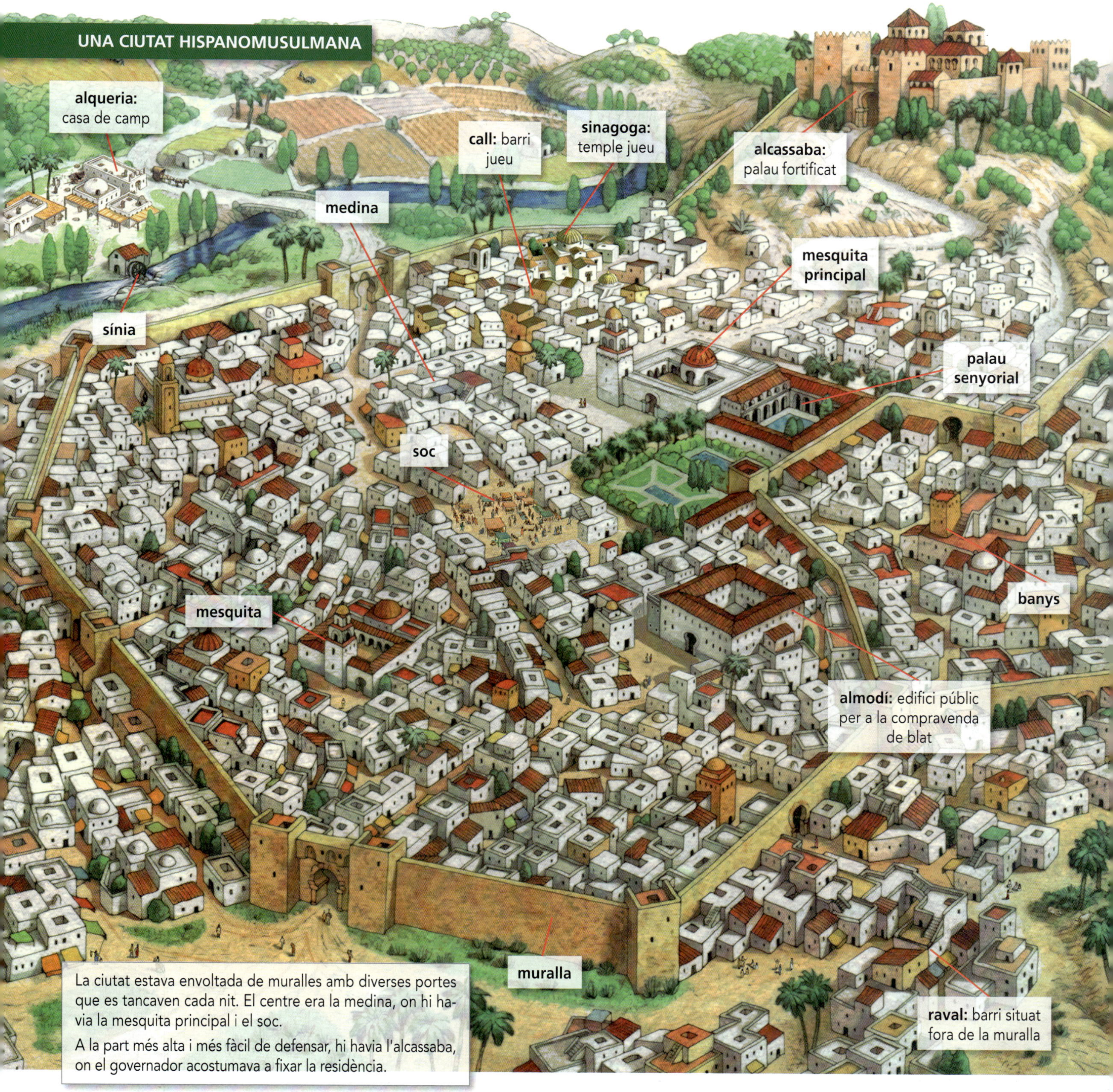

La ciutat estava envoltada de muralles amb diverses portes que es tancaven cada nit. El centre era la medina, on hi havia la mesquita principal i el soc.

A la part més alta i més fàcil de defensar, hi havia l'alcassaba, on el governador acostumava a fixar la residència.

SINTETITZA

2. Resumeix les característiques principals de l'economia andalusina. Quin paper hi tenien les ciutats?

3. Explica quins eren els grups socials a Al-Andalus i quines n'eren les característiques principals.

6 Cultura i art islàmics

6.1. L'esplendor de la cultura islàmica

Entre els segles VIII i XII, la civilització islàmica va tenir una etapa d'esplendor econòmica i cultural, que contrastava amb l'Europa feudal, eminentment rural i empobrida.

El fet que tots els musulmans parlessin una mateixa llengua, l'**àrab**, va permetre que els coneixements es transmetessin fàcilment d'un territori a un altre i va afavorir la integració de les diverses cultures i pobles conquerits en la civilització islàmica.

La incorporació de coneixements de les cultures grecollatina, persa, egípcia i índia va conformar una cultura rica i variada en la qual van destacar els **estudis matemàtics** i les **ciències aplicades**.

Els àrabs van introduir a Europa, a través d'Al-Andalus, la numeració aràbiga, i van destacar en la invenció de sistemes hidràulics d'irrigació, en la fabricació de porcellana i de paper, en l'elaboració de perfums i de bàlsams...

La civilització islàmica també va assolir coneixements avançats de **medicina** i **cirurgia**, i va desenvolupar una nova ciència: l'**astronomia**.

Observatori astronòmic de Taqi al-Din, miniatura del segle XV.

6.2. Un art homogeni, però divers

Des del punt de vista artístic i malgrat la unitat estilística, l'islam ofereix una diversitat notable com a conseqüència de les influències que va rebre dels nombrosos territoris pels quals es va expandir.

En **arquitectura**, les construccions més representatives són la **mesquita** i l'**alcassaba**, però també s'edificaren palaus residencials, mercats, banys públics i escoles alcoràniques (madrasses).

Els materials de construcció principals van ser el maó i la fusta, i les edificacions presentaven una gran diversitat d'arcs, voltes i cúpules. La decoració exterior era molt austera i es contraposava amb la variada ornamentació interior, feta a base de marbres, rajoles, guixeries i fustes.

La tradició de no representar imatges sagrades va fer que l'escultura, la pintura i el mosaic fossin els elements aplicats preferentment a la decoració dels interiors de les construccions. Van destacar els motius decoratius policromats profusament: cal·ligràfics (textos religiosos amb escriptura àrab), geomètrics, arabescos i vegetals.

Els artistes no es van interessar gaire per l'escultura, però van dominar les arts del **metall** (atuells, gerros, baules), la **ceràmica**, el **vidre**, la **marqueteria** i el **marfil**.

En **pintura**, destaquen la decoració de la ceràmica i, sobretot, la il·lustració de llibres religiosos i profans amb **miniatures**, que representen escenes de la vida quotidiana.

Ho sabies?

Entre els segles X i XII, a les terres d'Al-Andalus van viure alguns dels **científics i intel·lectuals** més importants de l'època.

Es va desenvolupar la medicina amb Albucasis i Avenzoar, l'agronomia amb Ibn Bassal, i la filosofia amb el cordovès Averrois i amb Maimònides, que tenia origen jueu.

També hi va haver literats andalusins importants, com Ibn Hazm de Còrdova, i geògrafs i historiadors, com Al-Idrisi i Ibn Hayyan.

SINTETITZA

1. Quines van ser les aportacions principals de la civilització islàmica a la cultura i a la ciència?

2. Quines característiques té l'art islàmic? Per què presenta un predomini clar de l'arquitectura?

INVESTIGA

L'ART ANDALUSÍ

L'**arquitectura** d'Al-Andalus segueix les característiques generals de l'art islàmic, però hi aporta alguns elements específics, entre els quals destaquen l'arc de ferradura i l'arc lobulat, la policromia en els arcs, la volta nervada i l'ornamentació amb relleus i mosaics.

Els edificis més importants de l'arquitectura andalusina són la *mesquita de Còrdova*, l'*Aljaferia* de Saragossa, la *Giralda* i la *Torre del Oro* de Sevilla, i el *palau de l'Alhambra* de Granada.

Volta nervada de la mesquita de Còrdova, segle X.

Pati dels tarongers del palau de l'Aljaferia de Saragossa, segle XI.

Gerro de les gaseles, de l'Alhambra de Granada.

Rajola del període nassarita.

L'arc de ferradura i l'arc lobulat són els més representatius de l'arquitectura hispanomusulmana. Mesquita de Còrdova, segle X.

Decoració cal·ligràfica andalusina.

@ Amplia a la Xarxa...

Per saber més sobre l'arquitectura andalusina, entra a www.tiching.com/61330

3. Quins són els elements més característics de l'arquitectura andalusina? Identifica'ls a les imatges.

4. Investiga quina funció tenia l'Aljaferia i de quines parts constava aquesta edificació.

Practica competències bàsiques

1. Completa el mapa conceptual

Copia el mapa conceptual al quadern i completa'l:

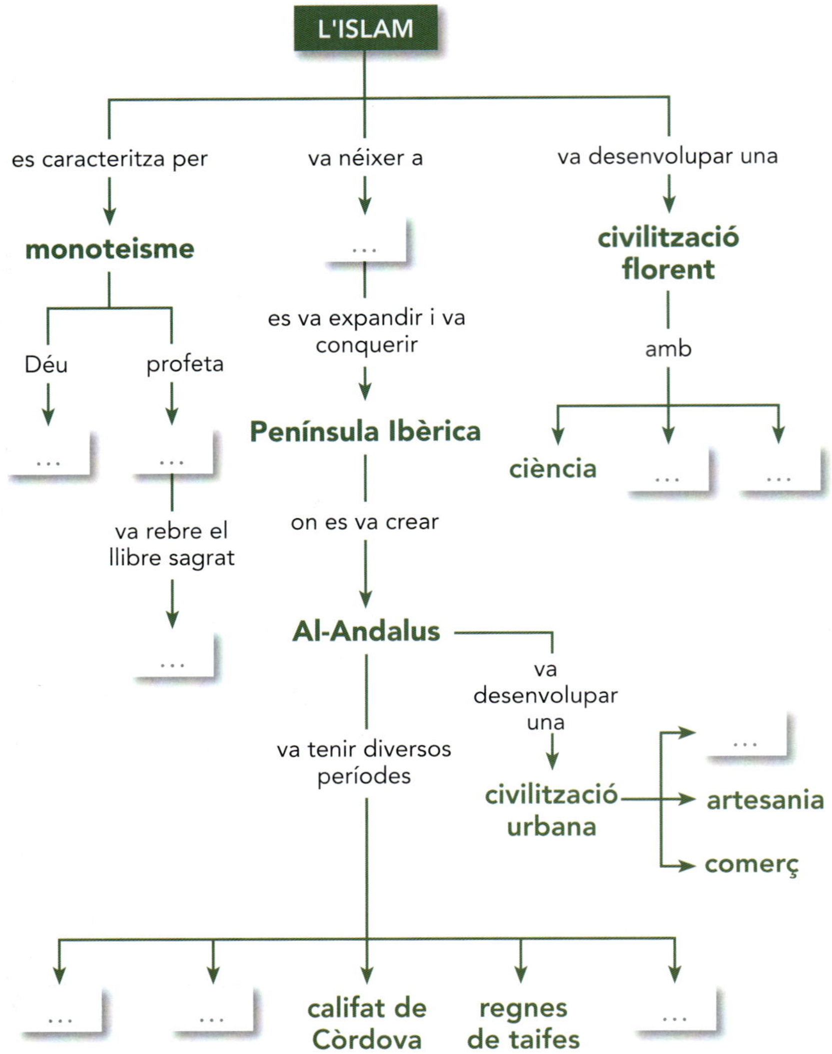

2. Sintetitza

1. Què és l'islam? On i quan va sorgir? Com es va expandir?
2. Explica els principis fonamentals de la nova religió. Què són els cinc pilars de l'islam?
3. Què era Al-Andalus? Quines etapes hi podem distingir?
4. Quines eren les característiques de l'economia d'Al-Andalus? Quins grups socials hi havia?
5. Resumeix les característiques principals de l'art islàmic. Quines són les particularitats més rellevants de l'art andalusí?

3. Defineix conceptes

- islam
- Kaaba
- hègira
- Alcorà
- cadi
- califa
- berber
- taifa
- musulmà
- muladí
- mossàrab
- visigot

4. Reflexiona i argumenta

a) Per què diem que l'islam és una religió i també un codi de conducta social?

b) És el mateix *musulmà* que *àrab*?

5. Identifica els elements d'una mesquita

a) Identifica els elements i les estances numerats en aquesta imatge de la mesquita de Kairouan (Tunísia), del segle IX.

b) Explica la funció de cada element de la mesquita.

6. Investiga el present

Consulta a www.tiching.com/72326 informació sobre el món islàmic actual i contesta les preguntes:

a) A quin continent predominen els països de religió musulmana? Esmenta'n alguns.

b) A quins continents és molt escassa la presència de musulmans? Raona la resposta.

c) Esbrina quants milions d'habitants del món són musulmans. Quin percentatge de la població mundial representen?

7. Aprèn a analitzar un mapa econòmic

Aquest mapa mostra les grans rutes comercials del món musulmà al segle X. Ara extraurem i comprendrem la informació que ens proporciona.

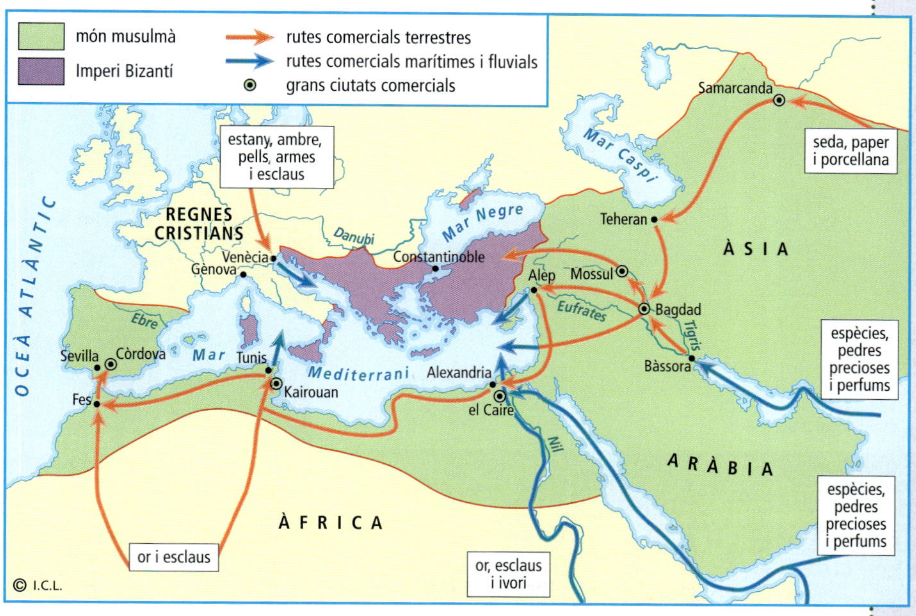

a) Descripció

- Quines tres grans civilitzacions se situen al voltant del Mediterrani? Quin espai geogràfic abasta cadascuna?
- A quina s'inclou la Península Ibèrica? Tot el territori peninsular està en la mateixa àrea cultural?

b) Anàlisi

- Quin aspecte de la civilització islàmica presenta el mapa? Descriu les rutes comercials principals (terrestres, fluvials i marítimes).
- Amb quins productes es comerciava principalment? D'on provenien?
- Quines eren les ciutats comercials principals? Per què Bagdad ocupa un lloc preeminent?
- Quins continents s'uneixen per mitjà d'aquestes rutes comercials?

c) Context històric

- Justifica, amb la informació del mapa, per què la civilització islàmica es va convertir en la gran intermediària del comerç entre Orient i l'Europa Occidental. Ocupava Al-Andalus un lloc especial en aquest comerç?

8. Completa l'esquema

Copia al quadern l'esquema sobre la religió islàmica i després completa'l:

L'ISLAM

Basat en
Un únic Déu: ...
Un profeta: ...
Un llibre sagrat: ...

Autoritats
El califa és: ...
L'imam és: ...
L'ulema és: ...
El cadi és: ...

Obligacions del creient
1: ...
2: ...
3: ...
4: ...
5: ...

Prohibeix
1: ...
2: ...

Permet
1: ...

9. Completa la taula

Copia la taula al quadern i completa-la:

	Emirat	Califat	Taifes	Regne nassarita
Cronologia	...	...	...	...
Trets	...	...	...	...
Territori	...	...	...	...
Personatges	...	...	...	...

Activitats@web

www.vicensvivesdigital.com/activitatsweb

- **Ordena.** La vida de Mahoma
- **Completa.** La difusió de l'islam
- **Tria.** L'islam a la Península
- **Identifica.** Les etapes d'Al-Andalus
- **Veritable o fals.** Economia d'Al-Andalus
- **Selecciona.** La cultura i l'art islàmics

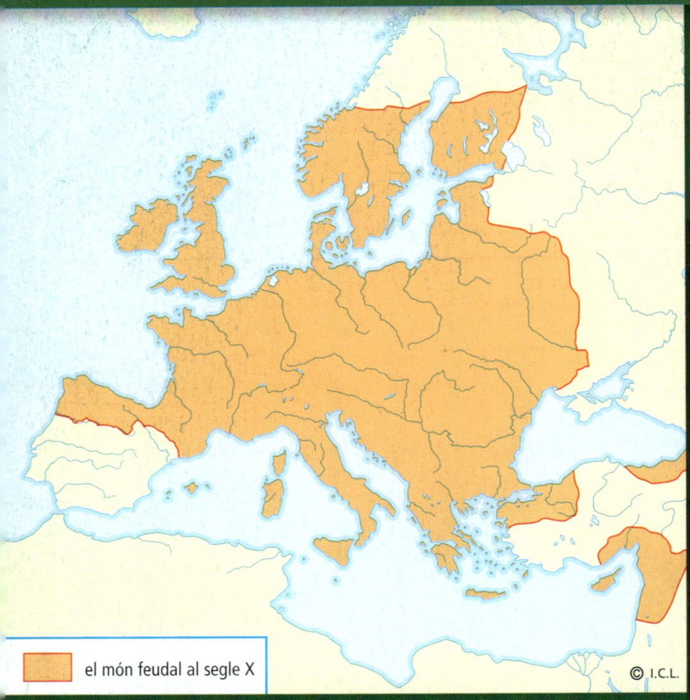

Clero medieval

Noblesa feudal

2

L'EUROPA FEUDAL

A l'Edat Mitjana, a partir dels segles IX-X, a l'Europa occidental s'hi va formar un sistema polític, econòmic i social conegut com a **feudalisme**.

El sistema feudal va tenir l'origen en el desmembrament de l'Imperi de Carlemany i en la situació d'inestabilitat provocada per les invasions de normands, musulmans i hongaresos.

Els monarques, incapaços de defensar el territori, entregaven les terres (feus) a senyors feudals, nobles o eclesiàstics, perquè les governessin en nom seu. A canvi, aquests s'havien de convertir en els seus **vassalls**, jurar-los fidelitat i ajudar-los en les empreses militars.

La població, formada majoritàriament per **pagesos**, vivia condicionada per les guerres contínues. La seva màxima preocupació era sobreviure i molts es van convertir en **serfs** dels senyors feudals.

A l'Europa feudal es va desenvolupar un estil artístic conegut com a **romànic**. El pes enorme de la **religió cristiana** en la societat feudal va originar unes manifestacions artístiques essencialment religioses.

- Fixa't en el mapa. A quins territoris es va implantar el feudalisme? A partir de quina època?
- Fixa't en les il·lustracions. Quins tres grups socials o estaments hi ha representats? Quina funció tenien?

Pagesos treballant en un feu
(*Les molt riques hores del duc de Berry*, 1412)

1 El naixement de l'Europa feudal

A partir del segle IX, a l'Europa occidental es va formar el feudalisme, un sistema econòmic, polític i social que va tenir els seus orígens en la divisió de l'Imperi Carolingi.

1.1. L'Imperi de Carlemany

De tots els regnes germànics que van seguir a l'Imperi Romà, el dels francs va ser l'únic que es va mantenir unit. Un dels seus monarques, **Carlemany**, va unificar gran part de les terres de l'Europa occidental i es va proclamar emperador l'any 800.

Per cohesionar l'Imperi, Carlemany va elaborar lleis (capitulars) i va organitzar l'administració del territori dividint-lo en **comtats** governats per comtes, i **marques**, situades a les terres frontereres i governades per marquesos. Comtes i marquesos recaptaven impostos, administraven justícia i garantien la seguretat als seus territoris.

A la mort de Carlemany, l'enfrontament entre els seus successors va portar a la divisió de l'Imperi en diversos regnes (**Tractat de Verdun**, 843) i la inseguretat es va estendre per Europa.

A més, durant els segles IX i X, una sèrie de pobles es van abatre sobre Europa i van ocasionar mort i destrucció: els **normands** (víkings) pel nord, els **musulmans** pel sud i els **hongaresos** per l'est.

1.2. Els orígens del feudalisme

En aquesta situació de crisi, el poder dels monarques era molt dèbil. No podien protegir la població, ni recaptar impostos, ni mantenir un exèrcit fidel i estable.

Per poder governar i mantenir unit el seu regne, els monarques van haver de buscar el suport dels nobles, amb els quals van establir un sistema de relacions personals conegut com a **vassallatge**.

El vassallatge era un pacte de fidelitat que s'establia mitjançant una doble cerimònia: la cerimònia d'**homenatge**, en què el vassall, agenollat davant del rei, li prometia fidelitat, consell en el govern, i ajuda militar i econòmica; i la d'**investidura**, en la qual el rei entregava al vassall unes terres (feu) perquè les governés i les explotés econòmicament. Aquest va ser l'origen del **feudalisme**.

Així, molts nobles es van convertir en **senyors feudals**, primer de manera vitalícia i, gradualment, van anar transmetent el càrrec per herència als seus fills.

Per la seva banda, un senyor feudal podia cedir una part del seu feu a altres nobles menys importants, **els cavallers**, perquè el governessin i mantinguessin un petit exèrcit.

Els senyors feudals es van fer gairebé independents. Els **pagesos**, atemorits davant la inseguretat i mancats de la protecció del rei, acudien als senyors feudals per buscar protecció.

LES INVASIONS DELS SEGLES IX I X

1. Quin imperi cristià dominava Europa al segle IX? Què va passar després de la mort de l'emperador?

2. Quins pobles amenaçaven l'Europa occidental amb els seus atacs durant els segles IX i X?

Cerimònia de vassallatge, segons una miniatura del *Liber Feudorum Maior*, segle XII.

3. En què consistia la cerimònia que mostra la imatge?

INVESTIGA

LA SOCIETAT ESTAMENTAL

La societat feudal era profundament desigual. Estava dividida en estaments o ordres, uns grups socials tancats i sense a penes mobilitat social, als quals es pertanyia per naixement i per a tota la vida.

- Els dos primers estaments eren els **privilegiats**:
  - La **noblesa**, que es dedicava a la defensa militar i a la guerra.
  - El **clero**: capellans, monges i monjos, dedicats a l'oració i a l'Església.

  Els privilegiats constituïen la minoria de la població i gaudien de tots els drets: eren els propietaris de la major part de les terres (**feus**), no havien de treballar, estaven exempts de pagar impostos i tenien reservats per a ells els alts càrrecs del regne.

- El tercer estament estava integrat pels **no privilegiats**. La seva funció era treballar i mantenir els altres dos estaments. No tenien cap dret i estaven sotmesos a forts impostos.

  Segons l'activitat que duien a terme, es diferenciaven en **pagesos**, que eren la immensa majoria de la població, i **artesans**, que constituïen un sector més reduït.

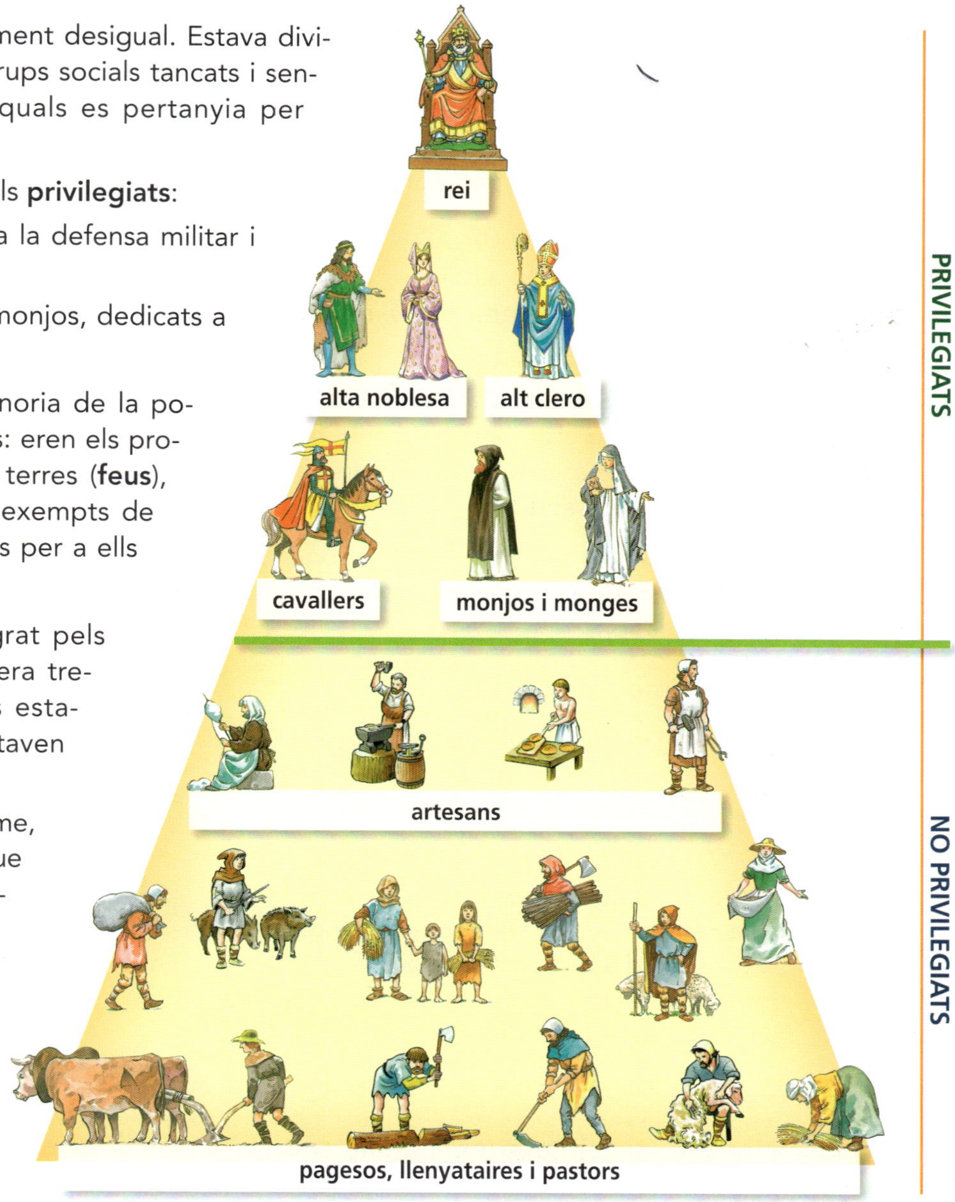

ELS TRES ORDRES SOCIALS

Es creu que la casa de Déu sobre la Terra és una, però està dividida en tres ordres: els uns resen, els altres combaten i uns altres, finalment, treballen.

Aquests tres ordres són indispensables l'un per a l'altre; l'activitat de cadascun permet que visquin els altres dos.

ADALBERÓ, bisbe de Laon, segle XI.

4. Quins tres ordres o estaments es distingien en la societat feudal? Quina funció tenia cadascun? Per què uns eren privilegiats i els altres no?

5. Explica per què aquest tipus de societat s'anomena piràmide feudal.

6. Entra a la pàgina web www.tiching.com/80550 i explica com vivien els diferents grups de la societat estamental.

SINTETITZA

7. Per què la divisió de l'Imperi de Carlemany va ser l'origen del feudalisme?

8. Per què es considera que el feudalisme era un sistema basat en una sèrie de pactes de fidelitat?

2 La monarquia i la noblesa feudal

Després de la caiguda de l'Imperi Carolingi, Europa va quedar dividida en un conjunt de regnes, comtats i principats, que tenien en comú el **cristianisme** i l'**organització feudal** del poder i la societat.

2.1. Una monarquia de dret diví

A la cúspide de les relacions de vassallatge que caracteritza la societat feudal, s'hi situava el **monarca**, que era conegut com el *primus inter pares*, és a dir, el primer entre iguals (nobles).

L'Església cristiana havia establert durant els primers segles medievals que els monarques eren **representants de Déu** a la Terra, amb la missió de governar el seu poble i de defensar el seu regne.

Sovint, els monarques no tenien una residència fixa. Posseïen diversos castells i s'hi traslladaven per controlar les seves possessions.

La concepció patrimonial del regne

Els territoris que el monarca tenia sota la seva autoritat componien el seu regne i eren considerats com el seu **patrimoni personal**, que podia dividir o unir segons la seva conveniència.

Sovint passava que un noble es feia vassall d'un altre rei i les seves terres s'integraven en un altre regne, i que un monarca dividia el seu regne entre els seus hereus. D'aquesta manera, les fronteres dels regnes canviaven fàcilment.

Els poders reials

El monarca compartia el govern del regne amb la gran noblesa (comtes, ducs, marquesos) i les autoritats religioses principals (bisbes i abats). Tanmateix, tenia algunes atribucions exclusives:

- Dirigir campanyes militars, a les quals havien d'anar els vassalls amb els seus exèrcits (mainades) si no volien ser considerats traïdors i perdre els seus feus.
- Recaptar impostos per a guerres, coronacions, etc.
- Exercir de jutge suprem en plets, però sense interferir en els feus dels seus nobles o de l'Església.

La cúria i la cort reial

Per governar, el rei comptava amb l'ajuda de la **cúria** o **consell reial**, formada per un grup de notables (bisbes, abats, comtes, ducs o marquesos), que l'aconsellaven a l'hora de prendre decisions.

El rei sempre estava envoltat per un seguici de persones que formaven la **cort**: família, amics i consellers.

La cerimònia de coronació reforçava el caràcter sagrat del rei. Imatge francesa del començament del segle XIV.

1. Descriu el gravat i els personatges que hi apareixen.

2. Quins elements mostren el poder del monarca i el seu caràcter sagrat?

@ Amplia a la Xarxa...

Per saber més sobre el rei i la noblesa feudal, entra a www.tiching.com/72669

EL CARÀCTER SAGRAT DE LA MONARQUIA

Què és el rei? Els reis són vicaris de Déu, cadascun al seu regne, posats sobre la gent per mantenir-la en justícia. [...]

I naturalment els savis van dir que el rei és el cap del regne, perquè així com del cap neixen els sentits que manen tots els membres del cos, així pel manament que neix del rei, que és senyor i cap de tots els del regne, s'han de manar i guiar i fer un acord amb ell per obeir-lo.

Las Siete Partidas, d'Alfons X, el Savi, segle XIII.

- Segons el text, quina és la missió dels reis? Amb quins arguments ho justifica?

2.2. LA NOBLESA GUERRERA

A la societat feudal, la guerra era l'activitat principal dels nobles i del mateix rei. Eren els únics que podien portar armes i amb aquestes armes exercir el control sobre la resta de la població.

Els cavallers

Posseir l'equipament, el cavall i les armes era molt car, i només els senyors feudals podien exercir aquest ofici: eren els cavallers, que es dedicaven a l'**ofici de les armes**.

Els fills de les famílies nobles eren educats i entrenats com a guerrers. Primer servien com a patges i després com a escuders d'altres cavallers. Quan tenien divuit anys se'ls **armava cavallers** en una cerimònia en què rebien les armes: l'espasa, l'escut, els esperons i la cota de malla.

Guerra i tornejos

Els nobles feien la guerra per defensar el seu territori, per enfrontar-se a altres nobles, o per ajudar el monarca o un altre senyor a qui devien obediència.

La **guerra** proporcionava al vencedor terres i riqueses (diners, productes, joies), que augmentaven el seu poder.

En èpoques de pau, els nobles feien **tornejos** entre cavallers armats per divertir-se i entrenar-se per al combat.

HO SABIES?

Les **dones**, encara que fossin de família noble, estaven sotmeses als homes, fos al pare o al marit. Podien heretar i, en cas d'absència de fills barons, fins i tot podien ser titulars dels feus. No obstant això, el més freqüent era concertar el seu matrimoni amb un noble adequat al seu rang i les seves terres passaven a engruixir el patrimoni de la família del marit.

Dones filant i teixint llana a Itàlia al començament del segle XV.

ARMAMENT D'UN CAVALLER

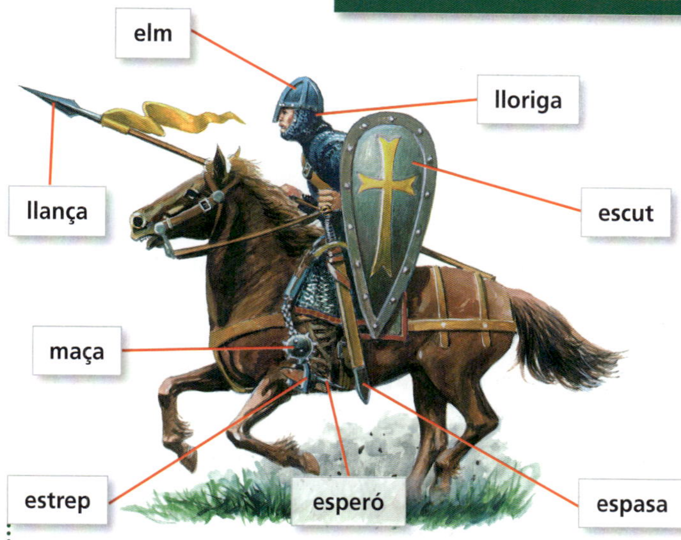

3. Descriu l'armament del cavaller. Quines armes eren ofensives i quines eren defensives?

COM S'ARMA UN CAVALLER

Vivien avança sobre el ric tapís, fins on hi ha el seu oncle [...]. Guillem li col·loca els esperons d'or; el vesteix amb una cota de malla més brillant que vint ciris, amb un elm coronat amb carboncles i li cenyeix l'espasa d'acer; després aixeca el braç, el colpeja fortament al coll i li diu:

–Aneu, bon nebot, i que Déu us doni audàcia, força i promesa, lleialtat al vostre senyor i victòria sobre els infidels.

Llegenda de Guillem d'Orange, segle XII.

- En què consistia la cerimònia per ser investit cavaller? A què es comprometia el nou cavaller?

Tres nous cavallers en el moment que els cenyeixen l'espasa. França, segle XIV.

SINTETITZA

4. Quin lloc ocupava el monarca a la societat feudal? Quin origen tenia el seu poder?

5. Quines atribucions tenia el rei? Què era la cúria?

6. Quina funció essencial tenien els nobles? Com esdevenien cavallers? Quines diferències hi havia entre homes i dones en la societat feudal?

3 Els castells medievals

3.1. El castell, residència del senyor

Els castells eren les **residències fortificades** dels senyors feudals i solien situar-se enmig dels seus territoris. Al començament, molts castells eren simples torres de fusta envoltades d'un mur o una palissada. Més tard, aquestes torres es van ampliar i es van edificar en pedra.

En temps de pau, el castell era la llar del noble, de la seva família i dels seus soldats i servents. També era un mercat d'intercanvi de productes. En temps de guerra, el castell es convertia en una fortalesa i el lloc de refugi per als habitants del feu (pagesos, artesans i clergues).

L'espai central del castell era la **torre de l'homenatge**, de dos o tres pisos, que servia d'habitatge del senyor feudal i de lloc de vigilància.

Al seu voltant se situava un conjunt de patis amb edificacions: graners, ferreria, habitatges per als servidors, forn, etc. Una muralla emmerletada i amb torres defensives protegia totes les dependències del castell.

Els castells eren austers, i el mobiliari, escàs (taules, llits, bancs, caixes de núvia). En una mateixa habitació solien dormir diverses persones. Per combatre el fred, es cobrien els terres amb catifes, es penjaven tapissos a les parets de pedra i s'encenien les llars de foc de cada estança. De nit, s'il·luminaven amb torxes.

3.2. La vida quotidiana dels nobles

Les activitats quotidianes del noble que habitava el castell solien ser: inspeccionar a cavall les terres del feu, rebre els vassalls, impartir justícia, recaptar els tributs i els aliments que li lliuraven els serfs, revisar els llocs de guàrdia i l'estat de les armes i entrenar-se per al combat.

Les senyores del castell tenien cura dels fills o brodaven. També solien passejar a cavall pels boscos dels voltants acompanyades de guardians. Algunes, més refinades, s'entretenien amb la lectura o amb la música.

De vegades, la rutina es trencava amb la celebració de banquets o **festes** en què joglars i trobadors explicaven històries, feien jocs malabars, cantaven romanços o interpretaven petites peces musicals. Menjaven sobretot carn i bevien vi i cervesa. Agafaven el menjar amb les mans, perquè l'ús de coberts no es va generalitzar fins al segle XVI.

Una altra de les distraccions favorites era la **caça**. A cavall i acompanyats de serfs i de gossos, perseguien porcs senglars, cérvols o guineus i els abatien amb les llances.

També eren afeccionats a la **falconeria**, que consisteix a entrenar un ocell rapinyaire diürn per caçar altres ocells o mamífers petits.

Banquet medieval presidit pel rei. Detall del *Decameró* de Bocaccio, obra del segle XIV.

@ Amplia a la Xarxa...

Per saber més sobre els castells medievals, entra a www.tiching.com/80551

- Explica les diverses parts dels castells.

Dames de la noblesa medieval en una miniatura del *Còdex Manesse*, del segle XIV.

SINTETITZA

1. Fixa't en el castell i contesta les preguntes:
   - Descriu totes les construccions defensives que presenta.
   - Què era la torre de l'homenatge? De quines parts constava? Quina funció tenia?
   - Quines altres construccions tenia el castell?
   - Digues les activitats que es feien als patis.
2. Com transcorria la vida quotidiana del senyor i la senyora d'un castell?

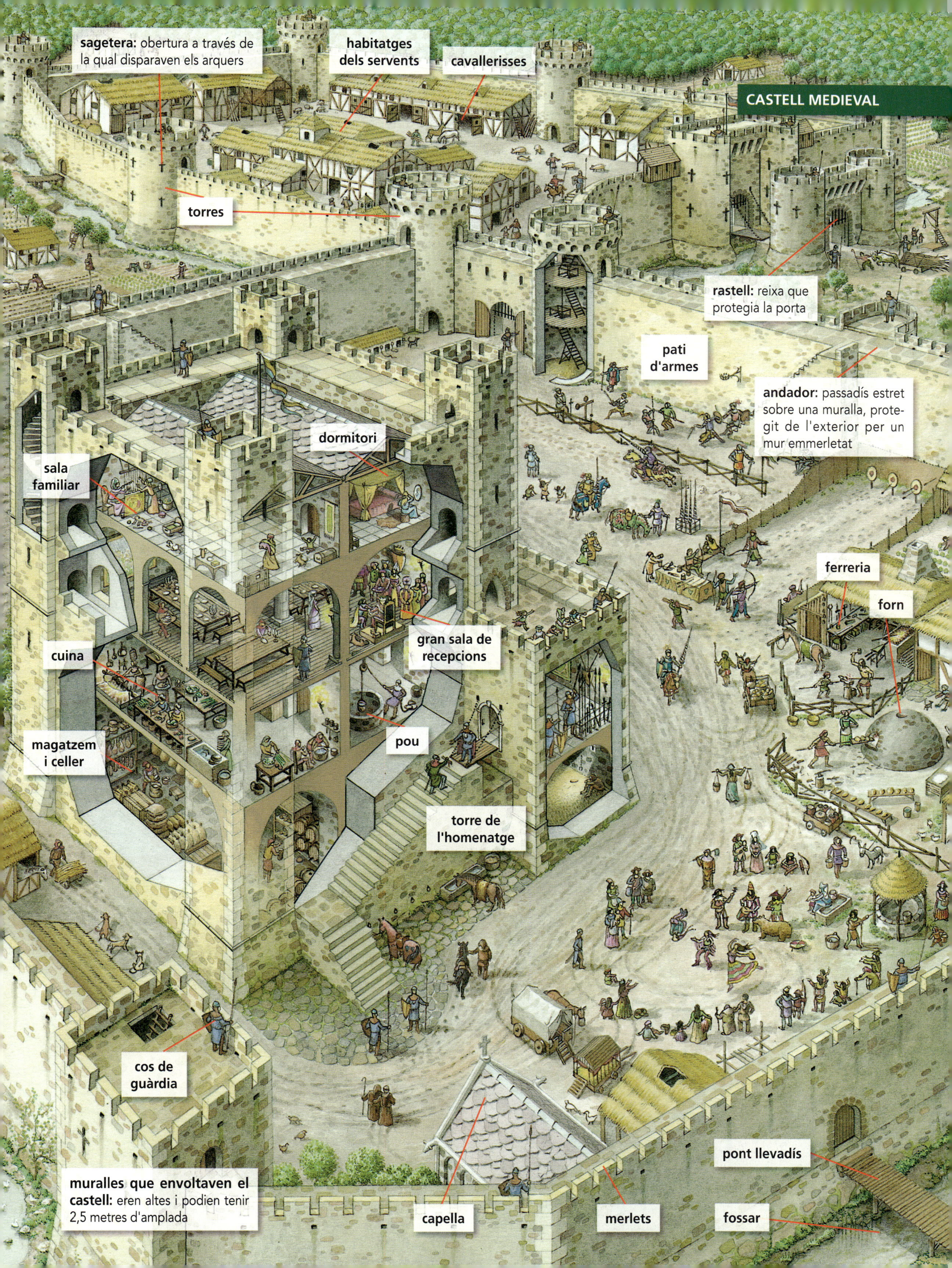

CASTELL MEDIEVAL
sagetera: obertura a través de la qual disparaven els arquers
habitatges dels servents
cavallerisses
torres
rastell: reixa que protegia la porta
pati d'armes
andador: passadís estret sobre una muralla, protegit de l'exterior per un mur emmerletat
dormitori
sala familiar
ferreria
forn
cuina
gran sala de recepcions
pou
magatzem i celler
torre de l'homenatge
cos de guàrdia
pont llevadís
muralles que envoltaven el castell: eren altes i podien tenir 2,5 metres d'amplada
capella
merlets
fossar

4 Les terres del feu

4.1. El feu

El feu estava format per les terres que el rei o un noble havia atorgat a un altre senyor feudal. Podia ser transmès per herència, però no podia ser comprat ni venut (propietat vinculada). El senyor feudal tenia autoritat plena al seu feu i gaudia d'immunitat davant del rei. El feu constava de dues parts:

- La **reserva senyorial** o **domini** estava constituïda per les millors terres, que el senyor es reservava per a ell. Era on solia haver-hi el **castell**, així com els prats i els boscos propis.
- Els **masos** eren parcel·les de terra que el senyor lliurava a serfs o a pagesos lliures a canvi del pagament d'unes rendes: una part de la collita i treball a les terres de la reserva senyorial. Al feu, hi podia haver algunes parcel·les que eren propietat d'altres pagesos lliures (alous).

A més dels drets d'explotació econòmica del feu (**senyoria territorial**), el senyor hi podia dictar ordres, impartir justícia, controlar els serveis (ponts, molins, forns, etc.) i cobrar impostos per fer-ne ús, i imposar tributs (**senyoria jurisdiccional**).

4.2. Les rendes senyorials

Els senyors feudals vivien de les rendes que els pagesos estaven obligats a lliurar-los. Els pagaments solien ser aquests:

- Una **part de la collita** de les terres treballades pels pagesos.
- El lliurament, un cop l'any (**primícia**), de determinats productes, com ara porcs, paons, gallines, fruites, hortalisses…
- Uns dies de feina obligatòria a les terres o als boscos del senyor (**prestacions personals**).
- Una paga per la utilització del forn, el molí, la ferreria, els ponts o altres serveis (**drets de monopoli**).
- Cobraments per **jurisdicció** (multes, impostos…).

CONTRACTE FEUDAL

En nom de Crist, jo i la meva esposa et lliurem a tu, Pere Grimo, i a la teva esposa i als teus fills, en el terme del castell d'Espluga, una terra perquè la conreïs i un solar per fer-vos una casa.

Quan estigui plantada i hagi crescut i doni fruit la part conreada per vosaltres, ens haureu de donar la meitat de la verema, la meitat de totes les collites que Déu ens vulgui donar i vosaltres us quedareu amb l'altra meitat.

També ens haureu de donar una gallina i un pa rodó de cens anual […]. A més, ens haureu de donar 14 mesures de gra de civada per a la conservació de la sèquia […].

Cartulari de Poblet, 1181.

- Què estableix aquest contracte?
- A què es compromet cadascuna de les parts?

1. Fixa't en l'esquema i enumera totes les rendes, en feina i impostos, que el pagès havia de pagar al senyor feudal.

RENDES QUE PAGAVEN ELS PAGESOS

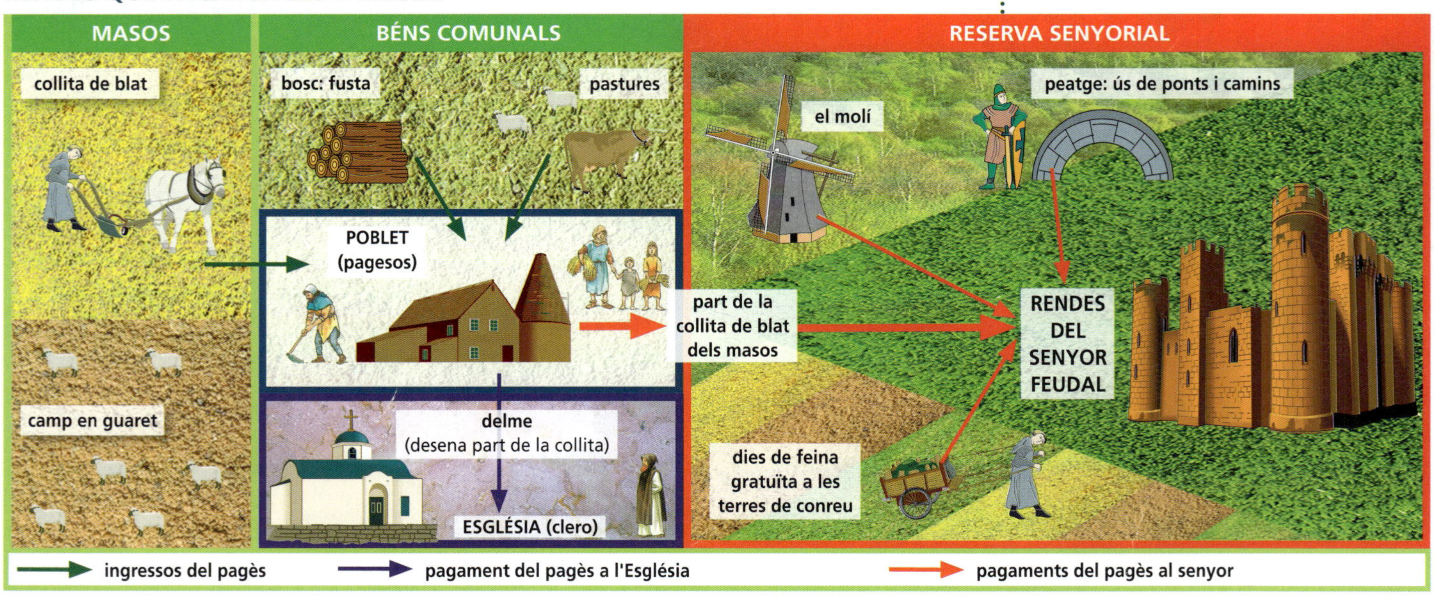

SINTETITZA

2. Explica de quines dues parts constava un feu. Indica també a quina se situava el castell i a quina hi havia els masos.

3. Com eren les senyories territorial i jurisdiccional?

4. Descriu el dibuix del feu i identifica-hi els diversos elements que s'hi han representat.

5 Els pagesos al món feudal

5.1. Els pagesos del feu

A la societat feudal, els pagesos eren la majoria de la població (90%) i es dedicaven a l'agricultura i a la ramaderia. Malgrat que no tenien privilegis, en podem distingir dues categories:

- Els **pagesos lliures** (vilans o alodials) eren propietaris de la seva terra i podien disposar lliurement de si mateixos: casar-se, abandonar el feu, dedicar-se a un ofici, etc.
- Els **serfs** treballaven les terres d'un senyor i no tenien llibertat personal. Com a conseqüència, no podien abandonar les terres, ni casar-se, ni deixar herència sense permís del senyor.

Els pagesos, lliures o serfs, havien de treballar durament per sobreviure. El rendiment de la terra era escàs i per no exhaurir-la practicaven la **rotació biennal**, anomenada també rotació anyívola, perquè cada any es conreava la meitat de les terres i l'altra meitat es deixava reposar (guaret).

Les tècniques i les eines agrícoles eren molt rudimentàries: aixades, falçs, rampins i arades senzilles.

Arada lliscant arrossegada per bous.

5.2. Una economia de subsistència

Era una agricultura de subsistència, destinada bàsicament a l'**autoconsum** (vivien del que produïen). Els intercanvis eren escassos i els pagesos solien fer-se ells mateixos les eines agrícoles i els productes que necessitaven. Poques vegades compraven algun producte, com ara la sal i utensilis de ferro o coure.

Conreaven, principalment, **cereals** per fer el pa, que constituïa l'aliment bàsic. També plantaven **llegums** (mongetes, cigrons...) i **vinyes** a les solanes. Als horts abundaven les **verdures** i els **arbres fruiters**.

Tècnica del guaret

Primer any: com que no es disposa d'adobs, es deixa una parcel·la sense conrear perquè el sòl es recuperi.

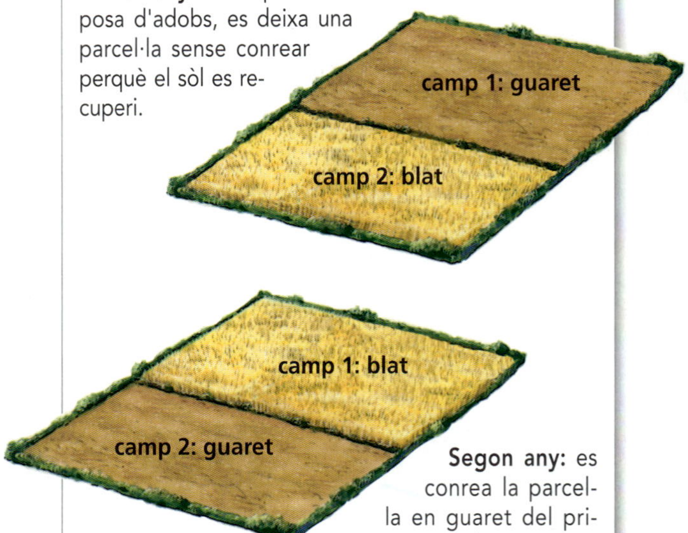

Segon any: es conrea la parcel·la en guaret del primer any i es deixa reposar l'altra.

Eines agrícoles

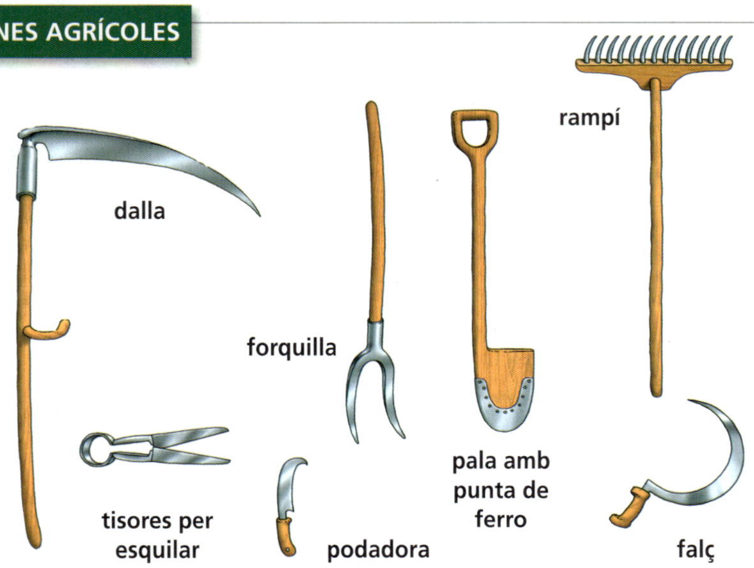

Sintetitza

1. Quins dos tipus de pagès es poden distingir en l'època feudal?

2. Què era una economia de subsistència? Quines eren les plantes principals conreades?

3. Com era la feina agrícola en l'època feudal? Per què s'havia de fer la rotació de conreus? En què consistia?

4. Fixa't en les eines agrícoles i investiga quina funció tenia cadascuna. Amb quins materials es fabricaven?

LA VIDA DELS PAGESOS

Els pagesos vivien en **pobles petits** o en cases disseminades. Als pobles, també hi vivien alguns artesans o petits comerciants que s'encarregaven de la taverna, del molí, del forn i de la forja (ferreria).

Homes, dones, persones grans i nens participaven en les tasques agrícoles. Els homes feien les feines que requerien més força física (llaurar, segar, podar, tallar arbres...).

Les dones ajudaven a segar i a veremar, conreaven l'hort i tenien cura de l'aviram. També rentaven, cuinaven, s'ocupaven dels fills i feien els vestits (filant i teixint) amb la llana i les pells de les ovelles.

El **menjar** era monòton i escàs: pa negre, farinetes, una mica de formatge o ous, escudelles amb verdures (col, mongetes, ceba) i, molt poques vegades, una mica de carn de porc o d'aviram.

Dones fent tasques agrícoles. França, segle XV.

@ Amplia a la Xarxa...

Per saber més sobre la servitud dels pagesos, entra a www.tiching.com/80368

Les **cases** eren senzilles, amb una o dues habitacions i, de vegades, un magatzem o un estable, encara que era corrent que els animals estiguessin a la mateixa casa. El terra no tenia paviment, i una llar de foc els servia per escalfar-se, per il·luminar-se i per cuinar. El mobiliari i els utensilis es reduïen a un matalàs de palla, uns bancs per seure-hi, una post que feia de taula, unes quantes escudelles de fang o de fusta i un perol de metall per cuinar.

5. Descriu en detall com era un habitatge pagès. De quins materials estaven fetes les parets? I el sostre?

6. Com era l'alimentació dels pagesos?

CASA DE PAGÈS

6 L'Església cristiana: els clergues

6.1. L'Església regulava la vida social

L'Església mantenia la unitat dels creients i regulava la vida social i privada de tota la comunitat. Oficiava les **cerimònies religioses** i s'encarregava de l'ensenyament i de l'assistència a pobres i malalts.

També prescrivia la caritat, la vida virtuosa i la donació de béns a l'Església a l'hora de la mort, així com les **obligacions religioses** dels creients. Aquestes consistien a resar, anar a missa els diumenges, dejunar durant la Quaresma, confessar-se un cop l'any i combregar per Pasqua.

També recomenava fer algun pelegrinatge als llocs sants, si era possible (Roma, Jerusalem, Santiago de Compostel·la), en els quals es recordava la vida de Crist o es venerava la relíquia d'algun sant.

L'**església** era l'edifici central de qualsevol llogaret, poble o ciutat. Els fidels hi acudien per a la missa dels diumenges, les festes, els batejos, els casaments i els enterraments. Les campanes cridaven a l'oració, advertien del perill o convocaven reunions i assemblees.

6.2. L'Església, una institució feudal

L'Església medieval, a més de posseir grans **feus** conreats per pagesos, tenia dret a cobrar el **delme**. Per mantenir el culte i el clero, tots els pagesos estaven obligats a pagar la desena part de la collita a l'Església.

L'Església es va estructurar seguint les pautes de la jerarquia feudal. A la cúspide hi havia el **papa**, la màxima autoritat, que residia a Roma. Per ajudar-lo, es va crear el **Sagrat col·legi dels Cardenals**, encarregat, també, de l'elecció del papa.

La resta del clero es dividia en dues classes:

- **Clero secular**, format per sacerdots, rectors i bisbes, que atenien la comunitat de creients.

  Les comunitats s'agrupaven en **parròquies**, dirigides per rectors, i un conjunt de parròquies formava una diòcesi, dirigida per un **bisbe**.

- **Clero regular**, integrat per monjos i monges dedicats a l'oració.

  Vivien aïllats en un monestir sota l'autoritat d'un **abat** o d'una **abadessa**, i sotmesos a una regla monàstica.

A partir de l'any 1000 es van construir molts **monestirs**, que es van convertir en importants centres econòmics i de cultura.

Ho sabies?

Durant l'Edat Mitjana es va difondre la idea que qui moria en pecat anava a un lloc anomenat **Purgatori**, on purificava la seva ànima abans d'accedir al Paradís.

El papa Alexandre II, el 1063, va establir les **indulgències**, la pràctica de determinades bones obres gràcies a les quals s'escurçava l'estada al Purgatori o que alliberaven d'anar-hi.

L'Església regulava molts aspectes de la vida privada, com ara el matrimoni. Miniatura francesa del segle XIII.

1. Descriu l'escena i explica quin ritual religiós hi veus. Esmenta altres exemples del poderós paper de l'Església en la vida social.

L'ORGANITZACIÓ DE L'ESGLÉSIA

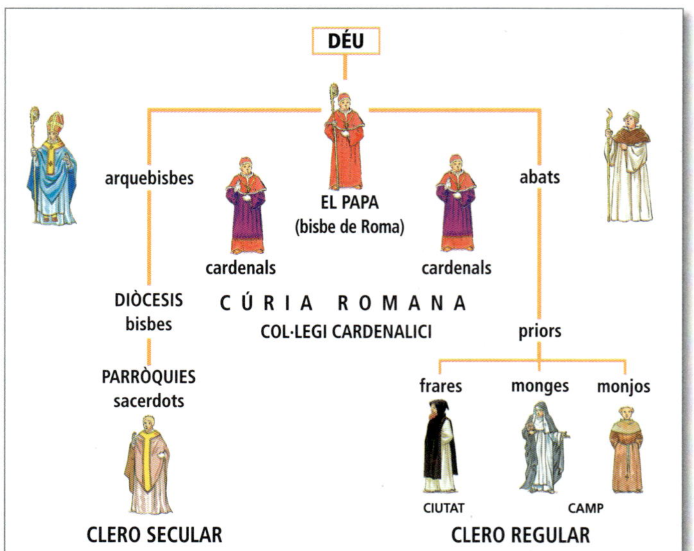

2. Com s'organitzava jeràrquicament l'Església? Què diferencia el clero regular del secular?

INVESTIGA

QUÈ VAN SER LES CROADES

Els llocs on Crist havia viscut, especialment Jerusalem (**Terra Santa**), es van convertir en centres de **pelegrinatge** per als cristians. Malgrat que aquesta ciutat havia estat conquerida pels musulmans, els cristians la podien visitar.

Aquesta situació va canviar durant el segle XI, quan Jerusalem va ser ocupada pels **turcs**, que impedien l'accés a la ciutat els pelegrins. Per alliberar Terra Santa dels infidels, l'any 1095 el papa Urbà II va fer una crida a tota la cristiandat per intervenir en una campanya militar i prometia la salvació a tots els que hi participessin.

Van ser les anomenades **croades**, dutes a terme entre els segles XI i XIII per reconquerir els llocs sagrats. Hi van participar pagesos, soldats i cavallers delerosos d'aconseguir terres i poder, i també aventurers i mercaders interessats a comerciar amb els ports del Pròxim Orient.

La presència dels croats a Orient va finalitzar el 1291, quan els musulmans van conquerir Sant Joan d'Acre, l'últim bastió cristià.

Els cavallers croats dels diversos ordes militars es van cosir creus de roba al vestit com a símbol de la seva missió. Llibre de la confraria de l'orde militar de Santiago, segle XV.

@ Amplia a la Xarxa...

Per saber més sobre les croades, entra a www.tiching.com/14054

- Quantes croades es van fer? Explica'n breument el recorregut i el lloc de destinació.

LES CROADES PRINCIPALS (SEGLES XI-XII)

3. Què van ser les croades? Qui hi va participar i per què?

4. Fixa't en el mapa. Indica quines croades hi ha representades, quan i d'on van sortir i quina era la seva destinació.

5. L'orde militar dels templers va néixer vinculat a les croades. Busca'n informació i explica quina era la seva missió i quina vestimenta distingia els seus membres.

SINTETITZA

6. Quin paper tenia l'Església a l'Edat Mitjana?

7. Quines normes regien la vida cristiana? Com influïa l'Església en la vida social?

8. Qui era la màxima autoritat de l'Església? Quines funcions tenia el Sagrat col·legi de Cardenals? Com estava estructurada l'Església pel que fa a l'organització?

DESCOBREIX

LA VIDA ALS MONESTIRS

Un monestir era un **conjunt d'edificis** i de dependències (estable, graner, celler...) habitat per una comunitat religiosa que administrava les terres sota la seva jurisdicció. Aquestes propietats havien estat lliurades a l'Església pel rei o eren donacions de nobles. De la mateixa manera que qualsevol altre feu, disposava de serfs per treballar i obtenia rendes dels pagesos.

El centre del monestir era l'**església**, on els monjos o les monges anaven a resar diverses vegades al dia. L'oració era la seva activitat principal, perquè la vida monàstica tenia com a objectiu allunyar-se del món i tenir un contacte més directe amb Déu.

El conjunt d'edificis que comprenia el monestir acostumava a estar protegit per una muralla. Alguns monestirs semblaven castells fortificats i els seus abats es comportaven com a veritables senyors feudals.

Monjos cistercencs dedicats a l'oració i al conreu de l'hort, segle XII.

Les regles monàstiques

Els homes i les dones que aspiraven a la vida monàstica entraven al monestir i, després d'un període d'aprenentatge (noviciat), feien tres vots o promeses: d'obediència, de pobresa i de castedat. Anaven vestits amb un hàbit que els identificava.

Tots els ordes religiosos estaven sotmesos a una regla, és a dir, a un conjunt de normes que regulaven totes les activitats monàstiques. En aquesta regla, s'hi establien les hores que s'havien de dedicar a l'oració, a la lectura dels textos sagrats i a les feines de cada monjo o monja: copiar manuscrits en llatí, conrear l'hort o tenir cura de malalts.

Fins i tot les activitats més senzilles, com ara el menjar, les hores de dormir o les visites, estaven subjectes a uns horaris i a unes normes.

Durant l'Edat Mitjana hi va haver diversos ordes religiosos. El més important va ser el dels benedictins, que sant Benet de Núrsia va fundar a Itàlia al segle VI i que es va expandir per tot Europa. Al segle IX, es va crear l'orde del Cister, com una reforma del benedictí.

EL MONACAT FEMENÍ

Alguns ordes religiosos van crear també monestirs per a dones. Alguns van ser impulsats per dames de la noblesa, que oferien donatius generosos quan ingressaven a la comunitat. Generalment arribaven a ser-ne abadesses.

Els monestirs per a monges no són gaire diferents dels masculins. Les monges es dedicaven a l'oració i també feien els treballs del camp. Moltes sabien llegir i escriure i treballaven a l'escriptori (*scriptorium*) en l'escriptura i la il·lustració de llibres. A molts monestirs hi havia infermeries i hospitals per a l'atenció dels malalts.

EL MONESTIR COM A CENTRE CULTURAL

En una època en què molt poques persones sabien llegir i escriure, els monestirs van ser centres culturals importants. Gràcies a les seves biblioteques, es van conservar moltes obres dels autors clàssics i medievals.

A més, com que no existia la impremta, alguns monjos es dedicaven a copiar els llibres a mà al *scriptorium* i a il·lustrar-los amb miniatures delicades. També ensenyaven a llegir i a escriure.

Monjos copistes. Pintura alemanya del 1040.

UN MONESTIR MEDIEVAL

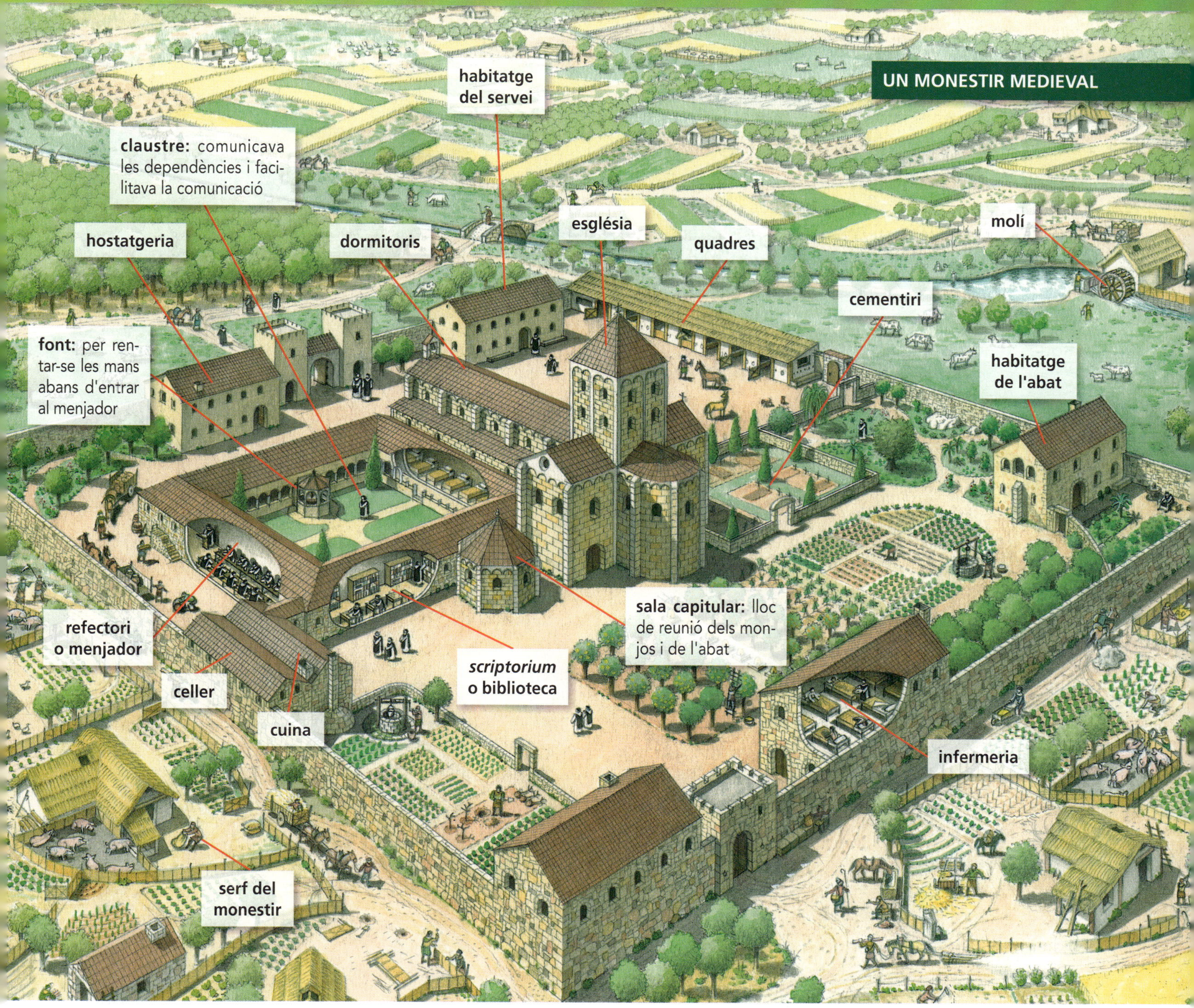

L'HORARI DELS MONJOS BENEDICTINS (SEGLE X)

2.30	Llevar-se
3.00	Pregària de matines, pregàries pels difunts i cant de salms
5.00	Esmorzar i lectura
6.00	Pregària de laudes i altres pregàries
7.30	Lectura
8.00	Cant de salms, reunió capitular i missa
9.45	Treball
12.00	Cant de salms i altres pregàries
14.00	Dinar
14.45	Treball
16.30	Pregària de vespres i sopar
17.30	Lectura
18.15	Pregària de completes
18.30	Dormir

1. Descriu cadascuna de les dependències del monestir i explica'n la funció.

2. Què era una regla monàstica? Quines obligacions imposava als seus membres?

3. Explica com transcorria la vida diària dels monjos.

4. Fixa't en el dibuix del monestir i explica quin tipus de paisatge hi veus al voltant del recinte monacal. Qui hi veus treballant aquestes terres?

5. Quines característiques dels monestirs ens permeten assimilar-los a un feu?

7 L'art romànic. L'arquitectura

7.1. UN ART RELIGIÓS

Entre els segles XI i XIII es va desenvolupar, en una gran part d'Europa, un estil artístic que, a causa de la semblança en alguns elements constructius amb l'art romà, rep el nom de **romànic**. Aquest estil artístic és el més representatiu del món feudal.

La gran importància de la religió a la societat medieval i el pes excepcional de l'Església van fer que les manifestacions artístiques d'aquesta època fossin essencialment religioses. És a dir, l'arquitectura, la pintura i l'escultura tenien com a objectiu fonamental exalçar la glòria de Déu.

Dins de l'art romànic, malgrat que també es van construir edificis civils (hospitals, albergs, castells i muralles), l'**arquitectura religiosa** (esglésies, catedrals i monestirs) hi va ocupar un lloc fonamental. Totes les altres arts, com ara l'escultura o la pintura, es van utilitzar principalment per decorar o completar els edificis religiosos.

Interior de l'*església de Santa Fe de Conques* (França), del segle XI.

7.2. L'ARQUITECTURA ROMÀNICA

Les esglésies se solien construir amb carreus de pedra; aquesta és la raó per la qual se n'han conservat moltes fins als nostres dies. Els elements essencials d'una església romànica són aquests:

- La **planta**, que té forma de **creu llatina** amb un braç més curt, que és el transsepte. El lloc on s'encreuen els dos braços s'anomena **creuer** i normalment es cobria amb una torre o **cimbori**.
- La **capçalera** de l'església, l'**absis**, que sol ser semicircular, i les naus laterals, que es prolonguen i envolten l'absis interiorment formant el **deambulatori**.
- La coberta, que es construïa amb **voltes de canó** sòlides, que s'aguantaven sobre murs gruixuts i pilars o columnes enormes, units per arcs de mig punt o de mitja circumferència.
- Com que les voltes de pedra pesaven molt, els murs que les aguantaven havien de ser molt amples i amb pocs forats. Per reforçar-los, s'hi adossaven **contraforts** sòlids a les parets exteriors.
- També era habitual col·locar una **torre campanar** a l'exterior, unida a l'església o separada d'aquesta, que servia per cridar a l'oració i com a torre de guaita.
- A les portes, les finestres i les obertures s'hi feia servir l'**arc de mig punt**, sostingut sobre columnes amb capitells decorats.

Façana de la *catedral de Notre-Dame* de Poitiers (França), del segle XI.

1. Com són les façanes de les esglésies romàniques? Quins elements acostumen a tenir?

SINTETITZA

2. Quin era l'objectiu principal de l'art romànic? Per què té aquest nom?

3. Sintetitza les característiques essencials de les esglésies romàniques.

INVESTIGA

L'ESGLÉSIA ROMÀNICA

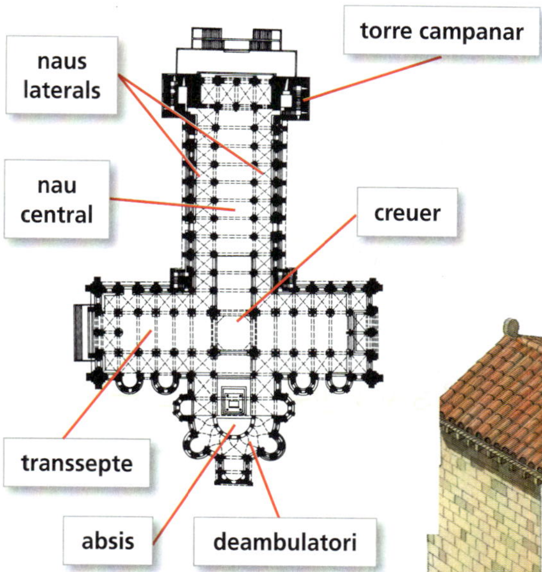

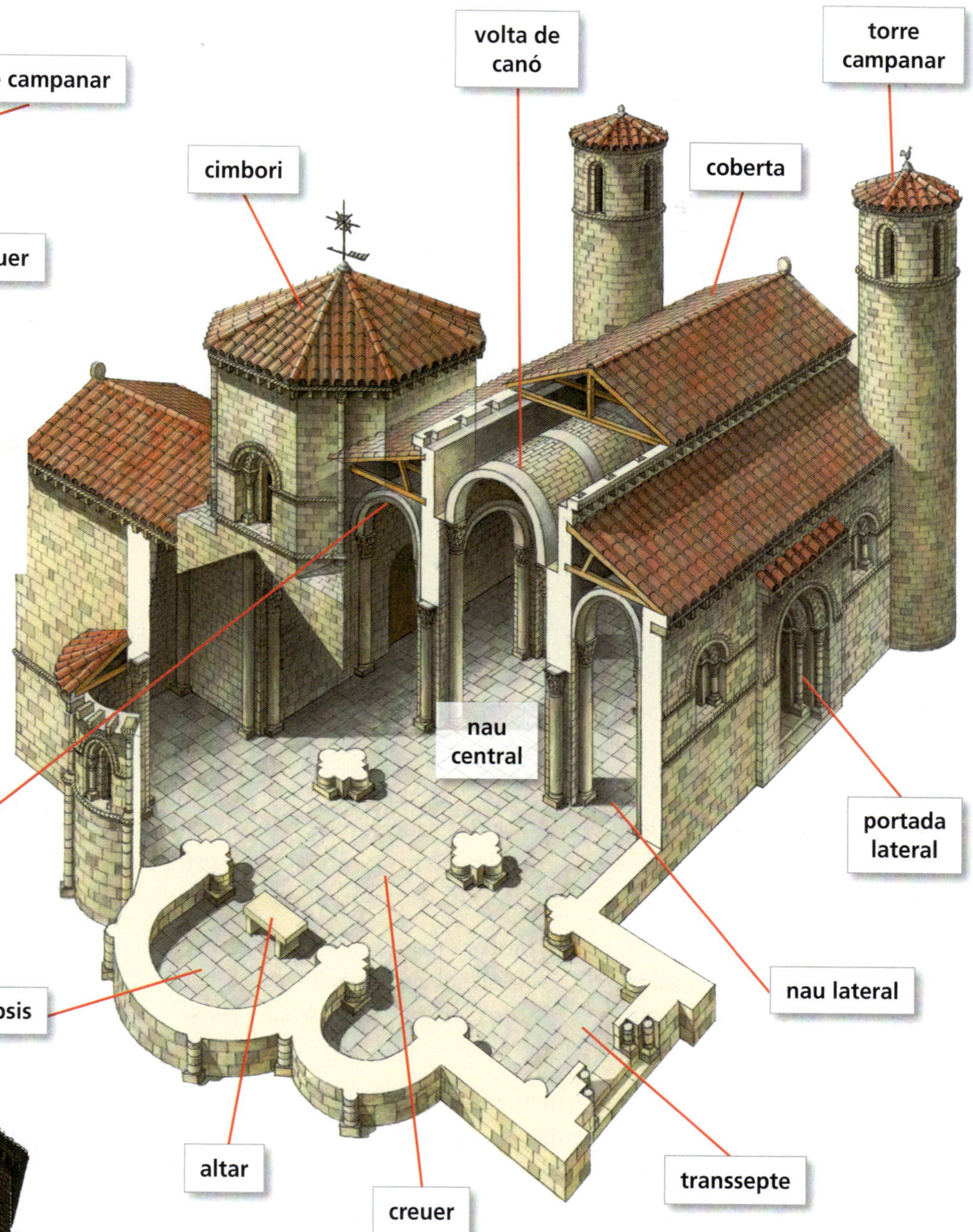

Absis i cimbori de l'*església de San Martín de Frómista* (Palència). Es va construir amb carreus regulars de pedra.

4. Quines parts té la planta d'una església romànica? Quin significat té la seva forma?

5. Fixa't en el dibuix d'una església romànica i esmenta'n els elements. Com s'aguanta el pes de la volta de canó? Per què serveixen els contraforts?

6. Explica quina forma tenen els arcs de les esglésies romàniques. Com són els murs? Per què hi ha molt poques finestres i són tan estretes?

7. Entra a la pàgina web www.tiching.com/50869 i digues quins materials s'utilitzaven en la construcció de les esglésies romàniques.

8 La pintura i l'escultura romàniques

8.1. Ensenyar i decorar

La pintura i l'escultura romàniques tenien un **caràcter religiós** i estaven molt supeditades a l'arquitectura. A més de la funció decorativa, tenien un objectiu didàctic: adoctrinar el poble i explicar-li els fets sagrats de la Bíblia.

No hem d'oblidar que, en el món medieval, la immensa majoria de la població era analfabeta, és a dir, incapaç de llegir la Bíblia. Per aquesta raó, les imatges es van convertir en llibres on els fidels podien **llegir** i **aprendre** sobre la religió.

8.2. La pintura: frescos i taules

Les pintures cobrien la major part dels murs i de l'absis de les esglésies. S'utilitzava la tècnica de la **pintura al fresc**: s'estenia una capa gruixuda de guix sobre el mur i, amb el guix encara humit, s'hi pintava a sobre; així, quan s'assecava, els colors hi quedaven més ben fixats.

Totes tenien una gran força expressiva, però tècnicament eren molts senzilles. Els dibuixos es traçaven amb contorns gruixuts i foscos i el color s'hi escampava d'una manera uniforme. No hi havia ni profunditat ni volum, i la disposició de les figures s'adaptava al marc arquitectònic.

Els personatges s'ordenaven segons una perspectiva jeràrquica, que representa el més important amb una mida més gran i es tendia a no deixar cap espai buit (*horror vacui*).

Els motius més utilitzats en la pintura romànica eren les representacions del **Pantocràtor**, que se situaven a l'absis i ocupaven una posició central dins de l'església. També s'hi pintaven escenes de la Bíblia i de vides de sants.

A més dels frescos, es feien **pintures sobre taules**: fustes cobertes amb una capa fina de guix. Les taules servien per cobrir els frontals dels altars o les capçaleres de les esglésies.

Frontal d'Avià (Barcelona), del començament del segle XIII.

1. Quines escenes i quins personatges pots identificar a la taula?

Ho sabies?

Totes les representacions romàniques del **Pantocràtor** (Crist en Majestat) segueixen el mateix model:

- La figura de Crist està representada de cos sencer dins d'una forma ametllada anomenada **ametlla mística**, que conté les lletres gregues alfa i omega, que simbolitzen el principi i la fi.
- Amb la mà dreta beneeix, mentre que amb l'esquerra aguanta un llibre amb la frase: "Jo sóc la llum del món".
- Està envoltat de les representacions simbòliques dels quatre evangelistes.

Pantocràtor de San Isidoro de Lleó, segle XII.

2. On se situava el Pantocràtor a l'església? De quines parts constava?

3. Què representava? Quin simbolisme tenia?

@ Amplia a la Xarxa...

Per saber més sobre pintura romànica, entra a www.tiching.com/72683

- Explica com es feien les pintures murals al fresc i quines característiques estètiques tenien.

8.3. L'ESCULTURA

L'escultura tenia una dependència important de l'arquitectura, i les figures solien adoptar les proporcions i la forma de la superfície sobre la qual eren esculpides.

La temàtica també era religiosa i presentava unes figures hieràtiques, rígides i sense perspectiva. S'ubicaven preferentment a les **portalades**, les **columnes** i els **capitells**.

Als capitells, a més dels temes bíblics, s'hi representaven temes profans: figures vegetals i geomètriques i escenes de la vida quotidiana.

Aïllades del marc arquitectònic, també eren abundants les **talles religioses** esculpides en fusta i policromades amb colors vius. Se solien col·locar als **altars** d'esglésies, de monestirs o d'ermites, i els principals motius que representaven eren la crucifixió de Crist, la figura de la Mare de Déu asseguda en un tron amb el nen Jesús a la falda i imatges de sants.

El rei David a la catedral de Santiago de Compostel·la, primeria del segle XII.

La marededéu de Vico, a Arnedo (La Rioja), segle XII.

Capitell pintat amb la representació de l'últim sopar, segle XII.

HO SABIES?

A les **portalades** de les esglésies, les escultures se situaven a les arquivoltes que envolten l'arc de la portalada, a les columnes que emmarquen la porta i, especialment, al timpà o part superior de la portalada.

S'hi reproduïen imatges de Crist i de la Mare de Déu, escenes del Judici Final i figures de sants, apòstols i profetes.

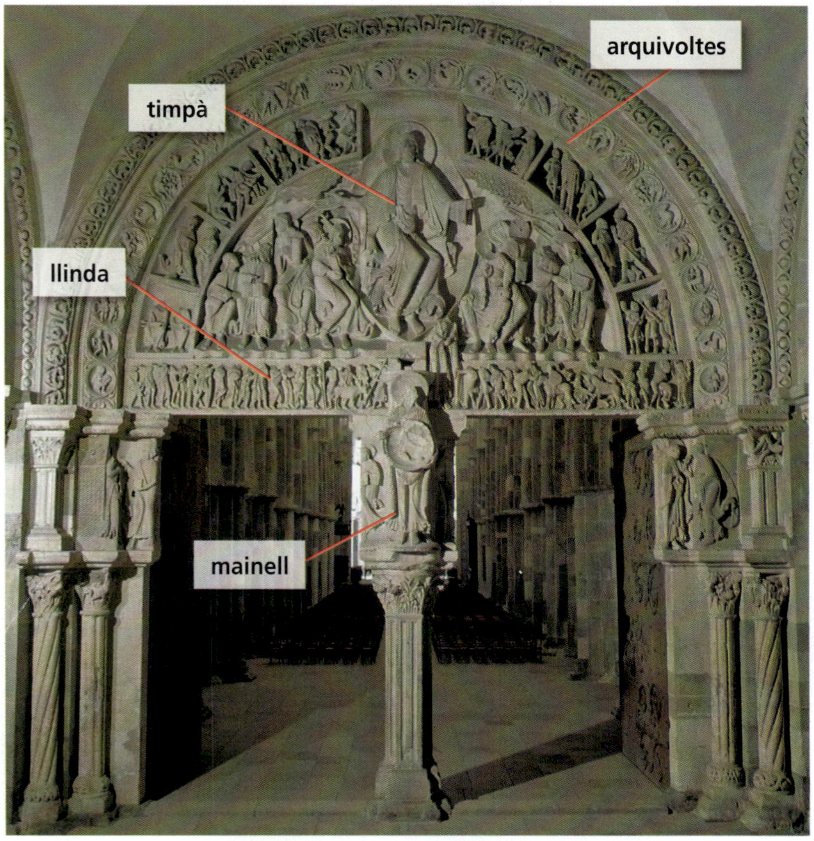

Portalada de l'*església de la Madeleine de Vézelay* (França), segle XII.

SINTETITZA

4. Quina funció tenien la pintura i l'escultura en l'art romànic? Per què?

5. Defineix els conceptes de *pintura al fresc*, *ametlla mística* i *horror vacui*.

6. Quines característiques formals presenten la pintura i l'escultura romàniques?

7. Quins motius hi predominen?

Practica competències bàsiques

1. Completa el mapa conceptual

Copia el mapa conceptual al quadern i completa'l:

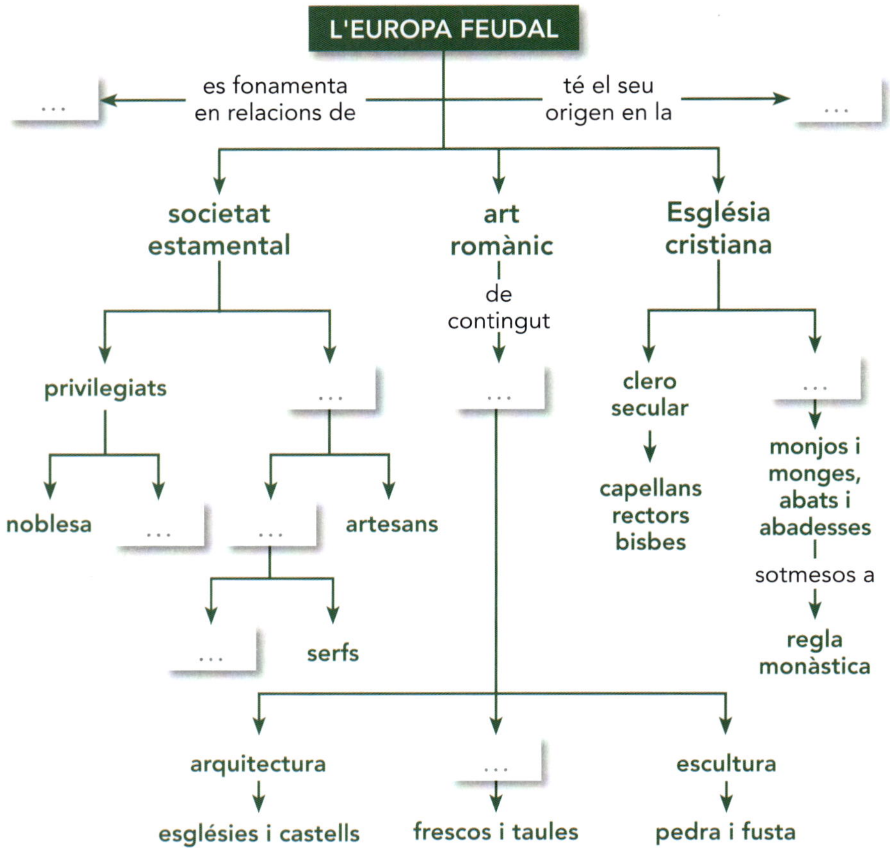

4. Identifica les parts d'un castell medieval

Identifica cadascun dels elements del castell marcats amb un nombre i explica'n la funció.

2. Sintetitza

1. Quin és l'origen del feudalisme?
2. Quins grups socials hi havia? Qui eren els privilegiats? I els no privilegiats?
3. Com s'organitzava un feu?
4. Com era la vida dels nobles? I la dels pagesos?
5. Quina importància tenia l'Església? Què eren els monestirs?
6. Quines són les característiques de l'art romànic?

3. Defineix conceptes

- feudalisme
- regla monàstica
- rendes senyorials
- monarquia feudal
- vassallatge
- feu
- delme
- cavaller

5. Comenta el text

[...] Es van fer els homenatges de la manera següent. El comte va demanar (al futur vassall) si es volia convertir en un home seu sense reserves, i aquell va respondre: "Ho vull"; després, les seves mans que estaven juntes entre les del comte, que les estrenyia, es van aliar. En segon lloc, aquell que havia fet l'homenatge va expressar la seva fidelitat: "Prometo en la meva fe ser fidel, a partir d'aquest instant, al comte Guillem i guardar contra tots i enterament el meu homenatge, de bona fe i sense enganys". Seguidament, amb la vara que tenia a la mà, el comte va donar les investidures [...].

Cerimònia d'homenatge a Guillem de Normandia, 1127.

a) En què consistia la cerimònia d'homenatge?

6. Aprèn a extreure informació sobre la vida pagesa a l'Edat Mitjana

Els gravats d'un calendari agrícola medieval ens ofereixen una informació detallada sobre les activitats que feien els pagesos al llarg de l'any:

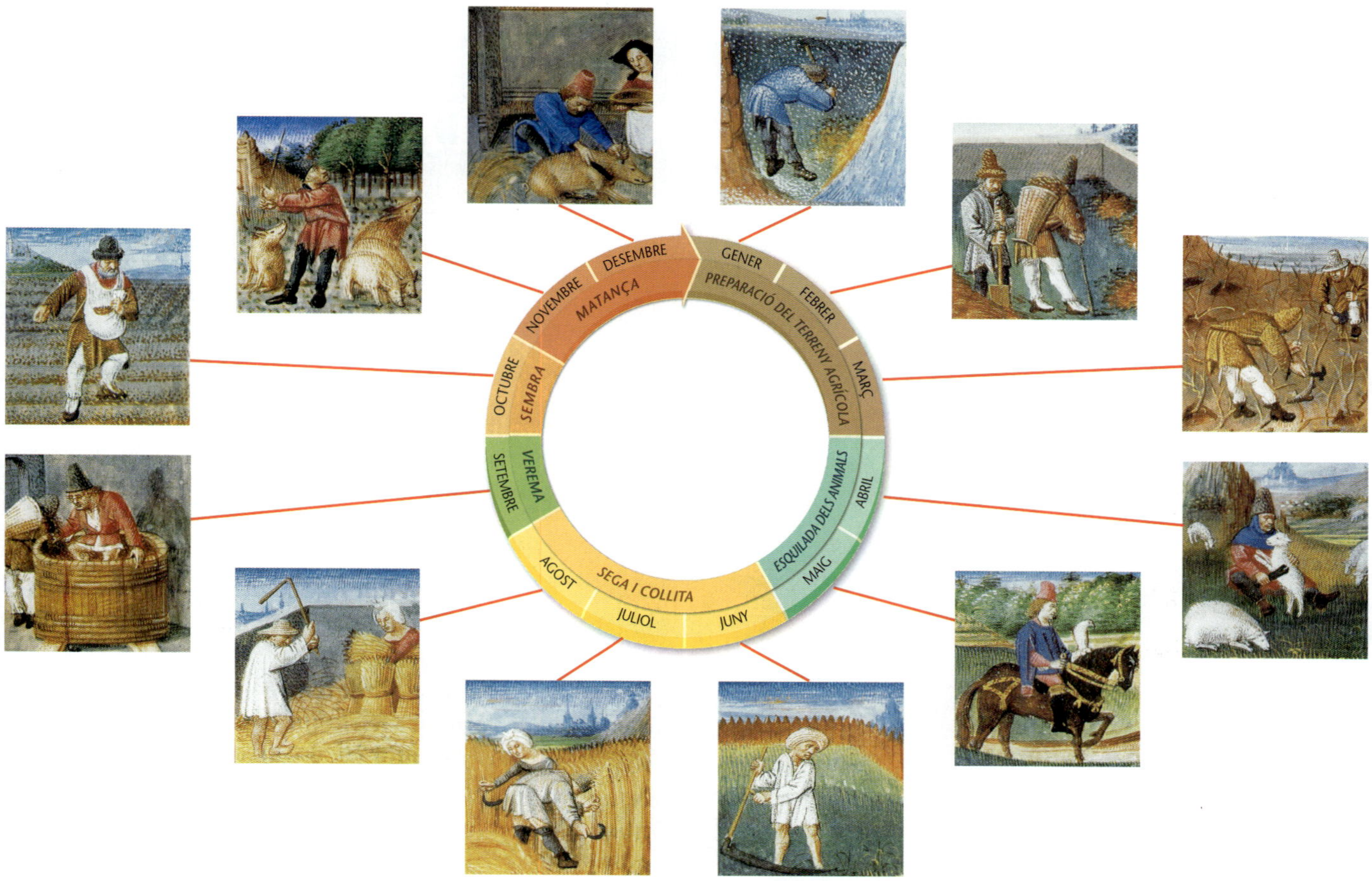

a) Descripció

- Identifica l'activitat que es feia cada mes.
- Agrupa aquestes activitats per estacions.
- Descriu les eines i com anaven vestits els pagesos. En quines activitats intervenen les dones?
- A quin mes correspon l'escena del noble que va a cavall? Què penses que representa?

b) Anàlisi

- Per què diem que la vida pagesa estava marcada pel cicle de la natura?
- Quins mesos tenien més feina els pagesos?

c) Síntesi

- Escriu una redacció que expliqui com era la vida d'un pagès al llarg de l'any durant l'Edat Mitjana.

7. Completa la taula

Copia la taula de la pintura i l'escultura romàniques i completa-la:

	Pintura romànica	Escultura romànica
Època	...	...
Característiques	...	...
Tipus de material	...	...
Ubicació	...	...
Funció	...	...

Activitats@web

www.vicensvivesdigital.com/activitatsweb

- **Identifica.** Bases de l'Europa feudal
- **Selecciona.** Les funcions de la noblesa
- **Veritable o fals.** El castell medieval
- **Defineix.** El camp en època feudal
- **Completa.** L'Església cristiana
- **Tria.** L'art romànic

Comerciants medievals

Tintorers treballant en un taller

3

LA CIUTAT MEDIEVAL

Entre els segles XII i XIV, de resultes de les millores en l'agricultura i de l'augment de la població, a Europa es va iniciar un desenvolupament econòmic que va afavorir el **renaixement de les ciutats** i de la vida urbana.

Les ciutats van passar a ser un centre de producció artesana i d'intercanvi de productes. S'hi va desenvolupar una burgesia pròspera (comerciants, artesans, banquers) que governava la ciutat.

Els monarques es van recolzar en la puixança econòmica de la burgesia per consolidar el seu poder sobre la noblesa feudal.

Les ciutats van créixer, es van protegir amb muralles, i es van omplir de palaus, catedrals, llotges i mercats. Un nou estil artístic, el **Gòtic**, va permetre construir edificis més alts i esvelts.

A mitjan segle XIV, l'expansió de la Pesta Negra a Europa va desencadenar una **crisi econòmica** i **social** generalitzada, que va afectar tant el camp com la ciutat.

- Fixa't en el mapa i enumera les principals ciutats medievals europees.
- Fixat' en la ciutat i identifica alguns elements característics de la ciutat medieval.
- Quines activitats pròpies de l'economia urbana reflecteixen les il·lustracions?

La ciutat de Verona (Itàlia) al segle XV

1 La recuperació de la vida urbana

Al segle XIII, l'Europa occidental va conèixer una època de prosperitat agrícola i de creixement demogràfic que va estimular l'augment dels intercanvis comercials i el renaixement de la vida urbana.

1.1. L'expansió agrària

Des de la darreria del segle XI, la fi de les grans invasions i la disminució de les guerres senyorials van afavorir la millora de l'agricultura. La introducció de nous instruments i noves tècniques agrícoles va comportar un **augment de la productivitat agrària** (més producció per superfície conreada) a gran part de l'Europa occidental.

Les **innovacions** principals en l'agricultura van ser de dos tipus:

- Noves **tècniques de conreu**, com ara la rotació triennal, que només deixava un terç de la terra en guaret i alternava en una mateixa parcel·la cereals d'hivern i cereals de primavera. A més, l'ús dels fems d'animals com a adob va millorar la fertilització dels camps.
- Nous **instruments agrícoles**, com ara l'arada normanda, l'ús del cavall com a animal de tir i la utilització de molins (d'aigua o de vent).

1.2. L'augment de la població

L'increment de la producció agrícola va permetre millorar l'alimentació de la població, i això va fer que augmentés la resistència a les malalties. Aquest canvi va originar un **augment de la població**: Europa va passar de 45 milions d'habitants al segle XII a uns 75 milions al segle XIV.

El creixement demogràfic va provocar la necessitat de buscar **noves terres de conreu**. Per això, els pagesos van repoblar antics camps abandonats, van talar boscos, van rompre noves terres, van assecar maresmes i fins i tot van construir dics i canals per guanyar terreny al mar, com van fer als Països Baixos.

A més, l'augment de la població agrícola va fomentar l'**emigració** de pagesos cap a les ciutats. Com que no estaven sotmeses al control rígid dels senyors feudals, les ciutats oferien més llibertat personal i oportunitats per millorar les condicions de vida.

1.3. El creixement de les ciutats

La millora de l'agricultura va estimular el **comerç** i la revitalització de les **ciutats**. Els pagesos i els ramaders, com que produïen més del que necessitaven per al consum propi, van generar un **excedent** o sobrant, que podia ser intercanviat per altres productes. Les ciutats es van convertir en un lloc de residència per a artesans i comerciants.

El renaixement de les ciutats es va produir a partir de la revitalització de les que ja hi havia o del creixement dels barris que van sorgir al voltant dels castells o de les abadies. Se les va anomenar **burgs**, i els seus habitants, **burgesos**.

Els burgs que estaven situats en una confluència o cruïlla de camins, a prop d'un riu o a prop d'un port van anar adquirint més activitat comercial i van créixer més ràpidament.

LA ROTACIÓ TRIENNAL

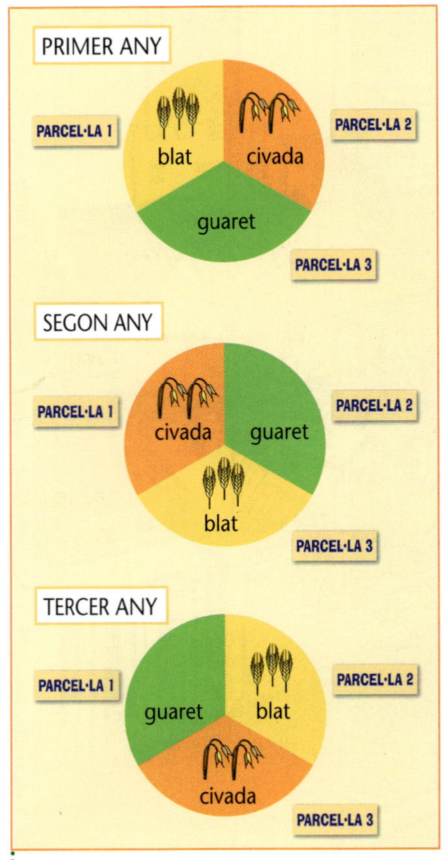

1. En què consisteix la rotació triennal de conreus? Quin avantatge presenta enfront de la biennal?

LA POBLACIÓ EUROPEA

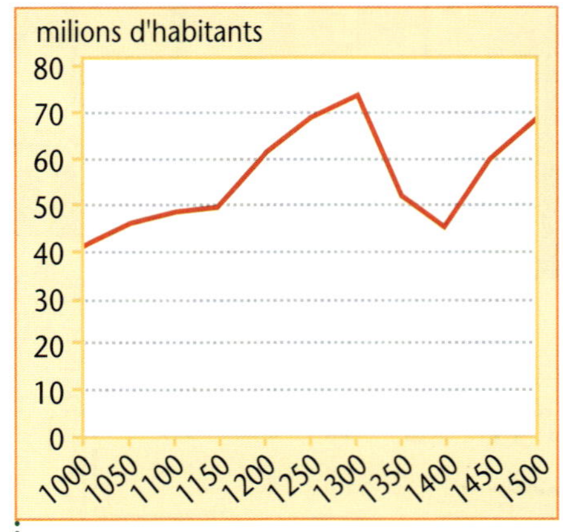

2. Explica quina va ser l'evolució de la població europea entre els anys 1000 i 1500.

3. A què penses que va ser degut el creixement del segle XIII?

INVESTIGA

ELS NOUS INSTRUMENTS AGRÍCOLES

El **molí** d'aigua o de vent va ser la primera màquina d'ús agrícola accionada per una força inanimada, diferent de la força humana o animal.

L'energia, generada per l'eix en girar, es transmetia, a través d'un sistema d'engranatges, a la maquinària ubicada a la base de l'estructura. S'utilitzava fonamentalment per moldre el gra.

La nova **arada normanda o de pala**, més pesant que la vella arada romana, feia els solcs més profunds, airejava millor la terra i n'augmentava la fertilitat.

La utilització de nous arreus, com ara la collera, va facilitar l'arrossegament de l'arada, mentre que l'aplicació de ferradures als cavalls en va permetre la utilització com a animal de tir en substitució dels bous.

MOLÍ DE VENT

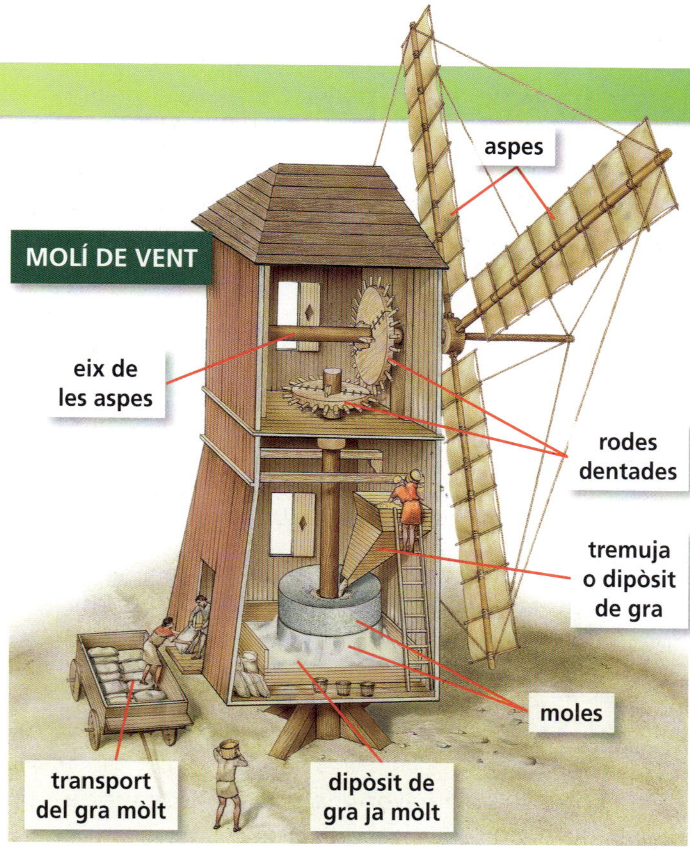

ARADA NORMANDA

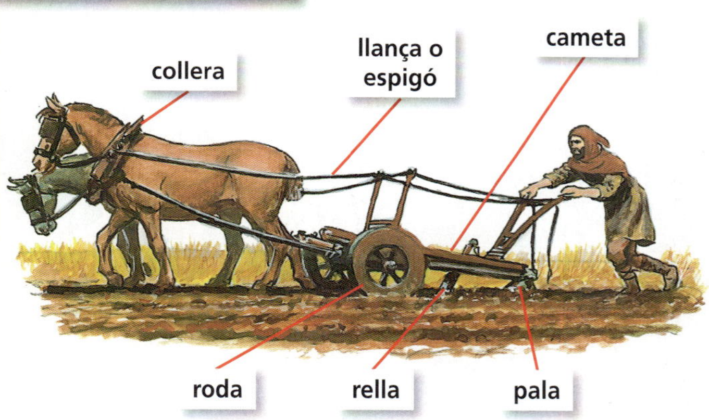

4. Descriu els elements dels molins i com es transmet la força de les aspes o la roda de pales a la mola. Quines dues energies utilitzen?

5. Explica quins eren els nous elements de l'arada normanda. Investiga en què es diferenciava de l'arada romana i quins avantatges presentava respecte d'aquesta.

MOLÍ D'AIGUA

SINTETITZA

6. Quines circumstàncies i quins avenços tècnics van fer possible l'augment de la producció agrícola?

7. Estableix la relació entre creixement agrícola i demogràfic i revitalització de les ciutats.

LES CIUTATS MEDIEVALS

Les ciutats a l'Edat Mitjana se solien situar en un emplaçament proper a les vies principals de comunicació, com ara les antigues calçades romanes.

També es situaven sobre un territori que pogués proveir les necessitats més importants dels seus habitants: bones terres per al conreu i la pastura, aigua abundant (rius, fonts i aqüífers), boscos per obtenir fusta, pedreres per proveir-se de pedres i mines per a l'extracció, principalment, de sal i minerals.

Les ciutats medievals estaven completament envoltades per **muralles**, que s'anaven ampliant a mesura que la ciutat creixia. L'interior del recinte emmurallat era **atapeït** i el pla urbà era molt irregular.

Al **centre** hi solia haver una plaça, al voltant de la qual se situaven els edificis més importants: l'ajuntament, el mercat, la llotja i la catedral. Els nobles, i de vegades també els monarques, es van fer construir palaus luxosos als centres urbans.

La major part de l'espai l'ocupaven els **habitatges** amb patis i horts, però també hi havia hospitals, escoles, hostals i nombrosos edificis religiosos (esglésies i convents).

Les cases s'agrupaven per **barris**, que reunien la població segons la procedència, la religió (call, moreria) o l'activitat artesana (gremis).

Els **carrers** eren estrets, bruts, la majoria sense empedrar, sense voreres i molts pocs tenien clavegueram. La poca higiene urbana i la proliferació de les puces i les rates afavorien la difusió de malalties (còlera, tifus, pesta...).

Els incendis també eren freqüents i es propagaven ràpidament per l'abundància de fusta en les construccions i la proximitat entre les cases.

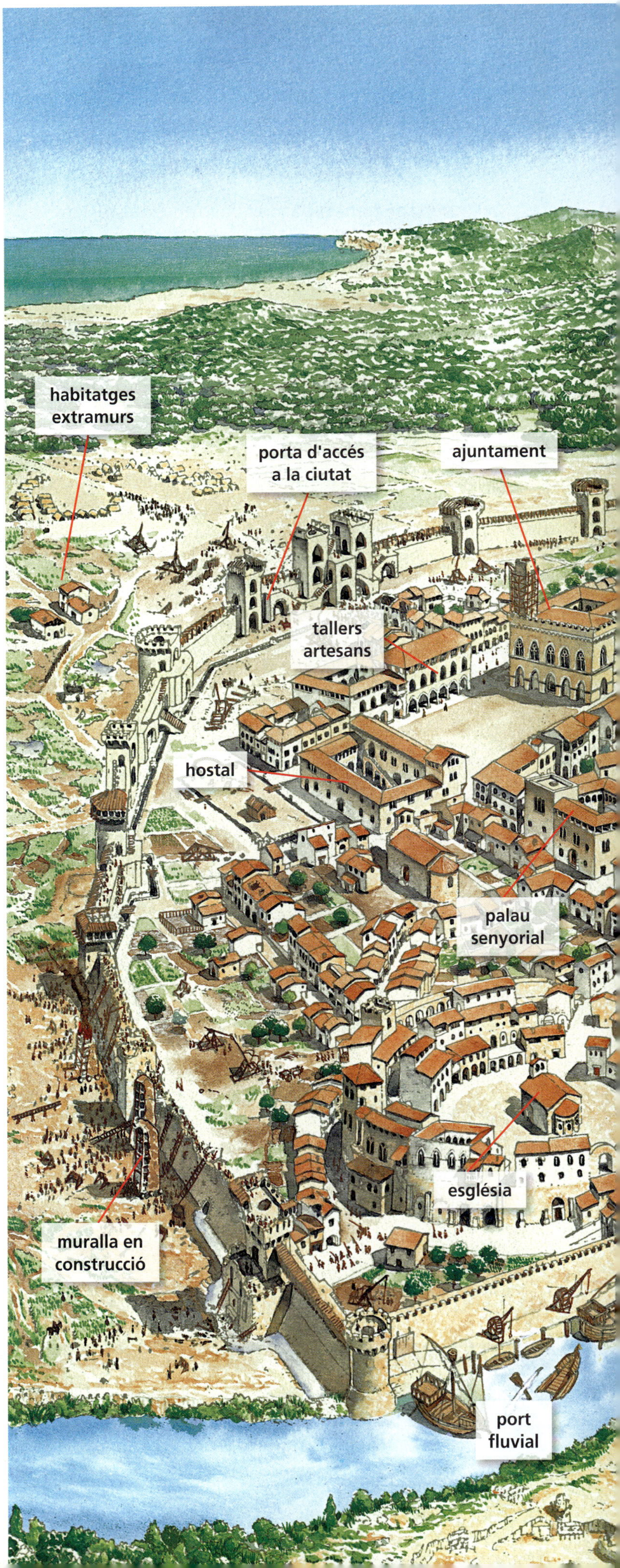

1. Explica en detall l'estructura de la ciutat medieval. On se situava el centre econòmic i social? Quins edificis s'hi ubicaven?

2. Com s'agrupaven els diferents barris? Quins edificis singulars tenien?

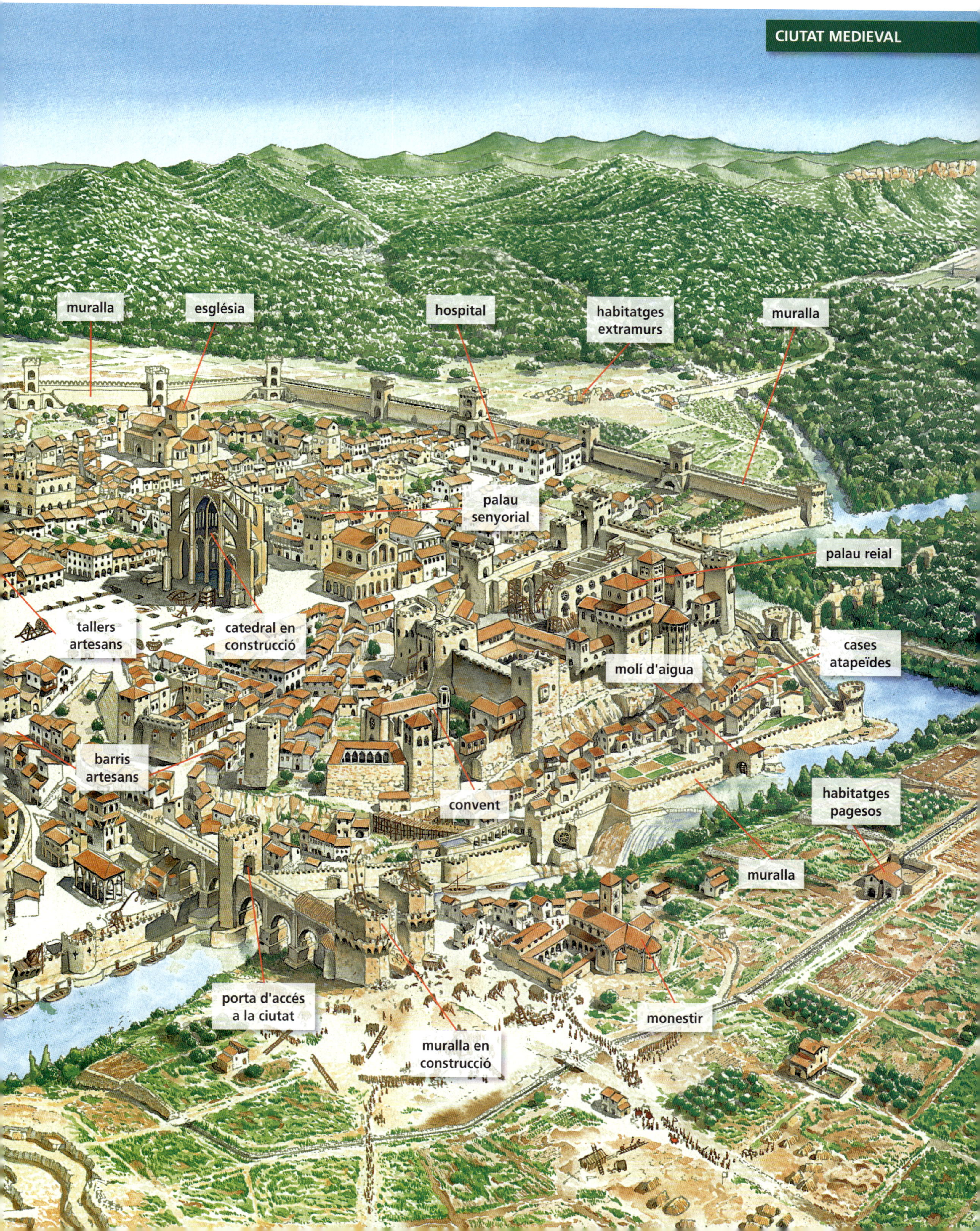
muralla
església
hospital
habitatges extramurs
muralla
palau senyorial
palau reial
tallers artesans
catedral en construcció
cases atapeïdes
molí d'aigua
barris artesans
convent
habitatges pagesos
muralla
porta d'accés a la ciutat
monestir
muralla en construcció

2 El desenvolupament econòmic de la ciutat

2.1. Artesans i gremis

La ciutat medieval es va convertir en un **centre de producció** d'objectes manufacturats. Els artesans d'un mateix ofici o gremi s'agrupaven **per carrers**, que rebien el nom de l'activitat que s'hi feia: assaonadors, argenters, teixidors, tintorers, etc.

El treball artesà es feia en **tallers petits**, el propietari dels quals era el mestre artesà, que disposava d'eines pròpies. L'artesà vivia en una casa que era, alhora, taller i habitatge, i que s'obria a l'exterior per exposar els seus productes i poder vendre'ls.

Els artesans de cada ciutat s'organitzaven en **gremis** per oficis, per protegir-se de la competència dels artesans d'altres llocs i per supervisar la producció. Dins del gremi, hi havia una organització jeràrquica molt rígida: en primer lloc s'havia de ser aprenent, al cap d'uns anys es passava a oficial i, finalment, a mestre artesà, que ja podia tenir el seu propi taller.

El gremi es preocupava de mantenir el compliment d'una sèrie de **normes**: ningú no podia fer el seu ofici en una ciutat sense permís del gremi, i tots els artesans havien de treballar les mateixes hores i fer servir el mateix tipus d'eines. A més, el gremi controlava la quantitat i la qualitat dels articles que es produïen i en fixava el preu final.

LA REGLAMENTACIÓ GREMIAL

Ningú no pot ser teixidor de llana si abans no ha comprat l'ofici del rei [...].

Cadascú pot tenir a casa seva dos telers [...] i cada fill de mestre teixidor en pot tenir dos a casa del seu pare mentre estigui solter i si sap treballar amb les seves mans [...].

Cada mestre pot tenir a casa seva un aprenent, no més [...]. I ningú no pot començar a treballar abans que surti el sol, sota pena d'una multa de dotze diners per al mestre i sis per a l'oficial [...].

Els oficials han de plegar de treballar després que el primer toc de vespres hagi sonat [...].

E. Boileau: *Llibre dels oficis*, 1268.

1. Descriu la casa taller d'un artesà i identifica les activitats que s'hi duien a terme.

CASA TALLER D'UN ARTESÀ

La botiga s'obria al carrer per mitjà d'un gran portal. Com que moltes persones no sabien llegir, es col·locava a la façana un símbol visible i comprensible dels productes que s'hi elaboraven i s'hi venien.

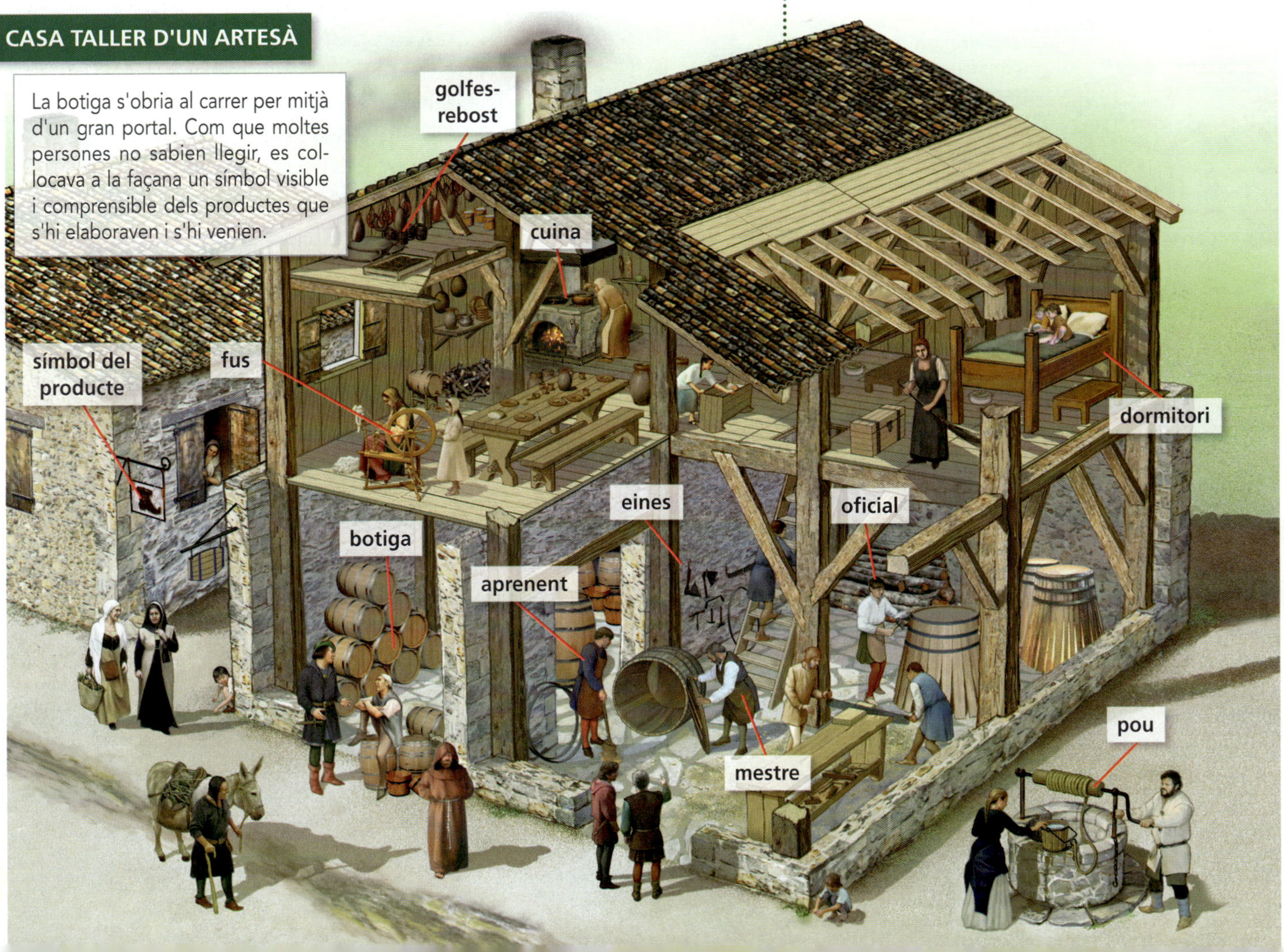

EL COMERÇ EUROPEU ENTRE ELS SEGLES XIII I XV

2. Identifica i esmenta les principals rutes marítimes i terrestres del continent europeu.

3. Quins eren els dos grans centres industrials i comercials d'Europa? Quines rutes hi confluïen?

4. Quins productes s'importaven del Pròxim Orient? Quins productes arribaven a través del mar Bàltic?

5. Busca informació sobre la Hansa i explica què era.

2.2. L'EXPANSIÓ DEL COMERÇ

Una funció essencial dels nuclis urbans era fer-hi el mercat on acudien els pagesos de la zona per intercanviar productes agrícoles per manufactures.

Les rutes terrestres

L'augment de la seguretat als camins va facilitar el trasllat de les mercaderies i l'aparició de noves rutes terrestres entre ciutats. Moltes van assenyalar uns dies especials per fer mercat i van decretar lleis que protegien els mercaders. També es van crear les **fires**, uns mercats extraordinaris que reunien gent de tota la comarca.

Les rutes marítimes

Per a les distàncies llargues, el **comerç marítim** va adquirir més importància, perquè els vaixells tenien més capacitat de càrrega i eren més ràpids. La primera gran ruta marítima unia el **Mediterrani** occidental amb l'oriental.

Ciutats com ara Venècia, Gènova, Marsella, Barcelona i València comerciaven amb els ports del Pròxim Orient i amb l'Imperi Bizantí. Importaven productes de luxe (seda i espècies) i exportaven teixits, armes i eines.

Una segona ruta era la de l'**Atlàntic** i el **Bàltic** (la Hansa): anava des de Lisboa i els ports castellans del Cantàbric fins als del mar Bàltic. S'hi transportaven llanes, vins, pells, fustes i blat. Aquests productes convergien a les ciutats dels Països Baixos (Bruges, Gant...).

HO SABIES?

La recuperació del comerç va fer necessària la circulació de la **moneda**, i moltes ciutats van tornar a encunyar moneda pròpia, de plata o d'or.

Els monarques eren els encarregats de controlar l'emissió i el disseny de la moneda, que sovint tenia estampada la seva imatge en una de les cares. L'encunyament es duia a terme en uns establiments artesans anomenats **seques** i consistia en un procés artesà, que es duia a terme mitjançant el martelleig del metall sobre un encuny (motlle que tenia l'empremta del que es volia marcar).

Moneda veneciana del segle XV.

SINTETITZA

6. Què eren els gremis? Com s'organitzaven i a fi de què?

7. Explica quina importància tenien les fires.

3 La societat urbana

3.1. L'aparició de la burgesia

El creixement de les ciutats **va transformar la societat feudal**. Les noves urbs van acollir una multitud de persones dedicades al treball artesà i al comerç, que no depenien de cap senyor feudal. Això va estimular la formació d'un nou grup social, la **burgesia**.

La base de la **riquesa** de la burgesia eren els **diners** que cobraven per la seva feina, per la venda dels seus productes o pels beneficis que generaven els seus negocis. Segons la riquesa, es feia distinció entre **alta** burgesia, formada per grans comerciants i banquers, i **petita** burgesia, que incloïa els mestres artesans i els petits comerciants.

A més, la riquesa de les ciutats va atreure senyors **nobles** i **eclesiàstics**, que hi van establir la seva residència i hi van construir palaus, convents i esglésies. També vivien a les ciutats uns **altres grups socials**, integrats per **gent humil**: oficials i aprenents dels gremis, criats, gent sense ofici i captaires.

També s'hi van establir **minories religioses**, com ara els jueus, que vivien en barris separats, les aljames o calls, que al vespre es tancaven. Molts d'ells eren artesans, prestadors o metges.

Matrimoni de banquers del segle XV. L'alta burgesia vivia amb luxe i comoditats en mansions tan riques com les de la noblesa.

3.2. El govern de les ciutats

Al principi, les ciutats van formar comunes o assemblees de tots els veïns per organitzar-ne el govern. Posteriorment, es van elegir **magistrats** (regidors), que vetllaven per les finances, l'ordre i la justícia, dirigits per un **burgmestre** o **alcalde**.

L'**ajuntament** era l'edifici on es reunien els membres del govern de la ciutat i el lloc on es guardaven el segell, l'escut d'armes o estendard, l'arxiu dels documents i el tresor de la ciutat.

Amb el temps, el govern de les ciutats va anar quedant en mans de les famílies més riques de comerciants i banquers, que de vegades estaven emparentats amb la noblesa urbana i van constituir un grup privilegiat, el **patriciat urbà**.

3.3. La cultura urbana

Als segles X i XI, a l'Europa occidental, llegir i escriure era una feina reservada als clergues, als funcionaris reials i a alguns mercaders rics. Els monestirs eren els principals centres de cultura.

A mesura que va avançar el segle XII, la millora de les condicions econòmiques i el desenvolupament de la vida urbana van afavorir un major **interès per la cultura** entre alguns nobles, i molt especialment entre els burgesos que es dedicaven als negocis.

Aquesta necessitat de coneixements va potenciar a les ciutats el desenvolupament de les **escoles**, que depenien de l'Església o del mateix govern de la ciutat. Ben aviat, el desig de professors i estudiants de poder aprendre sense el control de les autoritats religioses o municipals va donar lloc a la formació de corporacions anomenades **universitats**.

Ho sabies?

Les **universitats** europees més importants van ser la de París, a França; la d'Oxford, a Anglaterra, i la de Bolonya, a Itàlia. A Espanya van destacar les de Palència, Salamanca, Sevilla i Lleida.

Al principi, a les universitats s'hi ensenyaven els anomenats sabers clàssics: el trívium (gramàtica, retòrica i dialèctica) i el quadrívium (aritmètica, geometria, música i astronomia). També s'hi feien estudis de medicina, de dret, d'art poètica i de teologia.

Una classe a la universitat de la Sorbona, a París.

PALAU DE LA BURGESIA VENECIANA

La burgesia rica de Venècia va construir palaus luxosos per viure-hi còmodament i desenvolupar les seves activitats comercials.

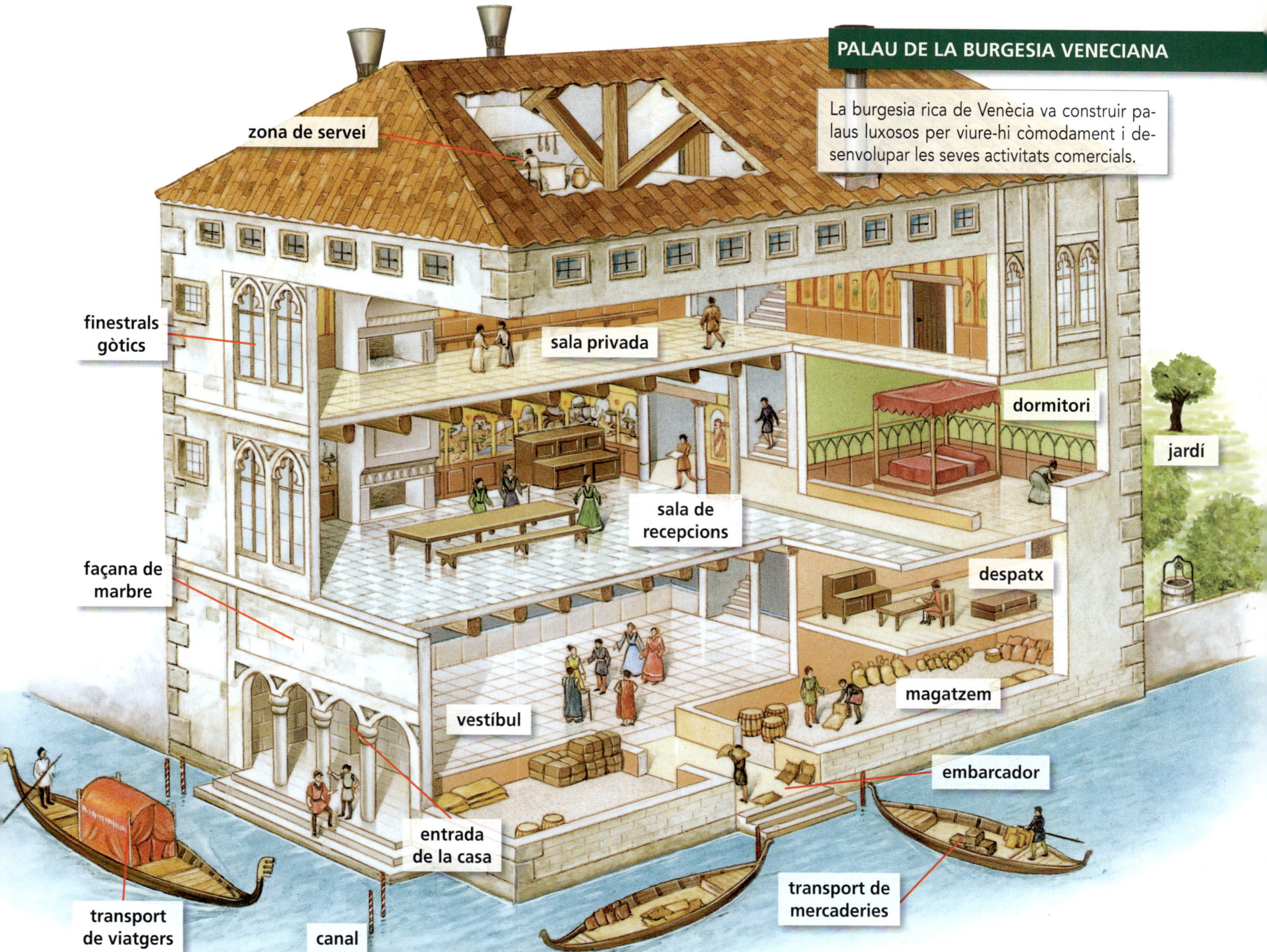

1. Descriu les diverses dependències i els diversos elements que integraven el palau.

2. Quines diferències hi veus amb la casa taller d'un artesà? A quins diferents grups socials pertanyien els propietaris de l'una i de l'altra?

Al·legoria del bon govern, pintura d'A. Lorenzetti feta entre el 1337 i el 1339. L'escena reflecteix el benestar de la ciutat de Siena, resultat de la seva prosperitat econòmica i d'una organització municipal eficaç.

SINTETITZA

3. Quines transformacions socials es van produir amb el creixement de les ciutats?

4. Com s'organitzava el govern de les ciutats?

5. Quins canvis culturals es van originar amb el ressorgiment urbà?

4 La consolidació de les monarquies

4.1. Els reis van buscar el suport de la burgesia

Entre els segles X i XII, la monarquia va exercir un poder escàs sobre el territori del seu regne. Els reis no es podien imposar als senyors feudals, perquè no disposaven de prou recursos econòmics per mantenir l'exèrcit o l'administració del regne.

A partir del segle XII, els monarques van aprofitar el creixement econòmic i la puixança de la burgesia per intentar **imposar la seva autoritat** sobre la noblesa feudal i garantir la unitat i l'estabilitat del territori de la seva corona.

Els burgesos necessitaven una llibertat personal i una seguretat que els permetessin desenvolupar la seva activitat comercial per camins, mars i ciutats. També aspiraven a dictar les seves pròpies lleis, a elegir els seus jutges i a tenir el seu propi govern local.

Per guanyar-se el suport de la burgesia, els reis van oferir **cartes de privilegis** a les ciutats. En aquests documents els monarques reconeixien la condició de lliures als habitants de la ciutat i els atorgaven el dret a establir-hi el seu propi govern. També els van oferir monopolis comercials, permisos per **obrir mercats** i garanties per circular per tot el regne.

A canvi dels privilegis reials, els **burgesos van facilitar** als monarques els **recursos econòmics** que els calien per defensar i administrar el regne i imposar-se als senyors feudals.

DRETS I PRIVILEGIS

Tots els pobladors que vinguin a poblar Calataiud queden absolts i lliures de tots els deutes que hagin contret; [...] i allà on fos que tinguessin heretats o havers, que ho tinguin tot fora de perill i sense traves, lliure i franc per vendre-ho, donar-ho i gravar-ho a qui ells vulguin. [...]

Que elegeixi el Consell (l'ajuntament) de Calataiud el jutge que vulgui. [...]

Que cap veí de Calataiud no pagui peatges en terres del rei. [...]

Fur de Calataiud, atorgat pel rei Alfons el Bataller. Segle XII.

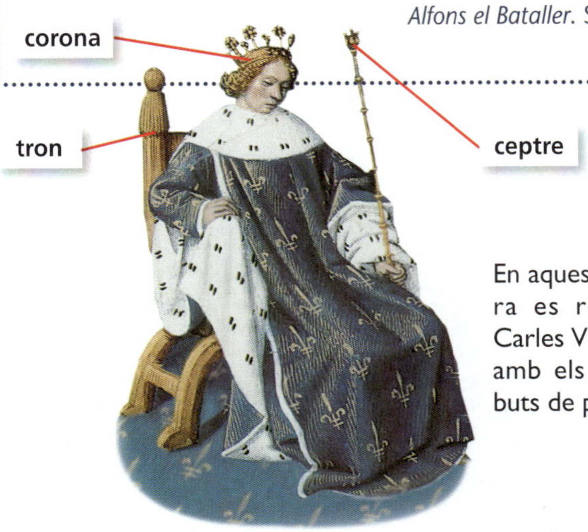

En aquesta miniatura es representa Carles V de França amb els seus atributs de poder.

4.2. Les corts i els parlaments

A les reunions del consell o cort reial, format pels representants de la noblesa i del clero, la monarquia va imposar la presència dels **representants de la burgesia**; de primer, en ocasions extraordinàries, però, més endavant, van passar a participar-hi de manera regular.

Convocant-los, el rei pretenia reconèixer la importància d'aquest estament en la societat medieval, però, sobretot, volia demanar-los aportacions de diners, és a dir, subsidis. Aquestes reunions del rei amb els tres estaments (noblesa, clero i burgesia) rebien el nom de **corts** o **parlaments**.

En alguns regnes, el poder de la burgesia a les corts era més gran que en uns altres. Per això, de vegades, el monarca havia de satisfer les peticions dels burgesos i escoltar-ne les queixes abans de rebre'n les aportacions econòmiques.

Eduard I, rei d'Anglaterra entre el 1272 i el 1307, presidint el Parlament, en una imatge del segle XIV.

ELS REGNES DE L'EUROPA OCCIDENTAL A MITJAN SEGLE XIV

1. Quins eren els regnes més importants de l'Europa occidental al començament del segle XIV?

2. A quins estats actuals corresponen?

3. Quin conflicte es relaciona amb la presència anglesa al regne de França?

4. Busca la informació que et calgui i explica quin va ser l'origen del Sacre Imperi Romanogermànic.

4.3. Les monarquies consoliden el seu poder

L'esforç d'algunes monarquies per consolidar el poder i establir un regne amb fronteres clares va originar nombrosos conflictes entre els monarques europeus.

El conflicte més greu va ser la **Guerra dels Cent Anys**, que va enfrontar França i Anglaterra entre els anys 1337 i 1453. La guerra va començar arran d'un problema successori de la corona francesa i per la pretensió del monarca anglès de ser rei de França.

Malgrat que els anglesos van ocupar durant anys part del territori francès, fou Carles VII de França qui en sortí vencedor. Aquest fou el primer enfrontament medieval entre Estats i no entre senyors feudals.

Assalt a una ciutat durant la Guerra dels Cent Anys, conflicte que va ocasionar grans sofriments a la població.

@ Amplia a la Xarxa...

Per saber més sobre la Guerra dels Cents Anys, entra a www.tiching.com/72994

- Quin territori va patir més els efectes devastadors de la guerra?

SINTETITZA

5. Explica com els monarques van aconseguir enfortir el seu poder gràcies al suport de la burgesia.

6. Què eren les cartes de privilegis? Què s'hi reconeixia?

7. Què eren les corts o parlaments? Quina funció tenien?

8. Quin conflicte bèl·lic va tenir lloc al segle XIV? Quines en van ser les causes?

5 La crisi de la Baixa Edat Mitjana (segles XIV i XV)

5.1. La fam, la guerra i la pesta

Des del començament del segle XIV, es va produir a Europa una crisi agrària a conseqüència d'un seguit de **males collites**, motivades per un clima desfavorable i pel conreu de terres de baixa qualitat durant les grans rompudes del segle anterior. La conseqüència va ser la disminució de la producció de blat i que la fam es va estendre per tot el continent.

A aquest problema, s'hi van afegir els danys que provocaven les **guerres freqüents entre senyors feudals** o entre monarques. Les terres on tenien lloc aquestes lluites o per on transitaven els exèrcits eren saquejades. A més, als boscos s'hi refugiaven bandolers, que augmentaven la inseguretat dels camins.

El període més dur va començar l'any 1347, en què l'anomenada **Pesta Negra** va assolar Europa, va afectar una població subalimentada i va provocar una gran mortaldat. La crisi demogràfica va agreujar la crisi agrària, va paralitzar el comerç i va frenar l'activitat artesana de les ciutats.

Ho sabies?

La **fam**, la **guerra** i la **pesta** van suscitar en la població europea la creença que tants desastres eren el resultat d'un càstig diví pels pecats comesos.

Per aquesta raó, es va propagar una fe extrema i va augmentar el fanatisme religiós.

La crisi demogràfica a Anglaterra

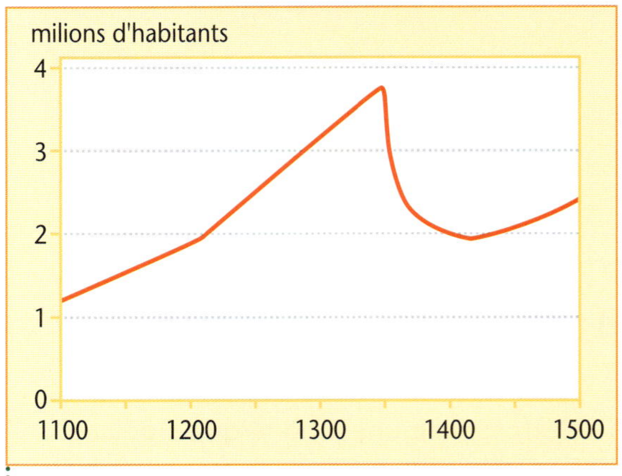

1. Explica què va passar amb la població d'Anglaterra durant la segona meitat del segle XIV. Quina en va ser la causa?

5.2. Crisi agrària i revoltes dels pagesos

El descens de la població va tenir efectes immediats al camp, on va començar a escassejar la mà d'obra i moltes terres de conreu van quedar abandonades.

La producció va minvar i molts senyors van veure com disminuïen els seus ingressos i les seves rendes. Per tal de compensar les pèrdues, van **augmentar** els **impostos** senyorials als seus serfs, van endurir les condicions de la servitud mitjançant la imposició dels anomenats "**mals usos**" i no els van permetre abandonar les terres.

La manca d'aliments, l'alça de preus i l'empitjorament de les condicions de vida van fer augmentar les **tensions socials** al camp. Arreu d'Europa es van estendre les revoltes dels pagesos, que van tenir un caràcter clarament antisenyorial.

Revoltes dels pagesos

Gent dels llogarets es van aplegar a Beauvais i van dir que tots els nobles traïen el regne i que seria un gran bé destruir-los. Van partir, sense més armes que garrots i ganivets, cap a la mansió d'un cavaller, el van matar, i també la seva dona encinta i tots els nens, i van calar foc al castell. Aquella mala gent robava, incendiava i matava com gossos rabiosos. [...] Van cremar més de seixanta mansions i castells.

Els cavallers es van enfrontar a aquests brivalls i s'hi van llançar al damunt amb llances i espases.

Crònica del segle XIV.

- Descriu les accions que van cometre els revoltats. Com va acabar la revolta? Per què molts pagesos es van revoltar contra els senyors?

Revolta pagesa a França, al segle XV.

LA PESTA A EUROPA. LES REVOLTES PAGESES I URBANES

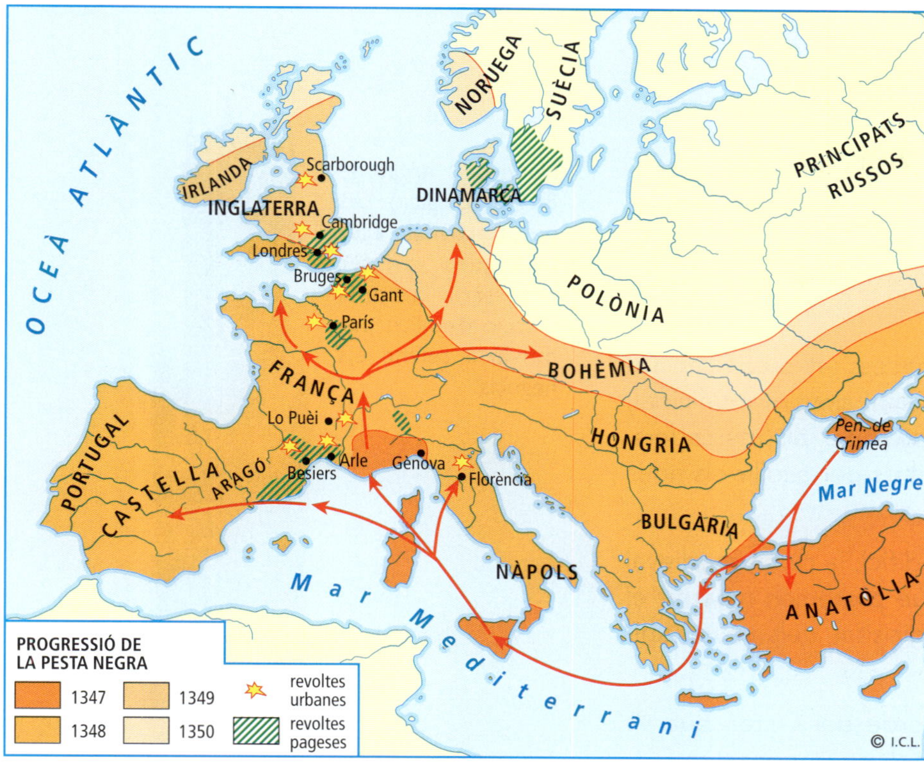

2. Quan va arribar la pesta a Europa i com s'hi va propagar?

3. A quines zones hi va haver revoltes pageses? I urbanes? Quines circumstàncies van originar aquests conflictes?

@ Amplia a la Xarxa...

Per saber més sobre la Pesta Negra, entra a www.tiching.com/80552

- Quin va ser l'origen de la pesta que es va estendre per Europa?
- Com va influir la pesta en l'art? I en la cultura popular?

5.3. Les revoltes urbanes

La crisi també va arribar a les ciutats, on la mortalitat encara va ser més elevada que a les zones rurals. L'escassetat i l'encariment dels aliments, el descens de l'activitat artesana i la reducció del comerç van arruïnar molts artesans i comerciants i van estendre la pobresa entre les classes populars.

Davant l'**augment** de la **misèria**, els grups més desfavorits van exigir millores (augment dels sous, dret a treballar...) i també més accés als càrrecs municipals, que el patriciat urbà monopolitzava.

Les revoltes es van escampar per un gran nombre de ciutats europees (Gant, Florència, París, Barcelona...) i sovint anaven acompanyades d'assalts als barris jueus (pogroms, 1391). Totes aquestes revoltes van ser reprimides amb força pels nobles feudals, l'alta burgesia urbana i l'autoritat reial.

ELS POGROMS

En aquests dies va arribar al Consell la notícia que, a Sevilla, un ardiaca predicava a la plaça contra els jueus, i que tot el poble estava mogut per destruir els jueus. [...] que a poc a poc s'estenia per Còrdova i altres llocs i que la gent estava molt revoltada i no hi havia por de ningú, i la cobdícia de robar els jueus creixia cada dia.

P. LÓPEZ DE AYALA: *Crónica del rey Enrique III de Castilla*, 1391. (Adaptació)

- Quin fet relata el text? De què anaven acompanyades aquestes revoltes?

Processó de flagel·lants al segle XIV. Els flagel·lants eren persones que es castigaven per expiar les seves culpes. Van ser molt nombrosos en aquesta època de crisi.

SINTETITZA

4. Quines tres grans catàstrofes van desencadenar la crisi dels segles XIV i XV? Explica-les.

5. Quins efectes va tenir la crisi al camp? I a la ciutat?

6 L'art gòtic. L'arquitectura

6.1. Un nou estil urbà

L'**art gòtic** va néixer a França a mitjan segle XII i es va estendre per l'Europa occidental a partir del segle XIII. Va ser una manifestació artística essencialment urbana, impulsada per la **burgesia** i el **poder eclesiàstic**, que s'havien traslladat a viure a les ciutats.

El creixement urbà va comportar la necessitat d'edificar **noves construccions civils**: ajuntaments per al govern municipal, palaus per a nobles i burgesos rics, llotges per als mercaders, drassanes per construir vaixells i universitats per acollir els nous estudiants.

Però, per damunt de qualsevol altre edifici, la ciutat medieval va aixecar grans temples i **catedrals**, que pretenien mostrar el poder econòmic de les ciutats i la religiositat dels seus habitants.

El gòtic també va ser adoptat per l'orde del Cister, que va aplicar aquest nou estil a la construcció dels seus monestirs.

Llotja dels draps de Bruges (Bèlgica). Les noves activitats econòmiques van fer necessària la construcció d'edificis per dur-hi a terme els negocis.

6.2. L'arquitectura

En el segle XII van aparèixer noves tècniques constructives que van permetre construir edificis més alts i lluminosos. Els elements que van fer possible aquest canvi van ser:

- L'**arc apuntat** o ogival, més lleuger que el de mig punt romànic.
- La **volta de creueria**, que resulta de l'encreuament de dos arcs ogivals que se sustenten sobre quatre punts de suport.

Aquestes estructures descarregaven el pes de la coberta sobre columnes i pilars i damunt un sistema d'**arcbotants** i de **contraforts** exteriors que reforçaven els murs. Aquest sistema va alliberar el mur de la funció de suport i va permetre l'obertura de grans finestrals, que eren adornats profusament amb vitralls de colors.

Els **pinacles** i les **fletxes** remataven, com a decoració, els contraforts i les torres.

A la façana occidental dels temples, hi havia la **portalada**, ornamentada profusament amb figures i escenes escultòriques. Sovint presentava una **rosassa** rematada per un element triangular anomenat **gablet**.

Façana de la *catedral de Notre-Dame* de París, segles XII i XIII. Presenta un triple pòrtic, que es correspon amb el nombre de naus interiors.

SINTETITZA

1. Quins nous edificis es van construir en estil gòtic? Per què es van construir? Qui els va impulsar?

2. Quins elements caracteritzen l'arquitectura gòtica?

INVESTIGA

LA CATEDRAL GÒTICA

Arcbotants i contraforts.

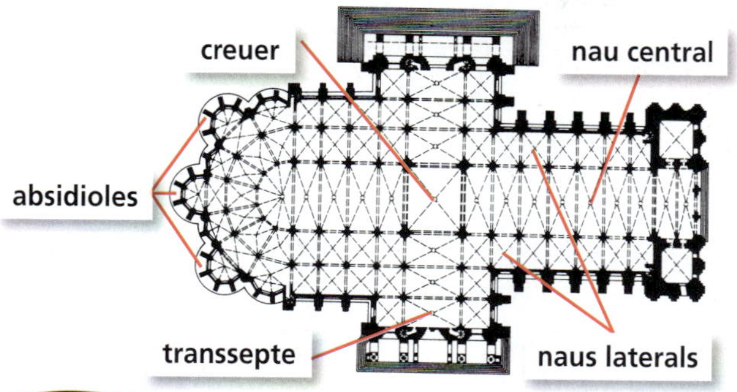

Rosassa.

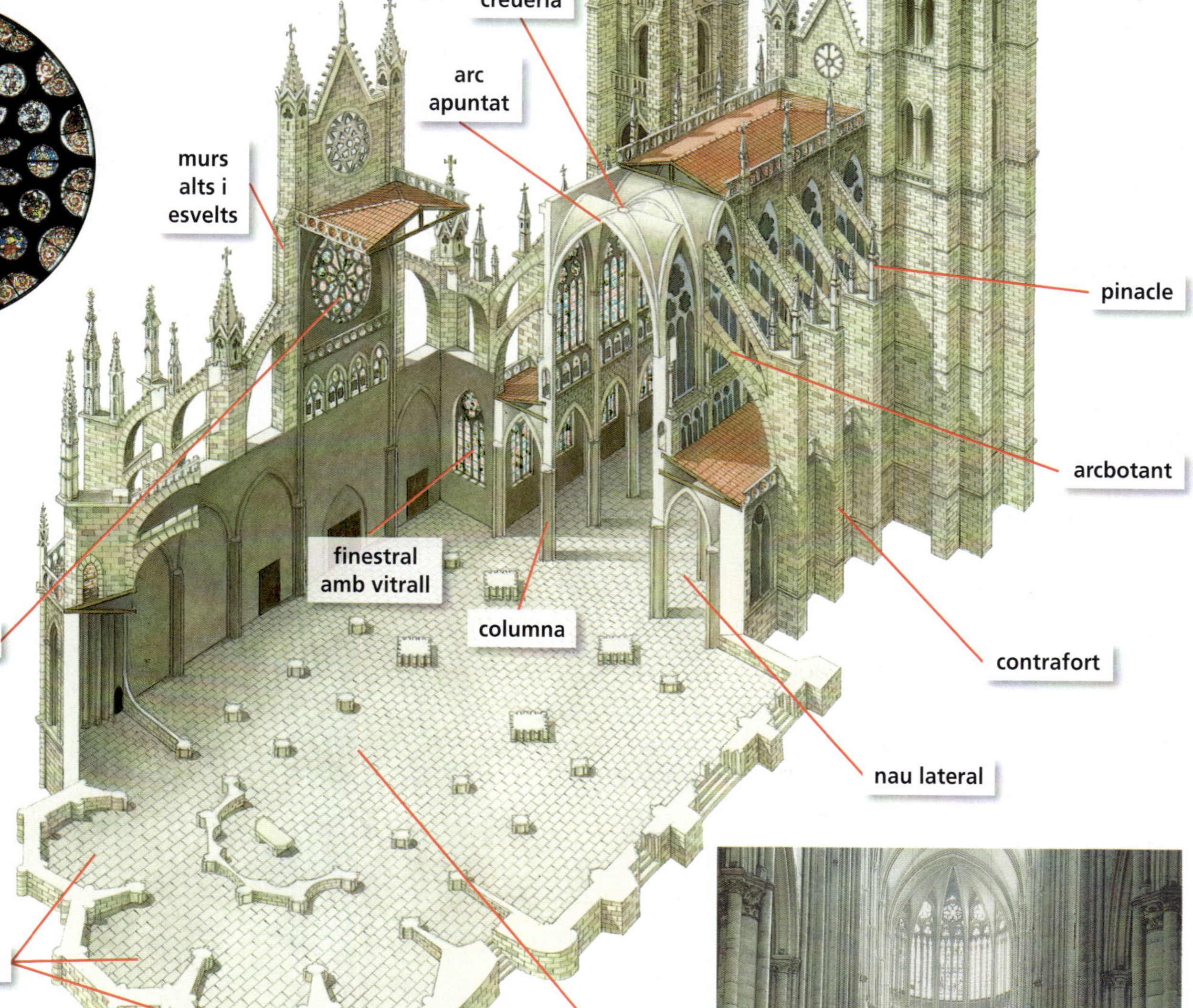

3. Esmenta les parts principals d'una catedral gòtica.

4. Mira el vídeo sobre l'art gòtic a www.tiching.com/54076 i explica com es van aconseguir la verticalitat i la lluminositat a les esglésies gòtiques.

5. Quines diferències pots veure entre el plànol d'una catedral gòtica i el d'una església romànica? I entre els elements constructius?

Nau central de la *catedral d'Amiens* (França), segle XII.

7 L'escultura i la pintura gòtiques

7.1. L'escultura

L'escultura gòtica es va anar independitzant de la seva supeditació a l'espai arquitectònic, malgrat que, durant el segle XIII, va continuar sent el principal **element ornamental** en façanes, timpans, arquivoltes i mainells d'esglésies i catedrals.

Al segle XIV, van aparèixer nous tipus d'escultura, més independents de l'arquitectura, com ara el retaule i el sepulcre. També van proliferar les imatges exemptes, de temàtica religiosa o representacions de reis i nobles, encarregades per la noblesa.

L'escultura d'aquest període presentava una tendència clara cap al **realisme**, i per aconseguir-ho utilitzaven els recursos següents:

- **Més expressivitat** i detallisme als rostres.
- Preocupació per mostrar el **volum** dels vestits i dels cossos.
- Voluntat de donar un cert **moviment** a les figures a través de la **gestualitat**.
- **Sentit narratiu** en les figures, que perden l'estaticisme i comencen a relacionar-se entre elles.

Els materials més utilitzats van ser la pedra, el marbre i l'alabastre, encara que els retaules es van fer, majoritàriament, en fusta policromada.

Virgen Blanca de la catedral de Lleó, segle XII.

Estàtues del *pòrtic de la catedral de Reims*, segle XIII. S'aprecia la gestualitat de les figures i el naturalisme en els rostres i els vestits.

Amplia a la Xarxa...

Per saber més sobre l'escultura i la decoració gòtiques, entra a www.tiching.com/73538

- Explica les característiques de les escultures del pòrtic de la catedral de Reims i del púlpit del baptisteri de Pisa.

Ho sabies?

Les catedrals acostumaven a decorar els desguassos de la teulada amb unes escultures petites anomenades **gàrgoles**.

Representaven éssers fabulosos d'origen mitològic que podien tenir forma d'animals, éssers humans o una barreja d'ambdós; però sempre estaven representats d'una manera monstruosa i amb un aspecte grotesc.

Gàrgola de la catedral de Notre-Dame, París.

Púlpit del baptisteri de Pisa, any 1300.

7.2. La pintura

L'estructura de les noves esglésies gòtiques, que substituïa una part dels murs per grans finestrals, va reduir l'espai que el Romànic concedia a la pintura. Això va provocar l'abandonament de la pintura mural al fresc i la generalització de la **pintura sobre taules de fusta** (retaules) i la **pintura de vitralls**.

Els retaules s'acostumaven a col·locar darrere els altars de les esglésies i podien tenir grans dimensions i força complexitat. Sovint s'unien dues o tres taules per formar un díptic o un tríptic.

Els temes eren, bàsicament, religiosos, amb una preferència especial per la vida de Crist, de la Mare de Déu i dels sants. L'estil mostrava un major interès pel **realisme** i els fons daurats es van anar substituint per arquitectures i paisatges.

A més, les figures es definien mitjançant unes **proporcions més naturals** i es buscava l'**expressivitat** a través dels gestos i dels rostres.

Lluís Dalmau: La *Mare de Déu dels Consellers*, segle XV.

1. Descriu el retaule i identifica algunes diferències amb la pintura romànica.

Giotto: *La fugida a Egipte*, 1305. La pintura gòtica italiana va donar més volum i expressivitat a les figures.

Ho sabies?

En el segle XV, als Països Baixos i a Flandes, es va recuperar la **pintura a l'oli** per poder representar la realitat amb més detallisme. A més dels temes religiosos, van proliferar les escenes de la vida quotidiana, els retrats i els paisatges.

Jan van Eyck, Rogier van der Weyden i el Bosch en van ser els pintors més destacats.

Jan van Eyck: *El matrimoni Arnolfini*, 1434.

SINTETITZA

2. Quines característiques presentava l'escultura gòtica? Com es va començar a independitzar de l'arquitectura?

3. Quins recursos va utilitzar l'escultura per aconseguir més realisme?

4. Què és un retaule? On se solien situar a les esglésies?

5. Descriu les pintures d'aquesta pàgina i explica quins elements ens mostren els canvis de l'estil gòtic en el tractament d'escenes i personatges.

Practica competències bàsiques

1. Completa el mapa conceptual

Copia el mapa conceptual al quadern i completa'l:

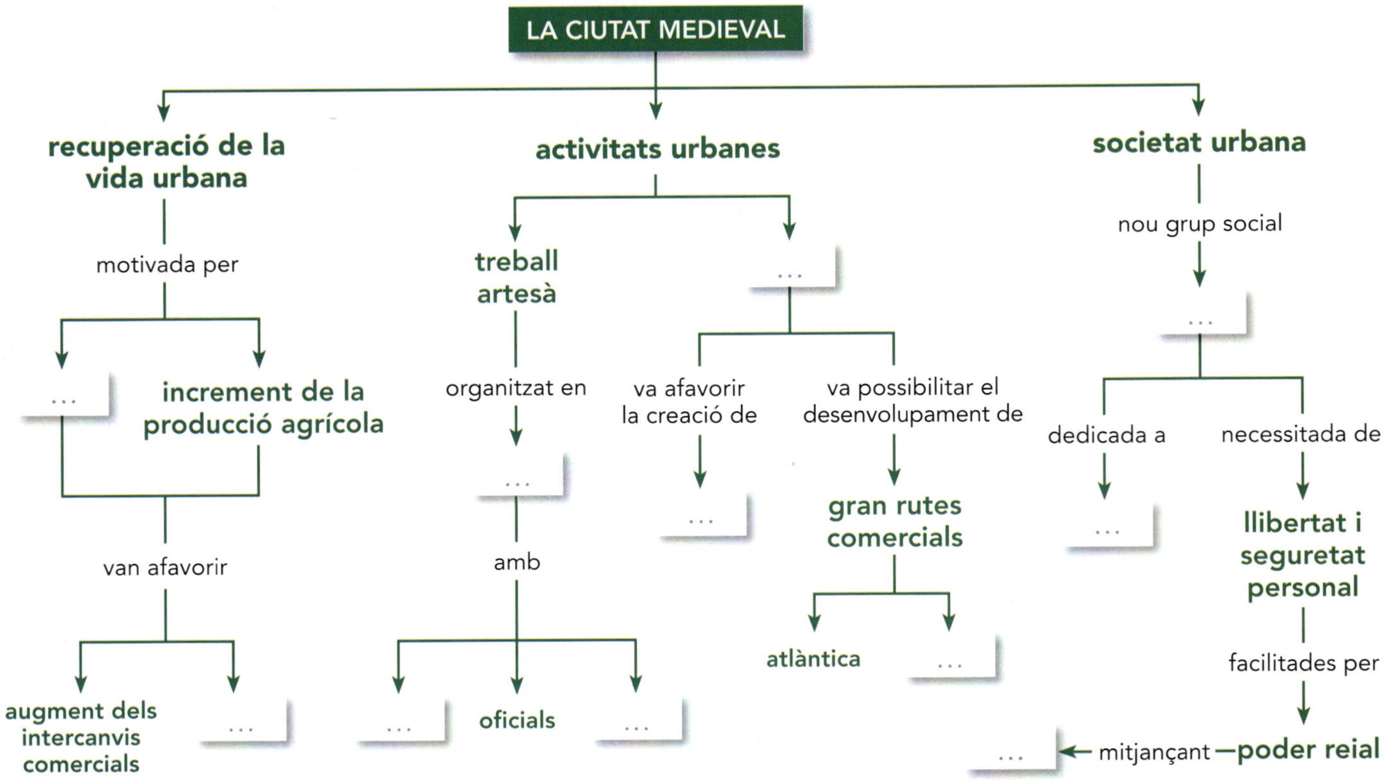

2. Sintetitza

1. Quins canvis agrícoles i demogràfics van permetre el renaixement de la vida urbana?
2. Com és la distribució característica de l'espai urbà a les ciutats medievals?
3. Explica l'activitat desenvolupada per artesans i comerciants.
4. Quin nou grup social va sorgir i va anar adquirint més importància a les ciutats?
5. Quins trets va tenir la crisi dels segles XIV i XV?
6. Quines característiques presenta l'art gòtic?

3. Defineix conceptes

- rotació triennal
- arada normanda
- patriciat urbà
- carta de privilegis
- mals usos
- fira
- burg
- gremi
- corts
- oficial
- artesà
- burgès
- gàrgola
- Pesta Negra
- contrafort

4. Comenta el text

Els escolars de la Universitat de Salamanca em van demanar la mercè, a mi, Alfons, per la gràcia de Déu rei de Castella i Lleó […], que li atorgués les coses que hi apareixien escrites […] perquè fossin de profit per a l'estudi.

– I mano que els alcaldes de la ciutat facin guardar els privilegis de la Universitat […].

– I mano, a més, que si alguns escolars de la Universitat fossin baralladissos […] els facin detenir, empresonar i expulsar de la vila […].

– Mano que hi hagi un mestre de Lleis a qui donin 500 maravedisos de salari l'any. […]

Privilegis de la Universitat de Salamanca. Segle XIII.

a) Qui atorga els privilegis a la Universitat? Què s'hi estipula?

b) Segons el text, què s'havia de fer amb els estudiants baralladissos?

c) Recorda i explica com i amb quina finalitat van néixer les universitats.

5. Aprèn a comentar un plànol d'una ciutat medieval

Venècia és una ciutat italiana situada al mar Adriàtic, que va ser independent des del segle IX fins al segle XVIII. Va arribar a tenir 70 000 habitants al segle XV i es va convertir en el centre comercial principal del Mediterrani.

Ara coneixerem on s'ubicava i com era Venècia a través de l'anàlisi de dos plànols de la ciutat. Has de seguir aquests passos:

a) Ubicació geogràfica de la ciutat

- Consulta un atles i descriu la situació de Venècia dins d'Europa.
- Fes una relació de les illes que s'allarguen al costat de la ciutat. Per què sembla que Venècia tingui una situació privilegiada? Necessitava muralles com les altres ciutats medievals?

b) Descripció de la ciutat

- Quina característica peculiar té la ciutat de Venècia? Quin mitjà de transport s'hi utilitza per traslladar-se d'un lloc a un altre?
- Quina és la via de comunicació principal? Descriu-ne el recorregut.
- Relaciona l'estructura de la ciutat amb el fet que el comerç marítim en fos l'activitat econòmica principal.
- On s'ubicava el barri de negocis? Quin nom tenia? Pensa alguna raó que en justifiqui la ubicació.
- On era el centre polític? Quin n'era l'edifici principal? Quina funció tenia?
- Què eren els calls? A què és degut el nom de l'illa Giudecca?

6. Elabora una lletra de canvi

a) Llegeix el text que hi ha a continuació:

En nom de Déu, amén. El 13 d'octubre del 1360, jo Jacobo Gabriel de Bruges, et saludo Tomás Basin.

En nom meu pagaràs a Marco Contarini a Venècia, el pròxim 13 de desembre, dos-cents ducats d'or que jo he rebut a Bruges de la mà de Piero de Bon com a pagament de les mercaderies (draps) rebudes al port d'aquesta ciutat. Que Déu et guardi. Amén.

Lletra de canvi del segle XIV. (Adaptació)

b) Copia al quadern aquesta lletra de canvi i completa-la. Què era una lletra de canvi? Quina funció tenia?

Ciutat d'origen: ...

1) Jacobo Gabriel paga ... a Marco Contarini.

2) El ... de l'any 1360, Jacobo Gabriel escriu una lletra de canvi a ... mitjançant la qual paga la quantitat de ... a ... el ... de l'any ... .

Ciutat de destinació: ...

3) El ... de l'any 1360, ... paga a ... la quantitat de ... com a pagament de ... i en nom de ... .

Conforme Nom ...

7. Copia i completa la tabla

	Pintura romànica	Pintura gòtica
Època	...	...
Característiques	...	...
Ubicació a l'església	...	...
Funció	...	...

Activitats@web

www.vicensvivesdigital.com/activitatsweb

- **Completa.** La recuperació de les ciutats
- **Veritable o fals.** Artesania i comerç
- **Tria.** La societat i el govern urbans
- **Selecciona.** El poder del rei
- **Relaciona.** La crisi dels segles XIV i XV
- **Corregeix.** Característiques del Gòtic

Castell de Cardona, segle IX

Monestir de Poblet, segle XII

4

ELS ORÍGENS DE CATALUNYA (SEGLES VIII-XII)

El territori actual de Catalunya va ser ocupat pels musulmans al començament del segle VIII, però cap al final del segle van ser expulsats pels reis francs d'una part del territori, que es va integrar en la **Marca Hispànica**.

A aquesta zona, que coneixem com **Catalunya Vella,** s'hi van formar diversos comtats depenents del monarca carolingi, que es van declarar independents entre els segles IX i X.

Al llarg dels dos segles següents, els comtes catalans, especialment els de Barcelona, van fer fora els musulmans de la resta del territori català i van repoblar-lo (**Catalunya Nova**). Paral·lelament, l'estructura social de Catalunya es va anar feudalitzant.

El nom de **catalans** es va començar a utilitzar al segle XI. S'aplicava a la gent que habitava l'actual territori de Catalunya perquè tenia unes característiques culturals pròpies: parlaven una mateixa llengua, el català, es governaven amb unes institucions i unes lleis comunes i practicaven una mateixa religió, la cristiana.

La unió matrimonial al segle XII del comte de Barcelona i l'hereva del tron d'Aragó va donar origen a un nou regne, la **Corona d'Aragó**, que es convertiria en un dels grans regnes peninsulars.

- Fixa't en el mapa i justifica les denominacions de Catalunya Vella i Catalunya Nova. Quina zona ocupava cada territori?
- Quin paper van tenir els comtes de Barcelona en la formació de Catalunya?

El comte de Cerdanya rep el jurament de fidelitat d'uns cavallers, segle XIII

MUSULMANS

COMTATS CAROLINGIS — **COMTATS CATALANS** — **CORONA D'ARAGÓ**

700 · 750 · 800 · 850 · 900 · 950 · 1000 · 1050 · 1100 · 1150 · 1200 · 1250

- **720** Inici de la conquesta islàmica de Catalunya
- **785** Girona se sotmet a Carlemany
- **897** Guifré el Pelós deixa els comtats en herència
- **985** Almansor saqueja Barcelona
- **988** Borrell II actua independentment dels reis francs
- **1031** Creació de les taifes de Tortosa i Lleida
- **1070** Ramon Berenguer I finalitza la revolució feudal
- **1117** Conquesta cristiana de Tarragona
- **1137** Unió d'Aragó i els comtats catalans
- **1149** Conquesta cristiana de Lleida
- **1213** Batalla de Muret
- **1258** Tractat de Corbeil

1 La Catalunya islàmica

1.1. La conquesta del territori

L'exèrcit provinent del nord d'Àfrica, que l'any 711 havia iniciat la invasió de la Península Ibèrica, va conquerir Saragossa el 714. Tot seguit, va dirigir la seva ofensiva cap a l'actual territori català.

Malgrat que algunes poblacions van ser sotmeses per la força, la majoria van signar **tractats de submissió** i es van comprometre a pagar tributs.

Gran part de l'aristocràcia hispanovisigoda va fugir cap a Narbona, al sud del regne franc, o es va refugiar a les zones muntanyoses dels Pirineus.

1.2. La formació de la Catalunya Vella

Com has vist, l'avanç musulmà va ser aturat pels francs a Poitiers (732). Per tal de protegir el seu territori de noves incursions, a la primeria del segle IX, els francs van ajudar a expulsar els musulmans de bona part del territori català.

Així, el domini islàmic de la zona que va des dels Pirineus fins al riu Llobregat pel sud i fins al Segre per l'oest va ser molt breu. Amb el temps, aquesta zona va ser anomenada **Catalunya Vella**.

1.3. La Catalunya andalusí

Els territoris del sud i de l'oest de Catalunya van restar sota control d'Al-Andalus al llarg de quatre segles i constituïren l'anomenada **Catalunya Nova**. La seva frontera la traçaven, aproximadament, els rius Llobregat, Anoia i Segre.

La població d'aquestes terres es va **islamitzar**, és a dir, va adoptar la llengua àrab, la religió islàmica i els costums dels conqueridors.

Al camp s'hi van crear explotacions agrícoles (**alqueries**) i l'agricultura va prosperar amb l'extensió dels regadius i l'adopció de nous conreu.

Les ciutats existents van augmentar la seva població i també se'n van crear de noves. Entre les més rellevants hi ha **Balaguer**, un important enclavament defensiu fundat pels musulmans, **Lleida** i **Tortosa**.

Amb la desmembració del califat a la primeria del segle XI, Lleida i Tortosa es van convertir en dos regnes de taifes importants.

Per tal de defensar aquestes taifes de les ofensives dels comtes catalans, a les seves terres frontereres s'hi van construir molts castells i torres defensives.

ELS REGNES DE TAIFES DE LLEIDA I TORTOSA

1. Quina zona de Catalunya va quedar sota el domini islàmic? Quines taifes s'hi van formar?

2. Quins productes predominaven en aquestes taifes? Per on passaven les vies de comunicació principals?

LA CIUTAT DE LLEIDA

El castell és fortificat i no es pot prendre ni per atac ni amb setge prolongat. A la part més alta hi ha una mesquita major, construïda amb mestria l'any 288 (calendari musulmà).

El castell domina una plana extensa. La ciutat de Lleida és fèrtil enmig de l'aridesa. Té nombrosos jardins i fruits en abundància. Està especialitzada en el conreu d'un lli excel·lent, que és exportat a totes les regions de les fronteres.

A la plana hi ha poblets, sembrats i pastures en gran nombre. Cada granja, sense excepció, té una torre o un refugi subterrani on els colons s'amaguen de l'enemic, la gent de les fronteres.

Crònica andalusina. Segle XI.

- Com era la ciutat de Lleida segons aquesta crónica de l'època?

INVESTIGA

EL PATRIMONI MUSULMÀ A CATALUNYA

Si bé la presència sarraïna a la Catalunya Nova va ser llarga, les restes arqueològiques del seu llegat artístic i constructiu són més aviat escasses.

Tot i això, Lleida, Tortosa i Balaguer conserven un important patrimoni andalusí; n'és una mostra remarcable la **suda**, la fortalesa que defensava les ciutats islàmiques.

També hi ha testimoni de l'existència de **banys**, que continuaven la tradició termal romana. L'**arquitectura militar** està representada en les restes dels castells i les torres de guaita que hi ha dispersos pel territori.

A Lleida es manté el record del passat musulmà en els noms del barri de la Moreria, on vivien els musulmans, i el carrer de la Mesquita, que fa referència a l'emplaçament de l'antiga mesquita sobre la qual els cristians van construir la Seu Vella.

El castell de la suda de Tortosa es va construir sota el califat d'Abderraman III.

Finestra d'època musulmana conservada al claustre de la catedral de Tarragona, datada l'any 960.

@ Amplia a la Xarxa...

Per saber més sobre la civilització musulmana a la Catalunya medieval, entra a www.tiching.com/81676

La Seu Vella de Lleida s'assenta sobre l'antiga mesquita major de la ciutat.

3. Explica quin tipus de restes patrimonials podem trobar a Catalunya de l'època andalusina. Quina era la seva funció o utilitat?

4. A quina zona de Catalunya es troben? Per què no trobem restes andalusines al nord del Principat?

5. Investiga quines són les principals restes arquitectòniques d'època musulmana que es conserven a Catalunya.

SINTETITZA

6. Explica com va ser la conquesta del territori català per part dels musulmans. Què van ser els tractats de submissió?

7. Què anomenem Catalunya Nova? Què va passar amb la seva població?

8. Com van evolucionar les ciutats a la Catalunya Nova? Indica quines van ser les ciutats islàmiques més importants.

9. Què va ocórrer al camp amb l'agricultura? Què eren les alqueries?

2 L'origen dels comtats catalans

2.1. La creació de la Marca Hispànica

Al segle VIII, Carlemany, rei dels francs, va travessar els Pirineus per realitzar diverses expedicions militars contra Al-Andalus. Tot i que va aconseguir el control d'importants ciutats com Pamplona, Jaca, Girona i Barcelona, no va poder conquerir la ciutat de Saragossa com era el seu propòsit i va haver de retirar-se a les seves terres.

Davant la inseguretat de la frontera sud del regne, els reis francs van crear un territori fortificat al llarg dels Pirineus per defensar-se dels musulmans. Aquesta franja, que s'estenia des de Pamplona fins a Barcelona, va rebre el nom de **Marca Hispànica**.

El territori català sota domini francès es va dividir en diferents **comtats** (Rosselló, Empúries, Girona, Cerdanya, Barcelona, Osona, Urgell...).

Cada comtat estava governat per un **comte**, que era nomenat i destituït pel rei dels francs, de qui n'era vassall.

La Marca Hispànica es completava amb els comtats de Sobrarb i Ribagorça, a l'actual territori aragonès, i el comtat de Pamplona, corresponent en gran part a l'actual Navarra.

Carlemany i el seu exèrcit a la Península Ibèrica. Els habitants de Girona van lliurar la ciutat a Carlemany i el 801 els francs van conquerir Barcelona.

2.2. La independència dels comtats catalans

Entre els segles IX i X, els comtes catalans van desvincular-se del regne franc en un procés que es va realitzar en dues etapes:

Els comtats es fan hereditaris

A la darreria del segle IX els comtes catalans van anar fent hereditari el seu càrrec. El primer pas el va fer **Guifré el Pelós**, que era comte de Barcelona, Girona, Urgell i Cerdanya i que va deixar en herència els seus territoris als seus descendents.

Amb aquest fet, i per primer cop, els comtes no van ser nomenats pel rei franc. Així es va iniciar la dinastia que des d'aleshores va governar el **comtat de Barcelona**.

@ Amplia a la Xarxa...

Per conèixer qui era el comte Guifré el Pelós, entra a www.tiching.com/81677

- Escriu una breu biografia d'aquest comte i la llegenda que es va crear al voltant de la seva mort.

La independència del comtat de Barcelona

Guifré, aplegades les tropes dels poderosos d'una i altra part de les Gàl·lies, expulsats els sarraïns de tots els confins, els rebutjà fins als límits de Lleida, i, recuperat molt valentment tot el territori esmentat, el va prendre sota el seu domini.

Heus aquí com aquest patrimoni barceloní va passar de la potestat reial a les mans dels nostres comtes de Barcelona.

I una vegada expulsats els sarraïns, tal com s'ha dit, va construir el monestir de Ripoll, que, l'any 888 de Crist, en la seva època, va ser solemnement consagrat i dotat noblement per ell mateix.

Gestes dels comtes de Barcelona. Segle XII.

- Quins fets històrics narra aquest text?
- Quines conseqüències van tenir per als comtats catalans?

El monestir de Ripoll va ser fundat per Guifré el Pelós el 880, quan va començar la repoblació del Ripollés.

ELS COMTATS I ELS REGNES PIRINENCS (ANY 1000)

1. Quins regnes i comtats es van crear als Pirineus l'any 1000? Quins eren part de l'actual territori català?

2. Què va tenir a veure Carlemany amb la creació d'aquests comtats?

3. Quin era el comtat català més extens? Quins tenien frontera amb el territori islàmic?

Els comtats es fan independents

Els musulmans d'Al-Andalus solien organitzar expedicions militars contra els comtats catalans. Sovint, eren ràtzies que saquejaven les ciutats per prendre'n tresors i botins.

L'any 985, Almansor va saquejar i destruir Barcelona. Per defensar-se d'aquesta agressió, el comte **Borrel II** va demanar ajut al seu senyor, el monarca franc. Aquest, però, no disposava de mitjans i li va negar l'auxili.

Aleshores Borrell II va decidir no renovar el jurament de fidelitat al rei franc i se'n considerà independent (988). Des de llavors els comtes van actuar com a sobirans del seu territori.

2.3. El primer repoblament

Cap al segle X els comtes i els abats dels grans monestirs (Cuixà, Ripoll, Sant Joan de les Abadesses) van voler repoblar les planes dels seus territoris (el Bages, l'Osona i el Berguedà) que, a conseqüència de les guerres, havien quedat gairebé deshabitats.

Per fer-ho, van estimular els pagesos de les muntanyes a traslladar-se a les planes i a prendre possessió de les terres per conrear-les. Aquests pagesos van esdevenir propietaris lliures de les petites parcel·les de terra on van instal·lar-se (**alous**).

Aquesta ocupació de noves terres es va estendre també cap al sud i va arribar fins al Penedès i l'Anoia. A la fi del segle X, la frontera del comtat de Barcelona ja s'havia traslladat del riu Llobregat al riu Gaià.

Ho sabies?

Paral·lelament a la independència dels comtats catalans, els **territoris occidentals de la Marca Hispànica** també van constituir-se en regnes o comtats independents.

Al segle IX, els comtats aragonesos d'Aragó, Sobrarb i Ribargorça també van aconseguir independitzar-se dels reis francs.

Al mateix temps, el comte de Pamplona va expulsar els governadors francs del seu territori. Aquest va ser l'origen al regne de Pamplona, que posteriorment esdevindria regne de Navarra.

Ramir I (1035-1063) va aconseguir unir els tres comtats aragonesos i es va convertir en el primer rei d'Aragó.

SINTETITZA

4. Com es va formar la Marca Hispànica? Quins territoris comprenia?

5. Com van aconseguir els comtes catalans independitzar-se del regne franc?

6. Què va succeir amb els altres territoris que formaven la Marca Hispànica?

7. Com van ampliar i repoblar els territoris sota el seu domini? Què eren els alous?

3 Feudalització i expansió dels comtats catalans

3.1. La feudalització de Catalunya

Des del seu origen, la Catalunya Vella fou un país de pagesos lliures, que es trobaven sota l'autoritat directa dels comtes. Però això va canviar la primeria del segle XI, quan va tenir lloc un procés de feudalització de la societat.

La necessitat de protegir el territori de les incursions islàmiques i el desig d'apropiar-se de les rendes agràries va portar els nobles a voler imposar la seva autoritat per sobre de la dels comtes.

Per aconseguir-ho, van iniciar un procés violent d'apropiació dels castells, les terres i algunes funcions públiques (jutjar, crear impostos, mantenir un exèrcit...).

Aquesta "**revolució feudal**" va tenir dues grans conseqüències:

- L'**afebliment del poder comtal**, perquè els nobles, que havien estat nomenats per cobrar impostos i impartir justícia, es van apropiar de les terres dels pagesos, van convertir el càrrec en hereditari i es van proclamar **barons**.
- La **generalització de la servitud** dels pagesos, que van haver d'encomanar-se als nobles, lliurar-los les seves terres (alous) i esdevenir-ne en **serfs**.

3.2. El restabliment de l'autoritat comtal

Aquestes revoltes nobiliares van ser molts freqüents fins l'any 1070, quan el comte de Barcelona Ramon Berenguer I va restablir l'autoritat comtal sobre els barons i va establir l'hegemonia del comtat de Barcelona sobre els altres comtats.

En primer lloc, els barons es van reconèixer vassalls seus i en contrapartida el comte va acceptar la transmissió per herència del seus càrrecs i el sotmetiment de la pagesia.

Seguidament, els altres comtes catalans (Rosselló, Empúries, Girona, Cerdanya, Urgell i Pallars) es van anar declarant vassalls seus. D'aquesta manera la casa comtal de Barcelona va esdevenir **cap del sistema feudal català** i l'origen de la futura dinastia comtal catalana.

Els costums i les normatives d'aquesta societat feudal establerta a partir del vassallatge van quedar regulats en els **Usatges de Barcelona**, una compilació de lleis, realitzada al segle XII, que és un dels primers codis feudals europeus.

Ho sabies?

Ermessenda de Carcassona (972-1058) va ser una dona molt poderosa a la Catalunya del segle XI. Casada amb Ramon Borrell, comte de Barcelona, Girona i Osona, va governar intermitentment aquells comtats, va ser una gran mecenes de les arts (esglésies, vitralls, retaules) i va tenir una gran influència sobre l'Església.

Va acompanyar el seu marit en incursions armades a Al-Andalus i solia participar en les assemblees i els consells de la cort comtal.

@ Amplia a la Xarxa...

Per saber més sobre la comtessa Ermessenda de Carcassona, entra a www.tiching.com/81678

Una pàgina del llibre dels *Usatges de Barcelona*, datat al 1173.

LA CASA COMTAL DE BARCELONA (SEGLES IX-XII)

SEGLE IX | SEGLE X | SEGLE XI | SEGLE XII

840 860 880 900 920 940 960 980 1000 1020 1040 1060 1080 1100 1120 1140 1160

- 878-897 Guifré I el Pelós
- 897-911 Guifré II
- 911-948 Sunyer I
- 948-992 Borrell II
- 992-1018 Ramon Borrell I
- 1018-1035 Berenguer Ramon I
- 1035-1076 Ramon Berenguer I
- 1076-1082 Ramon Berenguer II
- 1076-1097 Berenguer Ramon II
- 1082-1131 Ramon Berenguer III
- 1131-1154 Ramon Berenguer IV

3.3. L'EXPANSIÓ MILITAR DELS COMTATS

Amb la desmembració del califat de Còrdova, l'any 1035, va començar a **desaparèixer la inferioritat militar** dels comtats catalans davant el poder andalusí.

El cobrament de paries

En lloc del poderós califat, els comtes catalans tenien a ponent el regne taifa de Lleida i al sud el de Tortosa.

Els comtes amb terres frontereres van exigir als reis islàmics el pagament de tributs (**paries**) a canvi de mantenir la pau.

L'EXPANSIÓ TERRITORIAL DEL SEGLE XI I PRINCIPIS DEL SEGLE XII

1. Quins territoris van conquerir els comtes catalans als regnes de taifes?

2. Com van ampliar els seus dominis al nord dels Pirineus? Quines terres van incorporar als seus dominis?

L'ocupació dels territoris de frontera

Aprofitant la feblesa militar dels andalusins, al llarg del segle XI i la primeria del XII, els comtes catalans van passar a l'ofensiva i van anar ocupant els territoris fronterers. Les expedicions militars dels comtes van conquerir poblacions importants, com ara **Tàrrega** (1056), **Agramunt** (1078), **Balaguer** (1105) i **Tarragona** (1117).

Paral·lelament, els regnes d'Aragó i de Navarra van iniciar la seva expansió militar. **Alfons I el Bataller**, rei d'Aragó i Navarra, va conquerir la taifa de **Saragossa** (1118), i totes les poblacions importants d'aquest territori van quedar sota el seu control.

3.4. EL DOMINI D'OCCITÀNIA

Els diners de les paries i l'impuls econòmic del segle XI va permetre l'**expansió política cap a Occitània**. Aquesta es va iniciar l'any 1069 amb la compra dels comtats de Rasès i Carcassona per part del comte Ramon Berenguer I.

Els anys següents, els territoris occitans sota domini català es van ampliar amb l'adquisició de drets sobre altres territoris (Albi, Nimes...), amb l'annexió d'alguns comtats per motius d'herència i, sobretot, amb el matrimoni de Ramon Berenguer III amb Dolça de Provença (1112).

El nucli antic de Besalú, amb el seu pont medieval, és una clara mostra de com devia ser una ciutat comtal del segle XII.

SINTETITZA

3. En què va consistir la feudalització de Catalunya? Com va aconseguir Ramon Berenguer I imposar la seva autoritat sobre els nobles?

4. Com es va formar el Casal de Barcelona? Què eren els Usatges?

5. Què eren les paries? Com les van utilitzar els comtes catalans?

4 La formació de la Corona d'Aragó

4.1. La unió matrimonial

Després de la mort d'Alfons I el Bataller, els regnes d'Aragó i Navarra es van separar i el regne d'Aragó va quedar en mans del rei Ramir II. Aquest va tenir com a única descendència una filla, **Peronella**.

Ramir II va concertar el casament de la seva filla, que encara tenia només un any d'edat, amb el comte de Barcelona **Ramon Berenguer IV**, que ja en tenia vint (Negociacions de Barbastre, 1137). El matrimoni es va celebrar el 1150, quan la reina tenia catorze anys.

Per aquell mateix contracte Ramon Berenguer va ser reconegut com a príncep d'Aragó i es va assegurar la fidelitat dels nobles aragonesos.

Ramon Berenguer IV, Peronella i Alfons II d'Aragó i I de Catalunya a la Genealogia del Casal d'Aragó, 1400.

1. Per què Peronella apareix al dibuix amb una corona reial i un ceptre i, en canvi, Ramon Berenguer no en du?

2. Qui és el tercer personatge? Què representen els atributs que porta a les mans?

4.2. L'inici de la dinastia catalanoaragonesa

La unió de Catalunya i Aragó va donar origen a un nou regne, la **Corona d'Aragó**, i a una nova dinastia reial, que la va governar fins al començament del segle XV.

Amb aquesta unió dinàstica, els dos territoris es van unir sota un mateix rei, però van poder preservar la diferenciació territorial, les lleis, les institucions i també la llengua.

Alfons II d'Aragó, fill de Ramon Berenguer IV i de Peronella, va ser el primer monarca de la Corona d'Aragó. Aquest rei va governar amb els títols de comte de Barcelona i rei d'Aragó. A Catalunya es coneix com a **Alfons I el Cast**.

Ho sabies?

Sembla ser que el **català** ja era parlat als primers comtats catalans cap al segle VIII, com una evolució del llatí que es parlava en època romana. Per això, les llengües derivades del llatí són anomenades romàniques. Tot i això, els documents de l'època s'escrivien encara en llatí, tot i que força degradat.

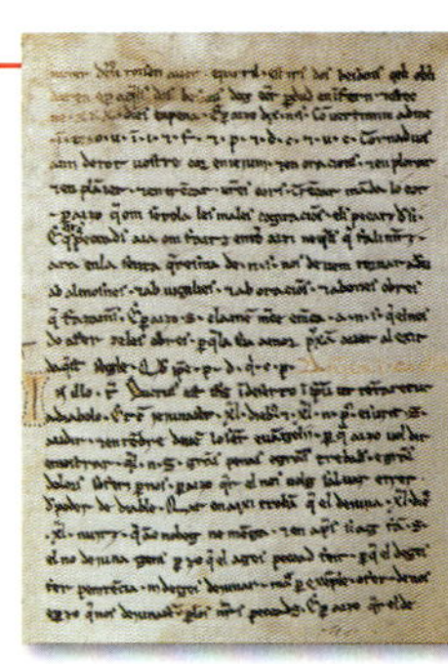

Una pàgina de les *Homilies d'Organyà*.

Al segle IX, en alguns documents de la vida quotidiana (testaments, actes, vendes, etc.) hi apareixen paraules catalanes i a la fi del segle XI es troben ja documents feudals escrits íntegrament en català.

El primer text literari escrit totalment en català són les *Homilies d'Organyà*, 6 sermons de la darreria del segle XII que comenten fragments dels textos llatins de les Sagrades Escriptures.

Aquest text va ser redactat per un clergue en estil planer i amb un to moralitzant, per dirigir-se als seus parroquians, majoritàriament pagesos de condició humil.

Alfons I el Cast, acompanyat de nobles i clergues. Miniatura del *Còdex de la Paeria de Lleida*, segle XII.

L'EXPANSIÓ TERRITORIAL DEL SEGLE XII

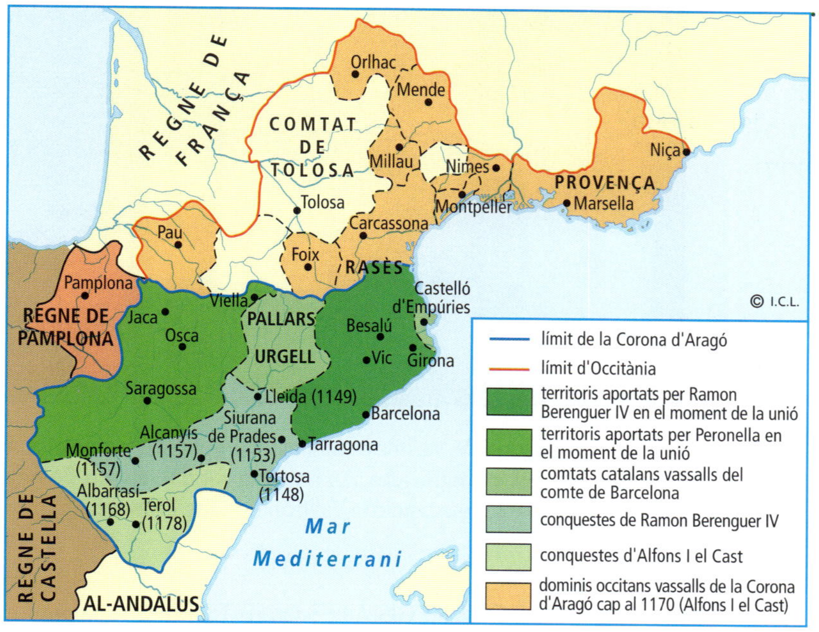

3. Quins territoris integraven la Corona d'Aragó en el moment de la seva formació?

4. Quins territoris van conquerir als regnes de taifes Ramon Berenguer IV i Alfons I el Cast?

@ Amplia a la Xarxa...

Per saber més sobre la formació de la Corona d'Aragó, entra a www.tiching.com/81680

4.3. L'EXPANSIÓ DEL TERRITORI

La unió del regne d'Aragó i dels comtats catalans va permetre unir les seves forces militars. Així, al llarg del segle XII es va completar la conquesta dels actuals territoris de Catalunya i d'Aragó, que havia avançat molt lentament els dos segles anteriors.

La conquesta de Lleida i Tortosa

L'any 1148 el comte de Barcelona, Ramon Berenguer IV, va conquerir la ciutat de **Tortosa** i, amb l'ajuda del comte d'Urgell, la de **Lleida** (1149). Després va començar l'avanç militar cap al sud, que va permetre conquerir les **Garrigues** i el **Priorat**.

L'any 1153 va capitular **Siurana**, la darrera plaça forta musulmana a territori català, i la frontera va avançar fins els ports de Beseit i el riu la Sénia. Els límits de Catalunya quedarien definitivament fixats al segle següent pel rei Jaume I.

La reconquesta aragonesa i el tractat de Cazola

Alfons I el Cast, després d'intervenir moltes vegades en la política occitana, va acabar la reconquesta de les terres d'Aragó i va fundar la ciutat de Terol (1171).

Per tal de posar fi a les rivalitats entre la Corona d'Aragó i el regne de Castella per repartir-se les zones d'expansió peninsular d'ambdós regnes, Alfons I va signar el tractat de Cazola (1179) amb Alfons VIII de Castella.

Segons aquest tractat, les taifes de València, Xàtiva i Dénia quedaven reservades a la reconquesta catalanoaragonesa a canvi de la renúncia al dret de conquerir la taifa de Múrcia.

ELS LÍMITS DE CATALUNYA AL SEGLE XIII

I seguint també les passes dels nostres predecessors, limitem el comtat de Barcelona i tot Catalunya des de Salses fins el Cinca, tal com pot veure hom ben clar per les ordinacions de pau i treva fetes a Barcelona, Tarragona i altres llocs. I establim el regne i terra d'Aragó des del Cinca fins a Ariza.

I així volem que siguin limitats per tal que no sorgeixi cap qüestió entre alguns. Així doncs, volem que l'esmentada limitació tingui fermesa perpètua i inviolable.

Pergamí signat per Jaume I, 1243.

- Quins límits van quedar fixats per a Catalunya al segle XIII?

SINTETITZA

5. Com es va produir la unió del comtat de Barcelona i el regne d'Aragó sota una mateixa corona? Quin nom va rebre el nou regne?

6. Quines característiques va tenir aquesta unió dinàstica? Quina dinastia va inaugurar?

7. Quina importància va tenir el tractat de Cazola? Qui en van ser els signataris?

5 Els repoblaments i les activitats econòmiques

5.1. El repoblament de la Catalunya Nova

Aquest repoblament es va dur a terme durant el segle XIII i es va fer de manera força diferent al repoblament amb pagesos lliures que s'havia fet al nord de Catalunya.

El repoblament nobiliari de les terres

Els reis van atorgar la majoria de les terres conquerides als nobles i als ordes militars que havien participat en la conquesta. També van fer lliurament de terres als ordes religiosos, com el dels cistercencs, per tal que hi fundessin monestirs.

Els pagesos que van repoblar les terres ho van fer sota la protecció d'un senyor, que els atorgava el dret a conrear la terra a canvi de la servitud.

Molts d'aquests serfs van quedar adscrits a la terra i se'ls coneix amb el nom de **pagesos de remença**, perquè havien de pagar un rescat (remença) si volien abandonar la terra. Aquests serfs també es van veure sotmesos a drets abusius (els anomenats mals usos) per part dels senyors.

Les cartes de poblament de les ciutats

Per atreure nous pobladors, els comtes van atorgar **cartes de poblament** a algunes ciutats, com ara Lleida i Tortosa. Aquests documents asseguraven als seus habitants que estarien lliures de determinades servituds senyorials.

També es van crear ciutats noves, moltes de les quals adoptaren el nom de **Vilanova**.

Ramon Berenguer IV va impulsar l'establiment de monestirs a les noves terres conquerides. Així es van fundar els de Poblet, Santes Creus (a la il·lustració) i Vallbona de les Monges.

CONCESSIÓ DE PRIVILEGIS A LES CIUTATS

Sigui conegut de tots els homes que jo, [...] Ermengol, comte d'Urgell, que posseeixo Lleida de mans del comte de Barcelona, donem a vosaltres, tots els pobladors i habitants a la ciutat de Lleida, les cases i patis i hortes i finques, i tota la ciutat de Lleida, tant la construïda com la destruïda, dins i fora dels murs per tal que la pobleu i que hi edifiqueu cases.

Us donem també tot el territori de la ciutat de Lleida, el ja conreat i l'erm, amb tots els seus termes i pertinences en propi franc alou, perquè en feu el que vulgueu com a heretats pròpies vostres i que les pugueu donar, vendre o empenyorar.

Carta de poblament de la ciutat de Lleida, 1150.

- Identifica qui fa la donació i què es concedeix als pobladors i habitants de Lleida.

5.2. La permanència de musulmans a Catalunya

Les terres de la Catalunya Nova, sobretot les del Baix Ebre i la plana de Lleida, estaven força poblades de sarraïns als quals s'havia oferit la possibilitat de quedar-s'hi.

N'hi va haver molts que van fugir cap a Al-Andalus, però d'altres van decidir quedar-se i se'ls va permetre seguir parlant la seva llengua, practicant la seva religió i seguint els seus costums.

Als musulmans que es quedaren se'ls anomenà **mudèjars** o **moriscs** i la majoria treballaven al camp com a pagesos.

Un musulmà, un jueu i un cristià parlant amb un monjo segons el *Llibre del gentil e los tres savis* de Ramon Llull, 1274.

5.3. El creixement agrícola

A partir del segle XI es va produir una certa millora de les condicions de vida de la població. La **producció agrícola** va augmentar com a resultat dels progressos tècnics i de l'ampliació de les terres de conreu (artigatges).

Els productes agrícoles més importants eren els cereals (blat, ordi i sègol) i la vinya. Amb la repoblació de les terres del sud de Catalunya van adquirir importància els arbres fruiters i les oliveres.

La millora agrícola va afavorir els inicis d'un **comerç interior** i la creació de mercats i fires, on anaven els pagesos per intercanviar els seus productes.

Pagesos segant blat. *Bíblia de Ripoll*, segle XI.

5.4. Les ferreries dels Pirineus

A les terres pirinenques hi van proliferar les **ferreries**, dedicades a la fabricació d'eines i armes.

S'hi treballava el ferro amb el mètode de forja conegut com a **farga catalana**, que es va anar perfeccionant amb el temps i va assolir una producció força elevada.

Aquests obradors eren molt abundants als dos vessants del Pirineu oriental, sobretot a la vall Ferrera i la vall d'Àneu.

Ho sabies?

Les **dones pageses** col·laboraven en les tasques agrícoles i tenien cura de l'hort i de l'aviram. A més, ajudaven en les èpoques en què hi havia més feina al camp. La manipulació dels productes derivats de la ramaderia era feina seva.

Les feines domèstiques i la cura dels fills també estava al seu càrrec i sovint feien de dides dels fills d'algun noble a canvi d'una paga.

5.5. El renaixement urbà i comercial

La millora agrícola i l'augment del comerç van afavorir el renaixement de la vida urbana.

L'establiment d'artesans i comerciants als antics nuclis urbans, com ara Barcelona, Vic, la Seu d'Urgell o Girona, va fer créixer les ciutats i va originar la formació de nous barris fora de les muralles (**ravals**).

Catalunya, lloc de pas entre Al-Andalus i l'Europa feudal, es va convertir en un enclavament estratègic del comerç: pels Pirineus sortia l'or musulmà per pagar esclaus, pells i armes procedents d'Europa.

Bona part d'aquesta activitat comercial tenia el centre a **Barcelona**, que va començar a establir relacions econòmiques amb altres ports de la Mediterrània.

Miniatures de la *Bíblia de Vic*. Hi ha representats un picapedrer i uns paletes que treballen en la construcció. El creixement de les ciutats va augmentar el nombre d'artesans que s'hi van instal·lar.

SINTETITZA

1. Què diferencia les primeres repoblacions de les que es van fer per repoblar la Catalunya Nova?

2. En quines condicions es van quedar al territori conquerit els moriscs que hi vivien?

3. Per qué a partir del segle XI es va produir una millora de les condicions de vida de la població?

4. Per què Catalunya es va convertir en un enclavament comercial important?

6 L'art romànic a Catalunya

Durant els segles XI i XII es va anar introduint a tots els comtats catalans l'art romànic, un estil que hi va tenir un gran desenvolupament.

6.1. L'ARQUITECTURA

A Catalunya, la noblesa i el clero van promoure la construcció de **castells** (Cardona, Mur..), **esglésies** *(Sant Vicenç de Cardona)* i grans **monestirs**, entre els quals destaquen els de *Sant Pere de Rodes, Ripoll, Sant Martí del Canigó i Sant Joan de les Abadesses.*

També s'hi construïren nombroses esglésies rurals de petites dimensions que són testimoni de la religiositat de la societat pagesa de l'època. Entre els nombrosos exemples existents, cal destacar el conjunt d'esglésies de la vall de Boí (*Sant Climent i Santa Maria de Taüll).*

El romànic català va tenir una gran influència llombarda (nord d'Itàlia), que es caracteritza per l'ús de carreus quadrats, la solemnitat de la torre, les arcuacions cegues i l'esveltesa dels absis.

Nau central de l'*església de Sant Vicenç de Cardona*, construïda al segle XI. Sota l'altar, l'accés a la cripta.

@ Amplia a la Xarxa...

Per saber més sobre l'art romànic de Catalunya, entra a www.tiching.com/81685

- Explica quines obres constitueixen la col·lecció d'art romànic conservada al Museu Nacional d'Art de Catalunya.

L'*església de Sant Climent de Taüll*, a la vall de Boí, segle XII.

1. Fixa't en les imatges de les esglésies romàniques i explica les característiques de l'arquitectura romànica catalana.

Vista aèria del *monestir de Sant Pere de Rodes*, que fou construït entre els segles X i XI. Hi destaca especialment la característica torre quadrada de l'església.

6.2. L'ESCULTURA

Tot i que bona part de l'escultura romànica estigué supeditada a l'arquitectura, també fou molt popular l'escultura exempta de fusta policromada.

De la primera, cal destacar la decoració de les **portalades** *(Santa Maria de Ripoll)* i dels **capitells** dels claustres, com el de *Sant Cugat del Vallès*.

L'**escultura en fusta** se centra en tres temes bàsics: majestats (Crist crucificat), marededéus amb l'infant i el davallament de Crist de la creu.

Majestat Batlló, talla en fusta policromada, segle XII.

6.3. LA PINTURA

Catalunya té una de les mostres més riques i abundants de pintura romànica de la Península Ibèrica, tant **mural** com sobre **fusta**.

La decoració pictòrica de les esglésies es feia a l'absis i als murs: hi representaven el Pantocràtor i escenes de la vida de Jesús i de la Mare de Déu. Són molt remarcables les pintures del conjunt d'*esglésies de Taüll* i les del Mestre de Pedret *(Sant Quirze, Esterri d'Àneu)*.

De la pintura sobre taula, cal destacar-ne els frontals d'altar (el *d'Avià* i el *dels Apòstols*).

HO SABIES?

En aquestes escultures, la **Mare de Déu** es presenta com a "seient" o "tron" de la divinitat. La **figura de Jesús** no correspon a un infant, sinó que és un adult de mida petita perquè es vol remarcar la imatge de Crist com a jutge.

Les dues figures són totalment frontals i gairebé simètriques, amb una expressió hieràtica i sense cap mena d'interrelació.

Mare de Déu de Matadars, segle XII.

Frontal d'Avià, segle XII.

2. Què és un frontal? De quin material està fet? Descriu les diferents escenes religioses que s'hi representen.

La Mare de Déu amb l'Infant de l'absis de Santa Maria de Taüll, segle XII.

SINTETITZA

3. Quan es va desenvolupar l'art romànic a Catalunya? Quins grups socials el van promoure?

4. Quins són els trets més rellevants de l'escultura i la pintura romàniques a Catalunya? Esmenta'n algunes obres.

Practica competències bàsiques

1. Completa el mapa conceptual

Copia el mapa conceptual al quadern i completa'l:

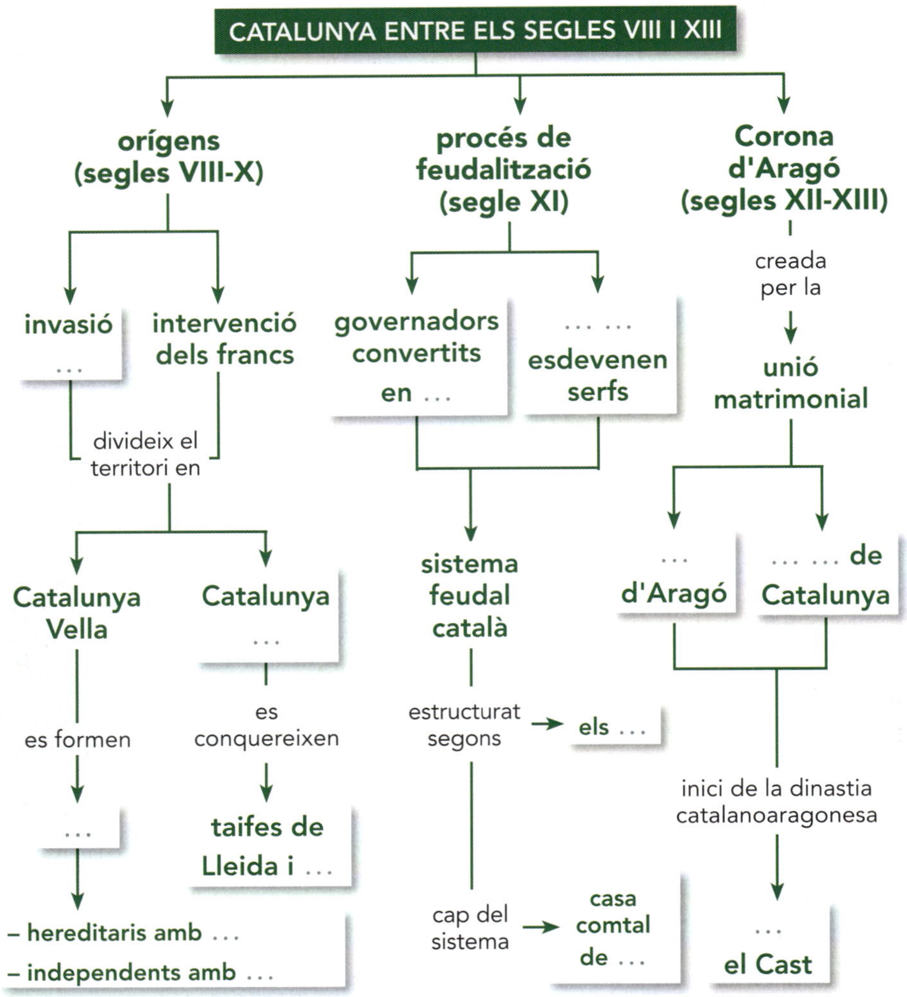

2. Sintetitza

1. Quina zona de Catalunya va estar ocupada molts anys pels musulmans?
2. Què va passar amb la resta del territori?
3. Com es van crear a la Catalunya Vella els primers comtats catalans independents dels reis carolingis?
4. Com es va produir la feudalització de Catalunya?
5. Com es va fer la reconquesta del territori català?
6. Com es van repoblar els territoris conquerits?
7. Quina expansió van dur a terme els comtes catalans a l'altra banda dels Pirineus a partir del segle XI?
8. Com es va formar la Corona d'Aragó? Qui en va ser el primer rei?

3. Fixa't en el mapa

a) Indica al teu quadern a quin comtat català correspon cada lletra, i quina taifa correspon a cada nombre.

b) Quin any aproximat correspon a les diferents línies de frontera amb Al-Andalus?

c) Explica com estava governat el territori de Catalunya en cadascuna d'aquestes etapes.

4. Identifica personatges

- Carlemany
- Guifré el Pelós
- Borrell II
- Ramon Berenguer I
- Ermessenda de Carcassona
- Ramon Berenguer IV
- Peronella
- Alfons I el Cast

5. Estableix la cronologia

Explica què va succeir en aquestes dates i per què tenen una importància cabdal en la història de Catalunya:

711 – 800 – 878 – 985 – 1070
1137 – 1153 – 1149 – 1169

6. Aprèn a comentar una pintura romànica

Catalunya constitueix un dels principals nuclis europeus de pintura romànica. Ara et proposem observar i analitzar les pintures de l'absis de Sant Climent de Taüll. Per fer-ho, pots seguir els passos següents:

a) Descripció temàtica

- Identifica quin número correspon a les parts del Pantocràtor: figura de Crist, ametlla mística, els quatre evangelistes (Joan, Mateu, Lluc i Marc), lletres alfa i omega, sanefa que representa la volta celeste, dos serafins de sis ales.
- Descriu com s'hi representa la figura de Crist.
- La zona on se situa el pantocràtor representa el cel, i la de sota, la terra. Qui penses que són els personatges representats?

b) Descripció formal

- Com són els colors de les figures? I el contorn?
- Totes les figures tenen la mateixa mida? Respecten les proporcions? Tenen moviment? Creus que hi ha perspectiva?
- Creus que el rostre de Jesús és expressiu?
- Quins elements ornamentals hi veus?

c) Descripció estilística

- Què significa que aquestes pintures tenien una finalitat didàctica?
- Quin missatge creus que volia transmetre el pintor als fidels?

d) Context històric

- Quin tipus de societat hi havia a Catalunya en aquesta època?

Pantocràtor de l'absis de l'església de Sant Climent de Taüll, 1123.

7. Comenta el text

En nom de Crist, ens plau a tots [...] sense que ningú forci el nostre albir, sino per voluntat pròpia, fer-vos carta de donació a vos comte Ramon [...] i us lliurem tots els nostres alous situats al pagus de Pallars i a la vila de Baen, terres, vinyes, cases, horts, arbres, molins, aigües, canals, perquè sigueu el nostre bon senyor i defensor de tots els homes del vostre comtat, [...] perquè des d'avui mateix tingueu aquesta potestat.

I si nosaltres o qualsevol home tractés d'anar en contra d'allò aquí acordat, que pagui el doble i es mantingui el compromís.

Encomanda d'uns camperols de la vila de Baen al comte de Pallars. Segle X.

a) Què oferien els pagesos al comte? A canvi de què? En quines condicions?

b) Explica quines circumstàncies històriques de la Catalunya dels segles X i XI van fer que els pagesos lliures s'encomanessin als senyors.

8. Consulta a Internet

Consulta www.tiching.com/82366 i explica què eren les assemblees de pau i treva de Déu.

a) Què s'entenia per "llocs protegits per la pau"? I per la treva?

b) Qui va ser el promotor d'aquestes assemblees? Quina finalitat tenien?

Activitats@web

www.vicensvivesdigital.com/activitatsweb

- **Completa.** Catalunya sota domini islàmic
- **Ordena.** L'evolució dels comtats catalans
- **Veritable/fals.** La unió de Catalunya i Aragó
- **Tria.** Les activitats econòmiques
- **Relaciona.** Dels orígens a la Corona d'Aragó
- **Identifica.** L'art romànic a Catalunya

Arribada del rei Pere III el Gran a Sicília, 1282

El Consell de Cent de Barcelona, 1448

5

CATALUNYA DINS LA CORONA D'ARAGÓ (SEGLES XIII-XV)

La Corona d'Aragó va dur a terme una **important expansió territorial** durant el segle XIII i bona part del XIV: va conquerir les illes Balears i el regne de València, i va culminar amb èxit les expedicions militars que va fer a les illes de Sicília i Sardenya.

Alhora, es van produir un important **creixement demogràfic** i una gran **expansió agrícola**. A remolc de l'expansió mediterrània, el comerç va esdevenir la principal activitat econòmica, que va impulsar l'artesania i les manufactures.

El creixement econòmic va comportar l'enriquiment de la burgesia urbana (patriciat de les ciutats), que, juntament amb els grups més privilegiats (noblesa, clero), van esdevenir els grups més poderosos.

La monarquia va acordar amb aquests grups un repartiment del poder que era conegut amb el nom de **pactisme**. Com a institucions d'aquest poder es van crear les **corts**, la **Generalitat** i el **govern de les ciutats** (el Consell de Cent de Barcelona, la Paeria de Lleida, etc.).

Però a la darreria del segle XIV es va iniciar una greu **crisi** econòmica que provocà conflictes socials i polítics i coincidí amb l'entronització de la dinastia castellana dels Trastàmara. L'oposició dels privilegiats a sometre's a l'autoritat del monarca va provocar una guerra civil (1462-1472).

- Mira el mapa i escriu el nom de tots els territoris que formaven la Corona d'Aragó al segle XIV.
- Quines van ser les institucions de poder de la Corona d'Aragó? Saps quin va ser l'origen medieval de la Generalitat?
- Quina situació econòmica va viure la Corona d'Aragó als segles XIII i XIV? I al final del segle XIV?

Jaume I presideix una sessió de les corts catalanes davant els tres braços. Miniatura del 1495

1 L'expansió militar i comercial del segle XIII

1.1. La fi del domini d'Occitània

El domini català a Occitània va provocar l'hostilitat de les cases comtals veïnes, que tenien el suport del rei de França. El pretext per intervenir-hi militarment va ser l'expansió del catarisme per aquestes terres.

A començaments del segle XIII, el papa Innocenci III va convocar una croada contra els càtars i el rei de França va organitzar un exèrcit de nobles contra els comtes occitans, acusats de protegir els càtars.

Pere el Catòlic, rei de la Corona d'Aragó, va anar a lluitar al costat dels nobles d'Occitània, que eren vassalls seus. Els occitans van ser derrotats per les tropes franceses a la **batalla de Muret** (1213), on el rei Pere va trobar la mort.

Jaume I, fill i successor de Pere el Catòlic, va renunciar, pel **Tractat de Corbeil** (1258), a tots els seus drets a Occitània davant el rei Lluís IX de França. Així, la Corona d'Aragó només va mantenir a l'altra banda dels Pirineus el Rosselló, Montpeller i el Carladès.

Ho sabies?

El **catarisme** va ser una confessió religiosa que havia estat declarada contrària a la doctrina de l'Església catòlica.

Els càtars predicaven la salvació mitjançant l'estricte rebuig del món material.

Aquest moviment va sorgir al segle X, però va tenir una gran expansió cap al segle XIII a la zona d'Occitània.

1.2. L'expansió militar del segle XIII

Tancada la possibilitat d'expandir-se cap a Occitània, la Corona d'Aragó va orientar-se cap al sud de la Península i la Mediterrània. Aquesta nova expansió va estar afavorida per:

- La **decadència dels regnes de taifes** després de la victòria cristiana de Las Navas de Tolosa (1212), en què va intervenir el rei Pere el Catòlic al costat dels reis de Castella (Alfons VIII) i de Navarra (Sanç VII).
- Els interessos de la **burgesia catalana**, sobretot de Barcelona, que volia expandir el comerç al Mediterrani, i de la **noblesa aragonesa**, que volia adquirir noves terres.

La conquesta de Mallorca

El primer objectiu dels mercaders i dels nobles catalans van ser les **illes Balears**, perquè eren un regne ric, un bon centre de comunicacions i un refugi de pirates que dificultaven el comerç.

Al principi del segle XIII el rei **Jaume I el Conqueridor** va conquerir Mallorca (1229) i Eivissa (1235). Menorca va ser conquerida una mica més tard, en temps d'**Alfons el Benigne** (1287), nét del rei Jaume I.

Una bona part de la població musulmana de les illes Balears va morir durant la conquesta o va haver d'emigrar.

Llavors les terres van ser repartides entre els organitzadors de la conquesta (nobles, Església, burgesos...) i van ser repoblades amb catalans, especialment empordanesos.

LA CONQUESTA DE MALLORCA I VALÈNCIA

1. Quins territoris va conquerir la Corona d'Aragó al segle XIII? Quins monarques van dur a terme aquesta conquesta?

2. A partir de les dates del mapa construeix un eix cronològic de les conquestes de Jaume I.

3. Quins factors van motivar aquesta expansió militar?

La conquesta del regne de València

Aquesta conquesta va ser iniciada per nobles aragonesos i ordes religiosos militars, que ocuparen el Maestrat fins a Peníscola. A partir del 1236 hi va intervenir el rei **Jaume I**, que va aconseguir la capitulació de la ciutat de València (1238) i va fer avançar la frontera fins al port de Biar (1245). Més endavant, ja al segle XIV, **Jaume II** va ocupar les terres d'Alacant, Elx i Oriola.

La majoria de musulmans van restar al país i es convertiren en vassalls dels nous senyors que es van repartir les terres. La repoblació es va fer amb emigrants catalans, que es van instal·lar a la costa, mentre els aragonesos ho van fer-ho a l'interior.

1.3. L'EXPANSIÓ MEDITERRÀNIA

Els successors de Jaume I van iniciar una expansió militar i comercial per la Mediterrània. Aquesta empresa va rebre el suport dels mercaders catalans, valencians i mallorquins, que van proporcionar naus i diners als reis.

Pere el Gran va emprendre la conquesta de **Sicília** (1282) i, l'any 1323, **Jaume II** va començar la conquesta de l'illa de **Sardenya**. Durant uns quants anys la Corona d'Aragó va ocupar també els ducats d'Atenes i Neopàtria, i, ja al segle XV, **Alfons el Magnànim** va conquerir el regne de Nàpols.

Per dur a terme totes aquestes conquestes els reis van disposar d'una gran flota marítima, comandada pel prestigiós almirall **Roger de Llúria** en temps del rei Pere el Gran, i d'un exèrcit de soldats mercenaris, els **almogàvers**.

CAPITULACIÓ DE VALÈNCIA

Nós En Jaume, per la gràcia de Déu rei d'Aragó i de Mallorca i comte de Barcelona [...], us prometo a vós, el rei Zayyān [...], que vós i tots els moros que vulguin sortir de València, que se'n vagin i que surtin estalvis i segurs amb les seves armes i amb tots els arreus i la roba que es vulguin emportar [...].

A més, volem que els moros que es vulguin quedar a València, que s'hi quedin en la nostra fe estalvis i segurs i que es posin d'acord amb els amos que tenen les heretats. [...]

I jo, Zayyān, prometo lliurar-vos i donar-vos tots els castells i les viles que hi ha i que tinc del Xúquer ençà en el termini de vint dies.

Capitulació del rei de València.
Crònica de Jaume I, 1238.

- Identifica els dos personatges del text. Quin acte duen a terme? A què es comprometen?

L'EXPANSIÓ MEDITERRÀNIA (SEGLES XIII-XV)

SINTETITZA

4. Quins territoris dominava la Corona d'Aragó a la Mediterrània?

5. Traça un eix cronològic de les conquestes d'aquests territoris.

6. Per què, al segle XIII, l'expansió catalanoaragonesa es va dirigir cap al sud de la Península Ibèrica i al Mediterrani?

7. Com es van repoblar les terres de Mallorca i de València?

2 Les activitats econòmiques

2.1. La producció agrícola i ramadera

L'agricultura va tenir una expansió important a partir del segle XIII gràcies sobretot a l'ampliació de la superfície conreada amb la rompuda de noves terres, però també a la millora dels sistemes de regadiu i a la introducció de millores tècniques.

Els productes més conreats van continuar sent el **blat**, l'**olivera**, la **vinya**, l'**arròs**, els **llegums** i les **fruites**. Catalunya era deficitària de blat, i n'havia d'importar d'Aragó, de la Provença, de Sardenya i de Sicília. Com a productes d'**exportació** eren molt valorats el vi, el safrà, l'oli i els fruits secs.

Pel que fa a la ramaderia, va augmentar el volum de la cabana i es criaven **bous** i **cavalls** per a les feines del camp, **porcs** per al consum de carn i **ovelles** per al consum de carn i per la llana.

2.2. L'activitat artesanal i industrial

A les ciutats l'activitat artesana era important, i els diversos oficis estaven organitzats en **gremis**. Aquests oficis s'agrupaven per carrers, que prenien el nom de l'activitat que s'hi feia (Boters, Argenters, Assaonadors, Mercaders...).

Hi havia una sèrie d'oficis destinats a cobrir les necessitats de la vida diària de la població (fusters, sabaters, ferrers...). Però també hi havia un sector dedicat a la fabricació de productes de luxe per a l'exportació, com els argenters.

A més, existien algunes activitats industrials entre les quals destacaven:

- La **metal·lúrgia del ferro**, ubicada a les fargues del Pirineu (Ripollès). Fabricava estris agrícoles i armes per a l'exportació.
- La **manufactura de draps**, la més important, que s'estenia per tot el territori. Fabricava robes senzilles de cotó i cànem (fustany) per al consum intern i teixits de luxe destinats a l'exportació.

2.3. L'activitat comercial

El comerç era l'activitat més important i la base de la prosperitat econòmica medieval catalana. L'etapa més pròspera d'aquest comerç es va desenvolupar entre el 1250 i el 1350, en què Catalunya va ser un centre important d'exportació de productes cap a la Mediterrània oriental.

Les principals rutes comercials s'adreçaven cap a Itàlia, els regnes del nord d'Àfrica i el Pròxim Orient, on s'hi adquirien **productes orientals** (espècies, seda, perfums, etc.) per vendre'ls a Europa. Una part d'aquests béns es compraven amb monedes d'or i una altra s'intercanviava per productes (teixits, armes de ferro, corall, oli i esclaus).

Ordenances del gremi de la llana

Que cap teixidor de drap de llana ni cap altre persona gosi teixir draps a cap lloc amagat. Ho han de fer a llocs oberts i en el temps que transcorre entre que surt el sol i es pon. Així, els cònsols del dit ofici podran entrar tantes vegades com vulguin sense dificultats i podran examinar i reconèixer els draps que s'hi fan de manera que no s'hi pugui fer frau.

Per això, ningú podrà vedar l'entrada als dits cònsols i si algu gosa fer-ho, pagarà multa cada vegada.

Ordenances de la indústria de la llana de Barcelona, 1387.

- Què reglamenta aquesta ordenança?
- Quina funció tenien els anomenats cònsols?

Obrador d'un sabater. Retaule de l'església de Santa Maria de Manresa, 1346.

Ho sabies?

Una **llotja** era una gran sala coberta on s'emmagatzenaven els productes destinats al comerç d'exportació i importació.

També hi solien tenir la seu els Tribunals que resolien els conflictes que sorgien entre mercaders.

El desenvolupament comercial de la Corona d'Aragó va estimular la construcció de llotges als ports principals.

Sala principal de la Llotja de València.

1. Descriu com eren les drassanes de Barcelona i quins treballs s'hi realitzaven.

2.4. ELS CONSOLATS DE MAR

Per impulsar aquest comerç, la ciutat de Barcelona va organitzar un sistema de consolats de mar a les principals ciutats de la Mediterrània.

El primer consolat es va crear a Barcelona l'any 1260 i ben aviat se'n van anar establint a totes les ciutats portuàries de la corona. A la fi del segle XIV n'hi havia 42, dispersos pels diferents ports del mar Mediterrani.

El consolat de mar era un **tribunal** al capdavant del qual hi havia un **cònsol** que tenia el poder judicial per resoldre tots els problemes que sorgien entre els mercaders i per representar-los davant de les autoritats.

El comerç mediterrani es regia pel **Llibre del Consolat de Mar**, una recopilació de normes jurídiques de comerç realitzada a Barcelona al segle XIV i escrita en català.

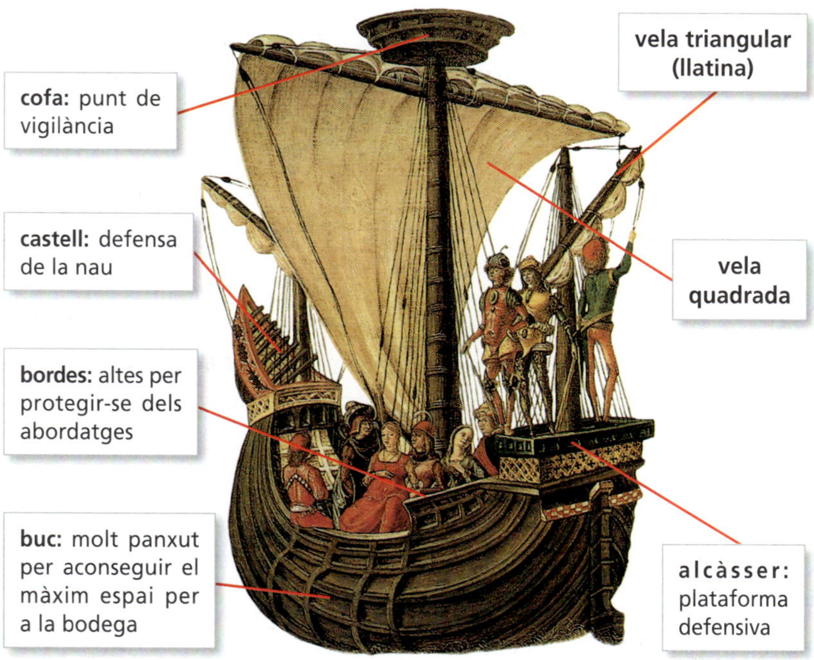

La coca va ser la nau més utilitzada pels comerciants catalans per navegar per la Mediterrània. Representació d'una coca en una taula del 1480.

SINTETITZA

2. Quina evolució van seguir l'agricultura i l'artesania? Quines eren les activitats industrials principals?

3. Explica quines eren les rutes comercials catalanes més importants? Quins productes s'hi intercanviaven?

4. Quan es van construir les drassanes de Barcelona? Quina era la nau més utilitzada pels comerciants de l'època?

5. Què eren i quina funció tenien els consolats de mar? Per quina ordenació es regien?

3 L'organització de la societat

3.1. La població

Al llarg dels segles XII i XIII la població de la Corona d'Aragó havia augmentat com a resultat de la prosperitat econòmica. Es calcula que a mitjan segle XIV la població total del regne arribava al milió de persones.

La part més important de la població vivia al camp, però el desenvolupament comercial i artesà havia atret molta gent cap a les ciutats. **Barcelona**, amb 50000 habitants, era la més poblada; la seguien en importància **València**, **Mallorca** i **Perpinyà**.

LA POBLACIÓ DE LA CORONA D'ARAGÓ

Territoris	1350	Ciutats principals	1350
Catalunya	500000	Barcelona	50000
València	250000	València	30000
Aragó	250000	Mallorca	22000
Illes Balears	60000	Perpinyà	18000

1. Explica com es distribuia la població als diferents regnes de la Corona d'Aragó a mitjan segle XIV.

3.2. Els grups socials

La societat catalana era una **societat feudal**, organitzada en tres estaments o braços que tenien representació a les corts: el braç militar o nobiliari, el braç eclesiàstic i el braç reial (dels burgesos).

Els privilegiats

La **noblesa** i el **clero** eren els grans propietaris de terres, tot i que amb prou feines representaven l'1,5% de la població. Dins de la noblesa es distingien, segons la riquesa, els barons i els rics homes, que eren grans terratinents, i els cavallers, que vivien en castells petits o en masies fortificades. Els uns i els altres es beneficiaven de les rendes que rebien dels pagesos.

Els no privilegiats

La **burgesia** era activa i nombrosa gracies al desenvolupament de les activitats artesanes i mercantils. A més, gaudia de riquesa, tenia una alta consideració social i participava del poder a nombroses institucions.

Era un grup heterogeni en el qual s'hi distingien el **patriciat urbà** o "ciutadans honrats" (banquers, grans comerciants, patrons de nau), els **professionals** (notaris, metges, orfebres) i els artesans qualificats (**menestrals**).

Dins els grups no privilegiats, els **pagesos** constituïen el 90% de la població. Hi havia pocs pagesos lliures, i la majoria estaven vinculats a la terra (pagesos de remença). A les ciutats, el **poble menut** constituïa el gruix de la població treballadora.

Els marginats

També hi havia grups socials que no gaudien dels mateixos drets: els **esclaus** (uns 12000 al segle XIV), que treballaven com a criats a les cases, al camp i als tallers artesans; els **mudèjars**, ocupats majoritàriament en les feines del camp, eren nombrosos a Tortosa i a Lleida, i els **jueus**.

EL PAGÈS DE REMENÇA

Perquè en alguna part de Catalunya que té com a nom Catalunya Vella [...] homes de senyor que no són cavallers estan tan lligats als seus senyors, que els seus fills són homes dels seus senyors i no poden casar-se ni anarse'n dels masos; i, si ho fan, s'han de redimir; i, si es casen, els senyors dels pagesos tenen, gairebé per tot, lluïsme de l'esponsalici.

Commemoracions de Pere Albert. Segle XIII.

- Què eren els pagesos de remensa? A quina part de Catalunya n'hi havia més? Esbrina què era el lluïsme.

A diferència d'altres regnes peninsulars, a Catalunya la burgesia hi va assolir un gran desenvolupament. A la imatge, burgesos rics, en un retaule de Bernat Martorell, 1347.

INVESTIGA

ELS JUEUS A CATALUNYA

La **immigració jueva** cap a Catalunya va tenir el moment àlgid al segle XIII, en què Jaume I va donar facilitats perquè s'instal·lessin al seu regne.

Llavors, es van crear **comunitats jueves** importants a Perpinyà, Barcelona, Girona, Vic, Tortosa i Lleida, que al segle XIII representaven entre el 2 i el 3 % de la població catalana.

Els jueus es dedicaven a l'**artesania** (joiers, teixidors), al **comerç** (eren prestadors de diners) o ocupaven càrrecs a la **cort reial**, on eren molt apreciats (intèrprets, ambaixadors, agents del fisc).

Vivien marginats i patien discriminacions: estaven obligats a portar un distintiu al vestit i a viure en barris separats, anomenats **calls**. Aquests barris tenien les seves autoritats pròpies, es regien per unes lleis particulars i disposaven de la **sinagoga**, el lloc de trobada de la comunitat i centre d'oració dels jueus.

Escena familiar de celebració de la Pasqua. Haggadà de Barcelona.

UNA SINAGOGA

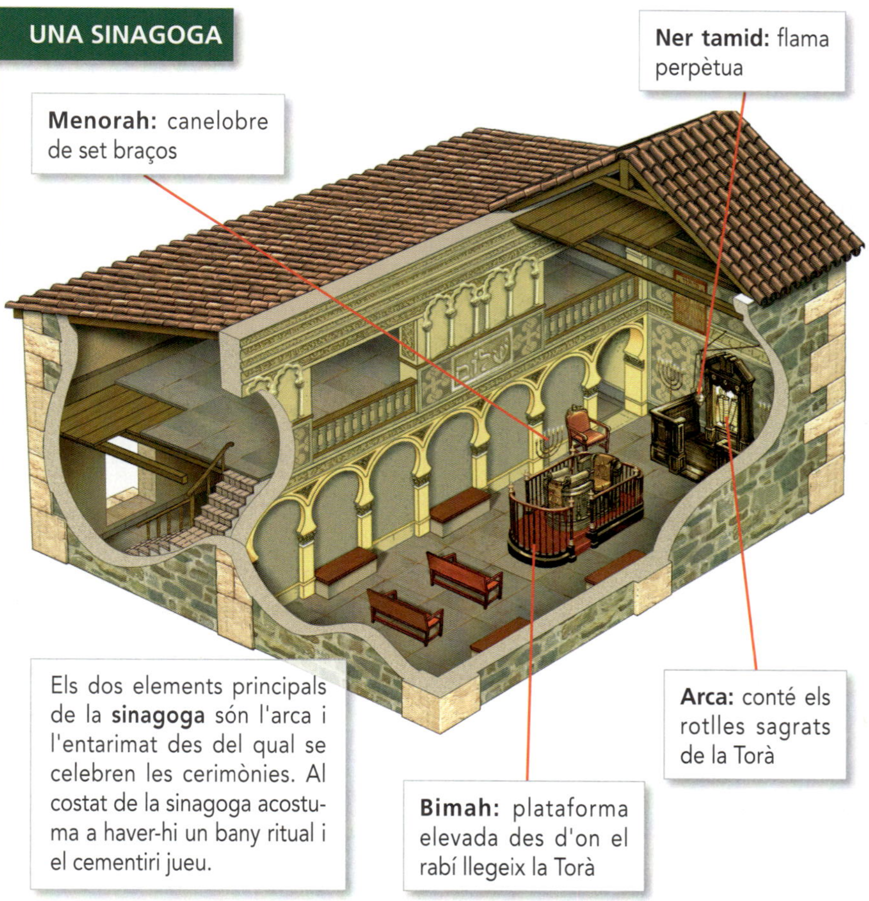

Els dos elements principals de la **sinagoga** són l'arca i l'entarimat des del qual se celebren les cerimònies. Al costat de la sinagoga acostuma a haver-hi un bany ritual i el cementiri jueu.

HO SABIES?

A la segona meitat del segle XIV es van produir una sèrie de persecucions contra els jueus, anomenades **pogroms**. Malgrat que els reis van intentar protegir-los, a la darreria del segle la majoria dels calls de Catalunya van ser assaltats (el de Barcelona va ser destruït el 1391).

Els jueus van ser obligats a batejar-se o a emigrar; llavors n'hi va haver molts que es van convertir al cristianisme i van esdevenir **conversos**.

Jueu marcat amb la rodella, un cercle de roba groc i vermell que els identificava, segle XIV.

2. Fixa't en la sinagoga. Quina funció té? De quines parts consta?

3. Amb la informació de tots els documents redacta un informe sobre la població jueva de Catalunya a l'Edat Mitjana.

SINTETITZA

4. Quina evolució va seguir la població de la Corona d'Aragó als segles XII i XIII? Quines eren les ciutats més poblades?

5. Quins grups socials hi havia en aquesta època? Caracteritza'n breument cadascun.

4 Les institucions de govern de la monarquia

4.1. Una monarquia confederal

La Corona d'Aragó es va organitzar com una **confederació d'estats**. En formaven part els antics comtats catalans, que Pere el Cerimoniós va aplegar sota el títol de Principat, i els regnes d'Aragó, de València i de Mallorca.

A mesura que van ser conquerides, s'hi van afegir les illes de Sicília i Sardenya, els ducats d'Atenes i Neopàtria i el regne de Nàpols.

La monarquia era l'única institució comuna de tots els regnes. El **rei**, abans de prendre possessió del càrrec, s'havia de comprometre a respectar les lleis i els costums de cada regne.

En les seves constants absències, el monarca anomenava un **governador** a cada regne perquè el representés. Aquest acostumava a ser un membre de la família reial o de l'alta noblesa.

4.2. Les institucions de govern

La cort reial

Estava formada pels familiars i els funcionaris que envoltaven el monarca. Era itinerant i viatjava d'un regne a un altre perquè el rei, encara que residia al Palau Reial de Barcelona, es desplaçava sovint als altres regnes.

EL PALAU REIAL MAJOR DE BARCELONA

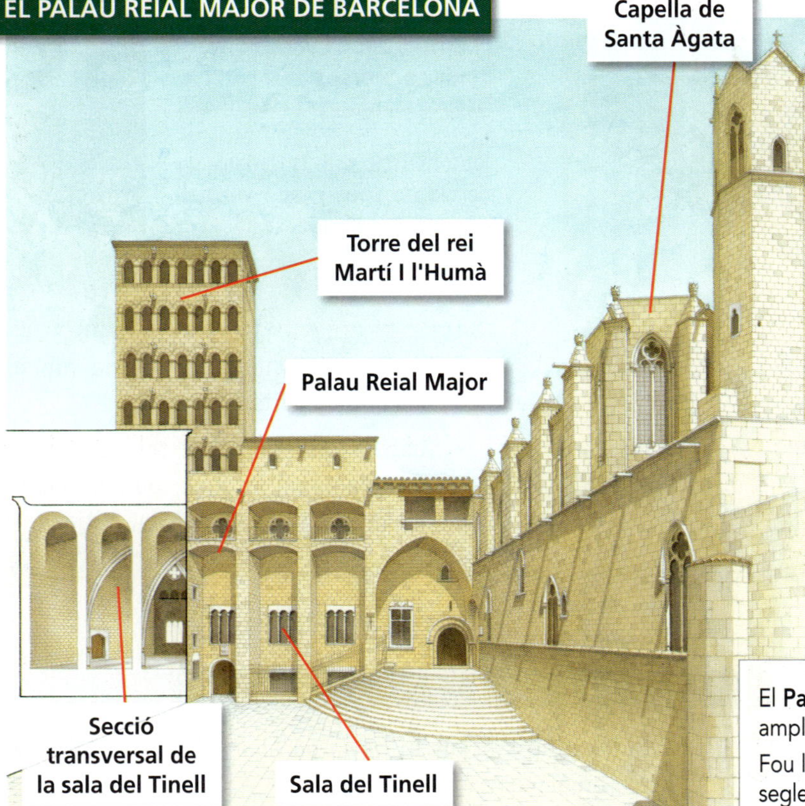

El **Palau Reial Major de Barcelona** es va edificar al segle XII i va ser ampliat més tard per Jaume I sobre l'antiga muralla romana.

Fou la residència dels reis de la Corona catalanoaragonesa. Durant el segle XIV es van construir la sala del Tinell i la capella de Santa Àgata.

LA DINASTIA CATALANOARAGONESA

Segle XII	1130–1160	RAMON BERENGUER IV – PERONELLA D'ARAGÓ
	1160–1190	ALFONS I *el Cast* (II d'Aragó)
	1190–1210	PERE I *el Catòlic* (II d'Aragó)
Segle XIII	1210–1270	JAUME I *el Conqueridor*
	1270–1280	PERE II *el Gran* (III d'Aragó)
	1280–1290	ALFONS II *el Franc* (III d'Aragó)
	1290–1320	JAUME II *el Just*
Segle XIV	1320–1330	ALFONS III *el Benigne* (IV d'Aragó)
	1330–1380	PERE III *el Cerimoniós* (IV d'Aragó)
	1380–1390	JOAN I *el Caçador*
	1390–1400	MARTÍ I *l'Humà*

1. A què es comprometien els reis de la Corona d'Aragó abans de prendre possessió del seu càrrec?

@ Amplia a la Xarxa...

Per saber més sobre l'evolució històrica dels palaus comtals de Barcelona, entra a www.tiching.com/81336

- Com és l'interior del Palau Reial Major de Barcelona?

Les corts

Eren les reunions dels representants dels tres braços o estaments (la noblesa, el clero i la burgesia). Es van reunir per primer cop en temps del rei Jaume I i van ser estructurades per Pere el Gran l'any 1283.

Aquesta institució constituïa una limitació del poder reial, perquè el rei depenia dels impostos o serveis que li concedien. Així, per aconseguir els diners que necessitava (**subsidis**), el monarca havia de pactar amb les corts.

La Generalitat

A partir del segle XIV es va crear una delegació permanent de les corts que va rebre el nom de **Diputació del General de Catalunya** o Generalitat. Tenia la seu a Barcelona i posseïa atribucions pròpies: recaptava impostos, mantenia un exèrcit i una flota, i vigilava l'acompliment de les lleis o constitucions.

LES CORTS I LA GENERALITAT

REI

convoca/presideix

CORTS DE CATALUNYA

Es reunien en esglésies de ciutats importants

PODERS

- Plantejar greuges
- Aprovar lleis
- Fer peticions al monarca
- Concedir nous impostos i donatius (serveis) al rei

DIPUTACIÓ DEL GENERAL DE CATALUNYA (Generalitat)

- 3 diputats (un per cada braç)
- 3 oïdors de comptes (1419)

- Representació permanent (des del 1359)
- Seu fixa a Barcelona (des del 1365)

FACULTATS

- Executar les decisions de les corts
- Defensar les constitucions i les lleis de Catalunya
- Recaptar impostos i serveis
- Disposar de funcionaris, tropes, vaixells... propis

2. Quins poders tenien les corts? Qui en formava part? Qui les convocava?

3. Què era la Generalitat? Quines facultats tenia?

4.3. El poder municipal

A partir del segle XIII el poder municipal va passar a mans d'uns representants escollits pels habitants de les ciutats.

L'organització municipal de Barcelona estava formada per cinc consellers i una assemblea de cent ciutadans (**Consell de Cent**). Aquesta mateixa organització existia en altres ciutats: a Lleida, per exemple, s'anomenava **Consell de la Paeria**.

Els càrrecs de consellers i de diputats els va acaparar aviat la burgesia més rica (ciutadans honrats), que va conformar una veritable **oligarquia municipal**.

Jaume II presideix una sessió de les corts, any 1362.

4.4. El pactisme

L'exercici del poder es va realitzar mitjançant l'anomenat pactisme. Es tractava d'un sistema de govern que buscava l'equilibri entre l'autoritat dels reis i el manteniment dels privilegis de la noblesa, el clero i el patriciat urbà.

L'instrument més important per aconseguir aquest equilibri van ser les corts, on no hi eren representats ni pagesos ni menestrals.

Mitjançant el pactisme el rei va acceptar de compartir amb les corts l'elaboració de les lleis, respectar els usatges i reconèixer els privilegis de la noblesa, de l'Església i dels municipis (patriciat urbà). A canvi, els privilegiats li proporcionaven les subvencions monetàries que necessitava.

SINTETITZA

4. Quina estructura tenia la Corona d'Aragó?

5. Quines eren les institucions de govern de les ciutats?

6. Què vol dir que l'organització de govern es basava en el pactisme?

5 La crisi dels segles XIV i XV

La prosperitat econòmica dels segles XII i XIII es va veure bruscament interrompuda a mitjan segle XIV amb l'aparició d'un seguit de males collites, fams i pestes. Llavors Catalunya va entrar en un període de retrocés demogràfic, crisi econòmica i conflictivitat social.

5.1. La davallada demogràfica

A partir de 1333, que els cronistes van batejar com "lo mal any primer", es van succeir una sèrie d'anys de males collites, que van estendre la fam entre la població.

Amb una població desnodrida, l'arribada l'any 1348 de la **Pesta Negra** i la successió d'una sèrie d'epidèmies posteriors (1362, 1371, 1381) van provocar una greu crisi demogràfica.

La pesta va arribar a Catalunya des de la Mediterrània oriental a través dels vaixells comercials. Els ports i les ciutats del litoral van ser les més afectades, però en poc més d'un any, la malaltia es va estendre per tot el país.

Els efectes de les pestes sobre la població van ser devastadors i van causar la mort de gairebé la meitat de la població de Catalunya.

5.2. La crisi econòmica

Les epidèmies, les males collites i altres calamitats que es succeïren a Catalunya a mitjan segle XIV (una sèrie de sismes i una plaga de llagostes que al 1358 va afectar principalment els deltes dels rius Ebre, Francolí i Gaià) van tenir repercussions econòmiques immediates.

Al camp

L'elevada mortaldat i l'emigració de pagesos cap a les ciutats va comportar el **despoblament rural**, que es deixessin molts camps sense conrear i que molts masos quedessin abandonats (masos rònecs).

Molts senyors van veure com els seus ingressos minvaven i van reaccionar engrandint els dominis, augmentant els impostos i endurint les condicions de la pagesia amb la pràctica dels anomenats **mals usos**. Això va agreujar les tensions al camp i va desembocar en una revolta pagesa.

A la ciutat

L'extensió de la pesta va disminuir el comerç marítim i la crisi va arribar també a les ciutats. La producció manufacturera i artesana va decréixer i les importacions van superar les exportacions.

La reducció de l'activitat econòmica va fer minvar els impostos que recaptaven la monarquia i els municipis. En conseqüència, la hisenda pública va entrar en dèficit i va haver de recórrer al préstec i l'endeutament.

LA POBLACIÓ DELS REGNES PENINSULARS

Territori	1300	1480
Corona de Castella	4500000	4500000
Catalunya	450000	260000
València	200000	250000
Balears	50000	80000
Aragó	200000	250000
regne de Navarra	100000	100000

1. Com va afectar la crisi demogràfica els regnes peninsulars? Quin va ser el més perjudicat?

2. Quins elements van provocar la crisi?

@ Amplia a la Xarxa...

Per saber més sobre la crisi demogràfica a la Catalunya medieval, entra a www.tiching.com/81338

- Enumera les catàstrofes demogràfiques que va viure Catalunya a la darreria de l'Edat Mitjana.

DRETS DELS SENYORS SEGONS ELS MALS USOS

- Cobrar un rescat (remença) als pagesos que abandonaven el mas que treballaven.
- Confiscar un terç dels béns del pagès que moria sense testament.
- Rebre la tercera part de l'herència del pagès que no tenia descendència.
- Quedar-se amb una tercera part dels béns del pagès que tenia una dona adultera.
- Ser indemnitzat en cas d'incendi de les terres.
- Que els pagesos compressin i reparessin les eines de treball obligatòriament a la farga del senyor.
- Que els pagesos treballessin les terres senyorials gratuïtament.
- Que els pagesos que casaven una filla paguessin els drets de noces.

3. Quins drets donaven els mals usos als senyors catalans?

4. Quina situació va provocar l'enduriment dels mals usos per part dels senyors?

5.3. EL CANVI DE DINASTIA

La crisi econòmica va coincidir amb un conflicte polític, quan amb la mort del monarca Martí I l'Humà l'any 1410 s'acabà el llinatge de la casa comtal de Barcelona.

Per tal d'escollir el nou rei, es van reunir representants d'Aragó, de València i de Catalunya i van arribar al **Compromís de Casp** (1412).

Els reunits van votar la candidatura de **Ferran d'Antequera**, de la família Trastàmara, que regnava a Castella. El nou rei, Ferran I, va tenir el suport de l'Església i dels representants d'Aragó, de València i d'alguns de Catalunya, on tenia més partidaris Jaume d'Urgell.

ELS TRASTÀMARA A CATALUNYA

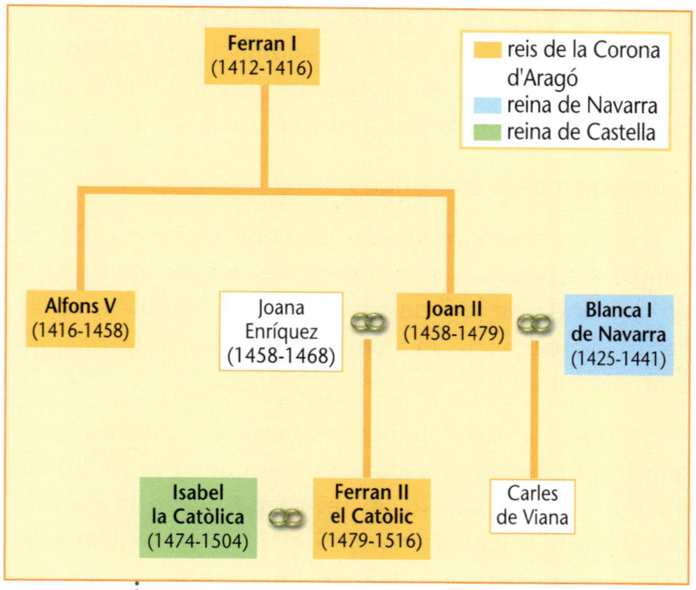

5. Què demanaven les institucions catalanes a la dinastia Trastàmara?

6. Quina relació de parentiu unia Alfons el Magnànim amb Joan II?

5.4. ELS TRASTÀMARA

Amb l'adveniment dels Trastàmara, les institucions catalanes (les corts i la Generalitat) van vetllar perquè els nous monarques respectessin el pactisme com a forma de govern. Així, Ferran I va fer àmplies concessions a les corts.

Ara bé, el seu successor, **Alfons el Magnànim** va intentar reforçar l'autoritat reial sobre els grups socials dominants (els senyors feudals i l'oligarquia urbana). Això va desencadenar l'inici d'un llarg enfrontament entre el monarca i les institucions.

Les tensions van augmentar quan el rei va conquerir **Nàpols** (1442) per obrir nous mercats al comerç català i les corts catalanes van negar-li algunes de les subvencions que demanava.

Enfrontat amb les institucions catalanes, Alfons el Magnànim va traslladar-se a Nàpols i va deixar el govern de Catalunya en mans de lloctinents, com la seva dona Maria o el seu germà Joan.

L'absentisme del rei va desestabilitzar el Principat. Als problemes polítics s'hi van afegir llavors les lluites socials al camp i a la ciutat.

El port de Nàpols al segle XV en un quadre anònim. El rei Alfons el Magnànim va viure molts anys a aquesta ciutat, on va morir (1458).

SINTETITZA

7. Què va ser la Pesta Negra? Com va arribar a Catalunya i com s'hi va difondre? Quines conseqüències va tenir?

8. Com es va estendre la crisi econòmica pel camp i la ciutat? Què eren els masos rònecs?

9. Com i per què es va entronitzar la dinastia dels Trastàmara a la Corona d'Aragó?

10. Quin conflicte es va iniciar en temps d'Alfons V el Magnànim? Per què?

6 Els conflictes socials i la guerra civil catalana

6.1. Els conflictes socials

Com a conseqüència de la crisis econòmica del segle XIV, Catalunya va entrar en un període de lluites socials al camp i a la ciutat. Els conflictes es van iniciar en temps d'Alfons el Magnànim i van culminar amb l'esclat d'una guerra civil al regnat de Joan II.

La revolta dels remences

Davant l'enduriment de les condicions de vida al camp, els pagesos van aixecar-se contra els senyors en demanda de la fi dels mals usos. El conflicte va ser llarg i els pagesos van utilitzar tant les negociacions amb els senyors com la revolta armada.

Per tal d'afeblir els nobles, amb els quals s'havia enfrontat a les corts, Alfons el Magnànim va fer costat als remences. El 1448, el rei va permetre la creació del **Gran Sindicat Remença** i el 1455 va sancionar la llibertat dels pagesos i la fi dels mals usos.

La negativa dels senyors a acceptar-ho va provocar, el 1462, un aixecament armat dels pagesos i l'esclat d'una revolta remença.

L'enfrontament entre la Biga i la Busca

Les tensions socials també van arribar a la ciutat, on dos sectors socials es van enfrontar pel control del govern de la ciutat de Barcelona.

Aquests dos grups, a més representaven interessos econòmics diferents:

- L'**oligarquia urbana**, formada pels rics comerciants i banquers, s'agrupaven en la **Biga**, que controlava el poder municipal i tenia molta força en les corts i en la Generalitat.
- La **burgesia mitjana**, **artesans** i **petits comerciants**, formaven la **Busca**. Per tal de disminuir la influència de l'oligarquia, Alfons el Magnànim atorgà el poder municipal a la Busca l'any 1453.

Llavors es va iniciar un fort enfrontament. El patriciat barceloní de la Biga va acusar el bàndol de la Busca de traïció, i va recuperar el poder al Consell de Cent el 1462, i, tot seguit, va fer empresonar i ajusticiar els caps principals de la Busca.

L'EVOLUCIÓ DEL COST DE LA REMENÇA

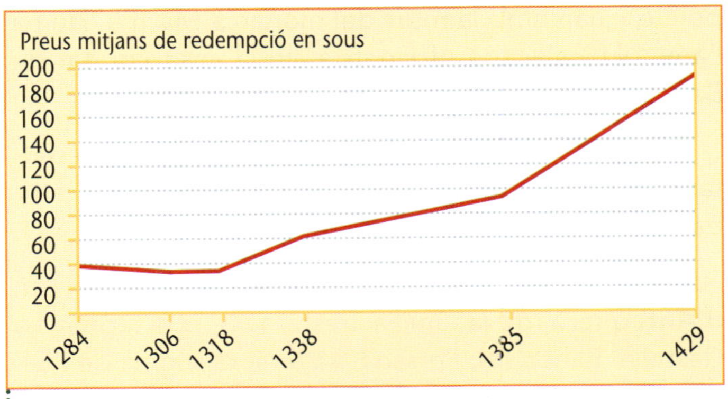

1. Explica l'evolució del preu de la remença al segle XIV.

LES PETICIONS DE LA BUSCA

Prou sabeu, senyors, com està de dolguda aquesta ciutat afeblida i mancada de cors generosos pel fet que els qui han accedit als càrrecs principals no han respectat els antics costums, privilegis i llibertats nostres, sinó que han volgut fer passar la voluntat per damunt de la raó i els diners per damunt de la llibertat.

I és per això que el poble es lamenta profundament [...] I ignorant vosaltres els grans i extrems abusos perpetrats pels qui es diuen regidors, aquests han trencat els nostres privilegis i llibertats amb els seus infinits abusos i amb fets. Però, l'estament popular incitat per Déu, enfortit i escalfat per la conservació de les llibertats i els privilegis, s'hi ha oposat tan aviat com n'ha tingut notícia. [...]

Escrit de Ramon Guerau, mercader de la Busca, 1453.

El rei i els membres de l'oligarquia municipal comprant blat per a la ciutat. Retaule de Sant Nicolau i Sant Miquel, de l'església de Santa Maria de Manresa, 1406.

6.2. La guerra civil (1462-1472)

Les tensions al camp entre els pagesos de remença i els senyors, els enfrontaments a la ciutat entre la Busca i la Biga i la pugna pel poder entre la monarquia i els grups privilegitas de Catalunya van provocar una guerra civil en temps de Joan II.

Aquesta es va iniciar arran de l'oposició de Joan II a l'herència del regne de Navarra per Carles de Viana, fill del seu matrimoni amb Blanca de Navarra. Les tensions entre pare i fill van esclatar l'any 1460 quan Joan II va fer empresonar el príncep.

L'oligarquia catalana, que temia que Joan II acabés amb el pactisme i imposés la seva autoritat, va donar suport a Carles de Viana.

Les corts catalanes van exigir la llibertat del príncep i davant la negativa reial, la Generalitat va enviar un exèrcit contra el rei.

Així, es va iniciar una guerra civil que enfrontà dos bàndols:

- La monarquia (**Joan II**), partidària d'imposar el seu poder sobre els privilegiats, va comptar amb el suport dels sectors populars (principalment els remences i la Busca).
- L'**oligarquia catalana**, formada pels nobles, l'Església i el patriciat urbà de la Biga, dominava els òrgans de poder i lluitava pel manteniment dels seus privilegis.

El conflicte va acabar amb la victòria de Joan II (**Capitulacions de Pedralbes** de l'any 1472), la rendició de les institucions del Principat i el retorn a l'obediència reial.

Tot i això, el problema dels pagesos de remença va quedar sense una resolució definitiva i les revoltes remences van continuar.

Ho sabies?

En l'enfrontament entre les institucions catalanes i Joan II, **Carles de Viana** (1421-1461) es va convertir en tot un símbol per a les classes privilegiades del Principat.

La seva mort inesperada, l'any 1461, quan el conflicte civil acabava d'esclatar va potenciar aquesta valoració.

Els seus partidaris van escampar el rumor que havia estat emmetzinat per agents de la seva madrastra, Joana Enríquez, mare de Ferran el Catòlic, i que la seva despulla tenia el poder de fer miracles.

Llavors, va esdevenir un mite i un màrtir.

El príncep de Viana, segons una miniatura de l'any 1480.

@ Amplia a la Xarxa...

Per saber més sobre la figura del príncep de Viana, entra a www.tiching.com/81340

LA GUERRA CIVIL CATALANA

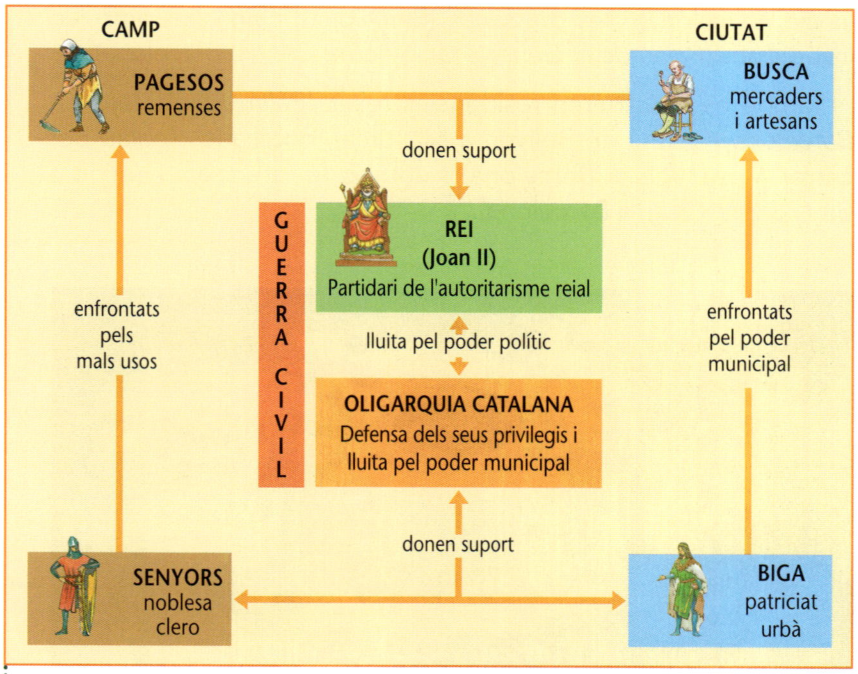

2. Quins bàndols es van enfrontar en la guerra civil catalana? Amb quins suports comptava cadascun?

3. Quins interessos defensaven els grups socials que hi estaven implicats?

SINTETITZA

4. En què va consistir la revolta remença? Quines van ser les seves causes? Quants anys va durar?

5. Quins conflictes socials van tenir lloc a la ciutat de Barcelona?

7 L'art gòtic a la Corona d'Aragó

7.1. L'ARQUITECTURA

A Catalunya, l'arquitectura gòtica es va difondre a partir del segle XIII i va assolir un gran nivell tant en els edificis religiosos com en els civils.

L'arquitectura religiosa

La construcció del *monestir de Santa Maria de Poblet* i el de *Santes Creus* per l'orde del Cister va suposar la introducció de l'estil gòtic a Catalunya.

L'arquitectura gòtica catalanoaragonesa presenta uns trets força originals que la singularitzen:

- **Austeritat en la decoració exterior** amb contraforts molt sòlids i poques agulles. Pocs espais buits a les façanes, que solen estar dominades per la rosassa.
- **Tendència a l'horitzontalitat** amb espais interiors amplis i unitaris, amb una sola nau o amb tres naus gairebé de la mateixa alçada.
- L'**eliminació del transsepte i dels arcbotants** i la col·locació de capelles en els murs laterals.

En són exemples remarcables la *catedral de Barcelona*, la de *Manresa*, la de *Tortosa* i la de *Mallorca*, el *monestir de Pedralbes* i l'*església de Santa Maria del Mar* a Barcelona.

Vista de l'interior de la nau central i del presbiteri de *Santa Maria del Mar de Barcelona*, segle XIV.

L'arquitectura civil

El creixement econòmic de les ciutats va afavorir la construcció d'edificis relacionats amb el comerç, com les llotges (Mallorca, València, Barcelona) i les drassanes (Barcelona); i vinculats amb les institucions (*Palau de la Generalitat, Saló de Cent*, a Barcelona).

També es construïren residències reials (*Palau Reial Major*, a *Barcelona;* Castell de Bellver, a Mallorca), nobiliàries (*palau del carrer Montcada*, a Barcelona) i edificis assistencials (*Hospital de la Santa Creu*, a Barcelona).

@ Amplia a la Xarxa...

Per saber més sobre l'art gòtic a Catalunya, entra a www.tiching.com/81344

- Explica les principals característiques de l'escultura gòtica catalana i enumera'n les obres més destacades.

El *castell de Bellver*, construït a Mallorca al segle XV destaca per la planta circular.

Pati dels Tarongers del Palau de la Generalitat de Barcelona, segle XV.

7.2. L'ESCULTURA

L'escultura gòtica es va deslligar progressivament de l'arquitectura, mentre creixia el seu ús en retaules religiosos i monuments funeraris.

L'esplendor de l'escultura gòtica a Catalunya començà al segle XIV amb la construcció dels *panteons reials als monestirs* de *Poblet* i de *Santes Creus*, i es mantingué al segle XV gràcies a **Pere Joan** (*Sant Jordi*).

Pere Joan: *Sant Jordi*, 1420. Palau de la Generalitat, Barcelona.

Jaume Cascalls: estàtua policromada del rei *Pere III el Cerimoniós*, 1345.

7.3. LA PINTURA

La pintura gòtica catalana és molt abundant gràcies als nombrosos encàrrecs provinents del patriciat urbà i dels gremis. Es caracteritza pel realisme, l'expressió dels sentiments i la humanització dels personatges. La pintura mural va ser substituida pels **retaules**, que volien mostrar la riquesa d'aquells grups urbans.

Els artistes van seguir la tendència de les escoles europees. Primer predominà la pintura lineal (pintures del *palau Aguilar*) i al segle XIV **Ferrer Bassa** i els germans **Jaume i Pere Serra** van rebre la influència italiana.

Més endavant van destacar els mestres **Lluís Borrassà** i **Bernat Martorell**, i els qui van rebre la influència flamenca, com **Lluís Dalmau** (*retaule de la Mare de Déu dels Consellers*) i **Jaume Huguet**.

Ferrer Bassa: *Empresonament de Jesús a l'hort de Getsemaní*, 1343. Fragment de l'obra de la capella de Sant Miquel del claustre del monestir de Pedralbes.

Bernat Martorell: *Retaule de Sant Vicenç*, 1440. Procedent del monestir de Poblet.

SINTETITZA

1. Quins trets específics caracteritzen l'arquitectura gòtica catalana? Quins són els edificis més rellevants d'aquest estil?

2. Quines influències va rebre la pintura gòtica catalana? Quins en són els representants principals?

Practica competències bàsiques

1. Completa el mapa conceptual

Copia el mapa conceptual al quadern i completa'l:

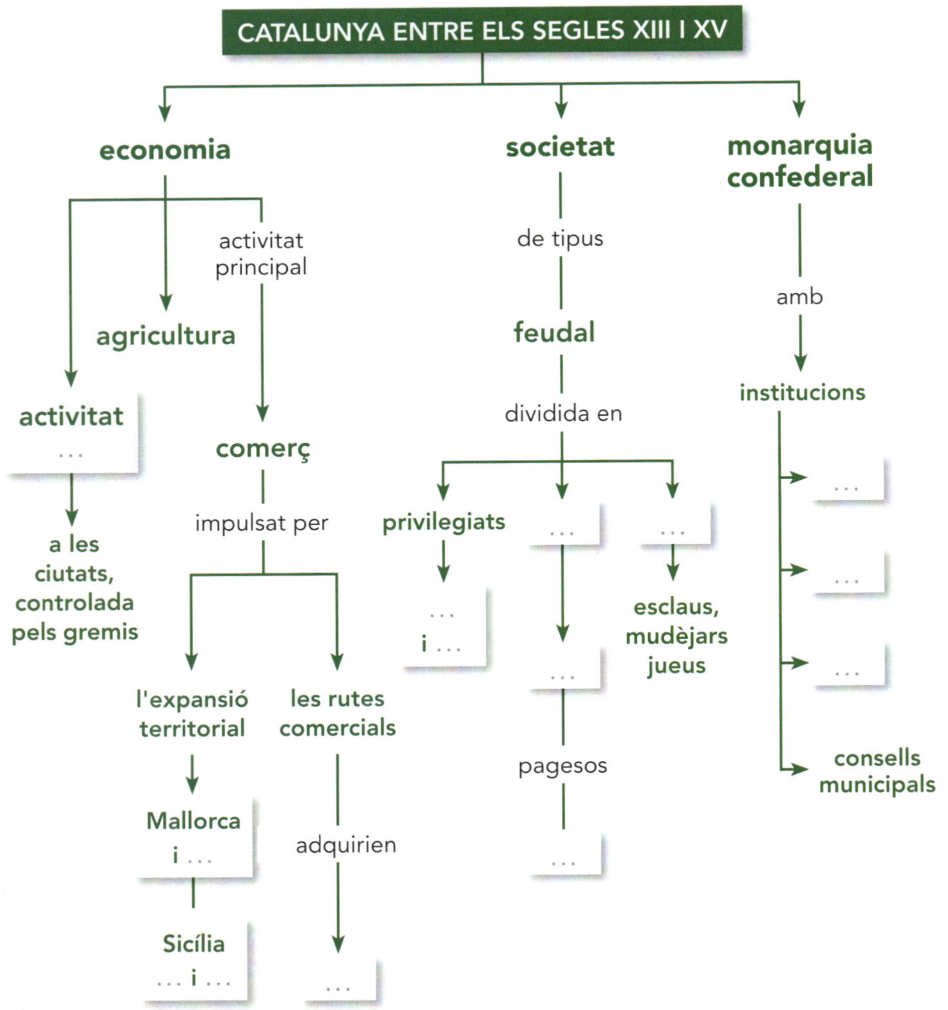

2. Sintetitza

1. Quina expansió territorial va dur a terme el rei Jaume I? Quins nous territoris va incorporar?
2. En què va consistir l'expansió militar i econòmica que va dur a terme la Corona d'Aragó pel mar Mediterrani?
3. Quines eren les activitats principals a què es dedicaven els habitants de la Corona d'Aragó?
4. Quins grups socials hi havia entre els segles XII i XIV?
5. Què era el pactisme? Quines institucions de govern hi havia? Quin paper tenien les corts?
6. Què va ser la guerra civil catalana i quant temps va durar?
7. Quins sectors es van enfrontar en aquesta guerra? Per quines causes?
8. Quin paper va tenir el Príncep de Viana en la guerra?

3. Fixa't en el mapa

a) Sintetitza la informació que ens dóna el mapa sobre la població remença a la darreria del segle XIV. Esbrina per què la població es comptava per focs.

b) Què eren els pagesos de remença? A quines zones de Catalunya hi predominaven?

c) A quina zona hi havia més ciutats amb barris mudèjars? Per què?

d) On hi havia comunitats jueves importants?

4. Identifica personatges

- Pere el Catòlic
- Jaume I el Conqueridor
- Roger de Llúria
- Martí l'Humà
- Joan II d'Aragó
- Alfons el Magnànim

5. Estableix diferències

- Corts catalanes/ Generalitat
- Consell de Cent/ Paeria
- jueus/conversos
- Busca/Biga
- patriciat urbà/menestralia

6. Aprèn a comentar un gràfic

Aquest gràfic mostra l'evolució de la mortalitat i els efectes que va tenir la Pesta Negra sobre els habitants de la ciutat de Barcelona al segle XIV.

Per analitzar-lo amb detall, has de seguir aquests passos:

a) Tema i cronologia

- Què representa la línia? Amb quines unitats es mesura? Quins anys hi ha representats?
- Què passà a Catalunya aquells anys (context històric)?

b) Anàlisi de l'evolució

- Quina evolució va seguir la mortalitat de Barcelona al llarg del segle XIV?
- A què atribueixes la punta de mortalitat que hi va haver l'any 1349?
- Al llarg del segle es poden veure més puntes de mortalitat alta? Identifica-les al gràfic i digues per què es van produir.

c) Interpretació i context històric

- Explica com va arribar la Pesta Negra a Barcelona i per què va causar una mortalitat tan elevada. Esbrina què va ser la "pesta dels nens".
- La mortalitat més elevada coincideix amb anys de males collites, en què el preu del blat era més car a Barcelona. Quina relació pots establir entre males collites, preu del blat i mortalitat?
- Relaciona la informació del gràfic amb la crisi demogràfica i econòmica que va patir Catalunya a la segona meitat del segle XIV.

LA MORTALITAT A BARCELONA AL SEGLE XIV

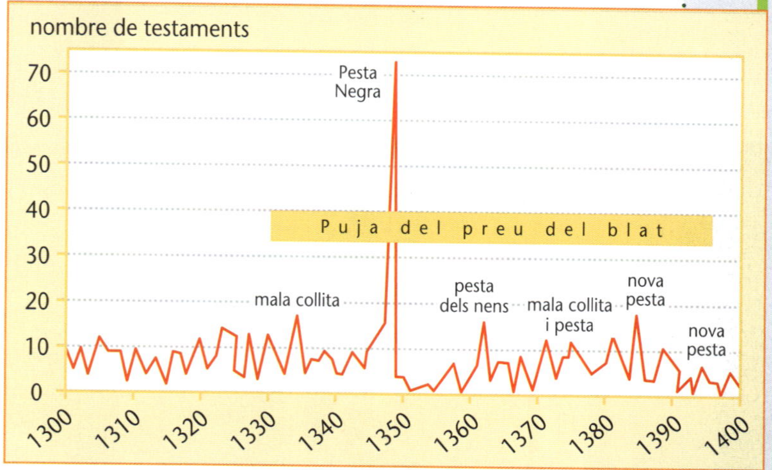

7. Analitza l'esquema

a) Quines institucions de govern va tenir la ciutat de Barcelona al llarg de l'Edat Mitjana?

b) Què vol dir que un dels òrgans de govern era de tipus consultiu i que l'altre era executiu?

c) Quin nom rebia la institució més nombrosa? Per què? Qui en formava part?

EL GOVERN DE LA CIUTAT DE BARCELONA

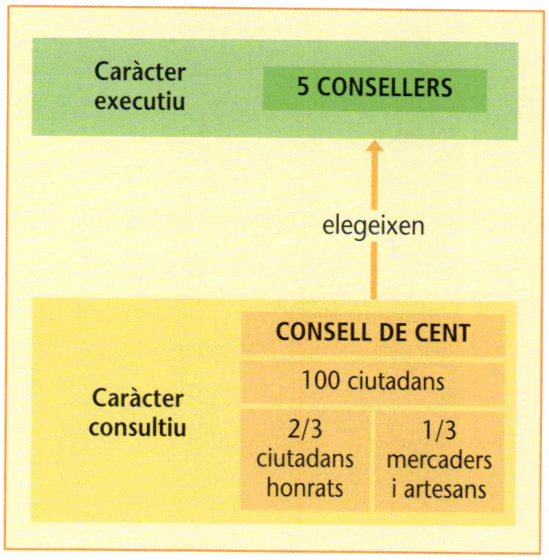

d) Sobre un total de 100 consellers, quina proporció corresponia als diversos grups socials? Quins conflictes va comportar aquesta proporcionalitat?

e) Esbrina què es és el Saló de Cent de l'Ajuntament de la ciutat de Barcelona. Esbrina també quan es va construir i quina funció tenia.

8. Copia i completa la taula

Omple aquest quadre sobre els conflictes que van portar a la guerra civil catalana:

	Socials al camp	Socials a la ciutat	Polítics
Causes	...	...	...
Conflictes	...	...	...
Grups socials enfrontats	...	...	...

Activitats@web

www.vicensvivesdigital.com/activitatsweb

- **Ordena.** L'expansió de la Corona d'Aragó
- **Relaciona.** L'economia dels segles XIII i XIV
- **Completa.** Els grups socials
- **Veritable/fals.** La crisi econòmica
- **Tria.** Els conflictes socials
- **Selecciona.** L'art gòtic català

Miniatura que representa Alfons X el Savi, rei de Castella i Lleó

Castell de La Mota, Valladolid

6

Orígens i expansió de la Corona de Castella

A la mateixa època en què es van crear als Pirineus els comtats catalans i aragonesos i el regne de Pamplona, a la Serralada Cantàbrica s'hi va formar el **regne d'Astúries,** que al cap de poc temps es va convertir en el regne de Lleó.

Per defensar-se dels atacs musulmans, a la frontera oriental del regne s'hi va crear el comtat de Castella, una zona fortificada que amb el temps es va convertir en regne.

La unificació definitiva del regne de Castella i del de Lleó al segle XIII, amb el nom de **Corona de Castella,** va permetre a aquest regne dur a terme l'ocupació militar de la majoria dels territoris musulmans peninsulars.

La Corona de Castella va orientar l'economia cap a la **ramaderia** i va donar el predomini social a la noblesa, propietària de terres i ramats. L'exportació de la majoria de llana que s'obtenia de la raça d'ovella merina va dificultar la consolidació de manufactures llaneres pròpies i el desenvolupament d'una burgesia forta i nombrosa.

Amb la crisi de la Baixa Edat Mitjana, la poderosa **noblesa** castellana va voler augmentar les seves possessions i els seus privilegis i es va enfrontar sovint a la monarquia. Així, les revoltes pageses, els enfrontaments nobiliaris i les guerres civils van ser freqüents a Castella als segles XIV i XV.

- Fixa't en el mapa i esmenta quins regnes hi havia a la Península Ibèrica al segle XI. Com s'havien format els regnes de Castella i Lleó?
- Mira l'eix i enumera les etapes en què els regnes de Lleó i Castella s'uneixen i es divideixen.
- Quines característiques econòmiques i socials tenia la Corona de Castella?

Apòstols del Pòrtic de la Glòria de la catedral de Santiago

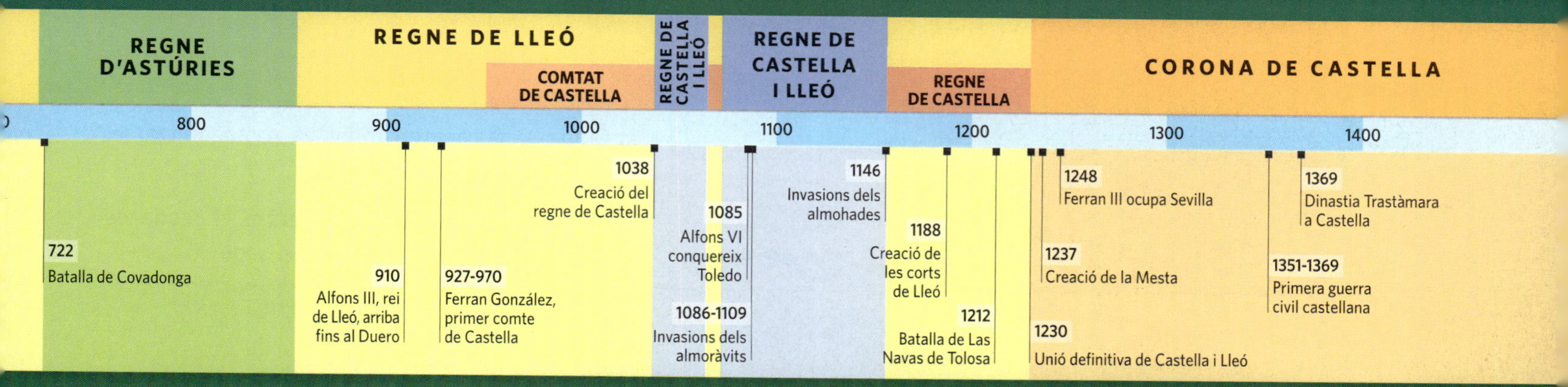

1 Origen i expansió dels regnes occidentals

1.1. El regne d'Astúries

Entre els pobles que vivien a les muntanyes cantàbriques, que no havien arribat a estar controlats pels exèrcits islàmics, s'hi van refugiar alguns nobles visigots.

Un d'aquests, **Pelagi**, sembla que va obtenir una primera victòria sobre els musulmans prop de Covadonga (722).

Aquest fet ha estat considerat tradicionalment l'inici de l'anomenada **Reconquesta**, és a dir, la conquesta per part dels regnes cristians de les terres de la Península Ibèrica ocupades pels musulmans a la primeria del segle VIII.

Els successors de Pelagi, els reis **Alfons I** i **Alfons II**, (segles VIII-IX) van crear un regne al voltant d'Oviedo, el **regne d'Astúries**, que va manifestar la seva independència de l'emirat cordovès negant-se a pagar-li tributs. Aquest regne es va expandir cap a l'oest i arribà a dominar una part de Galícia.

Santa María del Naranco (Astúries). Al segle IX, aquesta església situada prop d'Oviedo, es va fer servir com a palau dels reis.

1.2. El regne de Lleó

A la segona meitat del segle IX, els monarques asturians, i en particular **Alfons III**, van aprofitar la feblesa dels emirs i van ocupar els territoris que s'estenien fins al riu Duero, una zona despoblada i abandonada per les guarnicions musulmanes.

Per defensar millor les terres repoblades, la capital es va traslladar a Lleó i el regne va prendre el nom de **regne de Lleó**.

Les noves terres van ser repoblades amb gent càntabra, gallega i basca, i també amb mossàrabs que havien fugit d'Al-Andalus. Hi anaven atrets pels beneficis que els concedien els reis: llibertat personal, permís de comerç, exempció d'impostos...

Aquests repobladors van formar comunitats de pagesos lliures que tenien petites parcel·les de terra (**alous**) i vivien en cases aïllades, però properes entre si, que formaven una **vila**.

El rei Alfons III i la seva esposa Ximena amb el bisbe d'Oviedo, segle IX.

ELS REGNES CRISTIANS OCCIDENTALS

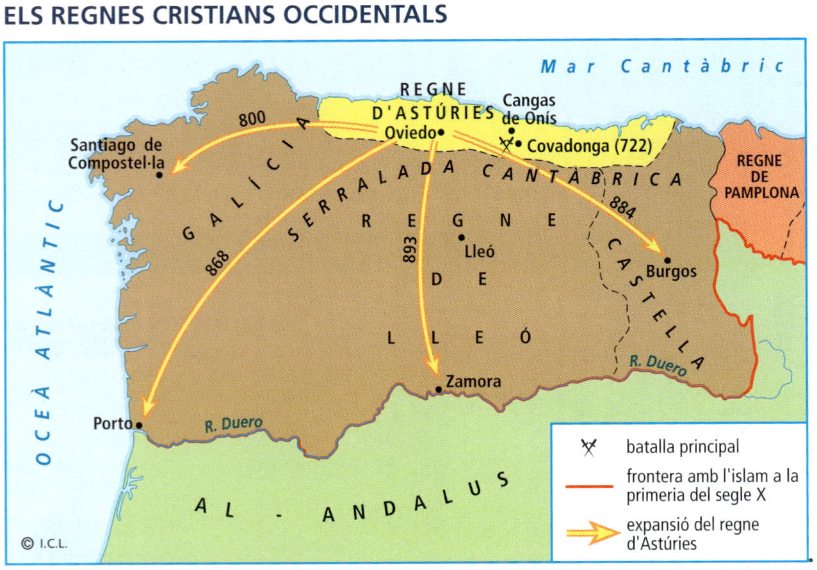

@ Amplia a la Xarxa...

Per saber més sobre l'expansió dels regnes cristians, entra a www.tiching.com/81348

- Quina és la situació en què es trobaven els regnes cristians occidentals als segles VIII i IX?

1. Quina expansió territorial va protagonitzar el primitiu regne d'Astúries?

2. Per on passava la frontera entre el regne de Lleó i Al-Andalus a la primeria del segle X?

1.3. El regne de Castella

De comtat a regne

La frontera oriental del regne de Lleó, una zona molt exposada als atacs musulmans i fortificada amb nombrosos castells, va rebre el nom de **comtat de Castella** i estava governada per comtes. Un d'ells, **Ferran González** (931-970) va aconseguir independitzar-se i transmetre en herència el comtat al seu fill.

Als anys següents, Castella va dependre dels reis de Lleó o de Pamplona fins que, amb **Ferran I** (1037-1065), va esdevenir regne independent i va aconseguir unir el regne de Lleó a la seva corona (1038).

LA RECONQUESTA ALS SEGLES XI I XII

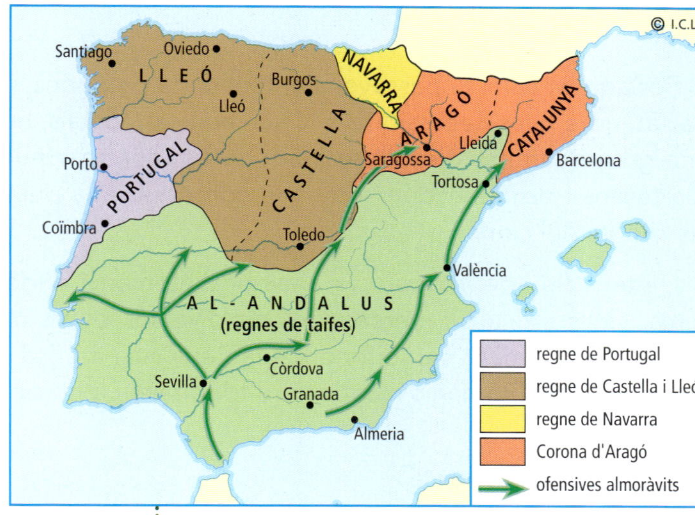

3. Quins territoris van conquerir els regnes castellanolleonesos a Al-Andalus durant els segles XI i XII? Per on van avançar els almoràvits?

Expansió del segle XI i repoblament comunal

Ferran I va ocupar i repoblar els territoris al sud del Duero i arribà fins a Àvila. També va conquerir Coïmbra i va obligar els musulmans de Toledo, Sevilla i Badajoz a pagar-li tributs. Llavors el regne de Castella-Lleó es va convertir en un Estat fort i va passar a prendre la iniciativa en l'ofensiva contra Al-Andalus.

El seu fill, **Alfons VI** (1065-1109), va continuar l'expansió i va ocupar Toledo (1085). Aquest fet va permetre dur la frontera del regne castellanolleonès més enllà del Tajo. L'any 1128 Alfons Henriques, nét d'Alfons VI, es va proclamar rei de Portugal. A partir d'aleshores Portugal va ser un regne independent.

Per repoblar aquestes terres, que es trobaven molt poblades per musulmans, es va organitzar el **repoblament comunal**. Així, els reis van organitzar de forma col·lectiva el repoblament de les ciutats frontereres i van atorgar privilegis als repobladors (**furs**).

Els almoràvits, la fi de l'expansió

La força militar dels reis cristians va atemorir els monarques islàmics, que es van adonar que ni pagant les paries podien detenir-ne l'afany conqueridor. Llavors van demanar auxili als guerrers d'un imperi islàmic del nord d'Àfrica: els **almoràvits**.

Entre els anys 1086 i 1109 els exèrcits almoràvits van entrar diverses vegades a la Península, van derrotar els reis cristians i van aturar-ne l'avanç. Els monarques castellans van haver d'abandonar la ciutat de València, que havia estat ocupada el 1092 per Rodrigo Díaz de Vivar, anomenat Cid Campeador.

Ho sabies?

Durant l'Edat Mitjana, a la Península Ibèrica hi van conviure cultures diverses: cristians, musulmans i jueus, i això va produir una influència mútua entre elles.

Moltes obres gregues i llatines van arribar a Europa a través d'Al-Andalus, gràcies al fet d'haver estat traduïdes a l'àrab. L'interès europeu per conèixer-les va fomentar la creació d'escoles de traductors a l'Espanya cristiana.

Aquestes escoles traduïen textos literaris i tractats de medicina, matemàtiques i astronomia. La més destacada fou, sens dubte, l'**Escuela de Traductores de Toledo**, especialment a partir del segle XII, però també va ser important l'obra realitzada a d'altres escoles, com, per exemple, la del monestir de Ripoll.

SINTETITZA

4. Com es va iniciar la resistència armada contra els exèrcits islàmics?

5. Quins primers regnes es van formar? Quins territoris comprenien?

6. Com es va formar el regne de Castella? Quan es va unir al regne de Lleó? Quina expansió territorial van protagonitzar?

7. Quines diferències hi ha entre els primers repoblaments lliures del segles IX-X i els repoblaments comunals posteriors?

EL CAMÍ DE SANT JAUME

A partir del segle XI l'església construïda per Alfons II, rei d'Astúries, on, segons la llegenda, hi ha la tomba de l'apòstol Jaume es va convertir en un dels centres de pelegrinatge principals de tota la cristiandat i va donar origen al camí de Sant Jaume.

Per aquest camí hi passaven centenars de pelegrins; per això, per atendre'n les necessitats, s'hi van edificar hostals, hospitals i una gran quantitat d'esglésies. També es van crear nuclis fixos d'artesans i de mercaders, que van contribuir a la puixança de les ciutats del camí.

L'intens flux de viatgers va afavorir l'intercanvi d'idees, costums, estils artístics i mercaderies de diversos punts d'Europa. Per aquests camí es van difondre a la Península Ibèrica els estils arquitectònics (Romànic i Gòtic) que triomfaven a Europa.

HO SABIES?

La llegenda diu que l'**apòstol Jaume** va evangelitzar Galícia i que hi va ser enterrat.

Al segle IX es va creure que, gràcies a l'ajuda d'un estel molt lluent, havia estat localitzada la tomba de l'apòstol en una zona on hi havia un antic cementiri romà.

El lloc va ser anomenat Compostel·la (que vol dir "camp de l'estel").

Escultura de l'apòstol Jaume al Pòrtic de la Glòria de la catedral de Santiago.

EL CAMÍ DE SANT JAUME

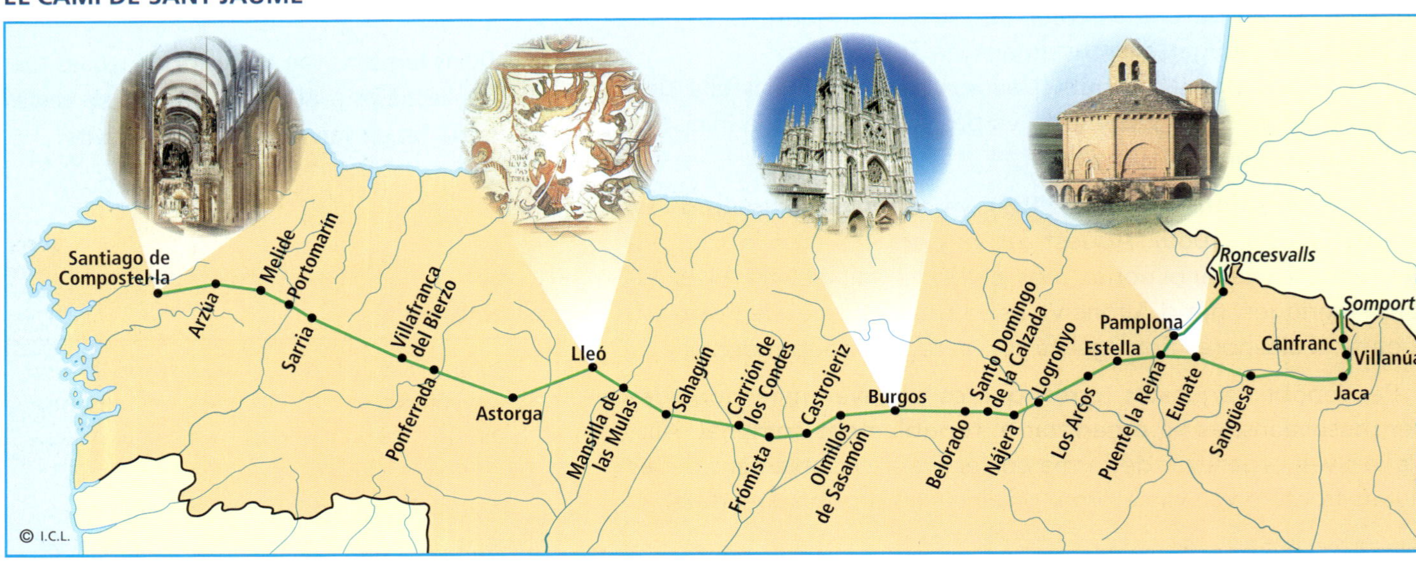

HO SABIES?

En una societat profundament cristiana, el **pelegrinatge** es va convertir en un mitjà per obtenir el perdó dels pecats i reconciliar-se amb Déu.

Els pelegrins viatjaven en grup per procurar-se protecció, s'identificaven per la petxina de pelegrí i duien una indumentària adient per a llargues caminades.

El camí dels pelegrins era llarg i difícil. Els albergs i els hospitals els acollien i els oferien una ració de pa i vi, i algunes vegades, una mica de carn de be o de vedella. També hi podien descansar i guarir-se de les malalties.

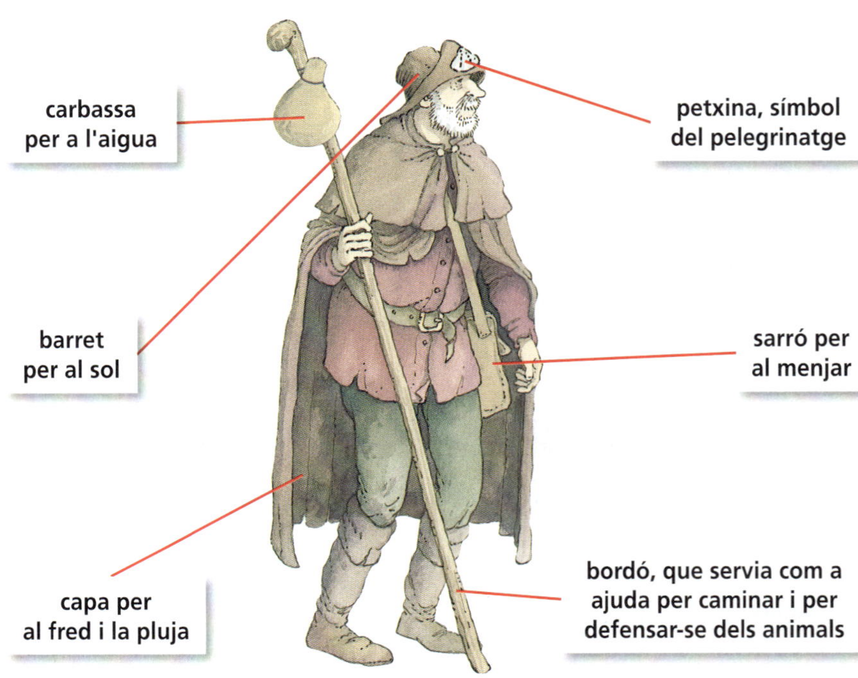

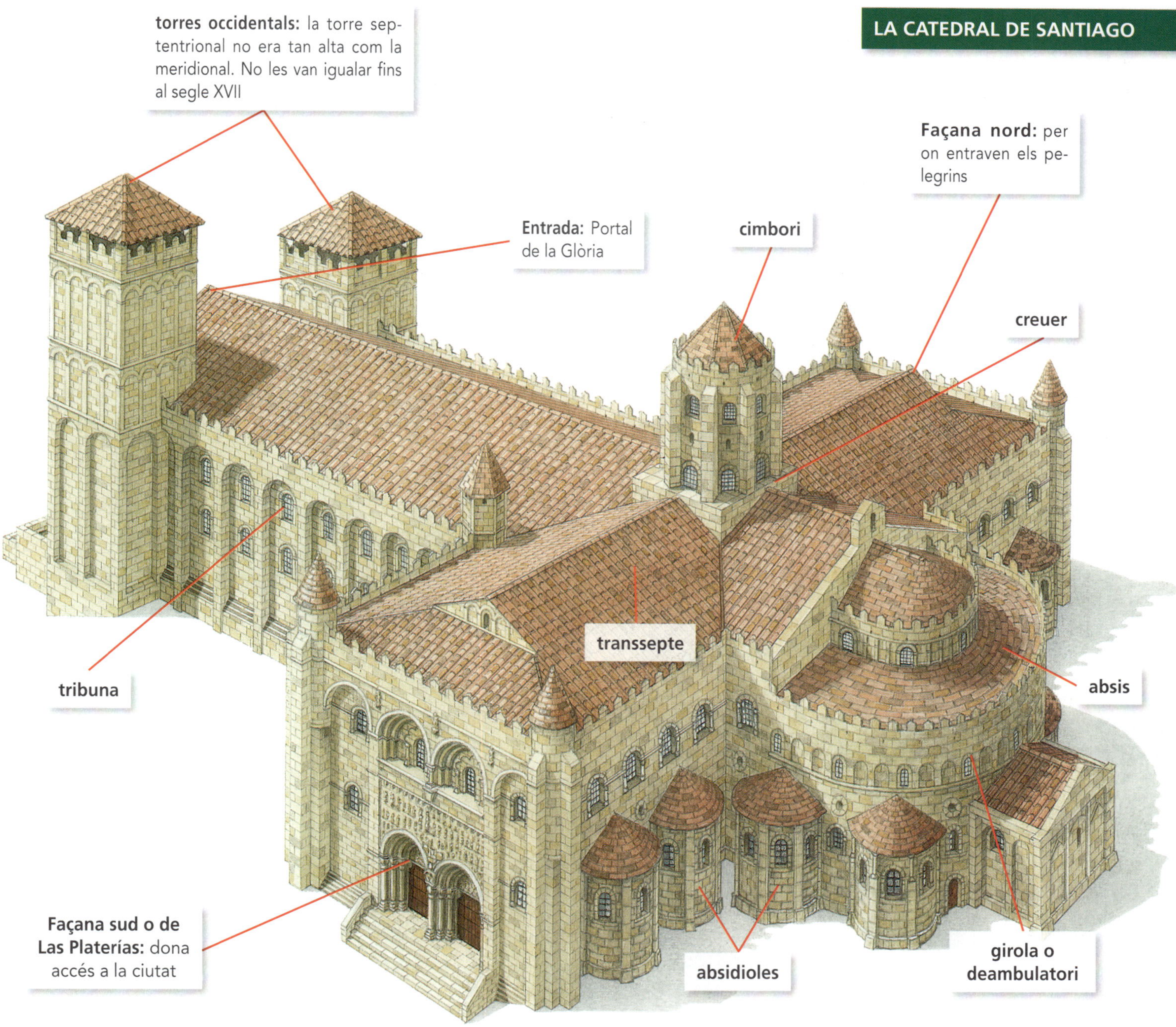

La catedral de Santiago és un edifici romànic imponent, amb planta de creu llatina i la capçalera amb girola típica de les esglésies de pelegrinatge.

Els pelegrins, quan arribaven a Santiago de Compostel·la, després d'un viatge llarg i penós, quedaven meravellats en veure les escultures del **Pòrtic de la Glòria**, la bellesa de les quals els feia sentir-se com si realment haguessin estat traslladats a la residència divina.

Els pelegrins recorrien la catedral per un dels costats, fins a la **girola**, que circumdava l'espai central on hi havia el sepulcre de l'apòstol, i sortien per l'altre costat.

L'afluència de visitants a la catedral era tan gran que, igual com en altres temples, va ser habitual mantenir-hi en moviment un gran encenser per purificar l'ambient enrarit per l'olor de la multitud. Aquest fou l'origen del **Botafumeiro** de Santiago de Compostel·la.

1. Per què Compostel·la es va convertir en un centre al qual arribaven pelegrins de tot Europa?

2. Quins estils artístics van arribar a la Península a través del camí de Sant Jaume? Explica quines altres conseqüències va comportar aquest camí de pelegrinatge.

3. Mira el mapa i descriu per on passa el camí de Sant Jaume. Per quins passos creuaven els pelegrins els Pirineus? Quines ciutats van créixer a prop del camí?

4. Imagina que ets un pelegrí medieval al camí de Sant Jaume. Escriu una carta i explica-hi els motius del teu romiatge, les poblacions i les esglésies que visites i l'arribada a Compostel·la.

2 Les grans conquestes del segle XIII

2.1. La unió de Castella i Lleó

Al llarg del segle XII els regnes de Castella i Lleó es van unir i es van separar diverses vegades per motius hereditaris o matrimonials.

Ja hem vist que **Ferran I,** fill de Sanç III de Pamplona, va unir el seu regne al de Lleó i que així va aconseguir la primera unificació d'ambdós regnes. Però després de la seva mort el regne es va tornar a dividir i unir diverses vegades per qüestions d'herència.

La reunificació definitiva es va fer el 1230, en què **Ferran III** va heretar el regne de Castella de la seva mare i el de Lleó del seu pare. De la unió d'aquests dos regnes en va néixer la **Corona de Castella**.

2.2. Els almohades i Las Navas de Tolosa

Durant la segona meitat del segle XII els regnes cristians s'enfrontaren a la invasió **almohade**, un nou imperi islàmic que va ocupar la Península a causa de la pèrdua de l'embranzida militar dels almoràvits.

Durant molts anys el regne de Castella i Lleó va lluitar contra els almohades per les terres situades entre el Tajo i Sierra Morena. Aquests van ser derrotats finalment a la batalla de **Las Navas de Tolosa** (1212), on lluitaren junts els reis de Castella, Navarra i Aragó.

ELS REIS DE LLEÓ I CASTELLA

Segle	Any	regne de Lleó	regne de Castella
Segle XI	40, 50, 60	FERRAN I	FERRAN I
	70		SANÇ II
	80, 90, 1100	ALFONS VI	ALFONS VI
Segle XII	10, 20	URRACA	URRACA
	30, 40, 50	ALFONS VII	ALFONS VII
	60, 70	FERRAN II (separació entre Lleó i Castella)	SANÇ III
	80, 90		ALFONS VIII
Segle XIII	1200, 10, 20	ALFONS IX	ENRIC I
	30	unió definitiva de Lleó i Castella	
	40, 50	FERRAN III	FERRAN III
	60, 70, 80	ALFONS X EL SAVI	ALFONS X EL SAVI
	90, 1300	SANÇ IV	SANÇ IV

UN CAMPAMENT MILITAR

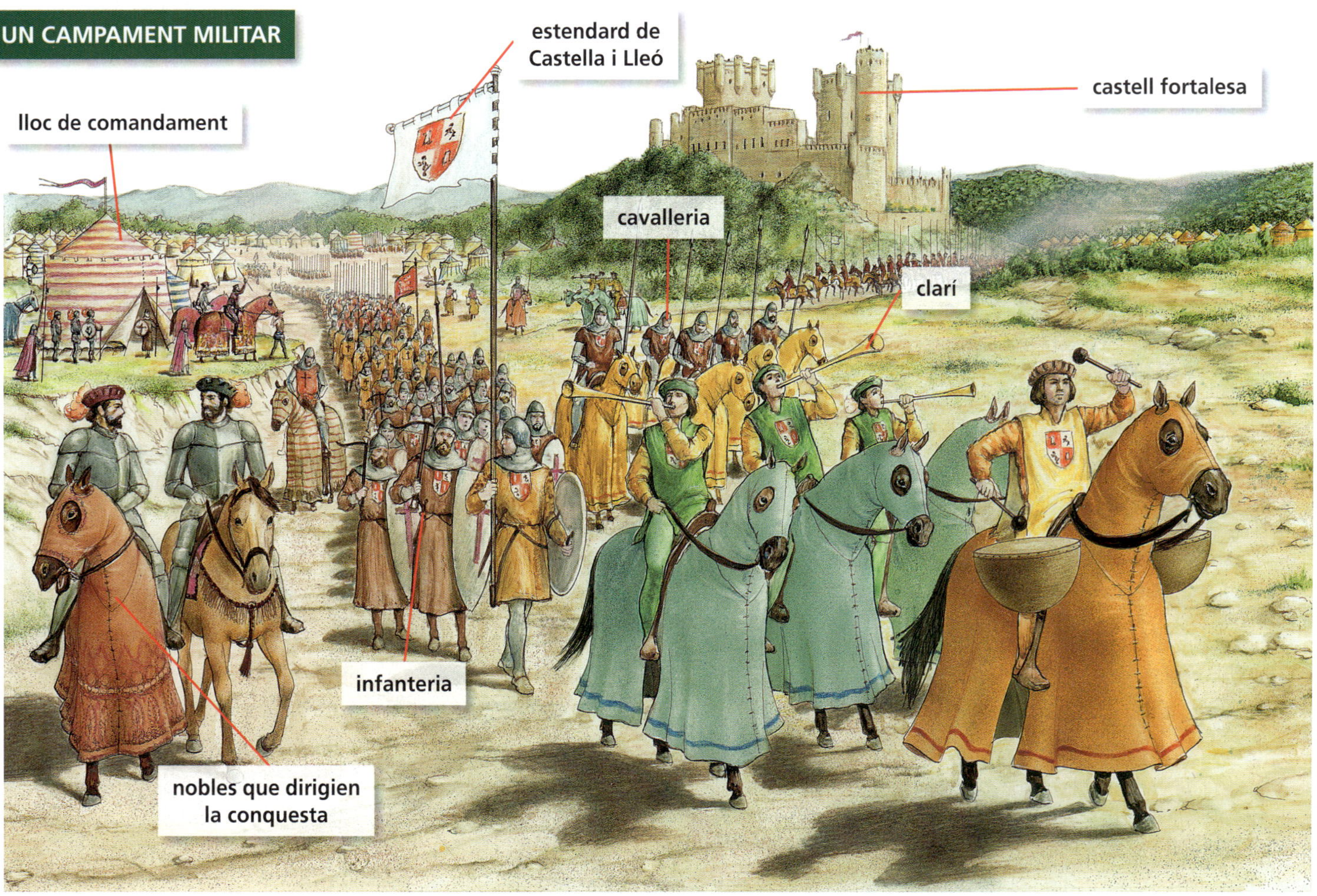

L'EVOLUCIÓ DE LA FRONTERA ENTRE ELS REGNES CRISTIANS I AL-ANDALUS

1. Quins territoris va conquerir cada regne a les taifes musulmanes al llarg del segle XIII?

2.3. L'AVANÇ CAP AL SUD

Després de la derrota almohade, els reis cristians emprengueren l'avanç cap al sud del riu Tajo per ocupar la vall del Guadalquivir.

El **regne de Lleó** ocupà les terres extremenyes actuals (1230) i, després de la unió amb **Castella**, el rei Ferran III va conquerir Còrdova (1236) i Sevilla (1248). El seu fill, Alfons X, va arribar a Cadis i Múrcia.

Paral·lelament, el **regne de Portugal** va completar la conquesta del seu territori actual amb l'ocupació de Faro el 1249.

Al final del segle XIII, només quedava a la Península un regne musulmà: el **regne nassarita de Granada**. En la seva ajuda van arribar a la Península els benimerins, un poble procedent del nord d'Africa. El rei **Alfons XI** va reorganizar el seu exèrcit, els va vèncer a la **batalla del Salado** (1340) i va conquerir **Algesires** (1344).

Després de l'ocupació d'aquests territoris, molts musulmans van fugir o van ser expulsats cap a Granada i el nord d'Àfrica. Per repoblar el territori van arribar lleonesos, castellans i bascos.

Una bona part del territori va ser repartit en forma de **grans latifundis** als nobles, als clergues i als ordes militars que havien participat en les campanyes. Moltes d'aquestes terres van ser dedicades a pastures per els ramats, activitat que necessitava poca mà d'obra i donava bons beneficis.

SINTETITZA

2. Explica com es va crear la Corona de Castella.

3. Per què va tenir tanta importància la batalla de Las Navas de Tolosa?

4. Com es va fer la repoblació de les terres conquerides?

3 Economia i societat de la Corona de Castella

3.1. El predomini de la ramaderia

La majoria de la població de Castella es dedicava a l'agricultura. Els principals conreus per al manteniment de la població eren **cereals** (blat, ordi, civada...), però també n'hi havia d'altres que es dedicaven a la venda, com el **vi** i **l'oli**.

Tot i això, la base de l'economia era la **ramaderia ovina**, sobretot de raça merina, que produïa llana abundant de gran qualitat destinada majoritàriament a l'exportació. Els ramats eren propietat de la noblesa castellana, que, a fi de defensar els seus interessos, va fundar l'**Honrado Concejo de la Mesta** (1237).

3.2. Les rutes de la llana

La part més important de la llana produida a Castella s'exportava a les ciutats tèxtils dels Països Baixos, sobretot **Bruges**, on la filaven, la teixien i en feien confecció. Només una petita part es quedava al regne per als teixidors de les ciutats.

El comerç de la llana es concentrava a **Burgos**, i des d'allà anava als ports del mar Cantàbric, des d'on es feia arribar a Flandes per via marítima. Aquesta exportació va reactivar la vida comercial de la Meseta nord, on es crearen mercats i fires importants, com la de **Medina del Campo**.

La llana s'embarcava als ports càntabres (Laredo, Castro Urdiales) i bascos (Bermeo, Getaria, Bilbao) en vaixells que eren comandats per mariners bascos i càntabres.

Al segle XIII aquests mariners van fundar l'**Hermandad de la Marina de Castilla** per defensar-se de la competència dels mariners anglesos i francesos.

3.3. El poder de la noblesa

Els nobles, l'Església i els ordes militars eren els grans propietaris de terres. Les **grans senyories** que detenien les havien obtingudes gràcies a les concessions fetes pels monarques a mesura que avançava la conquesta d'Al-Andalus. A més, els beneficis de l'exportació de la llana augmentaven les seves riqueses.

La noblesa i l'alt clero es van consolidar com els grups socials més rics i poderosos de Castella. La seva influència era tan gran, que sovintejaven les baralles entre nobles i en molts casos van aconseguir fins i tot d'imposar-se al poder del rei.

A Castella no es va desenvolupar una burgesia, que, gràcies a l'enriquiment amb la manufactura i amb el comerç, podria haver fet de contrapès al poder de la noblesa.

Els interessos dels propietaris dels ramats (noblesa), que preferien els beneficis ràpids de l'exportació, es van imposar per sobre de les demandes dels artesans que volien que la llana es quedés a Castella per afavorir les seves manufactures tèxtils.

La ciutat de Burgos va tenir un gran creixement gràcies al comerç de la llana de la Mesta.

UNA DEFENSA DE LA PRODUCCIÓ TÈXTIL

Alt i poderós príncep, [...] ens sembla que vostra Altesa hauria d'ordenar i manar que cap tipus de drap de llana no entrés als vostres regnes ni per mar, ni per terra, ni se'n venguessin, llevat dels draps que es fan als vostres regnes [...] i que vostra Senyoria manés que cap tipus de llana sortís d'aquests regnes [...] i si ara minven les vostres rendes, amb el temps creixeran els beneficis, i molta gent tindrà de què viure [...]. Plagui a vostra Senyoria manar que es tingui això en compte i prendre les mesures necessàries.

Petició de l'estat popular a les corts de Madrigal, 1377.

- Quin problema intentaven solucionar els representants de les ciutats?
- Quina petició fan al rei?

SINTETITZA

1. Quina era la riquesa principal de Castella?

2. Quina destinació tenia la llana castellana? Quin paper hi van fer les ciutats de Burgos i Medina del Campo?

3. Per què la noblesa va ser el grup social predominant a Castella? Per què no s'hi va desenvolupar una burgesia?

INVESTIGA

LA MESTA I EL COMERÇ CASTELLÀ

La Mesta era una associació encarregada de regular la **transhumància** dels ramats d'ovelles que transitaven per uns camins anomenats **carrerades**.

A l'estiu els ramats pujaven per alimentar-se als prats de la Serralada Cantàbrica o del Sistema Central i a l'hivern tornaven a les terres baixes d'Extremadura o de Castella.

El pas dels ramats per les terres de conreu va provocar nombrosos conflictes entre els interessos dels pagesos i els dels ramaders.

En aquestes disputes els monarques van afavorir gairebé sempre els grans propietaris de la Mesta, que aconseguiren molts privilegis.

La **llana** era el producte d'exportació principal del comerç castellà. La seva exportació va ser molt afavorida per la Guerra dels Cent Anys entre França i Anglaterra, que va privar els telers de Flandes de la llana anglesa.

Castella també venia a Europa **ferro** i **oli** i n'importava **productes manufacturats** i **draps** de qualitat. Es comerciava amb França, Anglaterra i Flandes.

CARRERADES I CENTRES COMERCIALS PRINCIPALS

ELS PRIVILEGIS DE LA MESTA

Aquest alcalde de la Mesta i els pastors, senyor, van per les vostres terres demanant una altra vegada noves carrerades als llocs on mai no n'hi ha hagut [...] i us demanem, senyor, que tingueu a bé ordenar que als llocs on no hi ha hagut carrerades des del temps del rei don Alfons, el vostre besavi, que no n'hi hagi ara ni d'ara endavant. [...] I si en algunes terres es volen obrir o eixamplar carrerades, que ho facin pels llocs acostumats. I no com les volen obrir ara, passant pel mig de les millors hortes, vinyes i heretats i per dins les viles mateix.

Súpliques al rei en les corts. Segle XV. (Reelaborat)

LES RUTES COMERCIALS CASTELLANES I L'EXPANSIÓ ATLÀNTICA

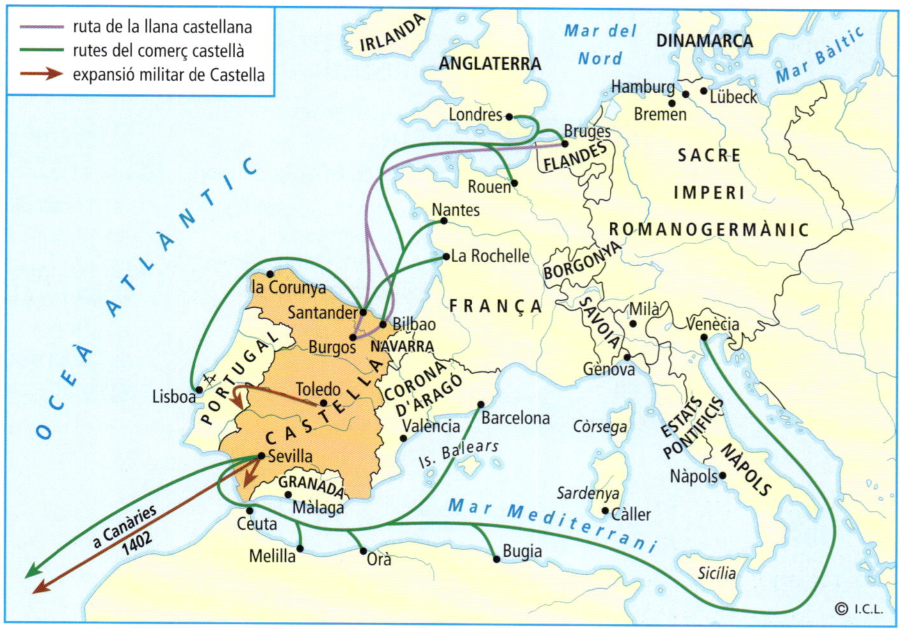

Amplia a la Xarxa...

Per saber més sobre la Mesta, entra a www.tiching.com/73598

- Què era el "servicio y montazgo"?

4. Què era la Mesta? I les carrerades? Descriu la ruta que havien de seguir els ramats.

5. Quins conflictes van enfrontar pagesos i ramaders? Comenta el text de les súpliques de les corts en el marc d'aquest conflicte.

6. Descriu la ruta que seguia el comerç de la llana. Quins productes importava i quins exportava el comerç castellà?

4 Les institucions de govern i la crisi baixmedieval

4.1. Les institucions de la Corona de Castella

A diferència de la corona catalanoaragonesa, el regne de Castella constituïa un únic Estat, amb unes corts úniques i una mateixa llei per a tot el territori.

La monarquia

A Castella la corona tenia uns poders força amplis (facultat de declarar la guerra, de fer lleis, de jutjar...). Per assessorar-se en les seves funcions, els reis van crear el **Consell Reial**. També existia una **cúria** (tribunal de justícia), una **cancelleria** (administració) i una **tresoreria** (finances).

Però a partir del segle XIII els nobles castellans, que s'havien convertit en una classe social rica i poderosa, es van enfrontar a l'autoritat del monarca i van voler limitar-ne les atribucions.

Les corts

Les corts de Lleó es van crear l'any 1188 i van ser les primeres que es van reunir a la Península. Des del segle XIV la unió de les corts de Castella i les de Lleó va donar lloc a les **corts de Castella i Lleó**.

Aquesta institució era en un òrgan de poder amb **funcions consultives** que no va tenir mai capacitat per fer lleis. Amb el temps els representants de la noblesa i del clero van deixar d'assistir a les sessions de les corts, perquè estaven exempts de pagar els impostos que s'hi aprovaven.

Els municipis

Els consells municipals oberts a tota la població dels primers segles de l'Edat Mitjana van ser substituïts pels anomenats **capítols**, que van acabar sota el control de la noblesa ramadera.

Més endavant va sorgir la figura del **corregidor**, que era el representant del poder reial a les ciutats. Tenia el poder de presidir els capítols i d'assegurar que no s'hi prenguessin decisions contràries als interessos de la monarquia.

El rei Alfons el Benigne presideix una reunió de les corts l'any 1333.

@ Amplia a la Xarxa...

Per saber més sobre les corts medievals, entra a www.tiching.com/73597

- Quina fou la monarquia en la qual es van originar les corts? A quina època?
- Quina característica presentava l'assemblea lleonesa del 1182? Quin rei la va convocar?

EL FUNCIONAMENT DE LES CORTS DE LA CORONA DE CASTELLA

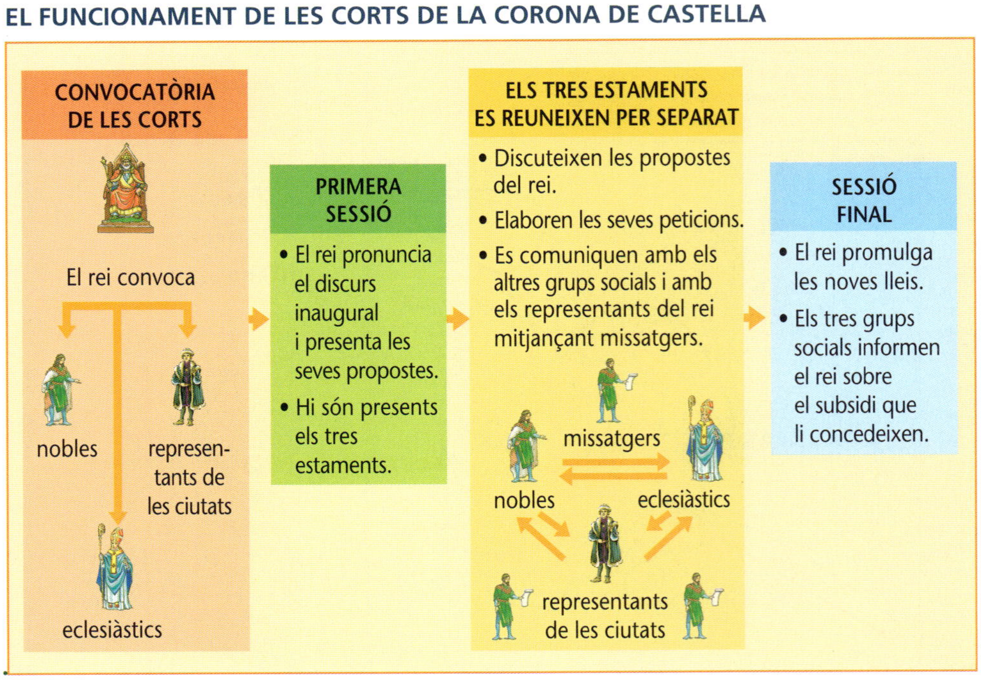

1. Quins grups socials tenien representació a les corts? Explica quin era el mecanisme de funcionament de les sessions de les corts.

4.2. La crisi a Castella

La crisi econòmica de la Baixa Edat Mitjana, que va afectar d'una manera molt profunda els regnes de la Corona d'Aragó, no va ser tan intensa a Castella.

La davallada econòmica del segle XIV va impulsar els nobles a enfrontar-se als monarques per exigir-los la restauració dels seus privilegis i l'ampliació dels seus dominis territorials.

Pere I de Castella (1350-1369) va voler imposar el seu poder, desenvolupar l'economia de les ciutats i afavorir els artesans del sector tèxtil per evitar que la majoria de la llana fos exportada als Països Baixos. L'alta noblesa i l'Església s'hi van enfrontar i van proposar com a rei el seu germanastre Enric.

El rei va comptar amb el suport de la burgesia i de la petita noblesa i, després d'uns anys de guerra civil, el bàndol nobiliari es va imposar. Com a conseqüència, **Enric de Trastàmara** va ser proclamat rei de Castella amb el nom d'Enric II.

4.3. La nova dinastia dels Trastàmara

La nova dinastia dels Trastàmara va estar a mans de l'alta noblesa. Enric II va ser anomenat "el de les Mercès" (1369-1379), perquè va haver de concedir als nobles molts privilegis i moltes riqueses per pagar l'ajuda que li havien prestat.

Els dos monarques següents, **Joan II** (1406-1454) i **Enric IV** (1454-1474), van haver d'afrontar diverses rebelions nobiliàries, moltes de les quals van esdevenir guerres civils.

Aquesta situació d'enfrontaments continus va ser una de les causes de la paralització de la conquesta de nous territoris.

Miniatura del segle XV que representa la batalla de Montiel, del 1369, en què Enric II va vèncer definitivament Pere I de Castella.

ELS REIS DE LA CORONA DE CASTELLA

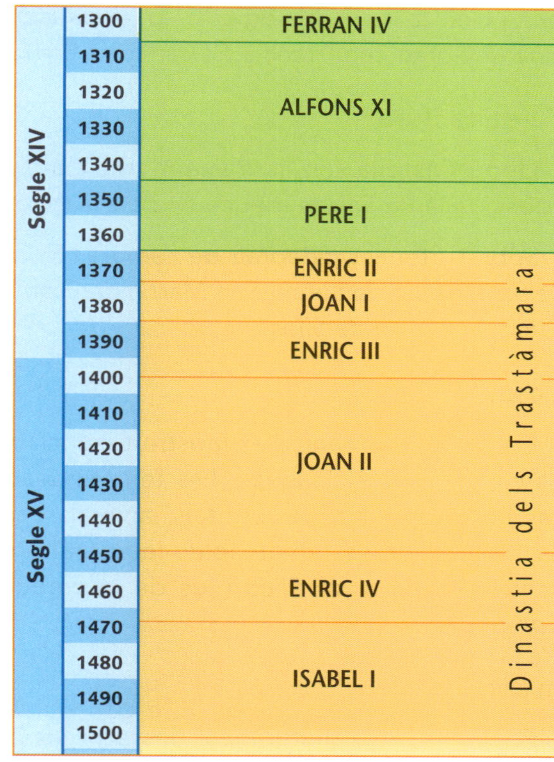

Ho sabies?

La revolta social més important del regne de Castella fou la dels **irmandinhos** gallecs.

Va començar l'any 1467 amb una insurrecció de la petita noblesa i de la burgesia contra els abusos de l'alta noblesa, però es va radicalitzar quan va rebre el suport dels pagesos (destrucció d'uns 130 castells).

La revolta va ser sufocada dos anys més tard per un gran exèrcit nobiliari.

SINTETITZA

2. Per què diem que la Corona de Castella tenia una organització política unitària? Quines n'eren les institucions de poder principals?

3. Quines característiques va tenir la crisi política a Castella?

4. Quines relacions van tenir el nobles amb els reis de la dinastia dels Trastàmara?

5 L'art medieval als regnes de Castella i Lleó

5.1. La difusió del Romànic

Com ja has vist, el Romànic es va introduir als regnes de Castella i Lleó al llarg del segle XI. En la difusió del nou estil hi van tenir una gran importància els camins a Sant Jaume de Galícia.

L'arquitectura

Lleó i **Castella** són, juntament amb Catalunya, les zones més riques de la Península Ibèrica en construccions romàniques.

Sobresurten les *catedrals de Zamora* i *Salamanca*, les *esglésies de San Isidoro* de León i *San Martín* de Frómista, i el *monestir de Santo Domingo de Silos*.

L'escultura

L'escultura romànica es mostra essencialment a les façanes i als capitells dels claustres. Les temàtiques habituals són escenes bíbliques, motius vegetals, animals i sanefes decoratives. En són exemples remarcables les escultures del *monestir de Santo Domingo de Silos* i les de la *catedral de Santiago de Compostel·la*.

La pintura

Pel que fa a la pintura, cal destacar les influències mossaràbiga i mudèjar, amb la introducció d'escenes de la vida quotidiana (frescos de *San Baudel* de Berlanga i de *San Isidoro* de Lleó).

També cal destacar les extraordinàries il·lustracions de llibres de caràcter sagrat (beatus, bíblies...) escrits als monestirs, com el *Beat* de Santo Toribio de Liébana.

L'església *de Santo Domingo* de Soria, del segle XII.

Arcs multilobulats de l'interior del transsepte de la *colegiata de San Isidoro* de Lleó, del segle XI.

Columna de l'apostolat de la Cambra Santa d'Oviedo, segle XII.

El pecat original, pintura mural de l'església de la Vera Cruz de Maderuelo, del segle XII.

Dubte de Sant Tomàs, relleu del monestir de Santo Domingo de Silos, del segle XI.

5.2. L'EXPANSIÓ DEL GÒTIC

A partir del segle XIII, la Corona de Castella va rebre la influència dels models del gòtic francès, caracteritzat per la verticalitat i l'ornamentació.

L'arquitectura

Les primeres catedrals que es van construir en aquest estil van ser les de Lleó i Conca, seguides de les de Burgos i Toledo.

Al segle XV es van continuar bastint grans catedrals, com les de Segòvia, Salamanca i Sevilla, que incorporen nous elements, com ara més lluminositat interior i l'equiparació en alçada de totes les naus. També es va imposar el gust per l'ornamentació molt recarregada (flamígera).

A l'**arquitectura civil** gòtica destaquen el castell de Peñafiel, a Valladolid, i el *Palacio del Infantado* a Guadalajara.

L'escultura

L'escultura gòtica va tenir un gran desenvolupament, com ho demostren la *Puerta del Sarmental* de la catedral de Burgos i la *Virgen Blanca* de la catedral de Toledo. Als segles XIV i XV es va accentuar el sentit decoratiu, com es veu en el *sepulcre de Don Alfonso*, de **Gil de Siloé**.

La pintura

Durant el segle XIII la pintura gòtica va estar dominada per l'art de la **miniatura** (*Cantigas d'Alfons X*).

Al segle XV els retaules van esdevenir el mitjà d'expressió pictòrica principal. Entre els artistes que hi excel·leixen cal esmentar **Fernando Gallego** i **Bartolomé Bermejo**.

Catedral de Lleó, exemple del gòtic d'inspiració francesa, 1255-1302.

La *Puerta del Sarmental* de la catedral de Burgos, 1230-1240.

Fernando Gallego: *Crucifixió*, segle XV.

Virgen Blanca de la catedral de Toledo, del segle XIV.

SINTETITZA

1. Quines són les principals mostres d'arquitectura romànica i gòtica als regnes de Castella i Lleó?

2. Quines característiques presenten l'escultura i la pintura romàniques i gòtiques? Posa algun exemple de cada característica.

Practica competències bàsiques

1. Copia el mapa conceptual

Copia el mapa conceptual al quadern i completa'l:

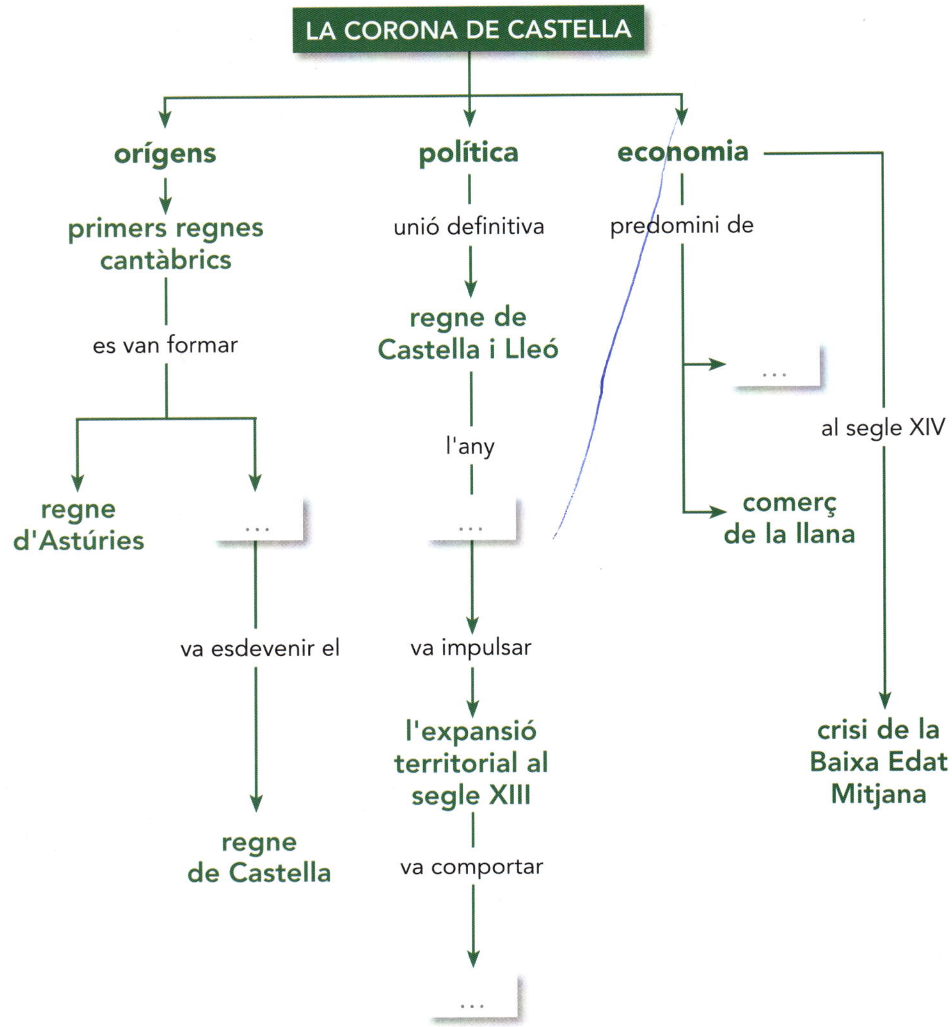

2. Sintetitza

1. Quins primers nuclis de resistència a l'islam es van formar a la serralada Cantàbrica?
2. Com es van expandir aquests regnes entre els segles XI i XIII?
3. Com es va crear la Corona de Castella? I el regne de Portugal?
4. Què era el camí de Sant Jaume? Quina importància econòmica i artística va tenir?
5. Quines eren les activitats econòmiques dominants a la Corona de Castella? Quin grup social hi predominava?
6. Quins conflictes polítics van tenir lloc a Castella a la Baixa Edat Mitjana? Què els va motivar?

3. Identifica personatges

- Pelagi
- Alfons III de Lleó
- Ferran González
- Alfons Henriques
- Rodrigo Díaz de Vivar
- Ferran III de Castella
- Pere I de Castella
- Enric II de Castella

4. Analitza la imatge

a) Descriu l'escena. Qui són els defensors del castell? I els atacants?

b) Per què creus que diem que la societat medieval hispànica és una societat en guerra?

c) Quin poder van donar a la noblesa els conflictes constants?

Representació d'un enfrontament entre cristians i musulmans en l'obra d'Alfons el Savi *Cantigas de Santa María*.

5. Reflexiona i argumenta

Quines són les raons per les quals al regne de Castella ni s'hi va desenvolupar una activitat manufacturera important ni la burgesia va esdevenir un grup poderós i influent?

6. Aprèn a analitzar l'evolució d'un fet històric a partir de mapes

ANY 1054

ANY 1143

ANY 1200

ANY 1304

ANY 1450

A continuació, amb l'ajuda d'aquests cinc mapes, analitzarem l'evolució dels regnes peninsulars al llarg de l'Edat Mitjana.

a) Anàlisi

- Al segle XI (vers l'any 1054), quin era l'Estat més extens de la Península? Quins regnes es van formar al sud dels Pirineus?
- Al segle XII (vers l'any 1143), quin regne es va separar de Castella i Lleó? Quin nou regne es va formar? Explica els canvis que es van produir a la Corona d'Aragó.
- Al segle XIII (vers l'any 1200), com van evolucionar les fronteres dels regnes cristians?
- Al segle XIV (vers l'any 1304), com es van estabilitzar les fronteres peninsulars?
- Al segle XV (vers l'any 1450), quin regne va ampliar els seus territoris fora de la Península? Es van modificar les fronteres dels altres regnes?

b) Síntesi

- Explica en un text breu les fases del progrés dels regnes cristians cap al sud.
- Explica com es van formar els diferents regnes peninsulars cristians (Castella i Lleó, Portugal, Navarra i la Corona d'Aragó).
- Recorda quina estructura política tenia Al-Andalus a cada fase.

7. Completa la taula

Copia la taula al quadern i compara les característiques polítiques, socials i econòmiques dels dos grans regnes peninsulars:

	Corona d'Aragó	Corona de Castella
Institucions	Monarquia pactista	...
Economia	...	...
Grups socials	...	Predomini nobiliari
Expansió territorial	...	...

Activitats@web

www.vicensvivesdigital.com/activitatsweb

- **Identifica.** Els regnes occidentals
- **Situa.** Obres del Camí de Sant Jaume
- **Ordena.** L'expansió del segle XIII
- **Tria.** Economia i societat
- **Relaciona.** Institucions de govern
- **Completa.** La crisi baixmedieval

EL NAIXEMENT DEL MÓN MODERN

Vittore Carpaccio: *Jove cavaller*, 1510

Sandro Botticelli: *La primavera*, 1477

L'expansió econòmica dels segles XV i XVI va anar acompanyada del sorgiment d'una nova manera d'entendre el món: l'Humanisme. Els humanistes reivindicaven l'herència de l'Antiguitat grecoromana i van situar l'ésser humà en el centre de totes les seves reflexions.

Un esperit crític renovat va impregnar el món de les creences: es va escampar una religiositat més personal i es criticaven la corrupció i els abusos de l'Església. Això va originar la Reforma, un moviment religiós que va dividir Europa entre luterans i catòlics.

Els artistes es van entusiasmar amb el món antic i van abandonar l'estil gòtic per buscar uns nous models basats en el classicisme i en la mitologia grecoromana. La paraula Renaixement va ser creada precisament per fer evident l'inici d'un temps nou.

- Fixa't en el mapa. Quins països europeus es van veure afectats per la Reforma luterana? Quins països es van mantenir fidels al papa de Roma? Quins grans centres humanístics van sorgir?
- Observa la pintura de Rafael. Penses que reflecteix l'admiració que els artistes del Renaixement tenien pel món clàssic? Explica per què.
- Mira l'eix cronològic. Quins esdeveniments en pots destacar com a més rellevants els segles XV i XVI? Justifica la resposta.

Rafael: *L'Escola d'Atenes*, 1511

EL NAIXEMENT DE L'EDAT MODERNA

1400 · 1425 · 1450 · 1475 · 1500 · 1525 · 1550 · 1575 · 1600

- **1420-1436** *Cúpula de la catedral de Florència* (Brunelleschi)
- **1450** Invenció de la impremta (Gutenberg)
- **1453** Caiguda de Constantinoble
- **1492** Descobriment d'Amèrica
- **1509** *Elogi de la follia* (Erasme)
- **1517** Les 95 *tesis* (Luter)
- **1529** Dieta de Spira
- **1534** Anglicanisme a Anglaterra
- **1540** Companyia de Jesús
- **1542** Restabliment de la inquisició
- **1545-1563** Concili de Trento
- **1547-1564** *Cúpula de Sant Pere del Vaticà* (Miquel Àngel)

1 La recuperació del segle XV

A la segona meitat del segle XVI Europa va superar la greu crisi del final de l'Edat Mitjana i hi va començar una fase de creixement econòmic, d'enriquiment de la burgesia i d'enfortiment de la monarquia.

Miniatura del segle XVI en què es pot veure com emmagatzemen la collita de blat. Els vestits sumptuosos i l'abundància de gra reflecteixen la millora de l'agricultura a partir del segle XV.

1.1. Creixement demogràfic i agrícola

La desaparició de les grans epidèmies i l'augment de la natalitat van permetre un lent **increment de la població**. Al final del segle XV a Europa hi havia uns setanta milions d'habitants, una xifra que situava el volum de població en els nivells anteriors a l'epidèmia de la Pesta Negra.

Paral·lelament, a les **ciutats** la població va augmentar. Venècia, Florència, París, Londres, Nuremberg i altres ciutats passaven de 50 000 habitants. Per abastar tota aquesta població urbana es va desenvolupar l'agricultura i, especialment, el comerç.

L'augment de la demanda va fer que moltes terres abandonades tornessin a ser conreades i se n'hi van incorporar de noves. A poc a poc l'agricultura va començar a generar **excedents**, que eren comercialitzats.

Tanmateix, la concentració de la propietat es va mantenir en mans dels grups **privilegiats** (noblesa i clero) i les millores dels sistemas de conreu van ser escasses. A molts països la **servitud** va anar desapareixent, però hi van continuar vigents els impostos senyorials que la pagesia havia de pagar.

1.2. El desenvolupament comercial

Les necessitats d'una població en augment van estimular l'**activitat comercial**. El **comerç terrestre** es va revitalitzar i pels camins d'Europa hi circulaven la seda italiana, la llana de Castella, els draps dels Països Baixos i d'Anglaterra, els metalls alemanys i els vins francesos.

Les **rutes marítimes** del Mediterrani, del Bàltic i del mar del Nord van reprendre l'activitat comercial. A través del Mediterrani arribaven a Europa les **espècies d'Orient**, tan necessàries per conservar els aliments: canyella, nou moscada, pebre, etc.

Aquesta expansió del comerç va tenir com a conseqüència l'augment de la producció artesana, el desenvolupament de les manufactures i el creixement de les ciutats que tenien un port marítim o fluvial important.

@ Amplia a la Xarxa...

Per saber més sobre la ruta de les espècies entra a www.tiching.com/73275

EL COMERÇ DE LES ESPÈCIES

1.3. L'ESPLENDOR DE LA BANCA

Els mercaders necessitaven capital per finançar els grans viatges i les mercaderies que volien vendre i comprar. Per això la banca va adquirir molta importància com a prestamista de capitals.

Per poder facilitar els intercanvis i els pagaments es van crear les lletres de canvi. Alhora, la necessitat de disposar de **moneda** va estimular l'explotació de les mines de plata a l'Europa central.

L'augment dels intercanvis va provocar una pujada dels tipus d'interès, cosa que va fer que s'enriquissin els canviadors, els prestamistas i els banquers, que es van convertir en el grup social més influent de les ciutats.

1.4. L'ASCENS DE LA BURGESIA

El creixement del comerç, de les activitats manufactureres i de la banca va originar grans beneficis a la **burgesia**.

El seu poder econòmic no es basava en la propietat de terres, com en el cas de la noblesa, sinó en la possessió de capital, que invertia en **activitats productives** (viatges comercials, manufactures) que li donaven beneficis. D'aquesta manera van començar a sorgir les primeres empreses capitalistas i es van establir les bases del **capitalisme comercial**.

Algunes famílies de comerciants i de banquers, com els Mèdici a Florència i el Fugger a Alemanya, van acumular enormes fortunes, cosa que els va permetre tenir una gran influència política.

1.5. L'ENFORTIMENT DE LA MONARQUIA

Durant el segle XV els reis van consolidar un nou model d'organització del poder: la **monarquia autoritària**. Amb aquesta finalitat van impulsar reformes que enfortien la seva autoritat.

Els monarques van crear exèrcits permanents, van instaurar una burocràcia i una hisenda per controlar els ingressos i les despeses i van crear una diplomàcia per establir relacions amb estats aliats. Van ser monarquies autoritàries la dels Reis Catòlics a Castella, la de Lluís XI a França i la d'Enric VIII a Anglaterra.

HO SABIES?

La **lletra de canvi** era un document que facilitava els pagaments en les transaccions comercials. Un comerciant lliurava una quantitat de diners a un banquer que tenia delegacions en altres països i aquest li expedia una lletra de canvi que li garantia els diners. D'aquesta manera el comerciant podia fer els pagaments a qualsevol altre lloc sense haver de transportar els diners, que en aquell temps només existien en forma de moneda.

Els **prestadors** deixaven capital als comerciants perquè poguessin emprendre les expedicions, que sovint requerien inversions considerables. Després del viatge, el comerciant, gràcies als guanys obtinguts, tornava el capital més el benefici que havia acordat amb el prestador (interès).

Els **canviadors** facilitaven el canvi de monedes de diversos països i cobraven una comissió que aplicaven sobre l'import del canvi.

Aquesta pintura de Quentin Metsys, del 1515, representa l'activitat de dos canviadors.

Enric VIII en un retrat pintat per Hans Holbein, 1540.

SINTETITZA

1. Quins factors van afavorir el creixement de la població al segle XV?

2. Quines rutes comercials es van revitalitzar al segle XV? Quins productes es comercialitzaven per aquestes rutes?

3. Quin grup social va ampliar el poder econòmic a partir del segle XV? En què basava la riquesa? Quin origen té el capitalisme comercial?

4. Quines transformacions va fer la monarquia al començament de l'Edat Moderna?

2 L'Humanisme

2.1. Una nova manera de pensar

Durant el segle XV es va forjar a Itàlia un moviment de renovació cultural que es va escampar per Europa a la primera meitat del segle XVI. La mentalitat medieval, que situava Déu al centre del món, va deixar pas a una nova manera de pensar que posava l'home com a centre del món. Per això es va anomenar **Humanisme**.

Els literats i els artistes van començar a interessar-se pels autors i per les obres dels clàssics grecollatins, cosa que va donar origen a un renaixement de la cultura de l'Antiguitat. Per això es qualifica de **Renaixement l'expansió cultural i artística del segle XVI**.

Aquestes són les característiques principals de l'Humanisme:

- Rebutja la mentalitat medieval, centrada en la idea de Déu, **exalça l'ésser humà** i el considera com l'únic ésser dotat de **raó** i de **llibertat**.
- S'inspira en la **cultura grecollatina**. L'interès per la llengua grega va permetre traduir els grans autors clàssics, sobretot Plató i Aristòtil.
- S'interessa per la **ciència** i pel **progrés tècnic**, cosa que va comportar la difusió d'un nou **esperit científic**, basat en l'observació i l'experimentació.
- Utilitza les **llengües vernacles** (francès, italià, català, castellà...) com a vehicle de transmissió cultural en substitutició del llatí i del grec. Un pas important en aquest sentit va ser la traducció de la Bíblia a les llengües vulgars.

Molts humanistes van intentar unir l'herència de la cultura clàssica, l'interès científic i els valors cristians (estudi de la Bíblia i dels problemes religiosos). El representant més destacat d'aquest Humanisme cristià fou **Erasme de Rotterdam**.

2.2. L'expansió de l'Humanisme

La difusió d'aquesta nova manera de pensar va ser impulsada gràcies a la invenció de la **impremta**, que va facilitar la impressió de grans tiratges de llibres i l'augment del nombre de lectors. Al començament, com que el cost era molt elevat, només hi havia impremtes a les ciutats importants, però ben aviat es va anar estenent per tot Europa i durant el segle XVI s'hi van publicar uns 200 000 títols.

Les **acadèmies** van ser les grans impulsores del pensament humanista i van centrar els estudis en la llengua, la literatura i la filosofia. En formaven part gent erudita que, gràcies a la protecció econòmica d'un mecenes, es dedicava a traduir manuscrits antics i a intercanviar coneixements i idees.

Les **universitats**, com les de Bolonya, Pàdua, Florència, Lovaina i Alcalá de Henares, van tenir un paper important en la formació i la transmissió de nous coneixements.

Ho sabies?

L'enriquiment de la burgesia va afavorir que moltes famílies de comerciants i de banquers s'interessessin per la cultura i per l'art i es convertissin en importants col·leccionistes d'obres d'art i en protectors d'artistes.

Sovint aquests **mecenes** acollien artistes i pensadors al seu palau i els donaven suport econòmic. La tasca que van fer va contribuir en bona mesura a difondre l'Humanisme i el nou art del Renaixement.

La família **Mèdici de Florència** va ser mecenes de grans artistes, com Donatello, Fra Angelico, Leonardo da Vinci i Miquel Àngel.

Lorenzo de Mèdici dalt de cavall. Pintura del Palau Mèdici, a Florència, segle XV.

Humanisme i raó

És la possessió de la raó que fa l'home. Si els arbres i les bèsties salvatges creixen, els homes, creieu-me, es modelen. Els homes, que antigament vivien en boscos, guiats per simples necessitats i desigs naturals [...], eren bèsties salvatges més que no pas homes. Perquè la raó, una característica d'humanitat, no fa cap falta allà on tot ho domina l'instint. [...]

La naturalesa, donant-vos un fill, us ofereix una criatura ruda que vosaltres heu de modelar perquè esdevingui un home de debò. Si aquest modelatge no es fa amb cura, continuareu tenint un animal; si, al contrari, es fa de manera seriosa i assenyada, tindreu allò que pot resultar un ésser semblant a Déu.

Erasme de Rotterdam: *Sobre l'ensenyament [...] dels infants*, 1529.

- Qui va ser Erasme de Rotterdam?
- Què defensa en aquest fragment de la seva obra?

INVESTIGA

LA IMPREMTA

Fins a mitjan segle XV els llibres es difonien per mitjà de còpies que els monjos escrivien a mà als monestirs.

Va ser l'alemany **Gutenberg** que va revolucionar la difusió dels llibres millorant-ne el sistema d'impressió per mitjà de la tipografia. Al seu taller va confeccionar motlles de fusta de cadascuna de les lletres de l'alfabet i després els va omplir amb plom; així va crear els primers **tipus mòbils**.

Amb aquest nou sistema Gutenberg va aconseguir imprimir llibres d'una manera mecànica, més ràpida i més assequible.

El primer llibre complet que va imprimir amb aquesta tècnica nova va ser la Bíblia, en dos volums, que Gutenberg va imprimir l'any 1455 a Magúncia.

Els tipus mòbils de metall es col·locaven en una matriu per compondre la pàgina i imprimir-la. Els tipus es podien reutilitzar unes quantes vegades.

IMPREMTA DEL SEGLE XV

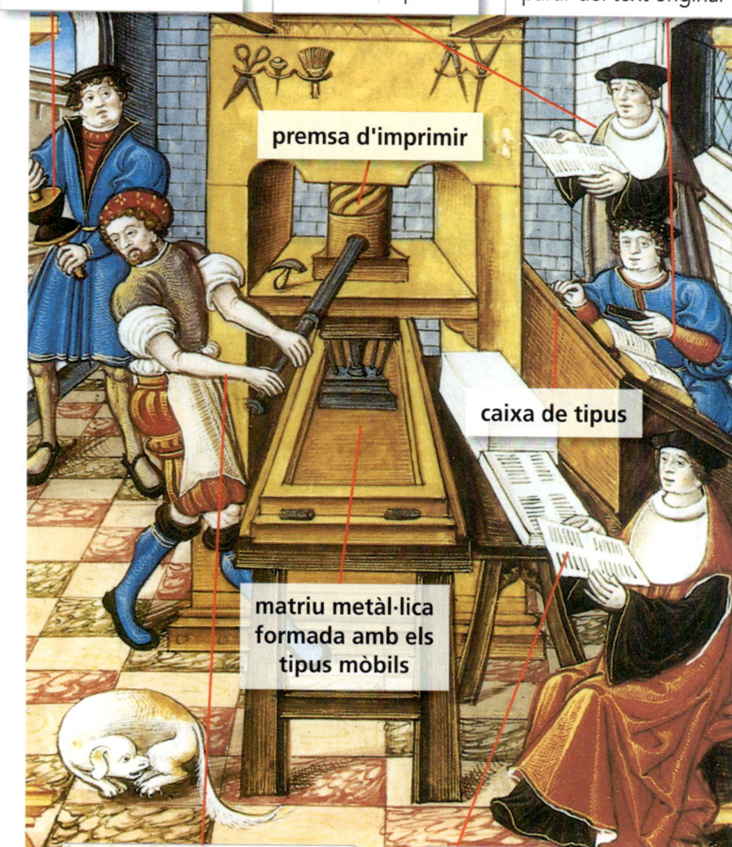

@ Amplia a la Xarxa...

Per saber més sobre la impremta entra a www.tiching.com/80553

- Què és la xilografia? Quines diferències presenta respecte a la impremta?
- Gutenberg va ser el primer que va utilitzar tipus mòbils per imprimir?

1. Explica el funcionament de la impremta i quin paper va fer en la difusió de l'Humanisme.

2. Quin va ser el primer llibre complet que es va imprimir? Busca informació a Internet sobre aquest fet i explica quina transcendència va tenir.

SINTETITZA

3. Quina nova visió de l'ésser humà va aportar l'Humanisme? Quin valor tenia per als humanistes l'Antiguitat grecoromana?

4. Qui eren els mecenes? Informa-te'n i explica d'on prové aquest nom.

5. Com es va escampar l'Humanisme? Quin paper hi van tenir les acadèmies i les universitats?

6. Per què creus que va ser tan important la traducció de la Bíblia a les llengües vernacles i la difusió que va tenir gràcies a la impremta?

3 La Reforma religiosa

3.1. Les causes de la Reforma

Cap al final de l'Edat Mitjana hi havia un cert malestar en amplis sectors de la societat pel rumb que havia pres l'Església.

Entre els motius de descontentament cal esmentar el **luxe exagerat** amb què s'envoltava l'alta jerarquia eclesiàstica, l'**escassa cultura** i el relaxament dels costums del clero, la **compravenda de càrrecs** eclesiàstics per aconseguir beneficis econòmics i no com a fruit d'una vocació religiosa, i la **venda de butlles i d'indulgències** com a mitjà per obtenir el perdó dels pecats.

Alguns humanistes, com Erasme de Rotterdam, van criticar la generalització de totes aquestes pràctiques abusives i defensaven una **religiositat més íntima** basada en la lectura de la Bíblia. La venda de més indulgències que va fer el papa Lleó X per poder sufragar la construcció de la basílica de Sant Pere del Vaticà va desencadenar l'enfrontament a partir del 1515.

Ho sabies?

El mot **protestant** es va crear com un malnom per anomenar els prínceps i els representants de les ciutats alemanyes, que a la Dieta (assemblea) de Spira, el 1529, van protestar contra l'Edicte de Worms.

Aquest edicte de l'emperador Carles V condemnava Luter, prohibia les doctrines luteranes i autoritzava el clero romà a rebatre-les i a perseguir-les.

Els luterans van rebutjar aquest apel·latiu i van autoanomenar-se "evangèlics" o "reformats".

Martí Luter el 1533, pintat per Lucas Cranach el Vell.

3.2. La ruptura de Martí Luter

Martí Luter va ser un sacerdot alemany de l'orde dels agustins que en un viatge que va fer a Roma l'any 1510 va poder observar la decadència moral en què vivia l'Església.

A partir d'aleshores va començar a criticar aquella situació i va elaborar una nova doctrina. L'any 1517 va publicar les *95 tesis* contra la doctrina catòlica i la jerarquia eclesiàstica: hi negava el valor de les indulgències i el poder de l'Església per atorgar-les i hi proposava una religiositat nova.

La **Reforma** que proposava Luter es fonamentava en tres principis bàsics: la **salvació per la fe** i no per les bones obres, el **sacerdoci universal** i l'**autoritat de la Bíblia**. Com a conseqüència, cada creient es converteix en sacerdot d'ell mateix i interpreta la Bíblia lliurement segons la consciència pròpia sense haver de sotmetre's a la interpretació oficial de l'Església.

La doctrina de Luter nega la sobirania del papa i de la jerarquia eclesiàstica, elimina els ordes religiosos i prohibeix el culte a les imatges i només conserva dos sagraments: el baptisme i l'eucaristia (comunió).

Luter va rebre el suport dels **prínceps i dels nobles alemanys**, que volien fer-se amb les propietats de l'Església i reforçar la seva autoritat davant l'emperador Carles V i davant el papa.

Lucas Cranach el Vell: *L'Església veritable i l'Església falsa*, 1546.

1. Quines pràctiques de l'Església que es consideraven condemnables hi ha reflectides en aquesta pintura?

2. Justifica'n el títol i dedueix de quina comunitat religiosa era partidari l'autor.

LA DIFUSIÓ DE LA REFORMA

3. Quins estats es van convertir al luteranisme?

4. A quins territoris es va difondre la doctrina calvinista?

5. Per on es va difondre l'anglicanisme?

6. Quins estats es van mantenir fidels al catolicisme?

3.3. El protestantisme a Europa

La doctrina de Martí Luter o **luteranisme** es va difondre ràpidament per Alemanya, Suècia, Dinamarca, Noruega, els Països Baixos, Anglaterra i Suïssa. Paral·lelament, van anar sorgint més doctrines reformistas:

- El **calvinisme** el va propagar per Suïssa **Joan Calví**. Tenia un caire més radical que el luteranisme i defensava la **doctrina de la predestinació** (Déu va escollir els seus fills abans de la creació del món).

  Segons aquesta doctrina, només algunes persones estan predestinades a assolir la salvació, mentre que totes les altres seran condemnades. També defensa que el **treball** dignifica l'ésser humà i que l'èxit en els negocis és un senyal que una persona està tocada per la gràcia divina, és a dir, predestinat.

  Aquestes doctrines es van escampar per França (**hugonots**) i Anglaterra (**puritans**). A Escòcia John Knox va fundar l'**Església presbiteriana**, basada en la idea de la predestinació.

- L'**anglicanisme** el va crear a Anglaterra el monarca **Enric VIII** perquè el papa Climent VII es va negar a concedir-li l'anul·lació del seu matrimoni amb Caterina d'Aragó.

  Davant aquesta negativa el monarca va proclamar l'**Acta de Supremacia** (1534), en què declarà que se separava de Roma i es proclamava cap suprem de l'Església d'Anglaterra. Així, va sotmetre a l'Estat la jerarquia eclesiàstica, però va preservar molts dels dogmes catòlics i va conservar el culte.

Temple calvinista de Lió al segle XVI.

7. Quins elements d'aquesta il·lustració confirmen que és una església? Qui és el personatge que hi ha a la trona? Quina funció fa?

8. Compara aquesta església amb un temple dedicat al culte catòlic i treu-ne conclusions.

SINTETITZA

9. Per què hi havia malestar a l'interior de l'Església catòlica? Informa't sobre què eren les butlles i les indulgències.

10. Explica els principis bàsics del luteranisme.

11. Què és el calvinisme? I l'anglicanisme?

4 La Contrareforma catòlica

La ràpida difusió de la Reforma luterana per Europa va convèncer les autoritats religioses de la necessitat d'aturar-ne l'expansió. Per aconseguir-ho es va proposar un doble camí: perseguir els protestants i dur a terme una reforma de l'Església.

4.1. La lluita contra els protestants

El 1542, davant l'amenaça del protestantisme, el papa va crear la **Congregació del Sant Ofici** o Inquisició romana, diferent de la inquisició medieval: era un tribunal eclesiàstic permanent encarregat de perseguir els qui es desviaven dels dogmes de l'Església i de castigar els delictes contra la fe.

Els sospitosos d'heretgia eren sotmesos a un judici, anomenat **acte de fe**. En aquesta cerimònia els condemnats havien d'abjurar públicament les seves creences i aleshores podien tornar al si de l'Església. En alguns casos, els qui no es retractaven eren condemnats a la foguera.

També es va crear la **Congregació de l'Índex**, que s'encarregava de publicar la llista dels llibres contraris a la doctrina catòlica que els catòlics tenien prohibit de llegir.

Pedro Berruguete: *Acte de fe presidit per sant Domènec (Domingo de Guzmán)*, de cap al 1495.

4.2. El Concili de Trento

La jerarquia eclesiàstica va impulsar a l'interior de l'Església un moviment de renovació conegut amb el nom de **Contrareforma**. Tenia com a objectiu corregir els errors propis i, sobretot, defensar els dogmes de la fe catòlica.

Amb aquesta finalitat el papa Pau III va convocar el **Concili de Trento**, les sessions del qual es van celebrar entre el 1545 i el 1563. Hi van asistir les altes jerarquies esclesiàstiques i alguns monarques, com l'emperador **Carles V**, que s'havia oposat al protestantisme perquè hi veia un perill per a la unitat de l'imperi.

El concili va confirmar els dogmes principals de la doctrina catòlica. Va proclamar que la fe era important, però que la salvació s'havia d'assolir també per mitjà de les bones obres. Va confirmar els set sagraments, el caràcter sagrat de la missa i el culte a la Mare de Déu i als sants. La **Vulgata**, la traducció llatina de la Bíblia feta per sant Jeroni, va ser declarada l'única interpretació vàlida de les Sagrades Escriptures.

El concili va mostrar també una voluntat ferma de reformar l'administració i la disciplina eclesiàstiques. En aquesta direcció, es van adoptar un seguit de mesures: **es va prohibir la venda d'indulgències**, es van crear **seminaris** per garantir la formació adequada del clero, es va obligar els bisbes a **residir a la seva diòcesi** i els sacerdots a la seva parròquia; finalment, es va instar el clero a dur una vida exemplar i a respectar el celibat.

La necessitat d'instruir els infants en la doctrina correcta va comportar la publicació del **catecisme**, on hi ha recopilades les creences fonamentals de l'Església.

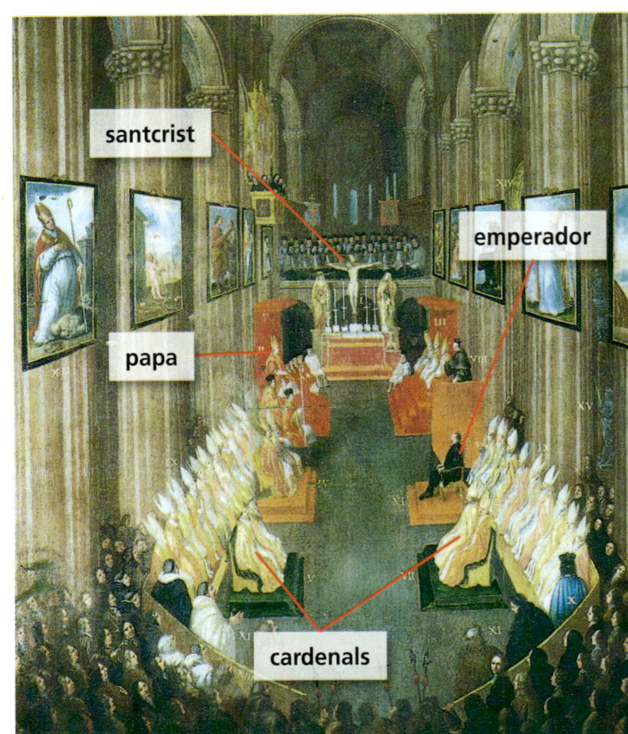

Representació d'una de les sessions del Concili de Trento.

4.3. La difusió de la Contrareforma

Per fer conèixer el nou esperit religiós molts ordes religiosos en què s'havia relaxat la disciplina van començar a reformar-se. La reforma dels franciscans va originar l'orde dels caputxins, i **santa Teresa de Jesús** va renovar l'orde del Carmel.

Entre els ordes nous destaca la **Companyia de Jesús**, fundada per sant Ignasi de Loiola el 1540. Els jesuïtes, que tenen una disciplina molt rígida i que depenen directament del papa, es van convertir en l'instrument de difusió més important de la Contrarreforma.

Els seus mitjans d'actuació van ser la predicació, la confessió i, sobretot, l'ensenyament, gràcies a la creació de nombrosos col·legis a diversos països. També van escampar la predicació fora d'Europa amb la fundació de missions.

DECRETS DEL CONCILI DE TRENTO

Si algú defensa que l'impiu pot obtenir la gràcia i la salvació només amb la fe, ha de ser condemnat.

Que ningú, guiant-se per la seva raó, no gosi tenir l'audàcia d'interpretar les Sagrades Escriptures d'una manera diferent del sentit que els confereix la Santa Església.

El Concili Sant reconeix obertament que en l'august sagrament de l'Eucaristia, després de la consagració del pa i del vi, hi ha present Nostre Senyor Jesucrist, Déu i home veritable.

Els bisbes han d'observar una conducta irreprotxable i estan obligats a visitar cada any totes les esglésies de la seva diòcesi.

Decrets del Concili de Trento. (Adaptació).

Pierre Legros: *La religió catòlica s'imposa a l'heretgia protestant*, 1696.

El papa Pau III i Ignasi de Loiola, fundador de la Companyia de Jesús.

CATÒLICS I PROTESTANTS

	Catòlics	Luterans i calvinistes	Anglicans
DOCTRINA	La salvació s'aconsegueix per mitjà de la fe i de les bones obres.	La salvació s'obté només mitjançant la fe (luterans) o la predestinació (calvinistes).	La salvació s'aconsegueix per mitjà de la fe.
	Set sagraments: baptisme, comunió, confessió, confirmació, matrimoni, ordenació i extremunció.	Dos sagraments: baptisme i comunió.	
	Veneració de la Mare de Déu i dels sants.	Els fidels no creuen ni en la Mare de Déu ni en els sants.	
CULTE	La missa és la principal cerimònia del culte.	La missa és substituïda per la lectura de la Bíblia, sermons i cants.	
	Cerimònies religioses fastuoses.	Cerimònies religioses molt simples.	Mantenen la fastuositat de les cerimònies.
	Cerimònies celebrades en esglésies presidides per l'altar. S'hi veneren imatges.	Cerimònies celebrades en temples molt austers i sense imatges.	Temples no tan austers com els luterans i calvinistes.
	El culte és en mans de sacerdots, que s'han de conservar cèlibes.	Els fidels són guiats per un pastor, que es pot casar.	
ORGANITZACIÓ	El papa de Roma és el cap suprem de l'Església.	No existeix l'obediència al papa.	El rei és la màxima autoritat religiosa.
	Jerarquia eclesiàstica (bisbes i cardenals).	No hi ha jerarquia eclesiàstica.	Es mantenen els bisbes.

SINTETITZA

1. Amb quines mesures es va intentar aturar l'expansió del protestantisme?

2. Què fou el Concili de Trento? Quins dogmes s'hi van refermar?

3. Quines són les diferències principals entre catòlics i protestants?

5 L'esperit del Renaixement. L'arquitectura

L'art es va amarar de les idees humanistes i va triomfar el **Renaixement**, una nova concepció de l'art que va començar a Itàlia al segle XV (*Quattrocento*) i va assolir la plenitud al segle XVI (*Cinquecento*).

5.1. Una nova concepció de l'art

Les noves idees estètiques es van escampar per les ciutats, on la burgesia havia consolidat el poder. Igual com els humanistes, els artistes del Renaixement s'inspiraren en l'Antiguitat, van recuperar les regles de l'art clàssic i consideraven l'ésser humà i la naturalesa com un tot harmònic i van intentar exalçar-ne la perfecció.

Els artistes volien plasmar a les seves obres la **bellesa ideal**. Consideraven que l'ésser humà és l'obra més perfecta de Déu i es van preocupar d'estudiar la **naturalesa** i l'**anatomia humana**. D'aquí prové l'nterès que tenien de representar la figura humana i la proliferació de retrats.

L'art es va secularitzar i va perdre la funció eminentment religiosa que havia tingut a l'època medieval. Tot i que els continguts religiosos van subsistir (escenes de la Bíblia, imatges de sants...), els artistes es van obrir a **temes profans**, inspirats en la mitologia grecoromana.

Els artistes també van deixar de ser uns artesans anònims com a l'Edat Mitjana: signaven les obres i van començar a tenir prestigi i a rebre el **reconeixement social**.

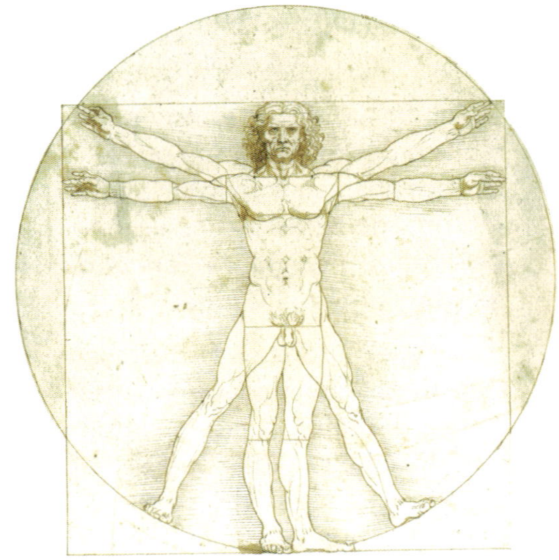

El cànon renaixentista de les proporcions entre les diverses parts del cos. En aquesta imatge, l'*Home de Vitruvi*, de Leonardo da Vinci, 1490.

UN PALAU RENAIXENTISTA

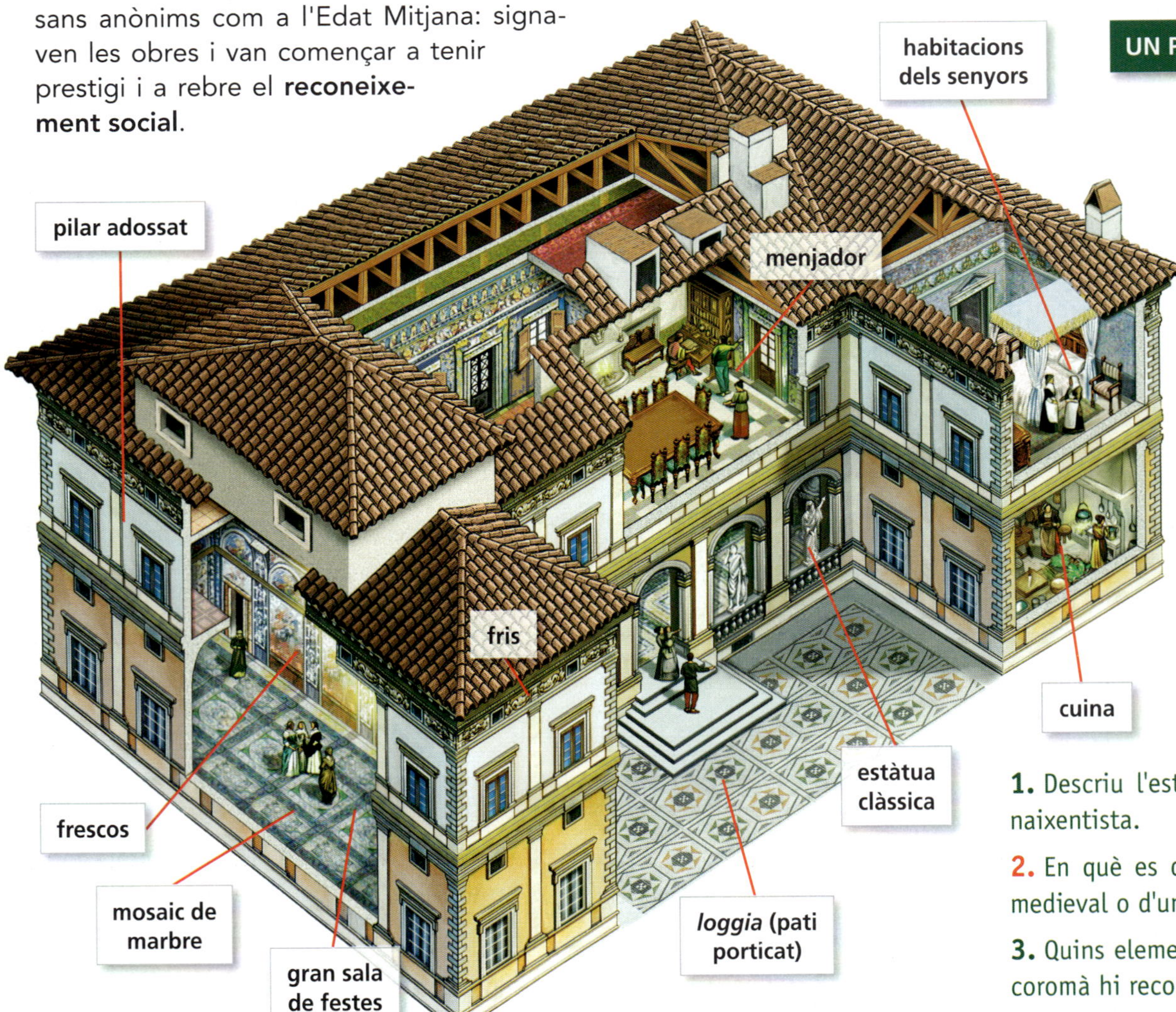

La Vil·la Farnesina (1508-1511), a Roma, és un model de palau renaixentista. Residència d'un banquer, hi ha reflectida la sumptuositat amb què vivia la burgesia i els nous gustos artístics.

1. Descriu l'estructura del palau renaixentista.

2. En què es diferencia d'un castell medieval o d'un palau gòtic?

3. Quins elements típics de l'art grecoromà hi reconeixes?

BASÍLICA DE SANT PERE DEL VATICÀ

La construcció de la basílica de Sant Pere del Vaticà, iniciada al començament del segle XVI, simbolitza el **poder de l'Església de Roma**. Durant el Renaixement Bramante en va fer el projecte inicial. Miquel Àngel va projectar i va construir la gran cúpula damunt l'altar major i tres absis.

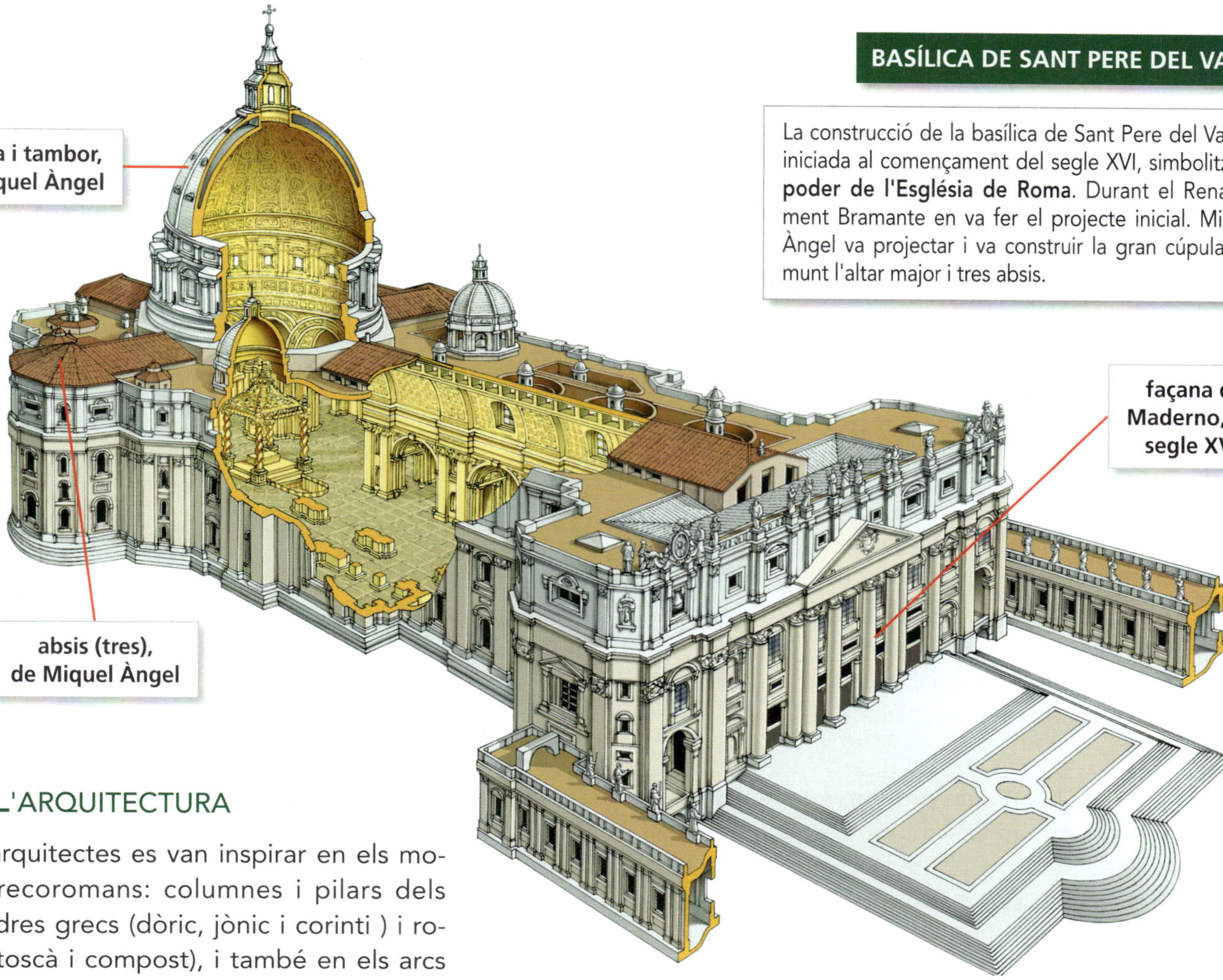

5.2. L'ARQUITECTURA

Els arquitectes es van inspirar en els models grecoromans: columnes i pilars dels tres ordres grecs (dòric, jònic i corinti) i romans (toscà i compost), i també en els arcs de mig punt, frontons, cornises i cúpules.

Les esglésies van recuperar la planta centralitzada (creu grega o circular), tot i que van continuar utilitzant la planta de creu llatina amb tres naus. **Filippo Brunelleschi** i **Leon Battista Alberti** van ser els arquitectes principals del *Quattrocento*.

Al *Cinquecento*, els edificis van assolir una monumentalitat i una robustesa més grans. N'és el millor exemple la *basílica de Sant Pere del Vaticà*, iniciada per **Donato Bramante** i acabada més tard per **Miquel Àngel**, que hi va construir la gran cúpula.

Filippo Brunelleschi: *Església de San Lorenzo*, a Florència, 1421-1470. La planta de creu llatina i la repetició d'elements reforcen l'efecte de profunditat espacial.

6. Descriu-ne les naus i la coberta. Com són els arcs? I els capitells?

SINTETITZA

4. Quina nova concepció de l'art es va difondre a l'inici de l'Edat Moderna? En què es diferencia de la medieval?

5. Mira el dibuix de la basílica de Sant Pere. Quins arquitectes renaixentistes van intervenir en la seva construcció? Quins elements en va dissenyar Miquel Àngel?

6 L'escultura i la pintura italianes

6.1. L'ESCULTURA

Els escultors es van interessar per representar el **cos humà** prenent com a referència els models de l'Antiguitat grecoromana. Per això, tot i que els temes bíblics van continuar representant-se, s'hi van afegir **temes mitològics**, amb una incidència especial dels nus, el retrat de bustos i el retrat eqüestre.

Entre els materials utilitzats destaquen el marbre i el bronze, tant en escultures exemptes com en relleus. Els escultors més destacats van ser **Donatello** (*David*) i **Lorenzo Ghiberti** (*portes del baptisteri de la catedral de Florència*).

Lorenzo Ghiberti: *La conquesta de Jericó*, relleu de la *Porta del Paradís*, 1452, del baptisteri de la catedral de Florència.

Miquel Àngel: *David*, 1504. L'estudi de l'anatomia humana i la recerca de la bellesa ideal es reflecteixen en aquesta escultura.

Al segle XVI s'observa un predomini de les **línies corbes**, que reforcen el dinamisme de l'escultura. L'artista principal és **Miquel Àngel**, a les obres del qual ja no s'hi reflecteix la recerca de les proporcions i l'equilibri, sinó l'**expressió dels sentiments**. La *Pietat*, el *David* i el *Moisès* en són les escultures més destacades.

6.2. LA PINTURA

La pintura renaixentista destaca per la voluntat de reproduir la realitat de la manera més fidel possible. Amb aquest fi els escultors utilitzaven dos recursos:

- Les lleis de la **perspectiva**, que permeten crear una sensació de profunditat en una superficie plana.
- La substitució dels fons daurats gòtics per paisatges arquitectònics i naturals.

Les tècniques més utilitzades van ser, en un primer moment, el fresc i la pintura al tremp, pròpies de l'Edat Mitjana. Al final del segle XV la pintura a l'oli, que utilitzava olis barrejats amb pigments minerals, va passar a ser la tècnica predominant. Això va comportar la desaparició progressiva del retaule pictòric.

@ **Amplia a la Xarxa...**

Per saber més sobre l'obra escultòrica de Miquel Àngel entra a www.tiching.com/73288

Rafael: *Les esposalles de la Mare de Déu*, 1504. A l'esquerra del quadre hi ha un dibuix en què s'assenyalen les línies de perspectiva que organitzen la composició a partir d'un punt central de fuga.

1. Què és la perspectiva? Com es representen les figures per donar una imatge de profunditat?

6.3. Els grans artistes

Els pintors més destacats del *Quattrocento* (segle XV) van ser **Masaccio** (*frescos de la capella Brancacci*), **Piero Della Francesca** (*Llegenda de la Vera Creu*) i **Sandro Botticelli** (*El naixement de Venus*).

Entre els pintors del *Cinquecento* (segle XVI) sobresurten tres noms:

- **Leonardo da Vinci**, inventor de la perspectiva aèria, que utilitza la llum i el color per mostrar la profunditat de l'espai, i de la tècnica del *sfumato*, que per mitjà d'uns contorns imprecisos provoca una sensació de vaguetat i de llunyania. Entre les seves obres destaquen *La Gioconda* i la *Santa cena*.
- **Rafael**, gran retratista, va destacar per un domini total del dibuix i per l'elegància i l'harmonia de les seves composicions. Destaca l'*Escola d'Atenes*, fresc pintat a les Estances Vaticanes.
- **Miquel Àngel**, escultor i pintor, presenta un gran coneixement dels volums del cos humà i de la gestualitat amb què s'expressen els sentiments. El millor exemple el trobem en els frescos de la *Capella Sixtina*, al Vaticà.

Paral·lelament, a Venècia es va desenvolupar una escola pictòrica que donava molta importància al paisatge i als temes anecdòtics. **Giorgione** i **Ticià** en són els màxims exponents.

Sandro Botticelli: *El naixement de Venus*, 1485.

2. Explica quin episodi mitològic representa aquesta pintura.

Leonardo da Vinci: *La Mare de Déu, l'infant Jesús i santa Anna*, de cap al 1510. Leonardo va ser un mestre de la representació de la llum.

Miquel Àngel: *El Judici Final*, 1541.

3. Què representa l'escena? Quina figura hi ha al centre de la pintura?

4. En quins trets d'aquesta pintura renaixentista es manifesten les característiques de l'art clàssic grecoromà?

SINTETITZA

5. Quines característiques presenta l'escultura del Renaixement? I la pintura?

6. Digues el nom dels principals pintors renaixentistes i les característiques de les seves obres.

7 La difusió del Renaixement a Europa

L'expansió del Renaixement va fer que aquest moviment traspassés el marc originari d'Itàlia i es convertís en un art europeu i universal. Però la seva influència no es va manifestar plenament fins al segle XVI.

7.1. Flandes

A Flandes la influència del Renaixement italià va ser molt minsa a causa de la gran personalitat de la seva escola pictòrica del segle XV.

La pintura flamenca renaixentista del segle XVI desenvolupà un estil caracteritzat pel gust pels detalls, el realisme i els retrats. A més, a diferència de la pintura italiana, no s'inspirà en l'Antiguitat grecoromana.

Hi va destacar **Pieter Brueghel el Vell**, que va barrejar les noves aportacions renaixentistes amb els temes populars de tradició flamenca i que presenta sovint una visió grotesca i satírica de la realitat.

Pieter Brueghel el Vell: *L'empadronament a Betlem*, 1566.

1. Descriu aquest paisatge i l'escena. Fixa't en el detallisme del pintor i destaca alguns elements del quadre.

7.2. França

A França la influència italiana es va fer sentir des de ben aviat, afavorida pels vincles comercials i les expedicions militars a Itàlia.

L'impuls definitiu per adoptar les formes renaixentistes va tenir lloc durant el regnat de Francesc I (1515-1547), que va ser un mecenes important de les arts i va aplegar a la cort francesa nombrosos artistes italians, entre els quals Leonardo da Vinci.

Cal destacar-ne especialment l'arquitectura, amb la construcció de **palaus per a la reialesa i la noblesa** (*Chambord*, *Chenonceaux* i *Fontainebleau*). Aquests edificis presenten elements heretats del gòtic i es caracteritzen per les formes constructives agosarades i la seva integració en la naturalesa.

Les pintures decoratives del palau de Fontainebleau van donar nom a l'**Escola de Fontainebleau**, que designa un tipus de pintura, generalment anònima i de temes mitològics, que es va fer a França durant aquest període i amb unes característiques semblants.

@ Amplia a la Xarxa...

Per fer una visita virtual al palau de Fontainebleau entra a www.tiching.com/73297

- Quines diferències trobes que hi ha entre el castell de Fontainebleau i un castell medieval?
- Quina decoració presenten les sales renaixentistes?

Palau de Fontainebleau, segle XVI. Va ser un dels centres artístics més importants d'Europa; cal destacar-ne les sales renaixentistes, decorades amb frescos i estucats que van ser dissenyats per artistes italians.

SINTETITZA

2. Què és el que caracteritza el Renaixement flamenc i el francès?

3. Explica algunes semblances i algunes diferències entre aquests dos moviments i el Renaixement italià.

INVESTIGA

EL RENAIXEMENT ALEMANY

El triomf de la Reforma luterana a Alemanya va fer que la pintura es desentengués del contingut religiós que tenia a Itàlia i en altres països catòlics. D'aquesta manera els **retrats**, els **paisatges** i els **temes mitològics** es van convertir en els temes predilectes de la pintura alemanya.

L'estètica renaixentista la va introduir a Alemanya **Albrecht Dürer**. També van destacar **Hans Holbein** i **Lucas Cranach el Vell**.

Lucas Cranach va pintar, sobretot, retrats i escenes religioses i de tema mitològic. Amic personal de Martí Luter, va donar un suport fervent al luteranisme i va fer nombrosos retrats del seu fundador.

Hans Holbein: *Els ambaixadors*, 1533. Aquest pintor es va especialitzar en els retrats i va pintar gairebé tota la seva obra a Anglaterra.

Lucas Cranach el Vell: *El sermó de Martí Luter*, 1547.

HO SABIES?

Albrecht Dürer: *Autoretrat*, 1498.

L'artista alemany més important del Renaixement va ser **Albrecht Dürer**, un autèntic humanista.

En la seva obra va intentar conciliar el seu món interior, propi del caràcter alemany, amb els trets del Renaixement italià. A més de diversos retrats i autoretrats, va pintar una important obra religiosa.

Al seu autoretrat la proliferació de detalls dels vestits reflecteix la influència flamenca, i la presència del paisatge de fons, la italiana. Les seves taules d'*Adam i Eva* representen la síntesi de la perfecció ideal del cos humà.

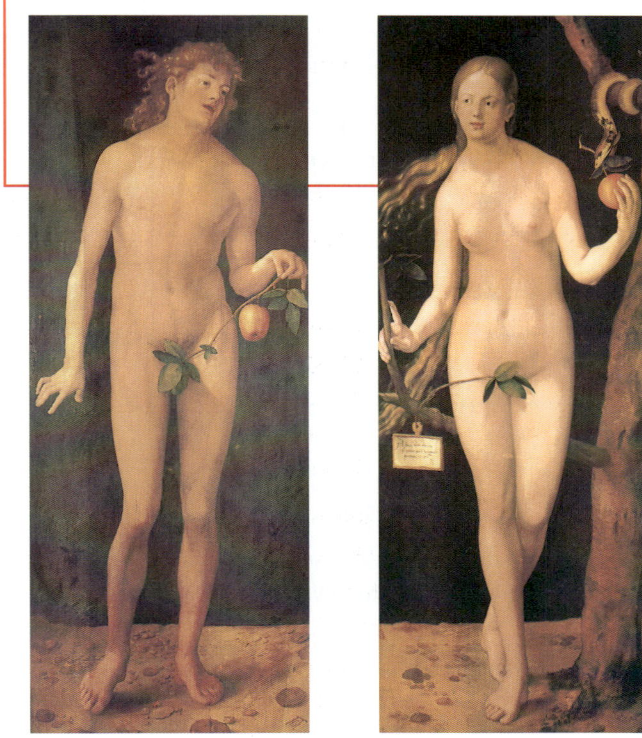

Albrecht Dürer: *Adam i Eva*, 1507.

4. Quins eren els temes predilectes del Renaixement alemany? Per què?

5. Observa el retrat dels ambaixadors i els objectes que tenen al voltant. Quina imatge vol transmetre el pintor?

6. Quines pintures d'aquesta pàgina presenten motius religiosos? Assenyala alguna característica de cada una.

7. Visita a www.tiching.com/73302 una exposició virtual d'Albrecht Dürer i tria una pintura que t'agradi. Justifica la tria.

Practica competències bàsiques

1. Completa el mapa conceptual

Copia el mapa conceptual al quadern i completa'l:

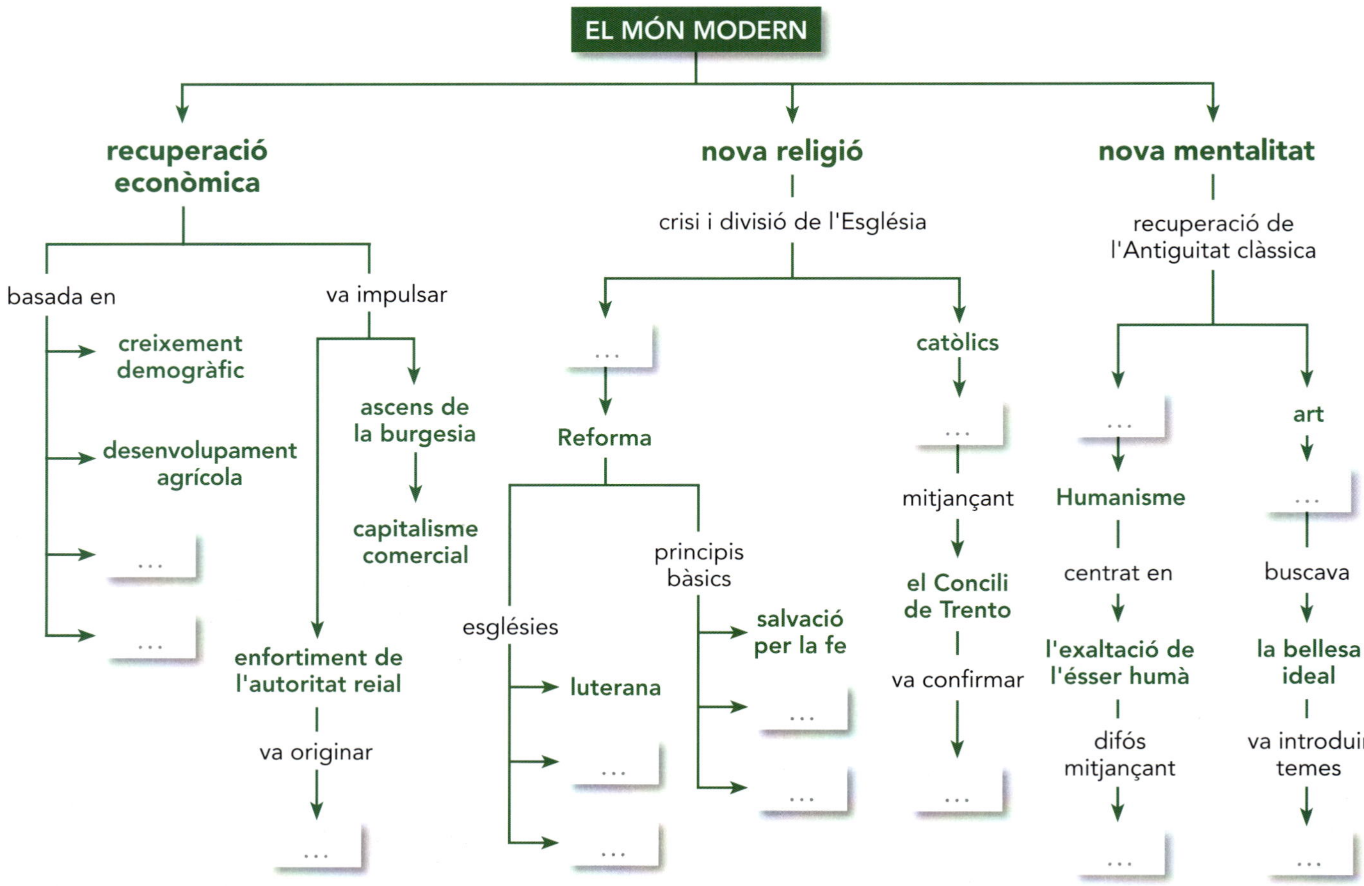

2. Sintetitza

1. Quins canvis econòmics, socials i polítics hi va haver a Europa durant els segles XV i XVI?
2. Quins trets defineixen l'Humanisme? En quin sentit va renovar la manera de pensar de l'Edat Mitjana?
3. Quins aspectes de l'Església catòlica va criticar Luter? Quines són les diferències principals entre catòlics i luterans?
4. Què va ser el Concili de Trento? Amb quins objectius el van convocar?
5. Quines són les característiques de l'art del Renaixement? Quines diferències destacaries respecte de l'art medieval?

3. Defineix conceptes

- Humanisme
- luteranisme
- perspectiva
- mecenes
- calvinisme
- impremta
- Contrareforma
- anglicanisme
- jesuïta

4. Comenta el text

21. S'equivoquen aquells predicadors d'indulgències que afirmen que l'home és absolt i salvat de qualsevol pena gràcies a les indulgències del papa. [...]

43. Cal ensenyar als cristians que qui dóna als pobres o presta als necessitats actua millor que el qui compra indulgències. [...]

62. El veritable tresor de l'Església és el Sant Evangeli. [...]

Martí Luter:
Les 95 tesis, 1517.

a) Per què la tesi 62 considera l'Evangeli com un tresor? Quina nova relació proposa entre la Bíblia i els creients?

b) Explica quines són les diferències principals entre catòlics i luterans. Quin paper va tenir el Concili de Trento en aquesta pugna?

5. Aprèn a analitzar una pintura renaixentista

Miquel Àngel: *volta de la Capella Sixtina* (detall), 1508-1512.

Entre el 1508 i el 1512 Miquel Àngel va pintar a la volta de la Capella Sixtina del Vaticà uns frescos on va representar l'origen de la humanitat.

Ara analitzarem un detall d'aquests frescos:

a) Identificació temàtica

- A quin número correspon cada escena?

  Déu crea Adam / Adam i Eva són expulsats del Paradís / Eva és creada a partir d'una costella d'Adam.
- Descriu cada escena. Com hi és representat Déu? Com se suggereix el seu poder?
- Als costats hi ha els profetes i les sibil·les que havien anunciat la vinguda de Jesús. Identifica'ls i informa't sobre qui eren.

b) Anàlisi de l'obra

- En quin llibre de la Bíblia s'hi va inspirar l'artista? Quins elements recorden l'Antiguitat grecoromana? Quins recorden la tradició cristiana?
- Quina tècnica pictòrica hi va utilitzar? Com va adaptar la pintura a l'espai? En quin sentit aquests frescos mostren que Miquel Àngel era un gran escultor?

c) Valoració i context històric

- Aquests frescos són representatius de la pintura renaixentista i de l'esperit de l'Humanisme? Quins aspectes mostren la singularitat de Miquel Àngel?
- Consulta a www.tiching.com/54406 la informació sobre els museus vaticans i mira el vídeo de la Capella Sixtina a www.tiching.com/72689

6. Completa la taula

Copia la taula al quadern i completa-la amb els principis següents:

Obediència al papa / Cerimònies senzilles / Set sagraments / Celibat / Salvació per les obres i per la fe / Dos sagraments / Lectura personal de la Bíblia

Catòlics	Protestants
...	...

Activitats@web

www.vicensvivesdigital.com/activitatsweb

- **Relaciona.** L'economia del segle XV
- **Completa.** L'Humanisme
- **Identifica.** La Reforma
- **Veritable / fals.** La Contrareforma
- **Selecciona.** El Renaixement
- **Completa.** Expansió del Renaixement

8

La monarquia autoritària: els Reis Catòlics

La monarquia dels Reis Catòlics, Isabel i Ferran, va ser l'origen de l'Estat modern als regnes hispànics.

Amb la unió matrimonial d'aquests dos monarques es van unir sota una mateixa Corona els dos estats més grans de la Península Ibèrica: el de Castella i el d'Aragó. Però aquesta unió no va comportar la creació d'un Estat unitari perquè es van mantenir vigents les lleis i les institucions de cada regne.

Els reis es van preocupar d'ampliar els territoris i van conquerir el regne nassarita de Granada; també van incorporar les illes Canàries i el Regne de Navarra a la Corona de Castella. A més, van dur a terme una política exterior encaminada a consolidar els seus dominis al Mediterrani i a obrir noves rutes a l'Atlàntic, que van culminar amb l'arribada de Colom a Amèrica.

També van voler reforçar el poder de la monarquia sobre els diversos grups socials. A la Corona de Castella Isabel hi va establir una monarquia autoritària i a la Corona d'Aragó Ferran hi va instituir el pactisme.

Els Reis Catòlics conquereixen Granada

Ciutadans, detall d'un retaule català del segle XV

- Mira el mapa. Quins regnes hi havia a la Península abans de la unió de Ferran i Isabel? Quins regnes van ser unificats a partir del 1479?
- Fixa't en l'eix. Quant va durar el regnat dels Reis Catòlics? Com van aconseguir unificar el territori d'una bona part de la Península i quan ho van fer?
- Quin moment de la conquesta de Granada hi ha reflectit a l'escena de la pintura? Què en recordes, del regne nassarita?

Els Reis Catòlics adoren la Mare de Déu i l'Infant, taula del segle XV

CORONA DE CASTELLA | **REGNAT DELS REIS CATÒLICS**

CORONA D'ARAGÓ

1465 · 1470 · 1475 · 1480 · 1485 · 1490 · 1495 · 1500 · 1505 · 1510 · 1515

- **1469** Matrimoni d'Isabel de Castella i Ferran d'Aragó
- **1474** Isabel I, reina de Castella
- **1476** Creació de la Santa Hermandad
- **1478** Tribunal de la inquisició a Castella
- **1479** Ferran II, rei d'Aragó. Fi de la guerra civil a Castella. Unió dinàstica
- **1486** Sentència Arbitral de Guadalupe
- **1492** Conquesta de Granada. Expulsió dels jueus. Arribada de Colom a Amèrica
- **1494** Creació del Consell d'Aragó
- **1497** Conquesta de Melilla
- **1502** Baptisme obligatori dels musulmans. Revolta de Las Alpujarras
- **1504** Mort d'Isabel la Catòlica. Conquesta del regne de Nàpols
- **1505** Lleis de Toro
- **1515** Incorporació de Navarra a Castella
- **1516** Mort de Ferran el Catòlic
- **1517** *Biblia Políglota Complutense*

1 Unió dinàstica i expansió territorial

1.1. La unió de Castella i Aragó

El 1469 es van unir en matrimoni el príncep **Ferran**, fill i hereu de Joan II, rei de la Corona d'Aragó, i la princesa **Isabel**, germana d'Enric IV, rei de Castella. A la mort del seu pare, el 1479, Ferran es va convertir en rei de la Corona d'Aragó.

Aquell mateix any Isabel es va imposar com a reina de Castella després d'una guerra civil per la successió al tron (1475-1479) que l'havia enfrontada amb la seva neboda Joana, anomenada La Beltraneja.

La unió d'Isabel i Ferran no va comportar la creació d'un regne únic, sinó que només va ser una **unió dinàstica**. Per la **Concòrdia de Segòvia** (1475) es va acordar administrar d'una manera conjunta les dues corones, però cada regne mantenia les fronteres, la moneda, el sistema fiscal, les lleis i les institucions pròpies. A més, el regne no tenia cap capital estable i la cort es desplaçava allà on eren els reis.

En les seves relacions amb altres estats, els **Reis Catòlics** van actuar sempre conjuntament en nom dels dos regnes i van unir forces per constituir un exèrcit reial i dur a terme empreses militars comunes.

1.2. L'expansió territorial

Durant el seu regnat (1479-1516) els Reis Catòlics van intentar unir tots els territoris de la Península Ibèrica sota la seva corona per mitjà d'una política d'expansió territorial:

- Després d'una guerra que es va allargar durant deu anys (1482-1492) van conquerir el **regne nassarita de Granada**, últim reducte musulmà a la Península.
  El predomini militar dels Reis Catòlics i les desavinences internes al regne de Granada van facilitar el triomf de les tropes conqueridores. Després d'un setge de més de nou mesos, Boabdil, el darrer monarca nassarita, es va rendir i els va lliurar la ciutat.
- Els Reis Catòlics van dur a terme una política d'enllaços matrimonials amb **Portugal**: dues filles seves, Isabel i Maria, es van casar amb monarques portuguesos. Aquests enllaços van donar fruit anys més tard, en què Felip II va heretar el regne de Portugal i el va incorporar a la Corona.
- El **regne de Navarra**, que s'havia aliat amb França, va ser envaït per un exèrcit castellà sota el comandament del rei Ferran, que reclamava drets de successió. El 1515 Navarra va ser incorporada a Castella, però va conservar les lleis i les institucions.

L'EXPANSIÓ TERRITORIAL DE LA MONARQUIA

1. Explica les diferents fases en què els Reis Catòlics van unir els regnes peninsulars sota la mateixa corona.

Ho sabies?

A més de la **política matrimonial** amb Portugal, els Reis Catòlics van utilitzar aquest tipus d'aliances per aconseguir una posició de predomini a Europa i aïllar França, el seu adversari polític principal. D'aquesta manera van casar tres fills seus, Caterina, Joana i Joan, amb prínceps anglesos i austríacs:

- El matrimoni de la princesa Caterina amb el rei Enric VIII d'Anglaterra tenia com a finalitat neutralitzar França.
- També van planificar una aliança amb Maximilià d'Habsburg, emperador d'Àustria, amb un doble matrimoni: Joana amb Felip el Bell i Joan amb Margarida.
  Del primer matrimoni en va néixer el futur emperador Carles V.

Felip el Bell i Joana, filla dels Reis Catòlics. Miniatura del segle XVI.

1.3. La política exterior

La **Corona d'Aragó** va continuar la seva política tradicional d'intervenció al **Mediterrani**. El 1493, pel Tractat de Barcelona, va recuperar els comtats del Rosselló i de la Cerdanya, cedits a França arran de la guerra civil catalana (1462-1472).

A partir del 1504, i després de diverses guerres amb França, un exèrcit comandat per Gonzalo Fernández de Córdoba va conquerir el **regne de Nàpols**, que havia estat ocupat pels francesos. A més, per aturar els barbarescos del **nord d'Àfrica,** que practicaven la pirateria al Mediterrani, van conquerir Melilla (1497), Orà i Bugia (1509).

Castella va consolidar l'expansió cap a l'**Atlàntic**, amb la sobirania sobre les **illes Canàries**, que havien estat conquerides entre el 1478 i el 1496.

Però l'impuls definitiu per a l'expansió de Castella va ser el suport que la reina Isabel va oferir al projecte de Cristòfor Colom, que va permetre arribar a un continent desconegut, Amèrica, el 1492 (vegeu el tema 9).

1.4. La uniformitat religiosa

La imposició del catolicisme com a **element uniformitzador** dels regnes es va convertir en un objectiu prioritari dels nous monarques. Per controlar aquest predomini i perseguir els heretges, el 1478 es va instituir el **Tribunal de la Inquisició**, única institució que tenia jurisdicció sobre els territoris de Castella i d'Aragó.

D'una banda, es va instar els **jueus** a convertir-se, i els qui no ho van fer van ser perseguits i, finalment, el 1492 van ser expulsats. Els qui s'havien convertit al cristianisme van rebre el nom de **conversos**.

D'altra banda, tot i que després de la conquesta de Granada es va garantir als **musulmans** que podrien mantenir la seva religió i els seus costums, a partir del 1499 el cardenal Cisneros va posar fi a la tolerància i va impulsar els **bateigs obligatoris**.

L'any 1502, i després d'una sèrie de **revoltes** iniciades a El Albaicín de Granada, es va obligar tots els mudèjars de Castella, i després els de València i d'Aragó, a convertir-se o a marxar. N'hi va haver molts que van optar per convertir-se i van ser anomenats **moriscos** (musulmans batejats).

La inquisició va sotmetre a una vigilància estricta els judeoconversos i els moriscos. Si eren considerats sospitosos d'heretgia, eren jutjats públicament (**acte de fe**) i, si eren condemnats, podien ser cremats a la foguera.

L'EXPULSIÓ DELS JUEUS

Als nostres dominis hi ha uns quants mals cristians que han judaïtzat i han comès apostasia contra la Santa Fe Catòlica. [...] Per tant, l'any 1480 vam ordenar que els jueus estiguessin separats a les ciutats [...] i que els fossin adjudicats sectors separats, esperant que amb aquesta separació la situació existent es resoldria i nosaltres vam ordenar que s'establís la Inquisició. [...]

[...] Manem, també, que els jueus i les jueves de qualsevol edat que resideixin als nostres dominis se'n vagin [...] el dia deu de juliol i que no gosin tornar a les nostres terres.

Edicte d'expulsió dels jueus, 1 de març del 1492.

- Com es justifica en aquest text l'expulsió dels jueus?

Bateig dels moriscos del Regne de Granada. Capilla Real de la catedral de Granada, segle XVI.

2. Explica el context històric d'aquesta escena.

SINTETITZA

3. Què significa que la unió d'Isabel i Ferran només va ser dinàstica? Explica les conseqüències territorials del seu matrimoni.

4. En quines dues direccions es va orientar la política exterior dels Reis Catòlics? Quins territoris van conquerir?

5. Per què i com es va imposar la uniformitat religiosa?

2 La política de redreç de Ferran II a la Corona d'Aragó

Els Reis Catòlics es van proposar imposar l'**autoritat del rei** a tots els territoris de la Corona i van dictar una sèrie de reformes amb la finalitat d'extendre el seu poder sobre la noblesa i el clero (**monarquia autoritària**). Però els mecanismes, les lleis per fer-ho i els resultats van ser diferents a cada regne.

2.1. Les reformes de Ferran II

Ferran II no va imposar l'autoritat règia als seus regnes (Aragó, Catalunya i València) d'una manera tan contundent com Isabel a Castella. Va respectar el principi de monarquia pactista i confederal i va mantenir vigents les institucions i les lleis medievals (corts i Generalitat).

Així, amb la promulgació de la **Constitució de l'Observança** (1481), s'obligava totes les autoritats a jurar fidelitat a les lleis catalanes.

Per solucionar els conflictes entre l'autoritat reial i els grups privilegiats del Principat (noblesa i gran burguesia), que havien estat la causa de la guerra civil durant el regnat del seu pare, Ferran II va introduir algunes reformes en el funcionament de les institucions.

Per tal de limitar el poder dels privilegiats, el 1493 va introduir el mètode de la **insaculació** (sorteig), per elegir els càrrecs al govern de la Generalitat i el Consell de Cent de Barcelona. El nou sistema establia una representació proporcional a la importància de cada estament.

D'aquesta manera va disminuir la influència de l'oligarquia urbana, i es va permetre l'entrada a la petita burgesia a les institucions de les ciutats i del Principat.

2.2. Les noves institucions

Ferran II també va introduir una sèrie de modificacions per vincular la Corona d'Aragó a la nova monarquia hispànica i per reduir el poder dels grups privilegiats de Catalunya que se li havien oposat a la guerra civil.

El poder de la monarquia a la Corona d'Aragó s'exercia per mitjà de dos organismes, que feien d'intermediaris entre el rei i les institucions tradicionals de la corona catalanoaragonesa: el Consell d'Aragó i el virrei o lloctinent.

El **virrei** era el representant del rei a cadascun dels territoris de la Corona d'Aragó. Dirigia l'administració reial al Principat i també l'exèrcit i exercia de capità general de Catalunya.

El **Consell d'Aragó**, creat el 1494, estava integrat per diversos càrrecs (president, regents...), nomenats pel rei, que corresponien a persones dels diferents territoris de la corona catalanoaragonesa. Tenia la seu a Castella i assessorava el rei en qüestions de govern.

FERRAN EL CATÒLIC

El nostre temps ens ofereix un exemple admirable [príncep] en Ferran II, rei d'Aragó i, actualment, monarca d'Espanya. [...]

Quan va començar a regnar va assetjar el regne de Granada, i aquesta empresa va servir com a punt de partida de la seva grandesa [...] perquè el seu interès principal havia estat tenir ocupat en aquella guerra l'ànim dels nobles de Castella.

Fent que hi pensessin constantment, els distreia de cavil·lar i maquinar [...], i amb aquest estratagema guanyava damunt d'ells, sense que se n'adonessin, molt de domini i n'aconseguia alhora la més gran estimació.

Maquiavel: *El príncep*, 1513.

- Explica de quina manera Maquiavel presenta Ferran II.
- A què atribueix la seva grandesa?

EL CONSELL DE CENT (1498-1499)

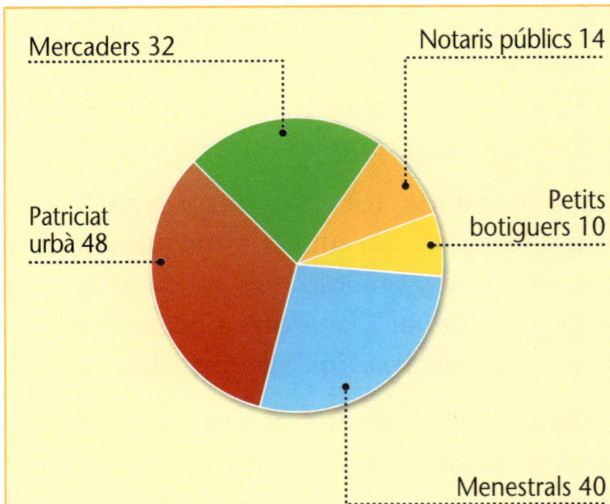

El mètode de la insaculació consistia a treure a l'atzar els noms dels càrrecs designats entre els dels candidats a l'elecció que havien estat introduïts prèviament en un sac.

1. Què va significar la introducció del sistema d'insaculació?

Gravat de la ciutat de Barcelona al segle XVI, on es poden veure les muralles, les terres de conreu i l'activitat portuària.

2.3. LA RECUPERACIÓ ECONÒMICA

La crisi de la Baixa Edat Mitjana, i especialment la guerra civil de Catalunya, havia delmat la població de la Corona d'Aragó i n'havia afeblit l'economia. El rei Ferran va dictar una sèrie de mesures per revitalitzar l'economia.

D'una banda, Ferran va resoldre el conflicte dels pagesos de remença amb la **Sentència Arbitral de Guadalupe** (1486), que reduïa atribucions a la noblesa territorial, encara que respectava el seu dret sobre les terres. D'aquesta manera es van abolir alguns drets feudals a Catalunya, els anomenats "mals usos", que obligaven els **remences** a pagar molts tributs, els limitaven la llibertat personal i permetien maltractar els serfs.

D'un altra banda, aquesta sentència va establir un nou tipus de contracte (**emfiteusi**), que garantia als pagesos la tinença de la terra durant molts anys, mentre paguessin els censos al senyor. A més, els permetia transmetre-la en herència als seus descendents.

Finalment, per estimular i **protegir el comerç i les manufactures** es van promulgar noves lleis proteccionistes com la imposició d'aranzels a la importació de teixits de llana. Així, Catalunya va anar recuperant lentament l'activitat artesana.

Aquestes mesures també van impulsar el **creixement de la burgesia** urbana, dedicada a les activitats manufactureres (draperia) i mercantils.

SINTETITZA

3. Quins canvis va introduir Ferran el Catòlic en el govern de la Corona d'Aragó? Amb quina intenció?

4. Explica les reformes econòmiques establertes pel rei. Per què les va impulsar? Quins efectes van tenir?

LA POBLACIÓ EL 1530

Territori	Habitants (en milers)
Corona de Castella	3 919
Corona d'Aragó	779
Navarra i País Basc	268

2. Quin territori hispànic presentava més potencial demogràfic i econòmic?

LA SOLUCIÓ DEL CONFLICTE REMENÇA

Com que ens ha estat formulada per part dels pagesos de remença una gran queixa dels vulgarment anomenats mals usos [...].

Sentenciem, arbitrem i declarem que els dits mals usos no existeixin ni s'observin enlloc, ni es puguin demanar o exigir a aquests pagesos, ni als seus descendents, ni als seus béns, ni a cap d'ells, sinó que amb aquesta nostra sentència els abolim, els extingim i els anihilem, i declarem que els dits pagesos i els seus descendents són perpètuament lliures i francs de tots i de cadascun.

Sentència Arbitral de Guadalupe, 1486.

- Quina solució va donar el rei a aquest conflicte a Catalunya? Quines conseqüències va tenir al camp català?

3 La monarquia autoritària a la Corona de Castella

3.1. La consolidació del poder reial

Quan Isabel va pujar al tron després de la guerra civil a Castella hi imperava el desordre: al camp hi proliferaven els bandits; a les ciutats hi havia lluites pel poder municipal i les guerres privades entre faccions nobiliàries eren freqüents.

Per imposar l'ordre i la seguretat Isabel de Castella va reduir el poder de la noblesa i de l'Església. Va convocar corts en molt poques ocasions (1476 i 1480) i va introduir una sèrie de reformes per reforçar l'autoritat reial:

- Creació de la **Santa Hermandad** (1476), un cos armat encarregat de perseguir malfactors i criminals, i d'un **exèrcit professional i permanent**, controlat per la monarquia, en substitució de l'exèrcit feudal, reclutat per la noblesa.
- Instauració de Consells, formats per juristes i pagats pel rei per disminuir la influència dels nobles com a assessors reials.
- Creació de la **Reial Audiència** per controlar la justícia i fer-la més eficaç. Els mateixos monarques presidien en ocasions aquest tribunal.
- Reforç del sistema de recaptació d'impostos i institució de la **Contaduría Real de Hacienda** per finançar les noves institucions.
- Nomenament de **corregidors**, funcionaris reials que presidien l'ajuntament i que exercien funcions de govern.

LES INSTITUCIONS DE GOVERN DE LA MONARQUIA

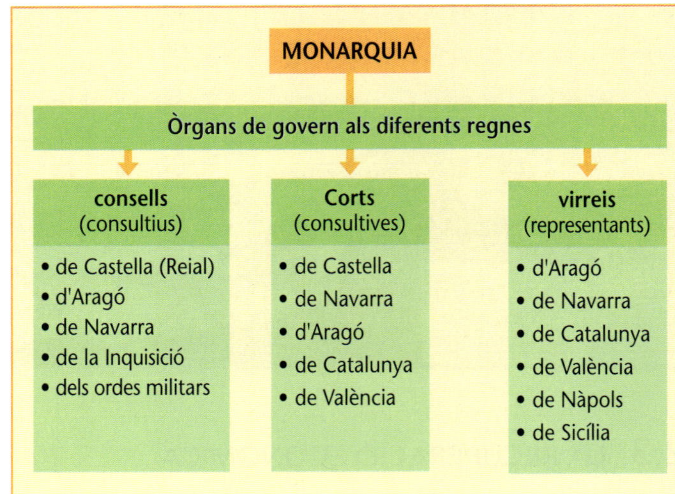

1. Quines institucions noves van crear els Reis Catòlics? Quines funcions havien de fer?

Ho sabies?

Isabel I de Castella (1451-1504) no només va governar el seu regne, sinó que es va preocupar per la cultura. Es va envoltar a la cort de dones humanistes com ara Beatriz Galindo (la "Latina"), Beatriz de Boadilla o Luisa Medrano.

Isabel va morir jove i al seu testament va nomenar hereva la seva filla Joana, casada amb Felip d'Habsburg. Però Joana, trastornada per la mort del seu espòs l'any 1506, va ser incapacitada per al govern pel seu pare, Ferran el Catòlic, que es va convertir en regent de Castella fins a la seva mort, l'any 1516.

@ Amplia a la Xarxa...

Per saber més sobre els esdeveniments més importants de l'època dels Reis Catòlics, entra a www.tiching.com/81037

Els Reis Catòlics administrant justícia, de Victor Manzano, 1860. En aquesta obra els reis són representats com a protagonistes en l'ordenament de la justícia.

3.2. UNA ECONOMIA RAMADERA

Durant el regnat dels Reis Catòlics l'economia castellana va continuar orientada cap a la **ramaderia** i el comerç de la llana.

La monarquia va exercir un suport ferm a la Mesta, que li permetia recaptar quantitats enormes de diners com a drets reials sobre l'explotació de la llana. Per tal de regular-ne l'exportació i també la importació de teixits, el 1494 es va crear, seguint el model dels consolats de la Corona d'Aragó, el **Consolat de Burgos**.

El predomini ramader va comportar un abandonament de l'agricultura per poder destinar més terra a pastures. Això va provocar mancances greus d'aliments, com ara el blat, i se'n van haver d'importar.

A més, l'exportació massiva de llana va impedir millorar la indústria tèxtil, malgrat els intents reials per limitar la importació de teixits estrangers.

L'economia castellana va rebre un gran impuls a partir de la conquesta dels territoris d'Amèrica. L'**or** i la **plata** que arribaven d'aquest continent i l'increment de les **relacions comercials** van estimular la prosperitat econòmica i van convertir Castella en el regne amb més pes de la corona hispànica.

Esquilada de les ovelles segons un gravat de l'època.

2. Què es representa al gravat? Quina destinació tenia la llana? Per què la monarquia n'afavoria l'exportació?

3.3. EL PODER DE LA NOBLESA

Tot i que la monarquia va limitar el poder polític de la noblesa, recuperant senyories i privilegis que els havien usurpat en segles anteriors, el seu poder econòmic i la seva influència social van restar intactes. El predomini social de les famílies de l'alta noblesa es va veure reforçat amb la proclamació de les lleis de Toro (1505), que van consolidar la institució del ***mayorazgo***.

Aquesta institució prohibia vendre el patrimoni familiar i obligava a traspassar-lo en herència al primogènit. Així es garantia que les propietats nobiliàries no es repartien, sino que només es podien augmentar.

Els Reis Catòlics van encunyar moneda pròpia, com el maravedís i el ducat. En aquesta imatge hi ha un excel·lent de Granada, o ducat d'or.

LA CONSOLIDACIÓ DEL *MAYORAZGO*

Manem que les coses que són del *mayorazgo*, siguin [terres], viles, fortaleses o de qualsevol altra qualitat, un cop mort el tenidor [titular] del *mayorazgo* [...] se'n traspassi la possessió civil i natural al següent en grau que segons la disposició del *mayorazgo* l'hagi de succeir, encara que hi hagi un altre que n'hagi pres possessió en vida del tenidor del *mayorazgo* [...].

Joana, reina de Castella.
Ley LXV de Toro, 1505.

- Què estableix el text? Com s'hi garanteix que no es pugui cedir o vendre béns del *mayorazgo* a ningú més que no en sigui hereu?
- Per què aquesta llei la va firmar la reina Joana?

SINTETITZA

3. Quines institucions es van crear per reforçar l'autoritat reial a Castella?

4. Compara la situació econòmica a la Corona de Castella i a la Corona d'Aragó.

5. Per què la noblesa tenia el poder econòmic a Castella?

4 La difusió de l'Humanisme i del Renaixement

El regnat dels Reis Catòlics va coincidir amb la introducció a Espanya de les idees de l'Humanisme i dels corrents artístics renaixentistes.

No obstant això, va ser al segle XVI, durant el regnat de Carles I, que les idees renovadores d'Erasme de Rotterdam (**erasmisme**) van assolir la màxima difusió i el Renaixement va viure l'època de desenvolupament més important.

4.1. L'Humanisme hispànic

L'arribada de la **impremta** a Espanya a la darreria del segle XV va contribuir a difondre-hi les noves idees. Algunes de les ciutats que van tenir les primeres impremtes van ser Barcelona, Saragossa, Sevilla, València, Valladolid i Toledo.

En aquesta època també va sorgir un cercle d'erasmistes entre els quals va destacar el valencià **Lluís Vives**, que va defensar la llibertat espiritual i va impulsar la renovació de l'ensenyament. També va escriure un tractat per ajudar els més necessitats (*Tractat de l'auxili dels pobres*).

Una de les figures més representatives de l'Humanisme hispànic va ser **Antonio de Nebrija**, que va destacar com a filòleg i va defensar les llengües hispàniques, que no s'havien de sacrificar davant el llatí, sinó fomentar-les com a instrument de transmissió de la cultura.

El **cardenal Cisneros** va tenir un paper fonamental en la difusió de l'Humanisme a Espanya. Va impulsar un projecte educatiu basat en els models europeus de l'època amb la fundació de la Universidad de Alcalá de Henares (1499). També va dirigir la compilació d'una **Bíblia poliglota**, la primera escrita en quatre llengües (llatí, grec, hebreu i arameu).

Ho sabies?

Els primers llibres impresos a Catalunya daten de la dècada del 1470. A la fi del segle XV hi havia tallers d'impremta a Barcelona, Tortosa, Lleida, Tarragona, Girona i Montserrat.

Setena edició del *Llibre del Consolat de Mar*, impresa a Barcelona el 1540.

Página de la *Biblia Políglota Complutense*, 1517.

La *Universidad de Alcalá de Henares* va ser el focus principal de difusió de l'erasmisme a Espanya. Hi va tenir una càtedra Antonio de Nebrija.

Lluís Vives (1492-1540) va ser un dels màxims exponents de l'Humanisme. Pertanyia a una família de jueus conversos de València.

4.2. L'ARQUITECTURA RENAIXENTISTA

Des del punt de vista artístic, el regnat dels Reis Catòlics es va caracteritzar pel manteniment de la tradició de l'estil gòtic, que va anar deixant pas al nou corrent renaixentista.

L'arquitectura del Renaixement espanyol, que va començar al principi del segle XVI, es va desenvolupar en tres fases:

- Estil **plateresc**. Es basava en la introducció de nous elements decoratius en edificis gòtics. Aquesta denominació prové de la utilització de delicats relleus com els que feien els argenters.
- Estil **classicista**. Ja plenament renaixentista, va introduir els models arquitectònics clàssics: columnes, llindes i frontons.
- Estil **herrerià**. Es caracteritza per l'absència decorativa, les línies rectes i els volums cúbics, que presenten una arquitectura nua, sòbria i geomètrica.

Façana de la Universidad de Salamanca, 1529-1533. La seva riquesa decorativa plateresca s'intensifica a la part superior de l'edifici.

Juan de Herrera: *Monestir de San Lorenzo del Escorial*, 1563-1584. L'estil herrerià va dur l'arquitectura a una rigorosa moderació decorativa.

Pedro Machuca: *Pati del palau de Carles V*, a Granada, 1528. És l'edifici més representatiu de l'estil classicista del Renaixement espanyol sense excessos decoratius.

1. Quines característiques pròpies de l'arquitectura renaixentista presenta aquesta obra de Machuca?

SINTETITZA

2. Quines peculiaritats presenta l'Humanisme a Espanya? Esmenta'n els representants més destacats.

3. Quins estils es van succeir en l'arquitectura renaixentista espanyola? Quins trets caracteritzen cada estil?

5 L'escultura i la pintura renaixentistes

5.1. L'ESCULTURA

A Espanya els escultors es van centrar en l'expressió del **sentiment religiós**, més que no pas en la recerca de la bellesa ideal i de l'harmonia.

Els escultors van esculpir, sobretot, retaules, monuments funeraris i imatges religioses, que solien ser **policromades**; així es ressaltava la intensitat dramàtica de les escenes i dels personatges.

Els dos grans escultors del Renaixement van ser **Alonso Berruguete** i **Juan de Juni**, gran tallista francès establert a Castella, que van treballar sobretot a Valladolid seguint els models de Miquel Àngel.

Juan de Juni: *L'enterrament de Crist*, catedral de Segòvia, 1571. Cal destacar-ne el dramatisme dels personatges.

5.2. LA PINTURA

La pintura renaixentista a Espanya, igual que l'escultura, estava orientada a expressar una profunda religiositat, i els temes profans i els mitològics hi van ser molt poc tractats.

Els pintors van rebre la influència de la pintura **flamenca** i **italiana**. La pintura flamenca, més propera als models gòtics, va arribar de la mà d'artistes com **Joan de Borgonya**, que va treballar a Toledo i a Catalunya (vegeu el tema 12). La influència de la pintura italiana es reflecteix en la pintura de molts artistes, alguns dels quals es van formar a Itàlia.

València va ser un centre artístic important en què va destacar **Joan de Joanes**, influït per la pintura de Rafael i de Leonardo.

Van treballar a Castella **Pedro Berruguete**, el seu fill Alonso i el gran retratista de la cort **Alfonso Sánchez Coello**.

La influència de la pintura italiana es reflecteix també en la decoració del monestir d'El Escorial i a les obres de l'extremeny **Luis de Morales**, anomenat *El Diví* pel sentiment i pel fervor religiós que transmeten les seves figures.

Luis de Morales: *La Mare de Déu amb l'Infant*, 1525. El fons obscur, sense referència espacial, permet ressaltar el volum de les figures i potencia el cromatisme de les túniques.

1. Quins elements caracteritzen la pintura de Morales?

Joan de Joanes: *Santa cena*, 1570. La influència italiana es nota en la dolcesa de la cara dels personatges, en la simetria de la composició i en la profunditat espacial.

SINTETITZA

2. Quins temes i quins tractaments destaquen en l'escultura renaixentista espanyola?

3. Quins dos estils pictòrics van dominar la pintura renaixentista espanyola? Escriu el nom dels pintors més representatius.

INVESTIGA

EL GRECO

El gran geni de la pintura renaixentista a Espanya va ser Domínikos Theotokópoulos, anomenat **El Greco**.

La seva obra, sobretot pintures religioses i retrats, es caracteritza per un cromatisme molt viu en què predominen els tons vermellosos i blavosos, pels contrastos de llum i per la complexitat de les composicions, plenes de figures allargassades que infonen **espiritualitat** al conjunt. Tots aquests elements confereixen a la seva obra un estil molt personal.

Entre les seves pintures destaquen *L'enterrament del senyor d'Orgaz*, *L'espoliació* i *El cavaller de la mà al pit*.

L'enterrament del senyor d'Orgaz, 1588. Aquesta pintura representa la llegenda segons la qual sant Agustí i sant Esteve van baixar del cel per donar sepultura al senyor d'Orgaz.

4. Com representava El Greco la figura humana?

5. Observa el quadre *L'enterrament del senyor d'Orgaz*. En aquesta pintura hi ha representats dos plans, el celestial i el terrenal. Identifica'ls i descriu com els representa el pintor.

6. Busca a Internet una obra de temàtica religiosa d'El Greco i explica com s'hi reflecteixen les característiques del seu estil.

L'espoliació, 1577. El color vermell de la túnica domina tota la composició i assenyala el personatge més important.

@ Amplia a la Xarxa...

Per saber més sobre *L'enterrament del senyor d'Orgaz*, entra a www.tiching.com/71832

El cavaller de la mà al pit, 1577-1579. Amb la mirada fixa en l'espectador, reflecteix la sobrietat de la noblesa castellana.

Practica competències bàsiques

1. Completa el mapa conceptual

Copia el mapa conceptual al quadern i completa'l:

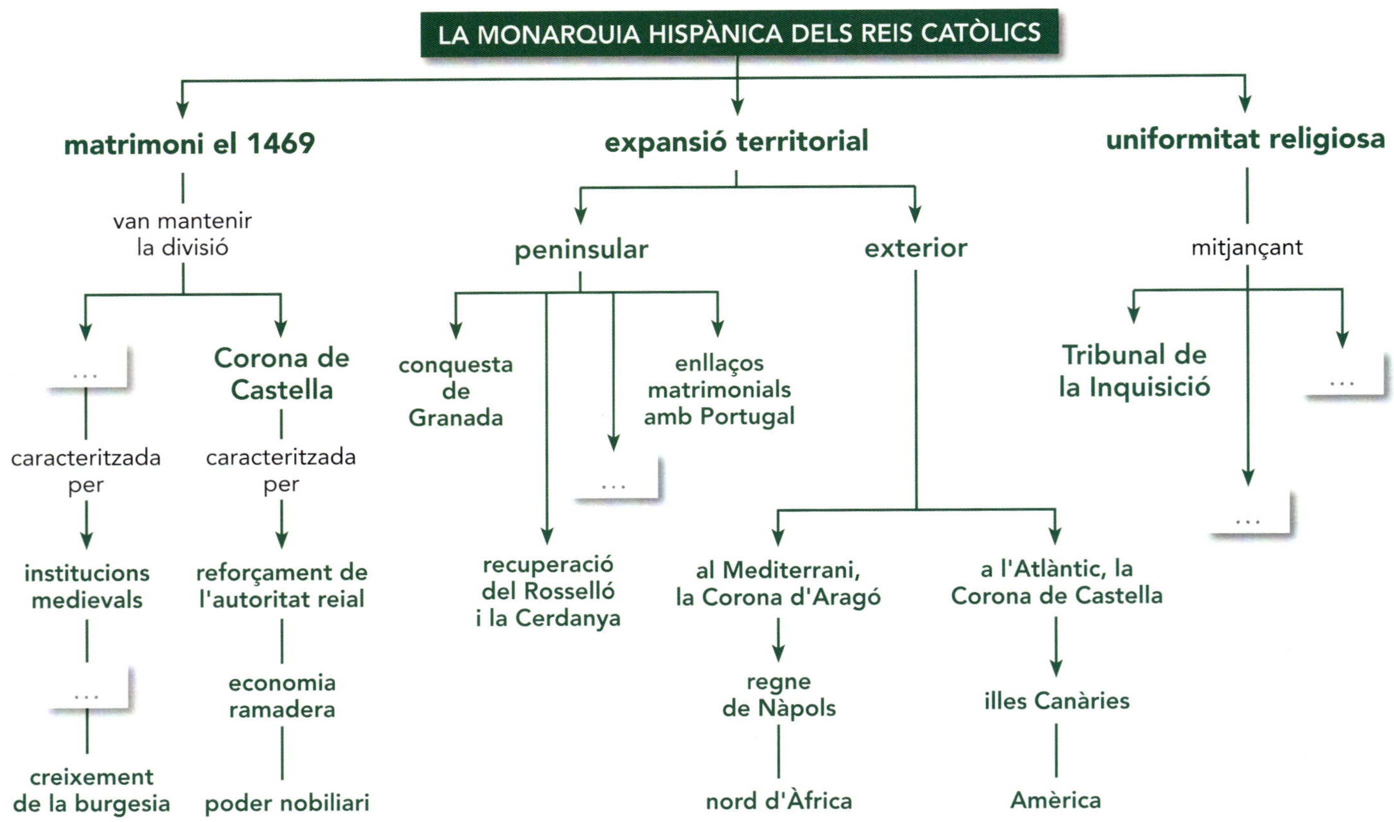

2. Sintetitza

1. Explica què va comportar el matrimoni dels Reis Catòlics. Quina va ser la seva política interior?
2. Quines institucions van continuar funcionant a la Corona d'Aragó? Què va fer Ferran II per fomentar la recuperació econòmica i millorar la situació dels pagesos?
3. En quina situació es trobava Castella després de la guerra civil? Quina era la seva font principal de riquesa? Com es va consolidar el poder nobiliari a Castella?
4. Quines característiques presenta l'art de l'època dels Reis Catòlics?

3. Defineix conceptes

- mayorazgo
- Reial Audiència
- morisc
- Inquisició
- virrei
- Consell d'Aragó
- corregidor
- Constitució de l'Observança
- convers
- acte de fe
- emfiteusi

4. Treballa el mapa

a) Identifica-hi els regnes peninsulars. Quins dos regnes es van unir pel matrimoni dels Reis Catòlics?

b) Què signifiquen les fletxes? Explica els esdeveniments a què fan referència.

c) Quins territoris van ocupar els Reis Catòlics a l'exterior? Què va comportar aquest fet?

5. Aprèn a elaborar una síntesi a partir d'un eix cronològic

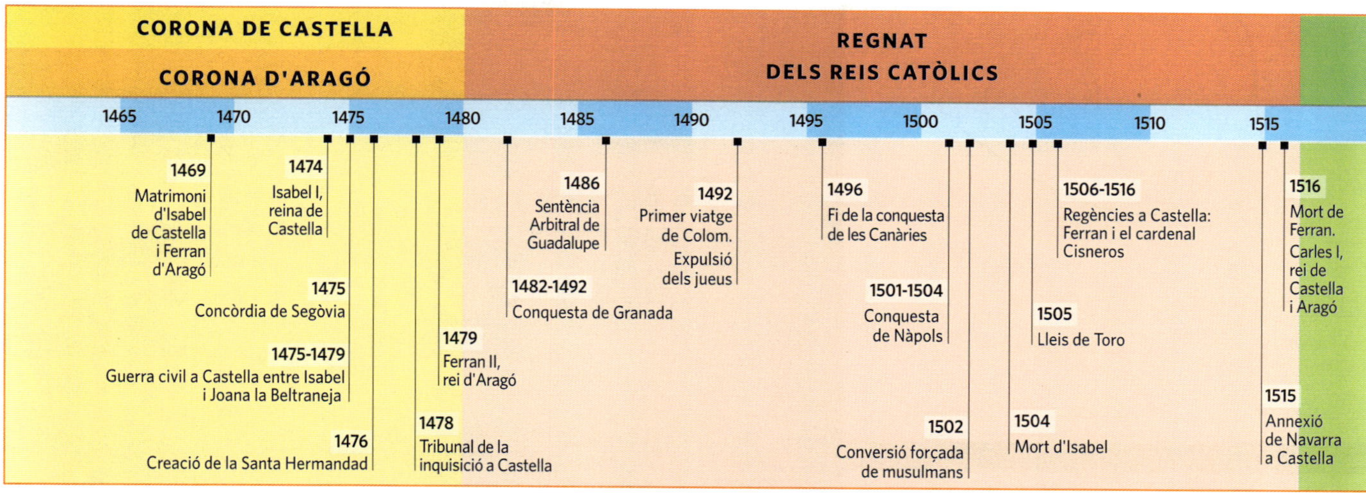

Amb l'ajuda d'aquest eix cronològic i consultant www.tiching.com/23480 i www.tiching.com/72328, escriu una síntesi sobre el regnat dels Reis Catòlics:

a) La unió territorial

- Quan va tenir lloc la unió matrimonial d'Isabel de Castella i de Ferran d'Aragó?
- Quan van pujar al tron, al regne respectiu, Isabel i Ferran? En quina situació estaven els regnes quan els van heretar?
- Quan es van annexar el regne de Granada? I el regne de Navarra?
- Quina política van dur a terme per intentar unir el regne de Portugal a la corona espanyola? Quan va donar fruits?

b) La construcció d'una nova monarquia

- Quines institucions va crear Isabel I a Castella? Què pretenia aconseguir amb aquestes institucions? Relaciona-les amb el concepte de *monarquia autoritària*.
- En què consistia el pactisme imposat per Ferran II a la Corona d'Aragó? Quines mesures va prendre?

c) La unificació religiosa

- Quines mesures van prendre els Reis Catòlics per aconseguir la unificació religiosa de la Península? Quines minories van perseguir? Quin paper hi va tenir el Tribunal de la Inquisició?

d) L'expansió exterior

- Quin tipus de política d'expansió territorial van dur a terme els Reis Catòlics al Mediterrani?
- Quina política van fer a l'Atlàntic? Quines illes van ser incorporades a la Corona de Castella? Quina expedició marítima van finançar? Quin any va salpar? Quines conseqüències va tenir?

e) El final del regnat

- Quan va morir la reina Isabel la Catòlica? Qui va exercir la regència de Castella després de la seva mort?
- Quan va morir Ferran el Catòlic? Qui el va succeir al tron? De qui era fill el nou rei?

6. Comenta el text

I oberta una caixa gran, que s'ha construit amb sis tanques, de les quals cadascun dels consellers tenia una clau, i l'altra l'escrivà major, i dins de la qual foren trobats diversos sacs i bosses d'aluda, dins dels quals hi havia rodolins de seda i a dins d'aquests havien estat gravats els noms de les persones ensaculades, i treta de dita caixa [...], la bossa anomenada de consellers en cap [...], i després de ben remenada, un noi de poc o molt deu anys, va ser tret a sort un rodolí dels que hi havia [...].

Dietari de l'antic Consell barceloní, 1498.

a) Què explica el text? Quina finalitat tenia la insaculació?

Activitats@web

www.vicensvivesdigital.com/activitatsweb

- **Ordena.** Unió dels Reis Catòlics
- **Selecciona.** Les reformes de Ferran II a la Corona d'Aragó
- **Relaciona.** Canvis econòmics i socials
- **Veritable / fals.** La política hispànica
- **Tria.** Humanisme i Renaixement hispànic
- **Completa.** El Renaixement a Espanya

Portolà del segle XVI

Setge de la ciutat de Tenochtitlan

9

ELS DESCOBRIMENTS GEOGRÀFICS: L'IMPERI AMERICÀ

A la darreria del segle XV, el progrés en la construcció de vaixells (caravel·les) i en les tècniques de navegació va permetre que els navegants europeus es llancessin al descobriment de noves rutes marítimes.

Així, en un període de temps relativament curt, el món que coneixien els europeus es va ampliar considerablement: van navegar resseguint la costa africana, van arribar a les illes de les Espècies, van arribar al continent americà i van fer la primera volta al món.

Aquests grans descobriments geogràfics, fets fonamentalment per portuguesos i castellans, van obrir noves rutes comercials i van reactivar els intercanvis.

L'arribada a Amèrica de Cristòfor Colom va ampliar els horitzons geogràfics coneguts fins llavors i va posar les bases del futur imperi espanyol a Amèrica.

La civilització europea es va imposar a tots els continents i es van formar grans imperis colonials, sobretot a Amèrica.

- Fixa't en el mapa i digues quines van ser les grans exploracions marítimes del començament de l'Edat Moderna. Quin continent desconeixien els europeus fins a la darreria del segle XV?
- Fixa't en l'eix i destaca dues dates clau dels grans descobriments geogràfics.

Construccions de la ciutat maia de Palenque, Mèxic

EXPEDICIONS CASTELLANES

DESCOBRIMENTS PORTUGUESOS

CONQUESTA D'AMÈRICA

1460 · 1470 · 1480 · 1490 · 1500 · 1510 · 1520 · 1530 · 1540

1459 Presa de Constantinoble pels turcs

1460 Els portuguesos arriben al golf de Guinea

1488 Bartolomeu Dias arriba al cap de Bona Esperança

1492 Arribada de Colom a Amèrica

1493 2n viatge de Colom

1494 Tractat de Tordesillas

1498 3r viatge de Colom. Vasco da Gama arriba a l'Índia

1502 4t viatge de Colom

1513 Núñez de Balboa descobreix l'oceà Pacífic

1519-1522 Magalhães i Elcano fan la primera volta al món

1521 Conquesta de l'Imperi asteca

1531-1535 Conquesta de l'Imperi inca

1540 S'inicia la gran extracció de plata a Mèxic i Potosí

1 Els grans viatges marítims

1.1. Els objectius dels grans viatges

A l'Edat Mitjana, el comerç europeu amb Orient (seda, espècies) es feia a través de la ruta de la seda, que recorria el Mediterrani, arribava a Constantinoble i des d'allà travessava l'Àsia central. Però l'any 1453 els turcs van conquerir Constantinoble i van obstaculitzar les vies tradicionals de comerç amb Orient.

Per això es van haver de trobar noves vies marítimes per accedir als productes de luxe que procedien d'Orient. A partir del segle XV, mariners i comerciants van impulsar una sèrie d'expedicions marítimes, a través de l'Atlàntic, amb el propòsit d'obrir noves rutes comercials. El resultat va anar molt més enllà: van arribar a un nou continent i van ampliar el món que, fins llavors, havien conegut els europeus.

1.2. Les expedicions portugueses

Els navegants portuguesos van ser els primers a aventurar-se cap al sud per l'Atlàntic, i van obrir-hi noves rutes:

- La **ruta africana**. Navegant cap a l'oest, van arribar a les illes Madeira (1418) i a les Açores (1431). Posteriorment, van costejar Àfrica cap al sud i van arribar al golf de Guinea (1460), on van establir colònies comercials per obtenir or, vori i esclaus.

  Més endavant, **Bartolomeu Dias** va arribar fins al cap de Bona Esperança o de les Tempestes (1488).
- La **ruta de l'Índia**. Una nova expedició, dirigida per **Vasco da Gama**, va arribar fins a la costa meridional de l'Índia el 1498. La seva arribada al port de Calicut va obrir el camí per a noves expedicions cap a les illes Moluques o de les Espècies.

Durant una bona part del segle XVI, els portuguesos van tenir el monopoli del comerç de la seda i de les espècies amb Europa.

Vasco da Gama va ser el primer navegant que va arribar a l'Índia. El rei de Portugal Manuel I el va recompensar nomenant-lo "almirall major de les Índies i de l'oceà Índic".

@ Amplia a la Xarxa...

Per saber més sobre les rutes portugueses, entra a www.tiching.com/71833

- Qui va impulsar les primeres expedicions portugueses?
- Què va descobrir?

RUTES PORTUGUESES

1. Descriu les rutes de Bartolomeu Dias i de Vasco da Gama.
2. En què coincideixen? On se separen?

SINTETITZA

3. Quines terres coneixien els navegants europeus el segle XV?
4. Per què es van buscar noves vies marítimes cap a Orient?
5. Sintetitza les rutes portugueses principals.

INVESTIGA

EL PROGRÉS DE LA NAVEGACIÓ

Les expedicions marítimes van ser possibles gràcies a un seguit de descobriments científics i tècnics, i perquè els navegants tenien més coneixements sobre els vents i els corrents.

La **cartografia** va progressar molt gràcies als **portolans**, unes cartes marítimes que detallaven les costes i els ports. A més, aparells com ara el **timó**, la **brúixola** i l'**astrolabi** van permetre guiar els vaixells amb més precisió i orientar-se millor.

La brúixola es feia servir per mantenir el rumb.

L'astrolabi es feia servir per determinar la latitud a partir de la posició dels estels.

Els portuguesos van perfeccionar la **caravel·la**, una embarcació alta i forta, apropiada per a la navegació oceànica, i més ràpida i manejable que la nau.

UNA CARAVEL·LA

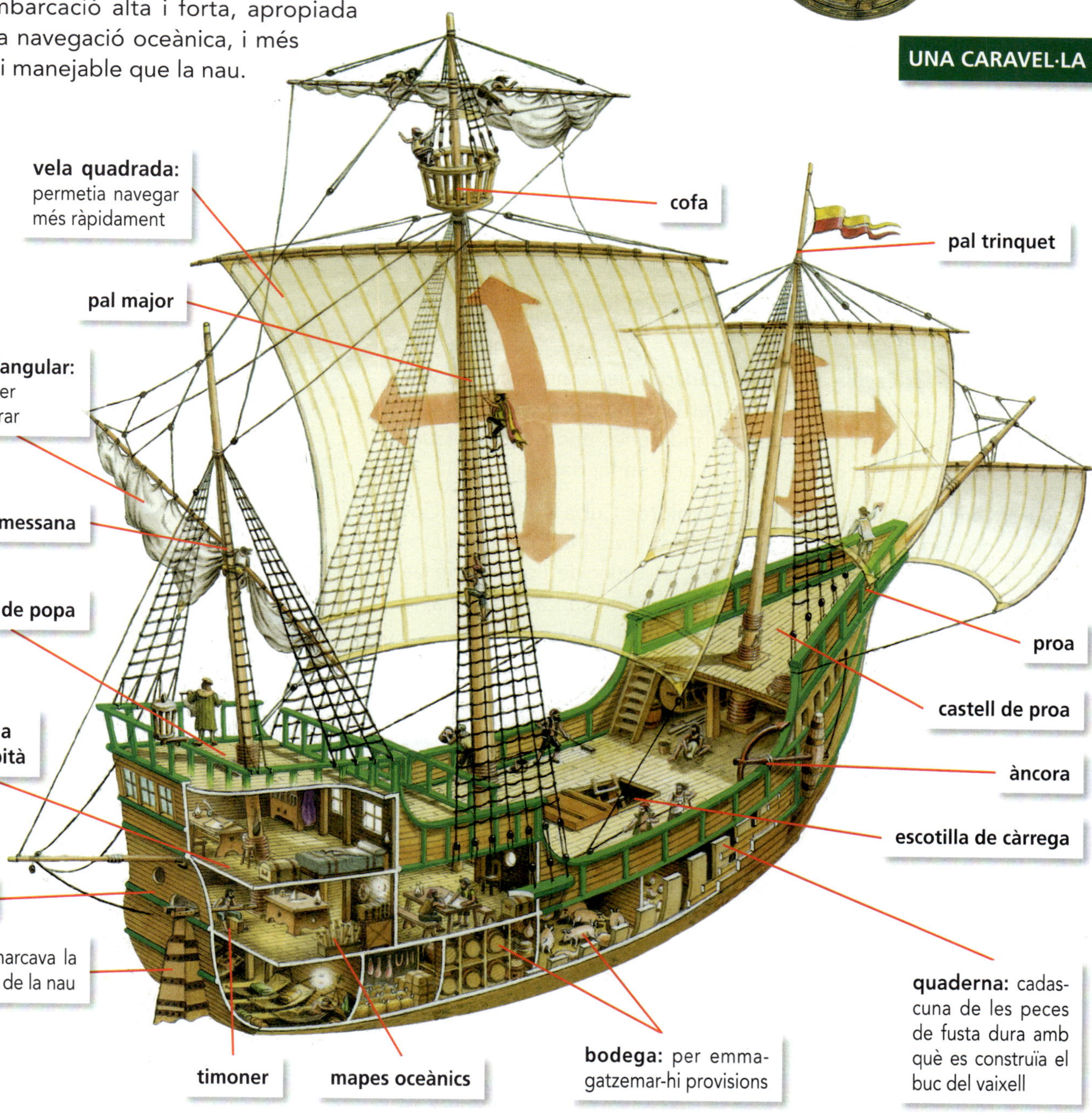

6. Quins descobriments van facilitar la navegació? Explica per què servien.

7. Descriu les parts d'una caravel·la. Per què eren tan grans les bodegues? Quina funció tenia la cofa?

2 Castella troba un nou continent

2.1. El projecte de Colom

Cristòfor Colom, un mariner d'origen possiblement genovès, pensava que podia arribar a Àsia, a la terra de les espècies, navegant cap a l'oest, a través de l'Atlàntic, sense haver de costejar Àfrica. Sabia que la Terra és esfèrica, però imaginava que el seu diàmetre era més petit del que és i desconeixia l'existència del continent americà.

Colom va presentar el seu projecte als Reis Catòlics. Isabel va accedir a finançar l'expedició i van signar les **Capitulacions de Santa Fe** (1492), en les quals s'establia que Colom rebria els títols d'"almirall de la mar oceànica" i "virrei" de les terres que descobrís, com també la desena part de tots els beneficis obtinguts.

Sortida de Cristòfor Colom del port de Palos, segons un quadre del pintor sevillà Juan Cabral Bejarano, segle XIX.

1. Descriu l'escena i identifica Colom. Com interpretes el seu gest?

2.2. Els quatre viatges colombins

El primer viatge

La **primera expedició** de Colom va sortir del port de Palos de la Frontera (Huelva) el 3 d'agost del 1492. Estava formada per una nau (la *Santa María*) i dues caravel·les (*La Pinta* i *La Niña*) i la componien 105 mariners.

Després de fer escala a les illes Canàries, les embarcacions van començar la travessia de l'Atlàntic, i el **12 d'octubre del 1492** van veure terra. Era la petita illa que els indígenes anomenaven Guanahaní, a les Bahames, que Colom va anomenar San Salvador.

Durant els mesos següents van explorar Cuba i l'illa que Colom va anomenar **Hispaniola** (actualment Haití i la República Dominicana). Al començament del 1493, el gruix de l'expedició va tornar a Espanya amb dues naus, perquè la *Santa María* havia naufragat.

Gravat del 1594, que mostra l'arribada de Colom a l'illa de Guanahaní.

El diari de Colom

[...] a alguns dels que ens van venir a rebre els vaig donar uns bonets de coloraines i uns collarets de granadura que es posaven al coll, i moltes altres coses de poc valor, amb les quals es complagueren molt i van quedar tan nostres que era una meravella. Després venien nedant a les barques dels vaixells on ens estàvem i ens portaven papagais i fil de cotó en cabdells i atzagaies i moltes coses més, i ens les bescanviaven per altres coses que els donàvem, com boletes de vidre i cascavells.

Em va semblar que era gent molt pobra que anaven tots despullats [...]. Alguns es pinten la cara, i d'altres, tot el cos. No porten armes ni en coneixen, perquè els vaig mostrar espases i les agafaven per la fulla, i es tallaven amb ignorància. No tenen cap ferro. [...]

Diari de bord de Cristòfor Colom, 12 d'octubre del 1492. (Adaptació)

- Quina impressió va tenir Colom dels primers natius que va trobar?
- Coneixien el ferro? I les armes?

ELS VIATGES DE COLOM I EL REPARTIMENT DEL MÓN

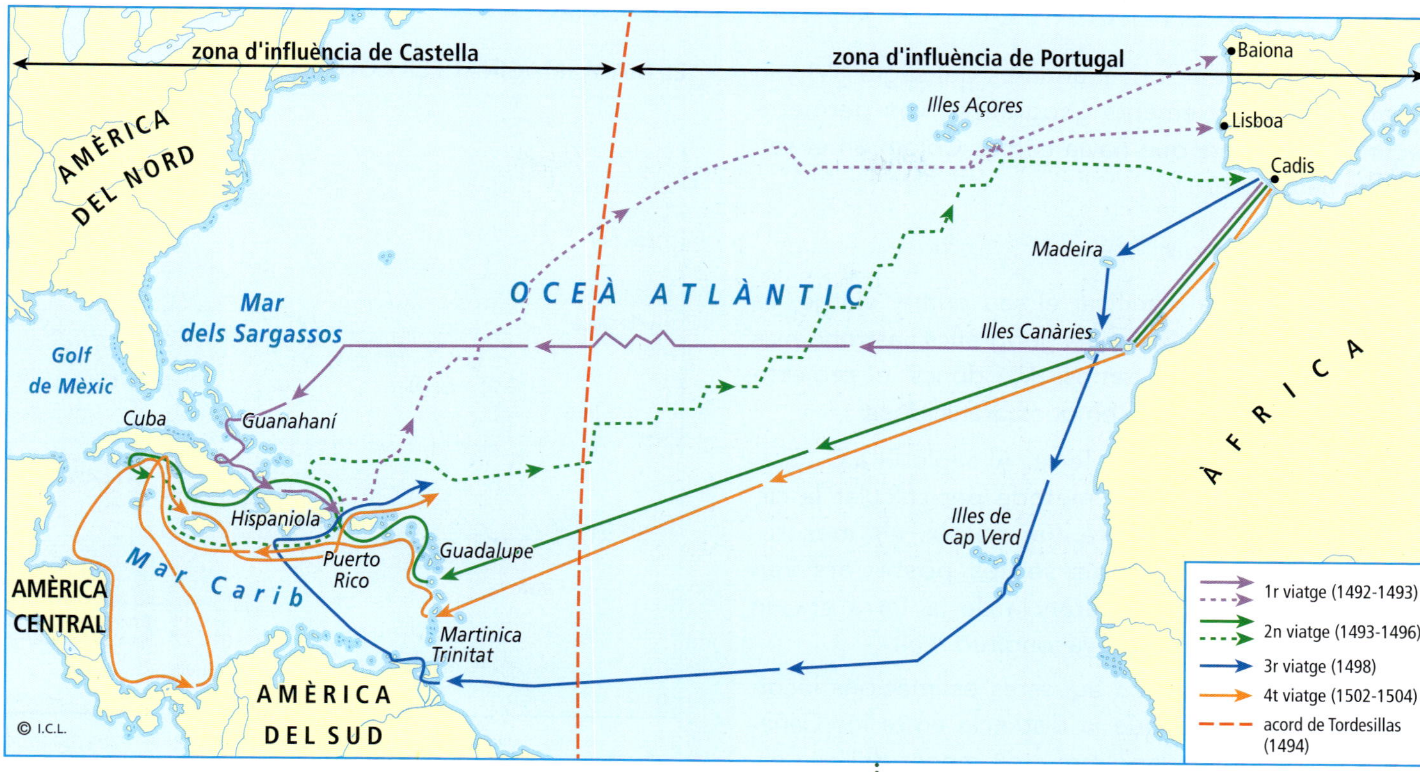

2. Quina ruta va seguir Colom en el primer viatge? Quin va ser el primer punt d'arribada?

3. Quines illes del Carib va conèixer? A quina zona del continent va desembarcar?

Els altres viatges de Colom

L'èxit del primer viatge va permetre preparar ràpidament una **segona expedició**, que va sortir el setembre del 1493. La formaven 17 vaixells i més de 1200 homes (soldats, però també gentilhomes, religiosos, artesans, pagesos...), que es van establir a Hispaniola, i hi van posar en marxa un sistema econòmic de factories comercials.

En el **tercer viatge** (1498), Colom va seguir explorant el mar de les Antilles, va arribar a l'illa de Trinitat i a la desembocadura del riu Orinoco (Veneçuela).

En el **quart viatge** (1502), va recórrer les costes de l'Amèrica Central (Hondures, Nicaragua, Costa Rica i Panamà).

Malgrat els quatre viatges, quan Colom va morir a Valladolid, l'any 1506, estava convençut que les terres que havia descobert pertanyien al continent asiàtic.

2.3. El repartiment entre Castella i Portugal

Seguint el costum de l'època, els Reis Catòlics van demanar al papa que els concedís la sobirania dels territoris descoberts per Colom per explorar-los i evangelitzar-los.

Per evitar conflictes amb Portugal, que aspirava al control dels mars i de les terres explorades pels seus mariners, es va signar el **Tractat de Tordesillas** (1494), que repartia les zones d'influència al món. Aquest document establia una línia imaginària, 370 llegües a l'oest de les illes del Cap Verd, que dividia les terres que es volien colonitzar: les situades a l'oest del meridià serien per a Castella, i les situades a l'est, per a Portugal.

HO SABIES?

Quan Colom i la seva tripulació van arribar al Nou Món, pensaven que havien arribat a les Índies Orientals, terme utilitzat des l'Edat Mitjana per designar Àsia. Per això, d'aquests territoris, en van dir **Índies**, i dels seus habitants, **indis**.

@ Amplia a la Xarxa...

Per saber més sobre els viatges de Colom, entra a www.tiching.com/71834

- Què li va passar a Colom, durant el seu tercer viatge, a l'illa d'Hispaniola?

SINTETITZA

4. Què són les Capitulacions de Santa Fe? Què estipulaven?

5. Per què se signà el Tractat de Tordesillas? En què va consistir? Quines conseqüències va tenir?

COM ES VA CONFIRMAR QUE LA TERRA ÉS RODONA

Les grans expedicions marítimes del segle XVI van ampliar els coneixements geogràfics i van permetre rectificar els errors que havia comès Colom en el seu primer viatge.

Els errors de Colom

Quan Colom va planificar el seu primer viatge, es va basar en els coneixements geogràfics i astronòmics més avançats del seu temps. Així doncs, el projecte colombí es fonamentava en dues grans idees:

- La circumferència de la Terra. Al segle III a.C., Eratòstenes va establir un mètode per calcular la circumferència de la Terra. Tanmateix, els mesuraments efectuats en els segles posteriors van estimar que la circumferència de la Terra era un 25 % més petita de la seva longitud real.

  Colom es va basar en aquestes estimacions incorrectes i va deduir que la distància entre les Canàries i Cipango (el Japó) era molt menor del que és. Per això, va pensar que podia fer el seu viatge en caravel·les, sense necessitat de fer escales.
- La creença que hi havia un únic oceà entre Europa i Àsia, segons els informes elaborats pel matemàtic florentí Toscanelli el segle XV. Com que ignorava l'existència del continent americà, Colom va pensar que navegant des d'Europa cap a l'oest es podia arribar a les Índies.

El descobriment de l'oceà Pacífic

L'any 1513, l'explorador extremeny Vasco Núñez de Balboa va organitzar una expedició que va travessar l'istme de Panamà a peu. Allà, hi va descobrir un nou oceà (el Pacífic), que va anomenar mar del Sud.

Aquesta expedició va confirmar que Amèrica era un nou continent i que per arribar a Àsia s'havia de continuar navegant cap a l'oest.

El nom d'Amèrica

El navegant italià **Amerigo Vespucci** va recórrer les costes del Nou Món en diverses expedicions al començament del segle XVI. Va ser el primer europeu que va sostenir que els territoris descoberts per Colom no formaven part d'Àsia i que constituïen un nou continent.

En aquesta època, els planisferis i els mapes van començar a denominar *Amèrica* el nou continent, en honor seu.

EL MAPA IMAGINAT PER COLOM

1. Quins errors va cometre Colom quan va planificar el seu viatge a Àsia a través de l'Atlàntic? On pensava que havia arribat?

Representació de l'Atles Miller del 1519, que mostra les costes retallades de les illes del Carib i part de les costes de l'Amèrica Central i del Sud.

LES PRIMERES CIRCUMNAVEGACIONS DEL MÓN

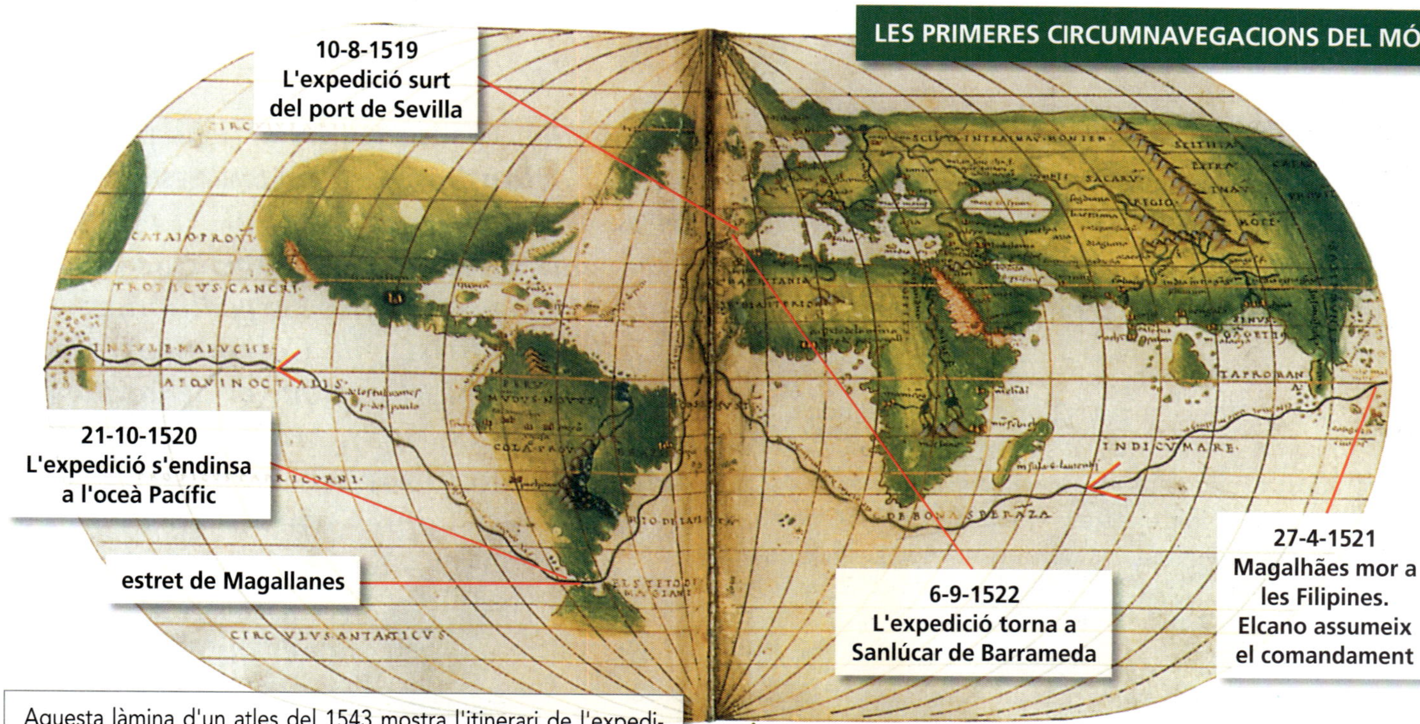

Aquesta làmina d'un atles del 1543 mostra l'itinerari de l'expedició de Magalhães i Elcano.

2. Quin objectiu tenia l'expedició de Magalhães? Indica el recorregut que van fer.

La primera volta al món

L'any 1519 es va organitzar una expedició al servei de la Corona castellana, encapçalada pel portuguès **Fernão Magalhães** i formada per cinc naus i 250 mariners. L'objectiu era trobar un pas marítim que comuniqués l'oceà Atlàntic i el Pacífic i que permetés arribar a les illes de les Espècies navegant sempre cap a l'oest.

Les naus van salpar de Sevilla, es van endinsar a l'Atlàntic, van costejar l'Amèrica del Sud i van trobar l'estret que dóna pas a l'oceà Pacífic, oceà que van batejar amb aquest nom per la quietud de les aigües. L'expedició va continuar cap a l'oest, va arribar a les illes Mariannes i, posteriorment, a les illes Filipines.

Magalhães va morir en aquest arxipèlag, en l'intent de sotmetre els indígenes i convertir-los al cristianisme. El seu capità, el guipuscoà **Juan Sebastián Elcano**, va assumir el comandament i va emprendre el camí de tornada, a la nau Victoria, travessant l'oceà Índic i costejant el continent africà.

Després de tres anys de navegació, l'expedició va completar la primera volta al món i va quedar demostrat que la Terra és rodona i que el seu diàmetre és molt més gran que el que havia imaginat Colom.

DIARI D'UN NAVEGANT

Vam navegar durant tres mesos i vint dies sense menjar cap aliment fresc. Les galetes que ens menjàvem ja no eren de pa, sinó d'una pols barrejada amb cucs i impregnada d'orina de rata. L'aigua que havíem de beure era putrefacta. Per no morir-nos de fam, ens vam veure obligats a menjar trossos de cuiro, que eren tan durs que els havíem de posar en remull al mar quatre o cinc dies perquè s'estovessin. [...] Vam patir l'atac d'una espècie de malaltia [escorbut] que ens inflava les genives fins a cobrir-nos les dents. I els que la patien no podien tastar cap mena d'aliment. En van morir dinou dels nostres.

Diari d'Antonio Pigafetta, 1520-1521.

La nau *Victoria*, segons un gravat de l'època.

- Quines condicions de vida tenien els mariners? Informa't sobre què provocava l'escorbut.

Amplia a la Xarxa...

Per saber més sobre la primera volta al món, entra a www.tiching.com/71836

- A quines dificultats va haver de fer front Magalhães?

3. A partir de la lectura dels documents, explica com es va confirmar que Amèrica és un continent, l'existència de l'oceà Pacífic i que la Terra és rodona.

3 Els pobles precolombins

3.1. Les civilitzacions precolombines

El continent americà té un poblament molt antic, que remunta a més de 20 000 anys. Quan Colom hi va arribar a la darreria del segle XV, els pobles que l'habitaven havien desenvolupat **civilitzacions pròsperes** (asteca, maia i inca), conegudes com a **precolombines**.

Aquestes civilitzacions utilitzaven la pedra com a material bàsic i vivien de l'agricultura i la ramaderia, però no coneixien la roda ni tenien animals de tir. El seu nivell cultural elevat els va permetre aportar elements desconeguts pels europeus: el nombre zero, calendaris molt exactes, el conreu del blat de moro i la patata, sistemes constructius complexos i nous sistemes de reg.

CIVILITZACIONS PRECOLOMBINES

3.2. Els maies

La civilització maia es va estendre pel sud de la Península del Yucatán (Amèrica Central) entre els segles V i XV. Els maies eren agricultors que vivien fonamentalment del conreu del blat de moro i s'organitzaven en ciutats Estat independents.

Tenien uns coneixements avançats d'astronomia i de matemàtiques i utilitzaven un sistema d'escriptura jeroglífica. També van construir impressionants piràmides temple i palaus per als governants. Quan hi van arribar els espanyols, la civilització maia gairebé havia desaparegut per causes que encara es desconeixen.

Piràmide maia de Chichen Itzá, Mèxic.

UN TEMPLE MAIA

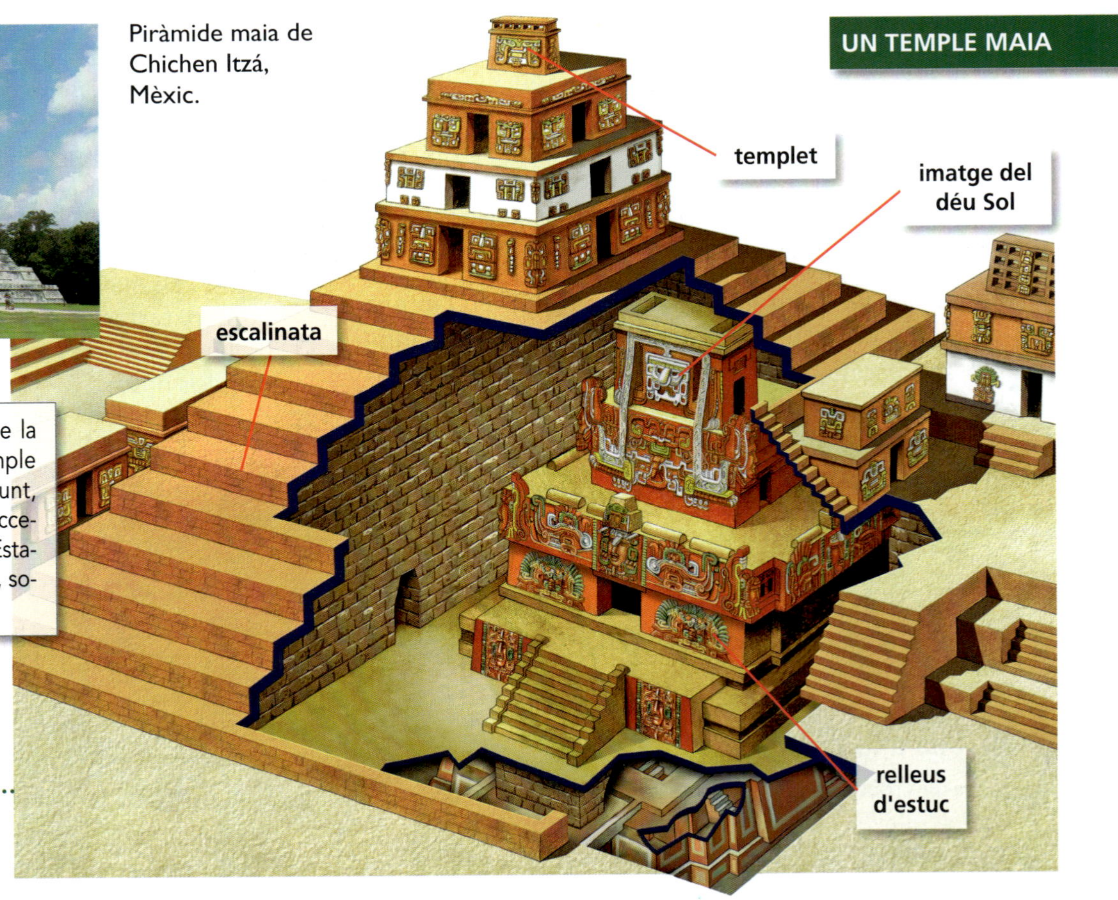

La construcció més representativa de la cultura maia són les piràmides temple esglaonades de pedra. Al capdamunt, s'hi col·locava un templet, al qual s'accedia per mitjà d'una gran escalinata. Estaven decorades amb pintures i relleus, sovint amb inscripcions jeroglífiques.

1. Descriu l'estructura de la piràmide maia.

Ciutat inca de Machu-Picchu, el Perú.

3.3. Els asteques

Els asteques van dominar la fèrtil vall de Mèxic entre els anys 1200 i 1519, data de l'arribada dels espanyols. Van ser un poble essencialment guerrer i van conquerir un gran imperi, amb capital a la ciutat de **Tenochtitlan**, que s'estenia pel centre i pel sud de Mèxic. El poder polític i religiós es concentrava en mans d'un emperador.

L'agricultura i el comerç eren les seves activitats econòmiques principals. També van desenvolupar una civilització urbana pròspera, amb ciutats importants. Igual que els maies, van edificar uns grans temples en forma de piràmide escalonada.

3.4. Els inques

La civilització inca es va desenvolupar a l'Amèrica del Sud, als altiplans de la serralada dels Andes, entre els anys 1100 i el 1532, en què va ser conquerida.

Els inques van crear un imperi amb centre a Cusco i que s'estenia cap al nord fins a Quito i cap al sud fins a Xile. La seva població va arribar a superar els 12 milions d'habitants. Eren un poble d'agricultors, que van crear un sistema de terrasses per poder conrear als vessants de les muntanyes.

Estaven governats per un emperador, que era considerat com un déu (fill del Sol) i rebia el nom d'Inca. Al cor dels Andes, hi van construir fortaleses de pedra impressionants, com ara **Machu-Picchu**.

TLAXCALA, UNA CIUTAT ASTECA

La ciutat és tan gran i tan admirable, [...] és molt més gran que Granada i molt més forta. I té molt bons edificis i amb molta més gent que la que tenia Granada a l'època en què va ser guanyada, i molt més ben proveïda de les coses de la terra: de pans, d'ous, de caça, de peixos de riu i de llegums, a més d'altres coses molt bones que ells mengen.

En aquesta ciutat hi ha un mercat on cada dia s'apleguen més de trenta mil ànimes venent i comprant, sense comptar molts altres mercats que hi ha distribuïts per tota la ciutat. En aquest mercat, s'hi troben tota mena de coses, tant de manteniment com de vestit i calçat, que ells tracten.

Hi ha joieries d'or, plata i pedres, i també hi ha joies de plomatges [...]. Hi ha ceràmica abundant de formes diverses i molt bona [...].

Hi ha cases on renten i rapen el cap, com els barbers. Hi ha banys. Finalment, hi ha entre ells tot tipus de bon ordre i policia, i són gent de raó i concert.

Hernán Cortés: *Carta de relació enviada a Carles V*, 1519.

- Quina impressió van fer a Cortés les ciutats asteques? Quines activitats econòmiques s'hi desenvolupaven?

@ Amplia a la Xarxa...

Per saber més sobre les cultures precolombines, entra a www.tiching.com/71839

- Quines van ser les seves aportacions principals a l'alimentació de la humanitat?

SINTETITZA

2. Resumeix les característiques principals de les civilitzacions asteca, maia i inca.

3. Busca en un atles quins estats actuals es corresponen amb aquestes civilitzacions antigues.

4 Conquesta i organització de l'imperi americà

La conquesta per part de la Corona de Castella va ser una empresa ràpida per la **superioritat militar** (armes, cavalls, armadures, pólvora) i **científica** (geògrafs, botànics, enginyers militars) dels conqueridors, pel seu afany de riqueses i per les lluites internes entre els indígenes.

4.1. Les grans conquestes i expedicions

La conquesta del territori americà es va iniciar al Carib, i el 1511 la conquesta de totes les grans illes (Cuba, San Salvador, Hispaniola) pràcticament ja s'havia acabat.

La conquesta de Mèxic

El 1518 va sortir de Cuba una expedició dirigida per l'extremeny **Hernán Cortés** que va desembarcar en territori mexicà, habitat pels **asteques**, on va fundar la ciutat de Veracruz.

Des de la costa, cap a l'interior, va sotmetre militarment els asteques i els va obligar a pagar tributs. Finalment, es va establir amb les seves tropes a la capital, **Tenochtitlan**, i va agafar el seu emperador, **Moctezuma**, com a ostatge. Els asteques es van revoltar, però Cortés va aconseguir derrotar-los definitivament a la batalla d'Otumba (1521).

A partir d'aleshores, tots els territoris asteques van quedar incorporats a l'imperi hispànic. Des d'aquesta zona, van sortir expedicions que van dominar la Península del Yucatán i les actuals **Guatemala** (1523) i **Hondures** (1524).

La conquesta del Perú

L'any 1531, **Francisco Pizarro**, també extremeny, va dirigir la conquesta de l'**imperi inca** (actualment el Perú, Equador i una part de Bolívia), juntament amb Diego de Almagro.

L'expedició va aprofitar els enfrontaments entre els inques per imposar-se. Un dels episodis més sagnants de la conquesta va ser la batalla de Cajamarca (1532), en què van morir milers d'indígenes.

L'any següent, l'emperador inca **Atahualpa** va ser executat i, tot seguit, els conqueridors van prendre Cusco, la capital de l'imperi.

Altres territoris

En aquella mateixa època, Núñez Cabeza de Vaca va explorar Florida, Texas i Califòrnia, a l'Amèrica del Nord. Diego de Almagro i Pedro de Valdivia van conquerir **Xile**; Francisco de Orellana va recórrer l'Amazones, i Juan de Garay va fundar Santa Fe i **Buenos Aires** (l'Argentina).

A l'oceà Pacífic, els guipuscoans Miguel López de Legazpi i Andrés de Urdaneta van conquerir les **illes Filipines**, que van rebre aquest nom en honor de l'infant Felip, fill de Carles I.

Ho sabies?

Molts pobles indígenes americans van prendre els conqueridors per déus. Van considerar diabòliques les armes que utilitzaven, el soroll i el fum de les quals els aterrien, i també els animals que els acompanyaven (cavalls i gossos de presa).

A més, algunes profecies dels asteques i dels inques havien predit l'arribada d'uns desconeguts enviats pels seus déus, i per això en alguns casos es van sotmetre als espanyols amb molta facilitat i resignació.

Arribada dels conqueridors, amb armes i animals desconeguts pels indígenes. Fragment d'un còdex asteca del segle XVI.

Arribada de Cortés a Tenochtitlan, segons un gravat del segle XVI.

1. Descriu l'escena i identifica els personatges. Busca informació sobre qui eren la princesa índia Malinche i Jerónimo de Aguilar, i quina relació tenien amb Hernán Cortés.

4.2. L'ORGANITZACIÓ DE L'IMPERI AMERICÀ

Els territoris conquerits van ser incorporats a la **Corona de Castella**, que havia finançat el descobriment i en va propiciar la colonització. De seguida s'hi van introduir la **llengua**, la **cultura** i, especialment, la **religió** i les **lleis** de Castella.

Juntament amb els colonitzadors, molt aviat van arribar al nou continent un gran nombre de **clergues**, encarregats d'evangelitzar els indígenes, i també **funcionaris** reials, dedicats a organitzar els nous territoris.

S'hi van fundar **dos virregnats**: el de Nova Espanya (Mèxic, l'Amèrica Central i el Carib) i el del Perú (el sud del continent fins a la Patagònia). Al capdavant de cadascun hi havia un virrei. Els virregnats tenien diverses províncies administrades per governadors.

També s'hi van instaurar, com a Castella, els municipis, amb els **ajuntaments** per governar les ciutats, i les **audiències** per a les qüestions legals i de justícia.

I també es va crear el **Consell d'Índies**, una institució que s'encarregava dels afers americans, assessorava el rei en aquesta matèria i redactava les lleis específiques dels territoris conquerits.

LA CAPTURA DE L'EMPERADOR INCA ATAHUALPA

Pizarro, acompanyat només de quatre homes, va travessar enmig dels indis per arribar a l'altura de l'inca Atahualpa. Sense gens ni mica de temor, Pizarro li va agafar el braç esquerre. En aquest moment es van sentir les descàrregues d'artilleria i el so de les trompetes. Des que els indis van veure galopar els cavalls, gairebé tots van abandonar la ciutat atemorits, però els cavallers espanyols els van atrapar i els van executar.

Pizarro es va acostar al seu presoner i li va dir paraules per consolar-lo: "No tinguis vergonya perquè has estat vençut i fet presoner; els cristians que jo dirigeixo són poc nombrosos, però amb ells he sotmès a l'obediència del meu Senyor, el rei d'Espanya, prínceps més poderosos que tu. Nosaltres hem vingut per ordre seva a conquerir aquest país i perquè tothom pugui conèixer Déu i la santa fe catòlica."

Francisco de Jerez:
La conquista del Perú, 1563.

- Quins mitjans militars feien servir els conqueridors?
- Quin era, segons Pizarro, l'objectiu de la conquesta?

Bateig d'una indígena, *Crònica de Poma de Ayala*, segle XVI.

L'IMPERI AMERICÀ EL SEGLE XVI

2. Quins territoris formaven l'imperi americà de la Corona de Castella?

@ Amplia a la Xarxa...

Per saber més sobre els còdexs americans, entra a www.tiching.com/71845

- Què eren els còdexs? Què conté el còdex Osuna? Quan va ser escrit? Amb quina intenció?
- Quina informació ofereix sobre el Mèxic colonial?

SINTETITZA

3. Descriu les grans expedicions de conquesta que es van fer durant la primera meitat del segle XVI. Qui en van ser els conqueridors principals?

4. Explica com es van organitzar els nous territoris americans. Quines eren les institucions principals i quines funcions tenien?

5 La colonització de l'Amèrica espanyola

Els nous territoris americans van representar una font d'ingressos important per a Castella, i especialment per a la corona, que percebia el 20 % de totes les riqueses i transaccions comercials amb Amèrica (tribut del **cinquè reial**).

5.1. L'explotació dels recursos

Una vegada s'hi van haver establert, els colonitzadors van exigir la concessió de propietats i riqueses com a recompensa pels seus serveis. La corona va repartir terres entre els colonitzadors i per conrear-les va establir l'anomenat sistema d'**encomienda**.

Aquest sistema consistia a assignar a un colon (*encomendero*) un grup d'indígenes, que eren obligats a treballar al seu servei i a pagar-li tributs, a canvi de rebre instrucció religiosa, protecció i aliments.

D'altra banda, el ràpid descobriment d'**or** i **plata**, la riquesa més important de les Índies, va fer que es dictessin normes per a l'explotació i la comercialització d'aquests metalls. Les mines eren propietat reial i la Corona en concedia l'explotació a canvi de la cinquena part del mineral que se n'extreia.

A partir de l'any 1540, en què es van començar a extreure grans quantitats de plata de les mines de Mèxic i de Bolívia (Potosí), es va establir el sistema de *mitas*. Aquest sistema de treball obligava els indígenes, per mitjà d'un sorteig entre la població, a desplaçar-se dels seus llocs d'origen per treballar a les mines.

L'*encomienda* i la *mita* van ser les fórmules utilitzades per a l'**explotació** de la **mà d'obra indígena**. Algunes veus, especialment la del dominic **Bartolomé de las Casas**, van denunciar l'explotació reiterada que els colonitzadors feien dels indis americans.

Per evitar les pràctiques abusives dels colons i regular la vida social, política i econòmica a les colònies, la corona va promulgar les **Lleis d'Índies (1542)**, que prohibien l'esclavització dels indígenes i els va reconèixer com a súbdits directes.

5.2. El comerç americà

Les Índies van ser una font d'intercanvis comercials. Castella subministrava vaques, ovelles, cavalls, oli, ceps, manufactures i armes. D'Amèrica, n'arribaven fonamentalment or i plata, però també blat de moro i cacau, productes que no es coneixien a Europa.

El transport es feia en vaixells, que salpaven del **port de Sevilla** i arribaven als ports de Veracruz (Mèxic), Nombre de Dios (Panamà) i Cartagena de Indias (Colòmbia). Travessaven l'istme de Panamà en grup (flotes) i, un cop al Pacífic, embarcaven una altra vegada cap al Perú (El Callao).

A les ciutats portuàries se celebraven grans fires, on els productes arribaven a assolir vint vegades el preu que tenien a Sevilla.

La denúncia de l'explotació

La causa que els cristians hagin mort i destruït un nombre d'ànimes tan infinit ha estat solament perquè la seva finalitat ha estat l'or i omplir-se de riqueses en pocs dies [...].

S'ha de saber, per la insadollable cobdícia i ambició que han tingut, que aquestes han estat les més grans que al món hagi mai aconseguit algú, perquè aquelles terres són tan felices i tan riques, i la gent tan humil.

Bartolomé de las Casas: *Brevísima relación de la destrucción de las Indias*, 1552.

- Què denuncia l'autor? Busca informació sobre Fray Bartolomé de las Casas.

El treball dels indígenes americans, segons el còdex *Relación de Michoacán*, segle XVI.

1. Descriu l'escena i identifica els colonitzadors i els indígenes.

2. Quines diverses formes d'explotació de la mà d'obra indígena es van establir a les Índies espanyoles?

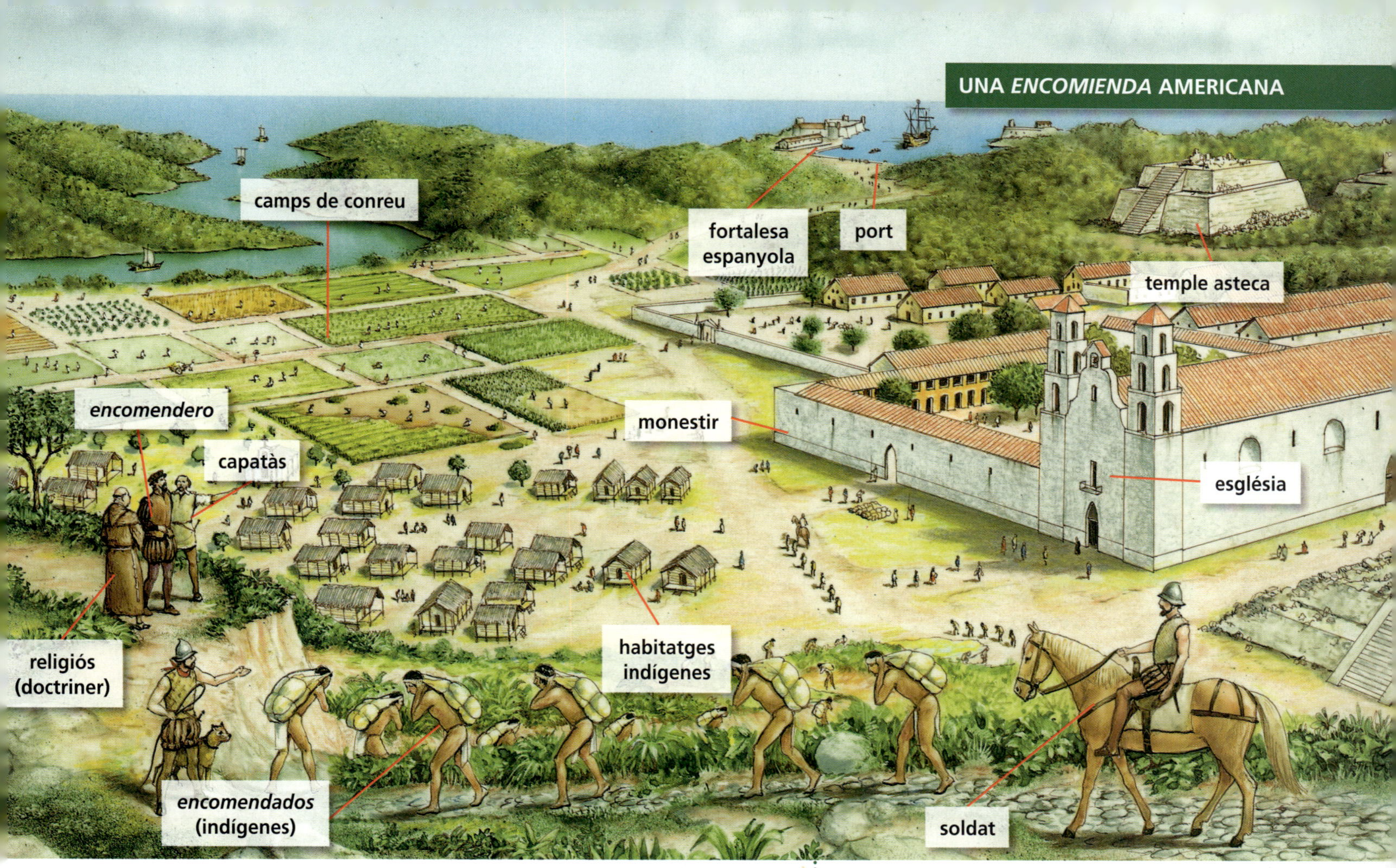

3. A partir de la il·lustració, explica com es va organitzar l'explotació econòmica de les colònies d'ultramar.

4. Quina era la situació dels indígenes?

5.3. La societat colonial

Malgrat que eren una minoria, el poder polític i econòmic es trobava en mans dels **colonitzadors**, que arribaven de la Península per exercir-hi tota mena de càrrecs. A la darreria del segle XVI, els **criolls**, descendents dels colonitzadors, ja eren gairebé mig milió.

La majoria de la població estava constituïda per **amerindis** de diferents ètnies. També eren nombrosos els **mestissos**, fills d'indígenes i espanyols. A les zones on la mà d'obra nativa era escassa, s'hi va transportar **població negra** d'Àfrica perquè hi treballés com a esclava.

A l'Amèrica colonitzada s'hi van imposar la llengua, la cultura i la religió dels colonitzadors; no obstant això, algunes cultures van aconseguir mantenir una part dels seus costums o llengües.

La colonització va tenir **conseqüències demogràfiques** greus per als natius, i a zones com ara les **Antilles** la població indígena pràcticament va desaparèixer. Això va ser provocat per l'absència de defenses contra les malalties que hi van portar els conqueridors i per la pràctica de treballs forçats.

LES LLEIS D'ÍNDIES

Art. 10. Els indis són persones lliures i vassalls de la Corona i sempre ha estat propòsit reial tractar-los com a tals [...].

Art. 24. És un dels principals deures de l'audiència esbrinar i castigar els excessos comesos contra els indis [...].

Art. 33. Aquells *encomenderos* que hagin maltractat els seus indis perdran les *encomiendas*.

Leyes Nuevas, 1542.

- Quina finalitat tenien les Lleis d'Índies?

SINTETITZA

5. Quins recursos s'extreien d'Amèrica? De quina manera se n'organitzava l'explotació?

6. Explica les característiques principals de la societat colonial i els grups que l'integraven.

Practica competències bàsiques

1. Completa el mapa conceptual

Copia el mapa conceptual al quadern i completa'l

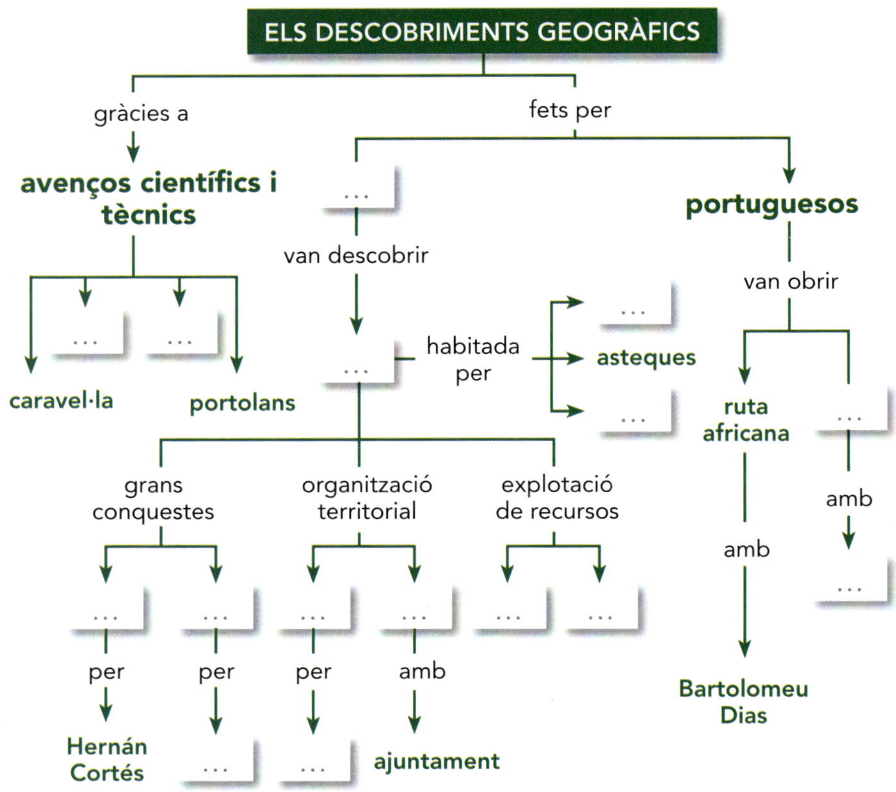

2. Sintetitza

1. Què va motivar les grans expedicions marítimes? Quines innovacions tècniques les van fer possibles?
2. Quines van ser les principals expedicions portugueses i castellanes?
3. En què va consistir el projecte de Colom? On va arribar? Quants viatges va fer?
4. Quines eren les civilitzacions precolombines més importants quan hi va arribar Colom?
5. Com van explotar els colonitzadors els recursos econòmics de les terres americanes?

3. Defineix conceptes

- caravel·la
- maies
- *encomienda*
- cinquè reial
- ajuntament
- virregnat

4. Identifica els elements

Identifica els elements de la caravel·la assenyalats amb nombres. Fes-ho al quadern.

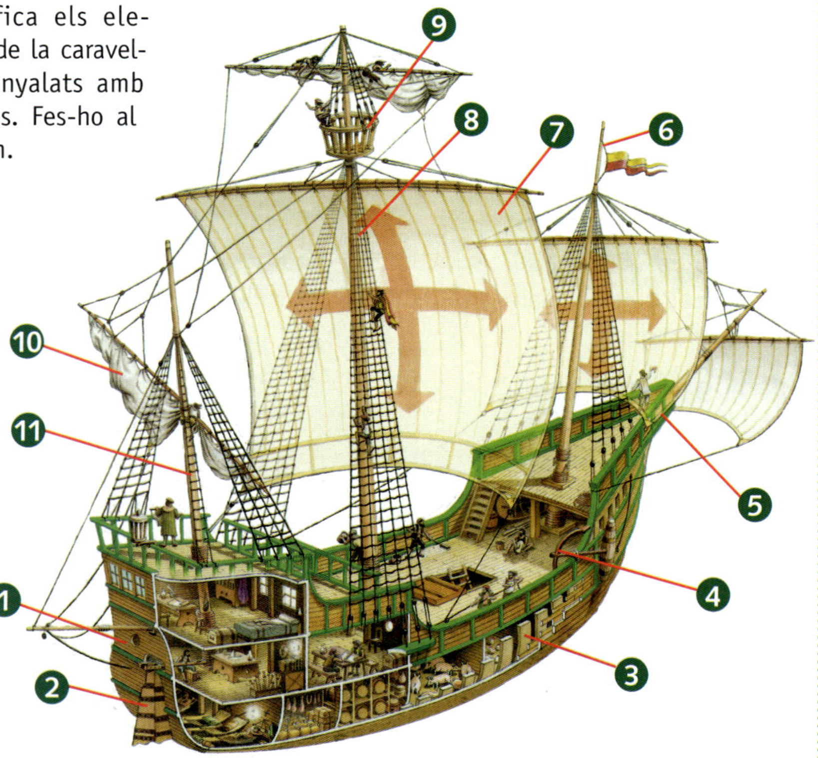

5. Comenta el text

Vostres alteses donen i atorguen a Cristòfor Colom, en satisfacció del viatge que ara, amb l'ajuda de Déu, emprendrà:

1. [...] fer Cristòfor Colom el seu almirall a totes les illes i terres fermes que descobreixi.

2. [...] fer-lo virrei o governador general a totes aquestes terres fermes [...].

3. Fer mercè a Cristòfor Colom de la dècima part de totes les riqueses que trobi.

Capitulacions de Santa Fe, 1492. (Adaptació)

a) Qui signa aquestes capitulacions? En quines circumstàncies van ser estipulades? Quines condicions s'hi estableixen?

6. Aprèn a analitzar una recreació històrica

Aquest dibuix mostra una reconstrucció hipotètica de com podia ser el centre de la ciutat de Tenochtitlan, capital de l'imperi asteca.

Per conèixer aquesta ciutat pots consultar a www.tiching.com/72331 una recreació de Tenochtitlan i seguir aquests apartats:

a) Descripció

- Com era l'urbanisme de la ciutat? Què l'envoltava?
- Quines construccions hi havia a l'interior del recinte emmurallat de la ciutat? Quina n'era la principal? A l'exterior, quina era la construcció més important? Descriu cada construcció.
- Quina funció tenien les construccions ubicades a l'interior? I les que hi havia fora de la muralla?

b) Anàlisi

- Quina forma tenien els temples? Quina finalitat creus que tenien aquests edificis?
- Mira el vídeo sobre el joc de pilota a www.tiching.com/72336. Indica les regles del joc i on es jugava. Descriu l'edificació.

c) Context històric

- De quin imperi era capital Tenochtitlan? Digues el nom de l'últim emperador que la va habitar. A qui es va enfrontar?
- Busca informació sobre la religió i la cultura del poble asteca i escriu-ne una síntesi breu establint-hi la relació amb el dibuix de la ciutat que has analitzat.

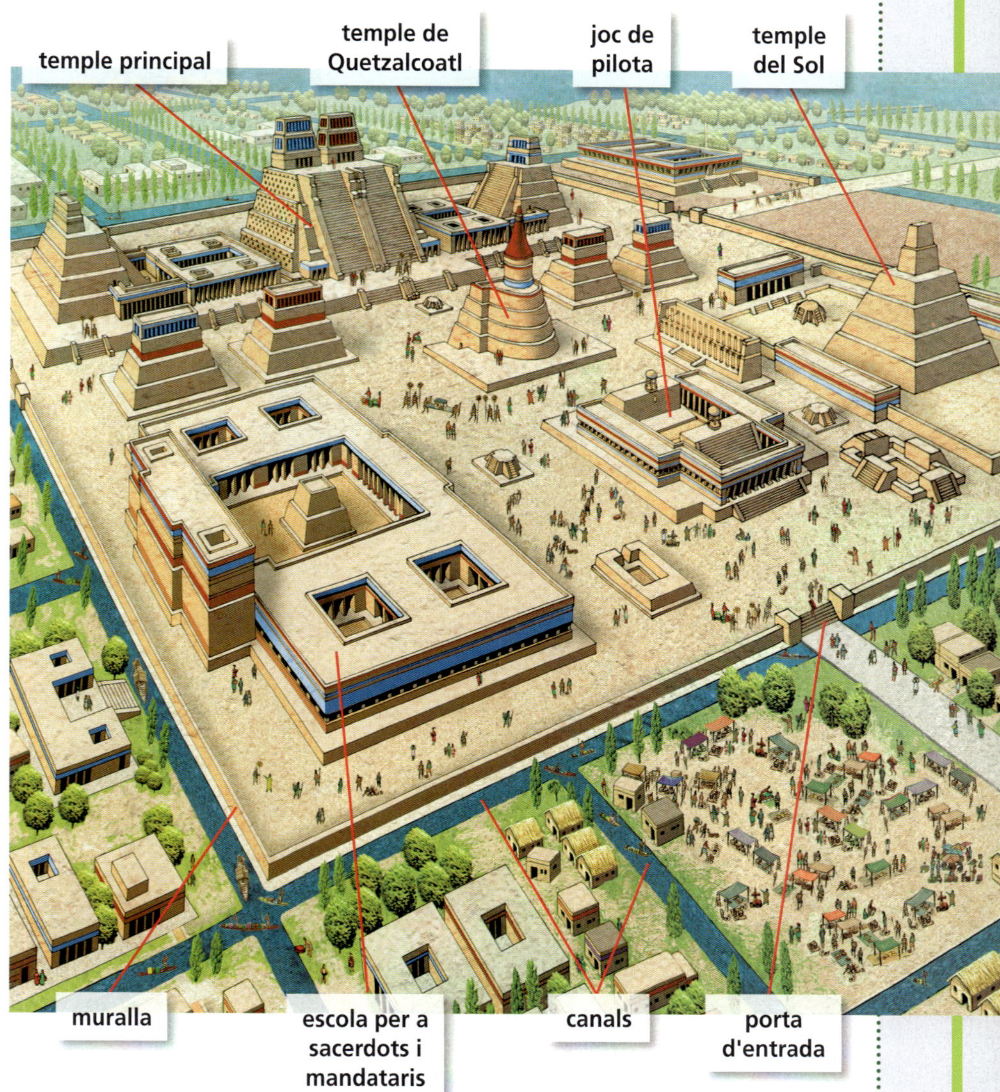

7. Completa la taula

Copia al quadern aquesta taula i completa-la amb els canvis que la colonització va suposar per als europeus i per als indígenes.

Canvis	Europeus	Indígenes
Hàbits alimentaris	...	...
Pràctiques religioses	...	...
Població	...	...
Posició social	...	...

Activitats@web

www.vicensvivesdigital.com/activitatsweb

- **Veritable o fals.** Els primers viatges
- **Relaciona.** Descobrir un nou continent
- **Tria.** Entendre que la Terra és rodona
- **Identifica.** Pobles precolombins
- **Ordena.** La conquesta d'Amèrica
- **Selecciona.** Passos per a la colonització

Col·legi de notaris i secretaris del rei

Captaires del segle XVII

10

L'IMPERI DELS ÀUSTRIES

Al començament del segle XVI Carles I, nét dels Reis Catòlics, va ocupar el tron de la monarquia hispànica i va instaurar la dinastia anomenada d'Habsburg o d'Àustria.

Carles I i el seu fill Felip II van governar sobre un imperi immens format per les possessions europees i pels territoris americans incorporats a la Corona de Castella.

Carles I duia el títol d'emperador per la seva herència alemanya, però en el regnat de Felip II els territoris austríacs i la titularitat imperial van ser deslligats de la Corona hispànica.

Aquelles possessions tan immenses van ser una font de greus conflictes i durant aquella època les guerres a l'exterior van ser constants. En bona part aquests conflictes els van provocar els problemes religiosos i la defensa del catolicisme per part de la monarquia hispànica.

Amb els Àustries del segle XVII Felip III, Felip IV i Carles II, l'imperi va iniciar una lenta decadència. La crisi de l'economia, el descens de la població i les derrotes militars van posar fi a l'hegemonia de la monarquia hispànica a Europa.

- Mira el mapa. Quins territoris europeus aplegava l'imperi de Carles I? I el de Felip II? Quins altres territoris formaven part de l'imperi dels Àustries?
- Fixa't en l'eix. Quins monarques de la dinastia dels Àustries van regnar durant el segle XVI? I durant el segle XVII?

Vista del monestir d'El Escorial al segle XVII

Carles I (1516-1556)

Felip II (1556-1598)

Felip III (1598-1621)

Felip IV (1621-1665)

Carles II (1665-1700)

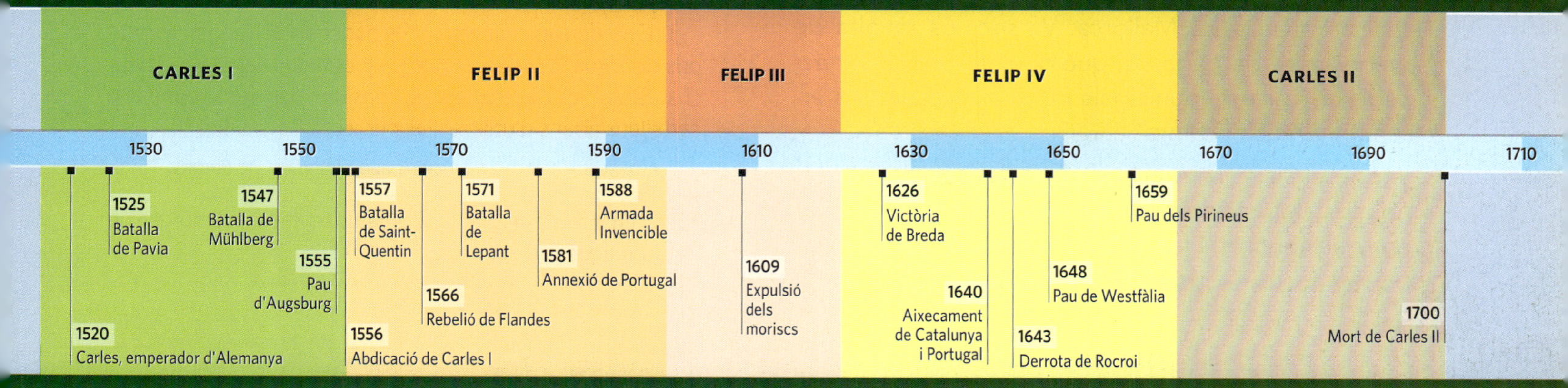

1 L'imperi universal: Carles I (1516-1556)

1.1. Carles I, hereu d'un Imperi

Carles I d'Espanya i V d'Alemanya, fill de Joana de Castella, hereva dels Reis Catòlics, i del príncep alemany Felip d'Habsburg, va rebre una **herència extraordinària**:

- Per **part materna**, Castella, Navarra, la Corona d'Aragó, els territoris italians i les possessions americanes.
- Per **part paterna**, els Països Baixos, Luxemburg i el Franc Comtat. Quan es va morir el seu avi Maximilià I d'Habsburg, va rebre l'arxiducat d'Àustria i el sud d'Alemanya i va heretar el títol d'emperador del Sacre Imperi Romanogermànic (1520).

La magnitud d'aquesta herència originà molts problemes, tant als regnes hispànics, als quals Carles I va dedicar poca atenció, com a la resta de l'Imperi.

1.2. Els problemes interns

Carles I, educat a Flandes, va arribar a la Península el 1517 envoltat de consellers flamencs i no parlava castellà. Les corts li van reclamar que atengués els afers del regne, però el monarca només les convocà perquè necessitava diners per coronar-se emperador.

L'any 1520 va anar a Alemanya enmig d'un malestar cada vegada més gran de la població que va esclatar en diverses revoltes:

- La **revolta de les Comunitats** (1520-1521) va tenir lloc en diverses ciutats de Castella (Toledo, Segòvia, Àvila, Burgos) com a protesta dels hidalgos, els artesans i els comerciants a causa de la política econòmica i la manca de respecte per les lleis del regne.

  El conflicte es va escampar i es van produir **revoltes al camp** de caràcter antisenyorial. L'exèrcit comuner va ser derrotat per les tropes imperials a Villalar (23 d'abril de 1521) i els dirigents principals, Padilla, Bravo i Maldonado, van ser executats.
- Les **Germanies** (1521-1523) van esclatar a la Corona d'Aragó, tot i que els fets més greus es van produir a València i a Mallorca. Va ser una revolta de menestrals i de pagesos, que demanaven poder accedir als càrrecs municipals i que milloressin els arrendaments del camp.

  Van apel·lar al rei perquè els defensés davant els abusos dels poderosos, però Carles I es va aliar amb la noblesa i les tropes reials van esclafar els darrers focus de resistència el 1523.

LA DINASTIA DELS ÀUSTRIES ESPANYOLS

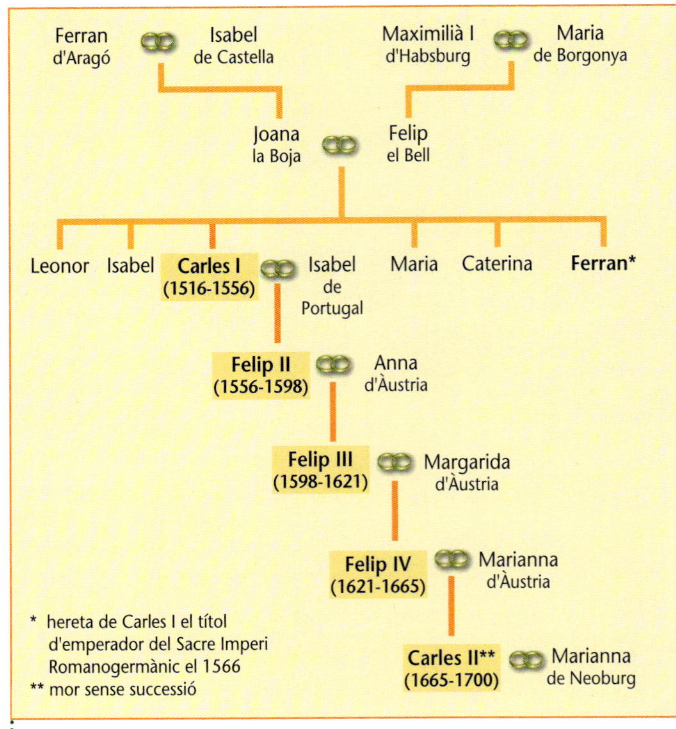

1. Explica de qui era hereu Carles I. Quan va accedir al tron? On va ser educat?

2. Quins Àustries van regnar a Espanya?

@ Amplia a la Xarxa...

Per saber més sobre Europa en temps del rei Carles I, entra a www.tiching.com/71848

- A quin gran imperi es va enfrontar Carles I?

ELS COMUNERS

2. Que, de conformitat amb les lleis i les ordenances del regne i amb els antics costums, Sa Majestat no concedeixi ni ofici ni benefici ni comandament ni pensió ni càrrega als estrangers, sinó tan sols als castellans nascuts i residents al regne [...].

5. Que de cap manera no es pagui als estrangers cap tipus de suma als seus regnes [...]; que Sa Majestat comenci atribuint les càrregues i les pensions dels seus regnes als castellans abans d'utilitzar-les per a qualsevol altre fi.

Peticions dels comuners de Burgos, 1520.

- Qui eren els comuners? Quines demandes plantegen al rei en aquest text?

1.3. Els conflictes a l'exterior

Per defensar l'autoritat imperial i el catolicisme Carles I va mantenir nombroses guerres:

- Es va enfrontar a **França** (1525-1544), la seva gran rival a Europa. Va lluitar moltes vegades contra el monarca francès Francesc I, i el va vèncer a la batalla de **Pavia** (1525).
- Va mantenir un seguit de guerres contra els **turcs** (1529-1541), que amenaçaven la zona del Danubi i del Mediterrani. Per impedir-ne l'expansió, Carles V va decidir ocupar Tunis (1535).
- El conflicte més transcendental el va provocar el suport que una part dels **prínceps alemanys** va donar a la doctrina de **Luter** (luteranisme) i l'enfrontament a l'autoritat política de l'emperador.

  Fins a l'any 1540 Carles I va mantenir una actitud conciliadora, però l'acord amb els prínceps alemanys va ser impossible. Així va començar un seguit de llargues **guerres de religió**.

  Malgrat els èxits militars que havia aconseguit (**Mühlberg**, 1547), l'emperador va haver de reconèixer legalment la religió luterana i concedir la llibertat religiosa als estats alemanys (**Pau d'Augsburg**, 1555).

LES GUERRES CONTRA ELS PROTESTANTS

L'objectiu del meu viatge a Itàlia és obtenir del papa que es reuneixi un concili general a Itàlia o a Alemanya per extirpar les heretgies i reformar l'Església. Juro per Déu, que m'ha creat, i per Jesucrist, que no hi ha res al món que em turmenti tant com la secta i l'heretgia de Luter [...], he de fer tot el que estigui a les meves mans i arriscar tot el que tinc per reformar l'Església i destruir aquest maleït heretge.

Diari de Carles I. Segle XVI.

- De quina preocupació parla el monarca al seu diari? Quin conflicte bèl·lic va provocar? Quin resultat va tenir aquest conflicte?

Carles I a la batalla de Mühlberg, quadre pintat per Ticià el 1548.

L'IMPERI EUROPEU DE CARLES I

3. Digues el nom de totes les possessions europees de Carles I. De qui va heretar cada territori?

4. Consulta el mapa de la conquesta d'Amèrica (tema 9) i digues el nom de les possessions americanes dels Àustries.

SINTETITZA

5. Explica quins problemes es van produir a la Península en època de Carles I.

6. Quins conflictes exteriors es van produir durant el seu regnat? Quin va ser el més important?

2 L'imperi hispànic: Felip II (1556-1598)

L'any 1556, dos anys abans de morir-se, Carles I va abdicar en el seu fill Felip i li va cedir tots els territoris, llevat de les possessions austríaques i del títol imperial alemany, que va lliurar al seu germà Ferran.

2.1. El govern de Felip II

Felip II, fill de Carles I i d'Isabel de Portugal, va regnar sobre un imperi immens en què els dominis americans van arribar a tenir la màxima expansió. Com que no era emperador, va poder governar per als interessos de la monarquia hispànica.

A diferència del seu antecessor, el monarca s'encarregava personalment del govern des de la vila de **Madrid**, que va convertir en capital del regne l'any 1561 i des d'on els Àustries van dirigir des d'aleshores el seu extens imperi. A prop de Madrid hi va fer construir El Escorial, que va acabar sent la seva residència i la seu del govern fins que es va morir.

El poder reial va continuar tenint les atribucions i les institucions de la monarquia autoritària creada pels Reis Catòlics, però el poder del monarca va augmentar i es va accentuar la centralització. Les corts es convocaven molt rarament i totes les decisions emanaven del rei, que per a la seva tasca rebia l'ajut d'un munt de funcionaris (**burocràcia**).

Felip II va ampliar el **sistema de Consells** amb la funció d'assessorar-lo: va crear el Consell d'Estat, el de Guerra i el d'Hisenda i va reestructurar els Consells territorials. També va imposar la figura del corregidor, el representant reial que controlava els municipis.

2.2. La defensa de l'ortodòxia catòlica

Felip II va imposar a la Península l'esperit de la **Contrareforma** i la seva lluita contra el protestantisme. Per això, per evitar-ne la difusió a Espanya, va dictar lleis que prohibien importar llibres i anar a estudiar a l'estranger.

L'existència de molts jueus conversos i moriscos va propiciar encara més la persecució per motius religiosos. Amb aquesta finalitat es va impulsar l'actuació de la **inquisició**, que celebrava processos i actes de fe per jutjar els catòlics que eren sospitosos de qualsevol desviació religiosa. També es va imposar el concepte de "neteja de sang", que impedia exercir càrrecs a tots aquells que tenien avantpassats jueus o musulmans.

Els problemes més greus es van produir arran de la **persecució dels moriscos** granadins, als quals es va prohibir utilitzar la llengua pròpia i els vestits i conservar els costums. Això desencadenà la **insurrecció de Las Alpujarras** el 1568, que va ser sufocada al cap de tres anys de lluita i comportà la dispersió d'uns 80000 moriscos cap a altres zones de la Península.

EL SISTEMA DE CONSELLS

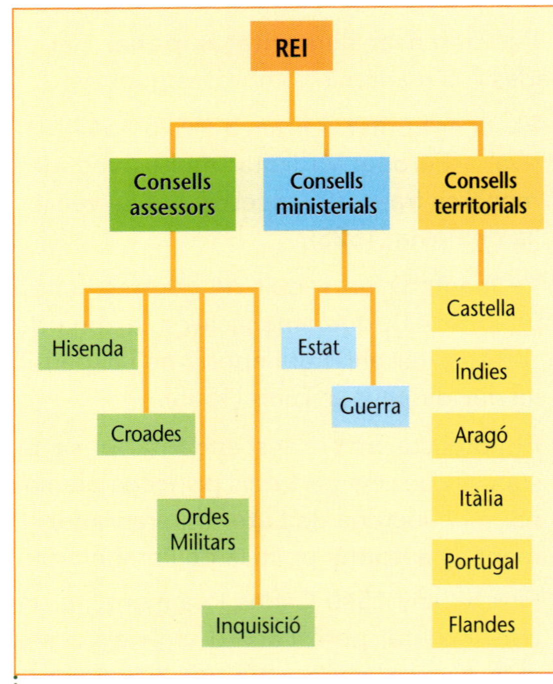

1. Què eren els consells? Quants n'hi havia? Quines funcions feien?

@ Amplia a la Xarxa...

Per saber més sobre els conflictes interns i externs, entra a www.tiching.com/71851

- Esmenta algun episodi representatiu de la política religiosa de Felip II.

LLEI EN DEFENSA DEL CATOLICISME

Que d'ara endavant cap dels nostres súbdits i naturals, eclesiàstics i seglars, frares i clergues, ni ningú no pugui sortir d'aquests Regnes ni anar a estudiar ni ensenyar, ni aprendre, ni estar-se, ni residir, en universitats, ni col·legis fora d'aquests Regnes. [...]

Pragmàtica de Felip II, 1559.

- Què prohibeix el rei amb aquesta llei? Amb quina finalitat?

El rei Felip II quan tenia 24 anys en un retrat de Ticià pintat el 1551.

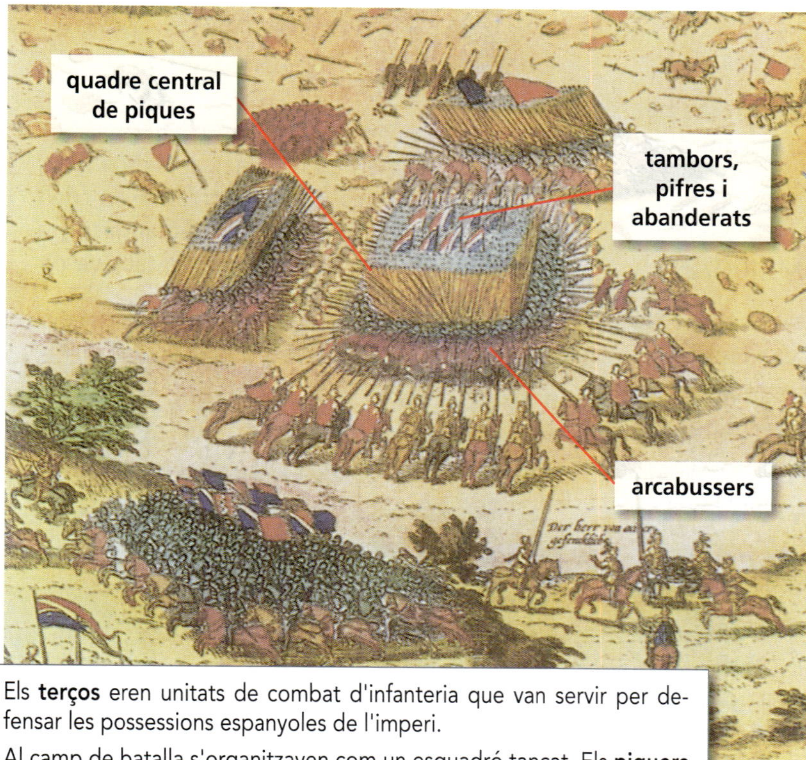

Els **terços** eren unitats de combat d'infanteria que van servir per defensar les possessions espanyoles de l'imperi.

Al camp de batalla s'organitzaven com un esquadró tancat. Els **piquers** formaven una barrera infranquejable darrere la qual es refugiaven els **arcabussers** després d'haver disparat. Els terços solien rebre el suport dels artillers. Es van guanyar la fama d'invencibles gràcies a la seva capacitat estratègica, que combinava les armes blanques amb les de foc.

ELS TERÇOS

2. Qui és el piquer, qui l'arcabusser i qui l'alabarder? Descriu-ne l'armament i l'uniforme.

2.3. Les guerres a Europa

Felip II va lluitar en diversos fronts per mantenir l'hegemonia política i imposar a Europa els principis de la Contrareforma:

- Va continuar la guerra contra els **francesos** i els va derrotar definitivament a la batalla de **Saint-Quentin** (1557).
- Per frenar l'expansió musulmana al Mediterrani va organitzar una gran flota aliada (el papat, Venècia i Espanya) que es va enfrontar als turcs i els va derrotar a la batalla de **Lepant** (1571).
- Contra **Anglaterra**, que emparava els protestants i atacava la flota espanyola que comerciava amb Amèrica, hi va enviar l'**Armada Invencible** (1588), una gran flota que fou destruïda per una tempesta davant la costa anglesa.
- El problema més greu del seu regnat va ser la rebel·lió de **Flandes**, provocada pel descontentament pels alts impostos i pel conflicte religiós que va comportar l'expansió del calvinisme en aquelles terres. El malestar va crear un fort sentiment nacionalista que es va materialitzar en una **insurrecció** (1566), encapçalada per Guillem d'Orange.

  La presència dels **terços** espanyols no va aconseguir de resoldre el problema i, al final, els Països Baixos es van dividir en dues zones: el nord, protestant (Holanda), i el sud, catòlic, sota dependència espanyola.
- L'èxit més gran de Felip II en política exterior va ser l'**annexió de Portugal** (1581), com a conseqüència de la política d'enllaços matrimonials.

La batalla de Lepant segons una pintura del segle XVI.

SINTETITZA

3. Quins territoris formaven part de l'imperi espanyol a l'època de Felip II?

4. Com governava els regnes aquest monarca? Quins llocs va establir com a seu del govern?

5. Explica algun conflicte que es va produir a l'interior de la Península durant el seu regnat. Quines guerres exteriors va fer?

3 Economia i societat hispàniques al segle XVI

Al segle XVI hi va haver una gran demanda de productes per als territoris d'Amèrica, un intens flux comercial i una ingent **arribada d'or i de plata** de les mines americanes.

3.1. L'ECONOMIA DAVANT LA DEMANDA AMERICANA

La demanda de **productes agrícoles** amb prou feines es podia satisfer amb la producció local. Molts pagesos es van endeutar per poder disposar de més terres, però aquestes continuaven en mans de nobles i eclesiàstics dedicades sobretot a la ramaderia.

Aquesta escassetat de productes, juntament amb la gran quantitat d'or i de plata que circulava, va provocar una forta pujada dels preus (**revolució dels preus**) que va fer minvar el poder adquisitiu de les classes populars i en va reduir el nivell de vida.

Pel que fa a la **indústria artesana**, sobretot la tèxtil, també va augmentar la demanda de productes. Però la monarquia va continuar afavorint els exportadors de llana i la indústria tèxtil local es va anar afeblint com a conseqüència de la forta competència estrangera, capaç d'oferir productes de més qualitat a un millor preu.

El **comerç** va ser el sector que va tenir un desenvolupament més gran. Mercaders espanyols i estrangers s'encarregaven de portar productes d'arreu d'Europa i de distribuir els que arribaven d'Amèrica. Aquest flux comercial es va centrar a les ciutats castellanes i als ports de l'Atlàntic, especialment a **Sevilla**, que tenia el **monopoli** dels intercanvis comercials amb Amèrica. Mentrestant, el comerç mediterrani i els ports de la Corona d'Aragó van quedar marginats d'aquesta prosperitat.

HO SABIES?

Per protegir els vaixells mercants espanyols, que anaven a les Índies i en tornaven, dels atacs dels corsaris anglesos i holandesos, a mitjan segle XVI la Corona de Castella va organitzar un **sistema de flotes**.

Van establir que els vaixells havien de navegar, aplegats en flotes, escortats sempre per un vaixell de guerra. Havien de seguir les rutes establertes i trobar-se a l'Havana, ja carregats amb les mercaderies, per tornar plegats al port de Sevilla i ser inspeccionats a la **Casa de Contratación**.

Naus del segle XVI. Detall del retaule de *La Mare de Déu dels Navegants*, Sevilla.

SEVILLA AL SEGLE XVI

Gràcies al monopoli del tràfic comercial i financer amb Amèrica, Sevilla es va convertir, al segle XVI, en una de les ciutats més grans del món.

Els vaixells remuntaven una distància de 100 km pel sinuós riu Guadalquivir fins al port i la zona d'El Arenal, que era un continu anar i venir de mercaders, viatgers i mercaderies.

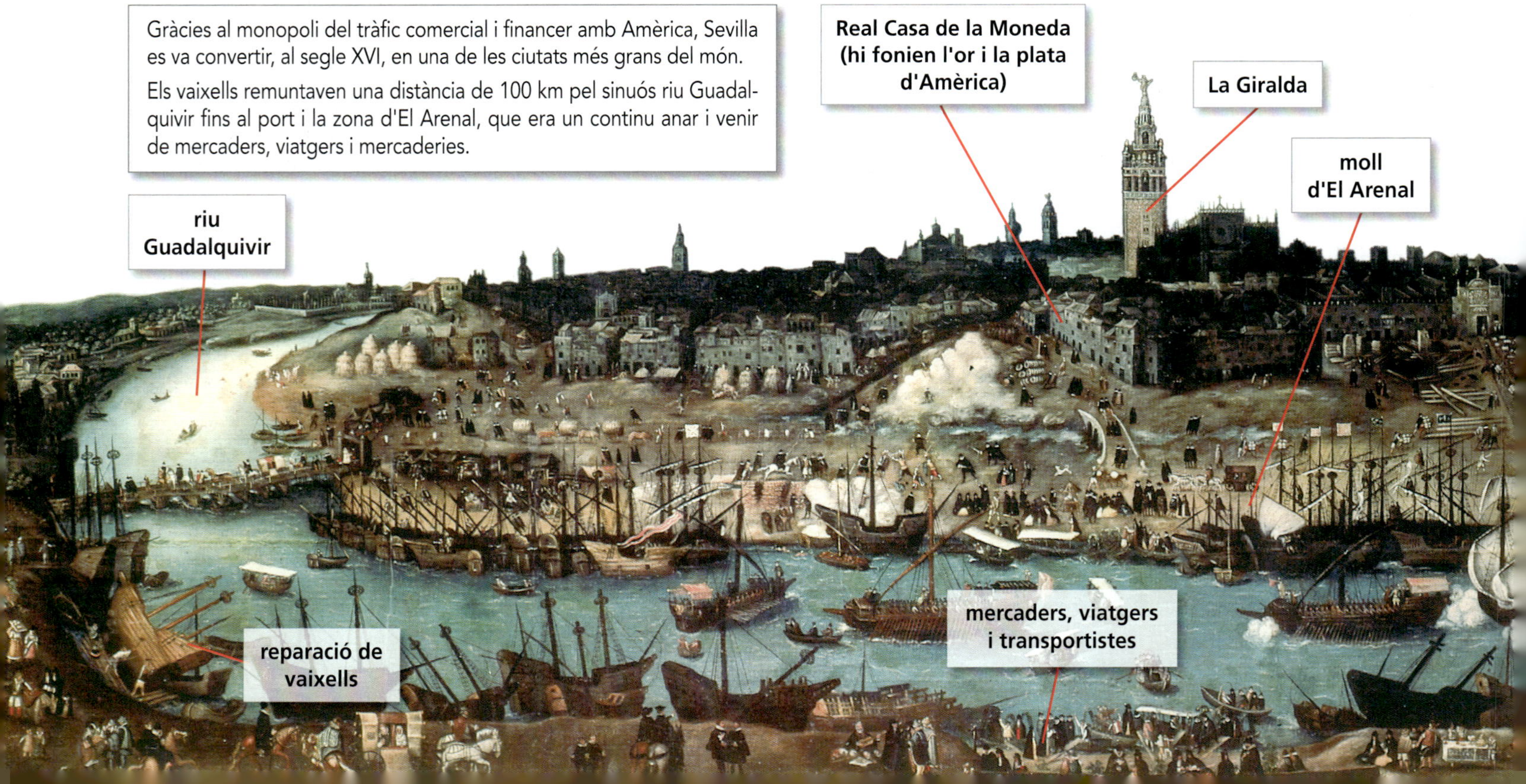

3.2. El creixement demogràfic

Al segle XVI la població dels regnes hispànics va augmentar considerablement, sobretot a Castella. Durant aquest segle el nombre d'habitants va passar de cinc milions a gairebé vuit milions.

La **població urbana** era escassa i hi havia poques ciutats que superessin els cinc mil habitants, tot i que algunes, com Barcelona o València, a la Corona d'Aragó, i Valladolid, Toledo o Sevilla, a la Corona de Castella, arribaren a superar els 30 000 habitants al segle XVI.

La població espanyola el 1591

Territori	Habitants	% del total
Regne de Castella	6 145 000	78
Corona d'Aragó	1 335 000	17
Navarra	150 000	1,9
Territoris bascos	200 000	2,5
Canàries	50 000	0,6
Total	**7 880 000**	**100**

1. Quina població tenia cada regne? Quin era el que tenia un pes demogràfic més gran?

3.3. Una societat estamental

La societat de l'època la dominaven la **noblesa** i el **clero**, que acumulaven un percentatge altíssim de les rendes i de les riqueses del regne i no pagaven impostos.

La noblesa, que era el 5 % de la població, la formaven els grans d'Espanya, una elit amb patrimonis immensos, fins als cavallers i **hidalgos**, amb hisendes molt més modestes. Era habitual comprar títols i accedir a la noblesa gràcies als serveis prestats al rei en l'administració o en l'exèrcit (noblesa de toga i espasa).

Els **no privilegiats**, el 80 % de la població, eren majoritàriament **pagesos** (*pecheros*), que havien de pagar tributs (*pechos*) i tenien moltes obligacions: rendes senyorials, delmes, etc.

Però la situació de la pagesia variava segons el territori. Al nord de Castella hi predominaven agricultors petits i mitjans i a Andalusia eren més nombrosos els pagesos que no disposaven de terres. A Catalunya els pagesos remences havien adquirit un domini perpetu sobre la terra a canvi de pagar un cens fix als senyors (vegeu el tema 8).

Finalment, també hi havia grups diferenciats per la **procedència ètnica o religiosa**. Els moriscos i els jueus conversos van patir sempre una situació de marginació o de persecució i n'hi havia molts que intentaven amagar-ho per por de les represàlies.

@ Amplia a la Xarxa...

Per saber més sobre la societat del segle XVI, entra a www.tiching.com/71858

Un any de males collites podia desencadenar grans mortaldats. Camps a prop de Valladolid, segle XVI.

La crisi de les activitats productives

Un home que treballa s'ha de mantenir, ha de pagar el senyor del domini, ha de pagar les rendes, els delmes al clero, els censos reials, a tots els qui li reclamen alguna cosa [...], la proporció entre la gent que treballa i la que no fa res és d'un a trenta. [...] A causa dels impostos (censos) es perd el pagès, es corromp el noble, el cavaller es desanima, el gran s'humilia i el regne en pateix.

Memorial de Martín González de Cellorigo, 1600.

- A quines obligacions estava sotmesa la pagesia? De quina manera aquesta situació de sotmetiment va contribuir a frenar l'activitat econòmica?

Sintetitza

2. Quin fet significatiu va marcar l'economia dels regnes hispànics al segle XVI? Com va influir sobre el desenvolupament de l'economia peninsular?

3. Què va ser la revolució dels preus?

4. Per què diem que la societat del segle XVI es basava en el predomini nobiliari? Explica quina era la situació en què es trobaven els altres grups socials.

DESCOBREIX

LA VIDA QUOTIDIANA A L'ÈPOCA DELS ÀUSTRIES

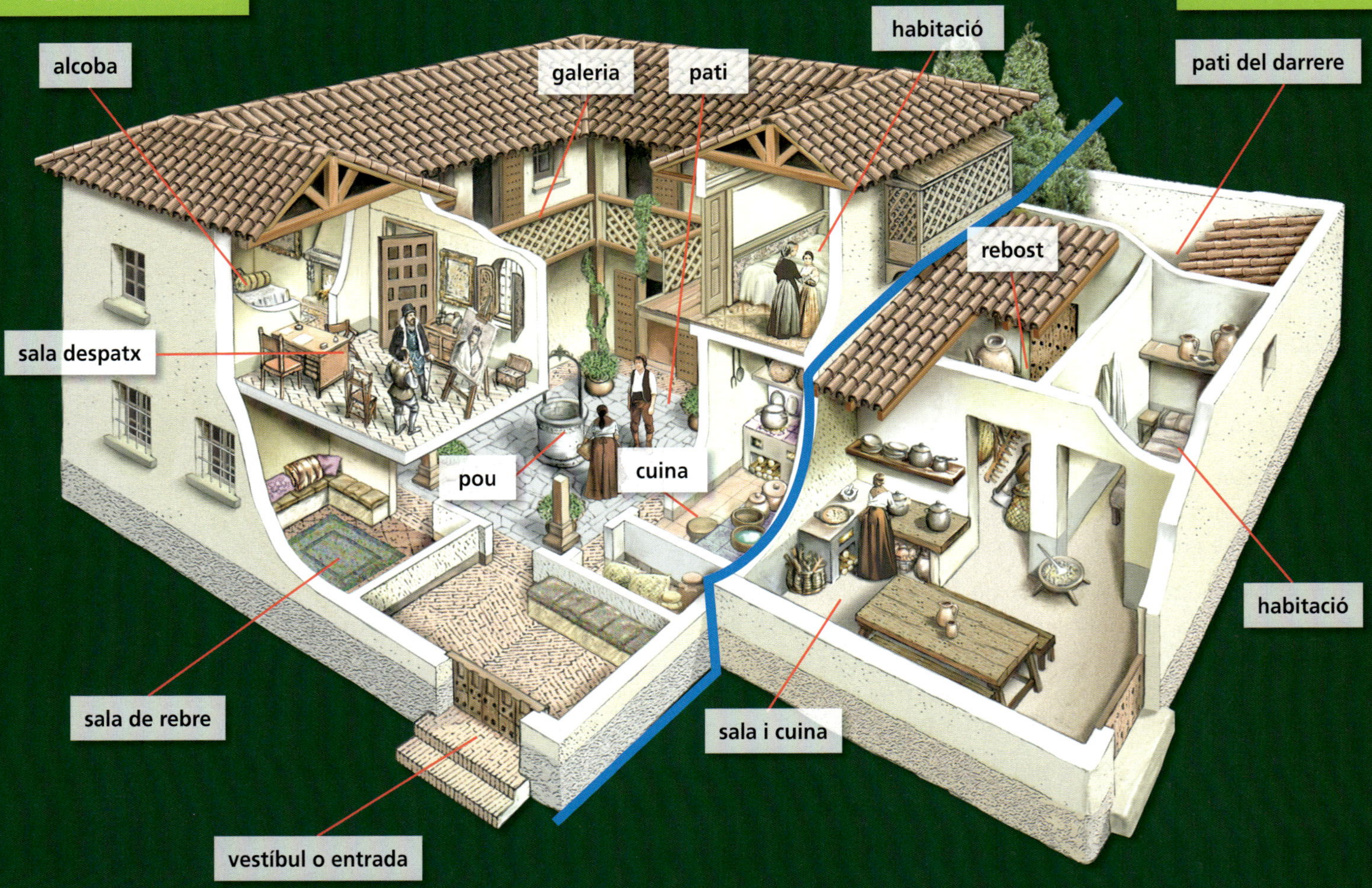

L'habitatge

Excepte els nobles, que vivien en palaus, la resta de **grups acomodats** (burgesos i pagesos rics) vivien en cases de pedra o de maçoneria, amb àmplies façanes, portes ornamentals i reixes de forja a les finestres. A l'interior hi solia haver grans sales per rebre els convidats, habitacions per a la vida familiar i dormitoris. El mobiliari no era gaire abundant, però les parets se solien cobrir amb tapissos per tal d'aïllar-se del fred. També hi havia estables per als cavalls i els carruatges i dependències agrícoles a les cases de pagès.

La **població humil** vivia en cases molt més senzilles, amb una cambra que era lloc de reunió, cuina i sala, i, amb sort, alguna habitació petita per dormir-hi. De vegades només eren casalots senzills de tova o de palla i terra.

Els habitatges dels segles XVI i XVII no tenien aigua corrent, ni serveis sanitaris, ni desguassos, i s'il·luminaven amb espelmes i llums d'oli.

L'alimentació

La dieta d'aquesta època era molt semblant a la dels segles precedents, i continuava havent-hi grans diferències entre rics i pobres. Gràcies al descobriment d'Amèrica van arribar productes que es van anar incorporant als costums hispànics. Per exemple, es van popularitzar el **cacau** i el **sucre**, i barrejant-los en va sortir la **xocolata**; i es van començar a introduir el **tabac**, el **cafè** i fruites i hortalisses, com les **patates**, els **tomàquets**, els **pebrots**, etc.

Vella fent ous ferrats, pintura de Diego Velázquez, 1618.

L'oci: teatre i festes populars

Des del segle XV era corrent que es fessin **representacions teatrals** sobre temes religiosos en entarimats col·locats a la plaça de davant de l'església. Aquestes representacions es van convertir en una de les activitats d'oci preferides per tots els grups socials. A les viles més importants es podien fer les funcions en espais més estables (patis de veïns, hostals). Més endavant es van construir instal·lacions fixes: els **corrals de comèdies**.

A més del teatre, homes, dones i infants, tant si eren pagesos com nobles, esperaven amb impaciència la celebració de les festes patronals o de qualsevol altra mena: litúrgiques, relacionades amb les victòries militars, amb la família reial... Era el moment dels **correbous**, dels **balls** i de l'arribada de saltimbanquis, que feien **jocs** i **malabarismes**.

Gravat del segle XVII que mostra la Plaza Mayor de Madrid habilitada com a plaça de bous.

1. **Fixa't en el dibuix dels habitatges. Descriu-ne les dependències i el tipus de mobiliari i compara'ls.**

2. **Quins productes alimentaris van arribar d'Amèrica?**

3. **Descriu el corral de comèdies. Quin famós corral de comèdies del segle XVI s'ha conservat a Espanya?**

Les representacions teatrals començaven a primera hora de la tarda, s'allargaven de quatre a sis hores i era freqüent menjar durant l'espectacle. Homes i dones veien les funcions separats. Es pagava una entrada i la companyia es quedava aproximadament el 20 % de la recaptació.

CORRAL DE COMÈDIES

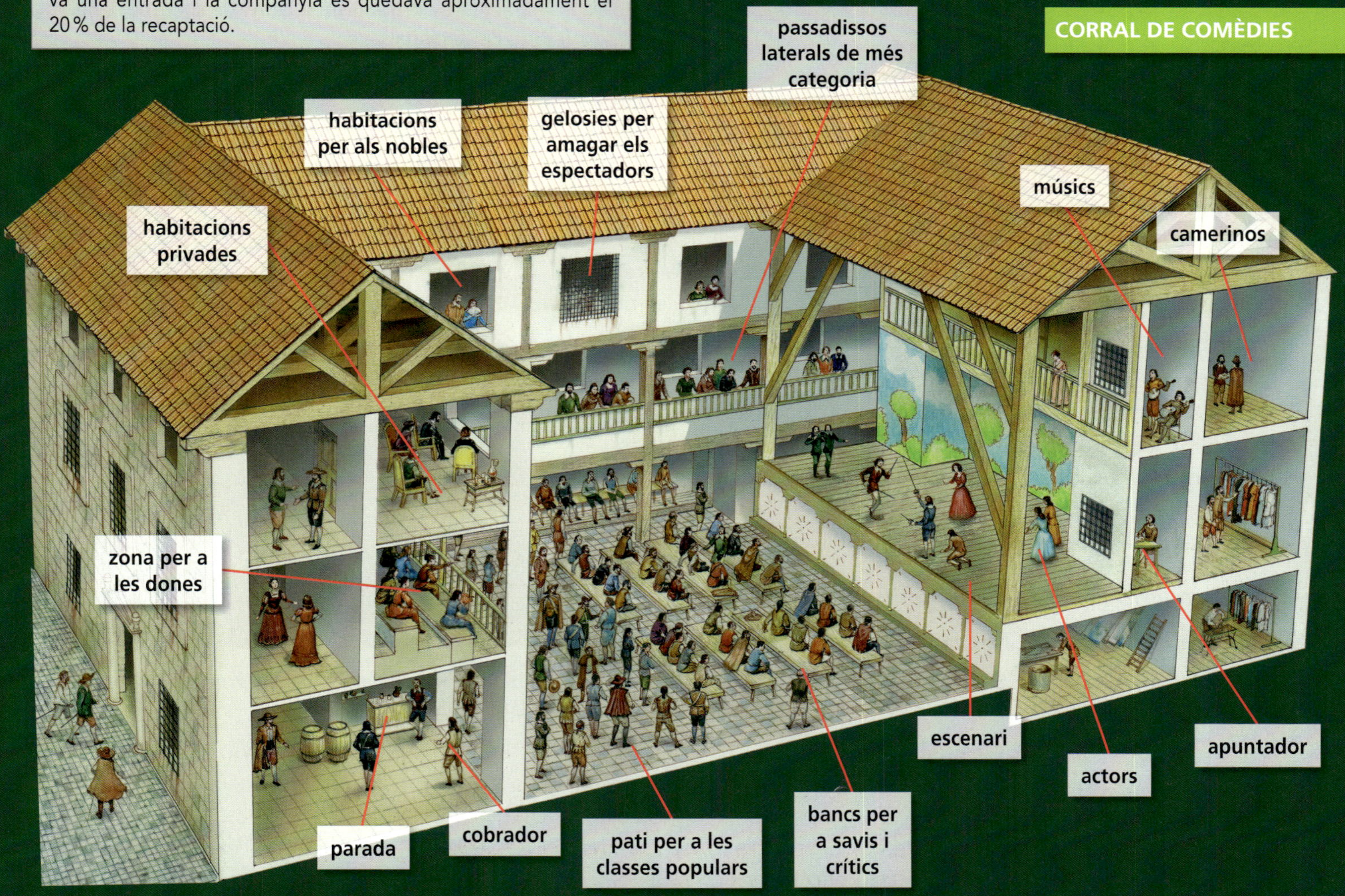

4 El segle XVII: el declivi de l'imperi

4.1. Felip III: el govern dels privats

Felip III (1598-1621), fill i successor de Felip II, va inaugurar una nova etapa política dels Àustries espanyols. Tant ell com els seus successors van renunciar a exercir personalment les tasques de govern, que van passar a mans de ministres omnipotents, els **validos** o privats.

Felip III va tenir un regnat breu i, en general, pacífic. Lliurà el govern al **duc de Lerma**, que va propiciar la signatura de la Treva dels Dotze Anys (1609), que reconeixia de fet la independència del nord dels Països Baixos, més tard anomenats Províncies Unides d'Holanda.

A l'interior el fet més rellevant va ser l'**expulsió dels moriscos** (1609), la majoria dels quals treballaven al camp. Primer van ser deportats els moriscos del Regne de València, els més nombrosos, i els de la Corona de Castella, i l'any 1610, els d'Aragó i Catalunya.

Una parella de moriscos segons un gravat del segle XVI. Van acusar els moriscos de continuar practicant la fe islàmica i les seves tradicions en secret.

Ho sabies?

Les atribucions enormes dels **privats** els convertien en veritables substituts del rei. Amb el govern dels privats es va fer habitual que els càrrecs d'administració de l'Estat i els honors (càrrecs eclesiàstics, encomiendas, etc.) es venguessin a canvi de sucosos beneficis personals.

4.2. Felip IV: la fi de l'hegemonia a Europa

El regnat de Felip IV (1621-1665) va coincidir amb l'esclat de la **Guerra dels Trenta Anys**, que va ser, alhora, un conflicte religiós i una pugna per l'hegemonia europea.

La Guerra dels Trenta Anys (1618-1648)

Aquesta guerra va enfrontar els prínceps alemanys protestants amb l'emperador austríac, de religió catòlica, que va tenir el suport de la monarquia espanyola.

El **comte duc d'Olivares**, privat del rei, era partidari de la guerra per mantenir l'hegemonia dels Habsburg a Europa i frenar el protagonisme de França. Els prínceps alemanys van rebre el suport de França, Suècia, Dinamarca, Anglaterra i el nord dels Països Baixos.

Després d'una primera fase en què els Habsburg semblaven imposar-se (**Breda**, 1626), ben aviat van arribar les derrotes (**Rocroi**, 1643). La guerra entre la majoria dels contendents es va acabar amb la **Pau de Westfàlia** (1648), que va reconèixer la independència del nord dels Països Baixos per part de la monarquia hispànica i va fer palès el declivi de l'imperi dels Àustries.

La guerra amb França (1648-1659)

Després de la Pau de Westfàlia la guerra entre la monarquia hispànica i França per l'hegemonia europea va continuar. Al cap de deu anys de guerra França, aliada amb Anglaterra, va vèncer les tropes espanyoles a la batalla de Las Dunas (1658).

El 1659 es va signar la **Pau dels Pirineus**, per la qual es van lliurar als francesos el Rosselló i una part de la Cerdanya. Aquest tractat també estipulava les noces entre Lluís XIV de França i Maria Teresa d'Àustria, filla de Felip IV.

Les llances o *La rendició de Breda*, quadre pintat per Velázquez cap al 1635.

@ Amplia a la Xarxa...

Per saber més sobre *La rendició de Breda*, entra a www.tiching.com/80557

L'IMPERI EUROPEU DELS ÀUSTRIES (SEGLES XVI-XVII)

1. Quins territoris va perdre la corona hispànica a mitjan segle XVII?

2. Compara l'imperi de Carles I, el de Felip II i el de Felip IV (el 1648).

Les revoltes del 1640

La guerra contra la coalició europea va comportar unes despeses ingents de recursos econòmics i va empobrir Castella. Olivares va intentar reclutar homes i impostos a la resta de territoris hispànics (Unión de Armas), però les seves exigències van acabar provocant l'**aixecament** d'Andalusia, de Catalunya i de Portugal el 1640.

A **Andalusia** la revolta va ser sufocada ràpidament, però a **Catalunya** les autoritats van demanar ajuda a França. La insurrecció armada es va allargar fins al 1652, en què les tropes de Felip IV, que havien assetjat la ciutat de Barcelona, es van imposar a les tropes francocatalanes (vegeu el tema 12).

A **Portugal** l'aixecament del 1640 va derivar en un moviment impulsat per les classes dirigents, que van exigir la independència i van proclamar rei el duc de Bragança (Joan IV). Amb el suport de França i d'Anglaterra, Portugal es va separar definitivament de la Corona hispànica el 1665.

LA POLÍTICA D'OLIVARES

Vostra Majestat ha de considerar que el negoci més important de la seva monarquia és fer-se rei d'Espanya; [...] que no s'ha d'acontentar Vostra Majestat de ser rei de Portugal, d'Aragó, de València, comte de Barcelona, sinó que ha de treballar i pensar [...] a reduir aquests regnes que formen Espanya a l'estil i a les lleis de Castella sense cap diferència, que si V. M. ho aconsegueix serà el príncep més poderós del món.

Memorial del comte duc d'Olivares, 1624.

- Què és el que proposa Olivares a Felip IV? Amb quina finalitat?

Felip IV (a l'esquerra) i el seu privat o *valido*, el comte duc d'Olivares, pintats per Velázquez el 1632.

4.3. Carles II: la fi dels Àustries

El regnat del darrer Àustria, Carles II (1665-1700), va constituir el moment més crític de l'imperi. Es van ajuntar la incapacitat mateixa del rei, la corrupció dels privats, la greu crisi econòmica i la pèrdua de tot el pes polític d'Espanya en l'escena internacional.

Carles II es va morir sense descendència, cosa que va provocar un greu **conflicte successori** entre els partidaris del candidat francès (Felip de Borbó) i els de l'austríac (Carles d'Àustria). L'ascens de Felip de Borbó, que era nét de Felip XIV i de Maria Teresa d'Àustria, va significar el final de la dinastia dels Habsburg al tron hispànic.

SINTETITZA

3. Quins monarques van ocupar el tron durant el segle XVII? Com van governar?

4. En què va consistir la Guerra dels Trenta Anys? Quines conseqüències va tenir per a l'imperi dels Àustries?

5. Quins fets van desencadenar la crisi del 1640? Com es va acabar?

6. Per què es va acabar la dinastia dels Habsburg a Espanya? Quin monarca els va succeir?

5 La crisi econòmica i social del segle XVII

Les circumstàncies favorables propiciades per l'imperi americà al segle XVI podrien haver millorat les condicions econòmiques i socials de la població, però no va ser així i la crisi del segle XVII va afectar profundament els regnes hispànics.

5.1. La crisi demogràfica

El segle XVII es va caracteritzar per una forta recessió demogràfica, general arreu d'Europa, però amb una gravetat especial als regnes hispànics, on la **població** va registrar un **retrocés** important.

Les causes principals van ser el flux migratori cap al nou continent, les baixes produïdes per les guerres, l'expulsió dels moriscos i les pestes i epidèmies que van assolar el país entre el 1601 i el 1685.

5.2. La crisi econòmica

L'expulsió dels moriscos va agreujar els **problemes del camp**, especialment al regne de València, a Aragó i a Andalusia. La fam, la guerra i les epidèmies van provocar la despoblació, mentre que van pujar els impostos. Molts pagesos van abandonar la terra per anar-se'n a la ciutat i, sovint, hi malvivien com a **pícaros** o mendicants.

També es va reduir el nombre de caps de **bestiar** a causa de la sequera de les pastures i de la destrucció provocada pels diversos conflictes peninsulars, com les revoltes del 1640.

La **indústria** i el **comerç** van passar una crisi profunda, provocada per diverses causes: la competència dels productes estrangers; la pèrdua de territoris i, per tant, de mercats; la **quantitat d'impostos** que gravaven els intercanvis i l'escassa capacitat de compra d'una població cada vegada més arruïnada.

A més, hi va haver un **descens de la demanda** de productes d'Amèrica, perquè les colònies ja eren capaces d'autoabastar-se.

Les **finances públiques** també es van deteriorar greument a causa de l'augment de les despeses de la Cort i de les guerres constants. Des de Felip II la monarquia va haver de demanar préstecs importants als banquers estrangers, però la situació es va fer insostenible quan es va reduir dràsticament l'arribada d'or i de plata americans a causa de l'**exhauriment de moltes mines**.

Ni l'augment dels impostos ni les devaluacions constants de la moneda no van poder salvar la Hisenda Reial, que es va declarar en **fallida** diverses vegades.

LA POBLACIÓ EUROPEA (1500-1700)

Territori	1500	1600	1700
Castella	7000000	8300000	7000000
França	16400000	18500000	20000000
Anglaterra	4400000	6800000	9300000
Alemanya	12000000	15000000	15000000
Itàlia	10500000	13300000	13300000

1. Compara l'evolució de la població als territoris europeus. Per què a Castella la situació era diferent?

Ho sabies?

A partir de la tardor del 1609, després de l'ordre d'expulsió dictada per Felip III, van sortir dels regnes hispànics més de 270000 moriscos, un 4% de la població total, i la majoria es van instal·lar a la costa magribina.

L'**expulsió dels moriscos** va afectar tots els sectors econòmics i va representar un fort empobriment dels regnes hispànics: milers d'hectàrees conreades van esdevenir ermes, molts pobles van quedar abandonats i es van perdre alguns oficis que havien de fer artesans especialitzats.

Un pagès morisc segons un gravat del segle XVI.

LA RUÏNA DEL REGNE

Pel que fa a l'estat d'aquest regne, no m'hauria pogut imaginar mai que arribaria a veure'l com està ara, perquè el poble comença a decaure i els que encara aguanten [...] estan descoratjats. No tenen cap home capaç de comandar un exèrcit. Les rendes del rei, com que es cobren en monedes de coure, disminueixen una tercera part quan s'han de convertir en plata. [...]. Aquí la justícia ja està extingida del tot i el poble gairebé es desespera [...]. Aquesta monarquia està en perill d'arruïnar-se totalment.

Carta de l'ambaixador d'Anglaterra, 1640.

- Quina descripció fa l'ambaixador de la situació de la monarquia hispànica?

Aquest quadre anònim del segle XVII mostra l'impacte de la pesta del 1649 a la ciutat de Sevilla.

5.3. Els problemes socials

La greu crisi econòmica del segle XVII va fer evident la forta divisió de la societat als regnes hispànics i una mentalitat incapaç d'impulsar una economia productiva i de rendibilitzar la riquesa.

La riquesa que provenia d'Amèrica, en lloc d'utilitzar-la per estimular les activitats agrícoles i manufactureres, es va utilitzar per finançar sobretot les guerres de religió i per enriquir la noblesa, que va invertir els capitals en la compra de terres i d'hisendes i en despeses sumptuàries.

D'aquesta manera es va consolidar un **model social rendista** en què s'aspirava a viure de renda o a enriquir-se a les colònies americanes. La feina es considerava una activitat plebea que no donava cap prestigi social.

Davant d'uns pocs privilegiats, hi havia una enorme massa de població sense recursos. Els **pagesos** que havien perdut les terres i els **menestrals** i els **comerciants** s'havien empobrit a causa de la pujada d'impostos, la competència estrangera i la pèrdua de mercats a Europa.

Només els territoris perifèrics, especialment la **Corona d'Aragó**, marginats de l'aventura americana, no van notar la crisi amb tanta intensitat. Amb menys pressió fiscal i una moneda més estable, van reorientar la producció i el comerç creant companyies comercials i instal·lant empreses de manufactures, sobretot tèxtils.

La crisi econòmica va repercutir especialment sobre els més pobres. Als carrers de les ciutats hi malvivia una gran població de marginats (*pícaros*, rodamons, mendicants...).

SINTETITZA

2. Indica quines van ser les causes principals de la crisi econòmica i social del segle XVII.

3. Per què es va reduir l'activitat comercial amb les colònies americanes durant el segle XVII?

4. Per què la Corona d'Aragó va ser menys vulnerable a la crisi del segle XVII?

Practica competències bàsiques

1. Completa el mapa conceptual

Copia el mapa conceptual al quadern i completa'l:

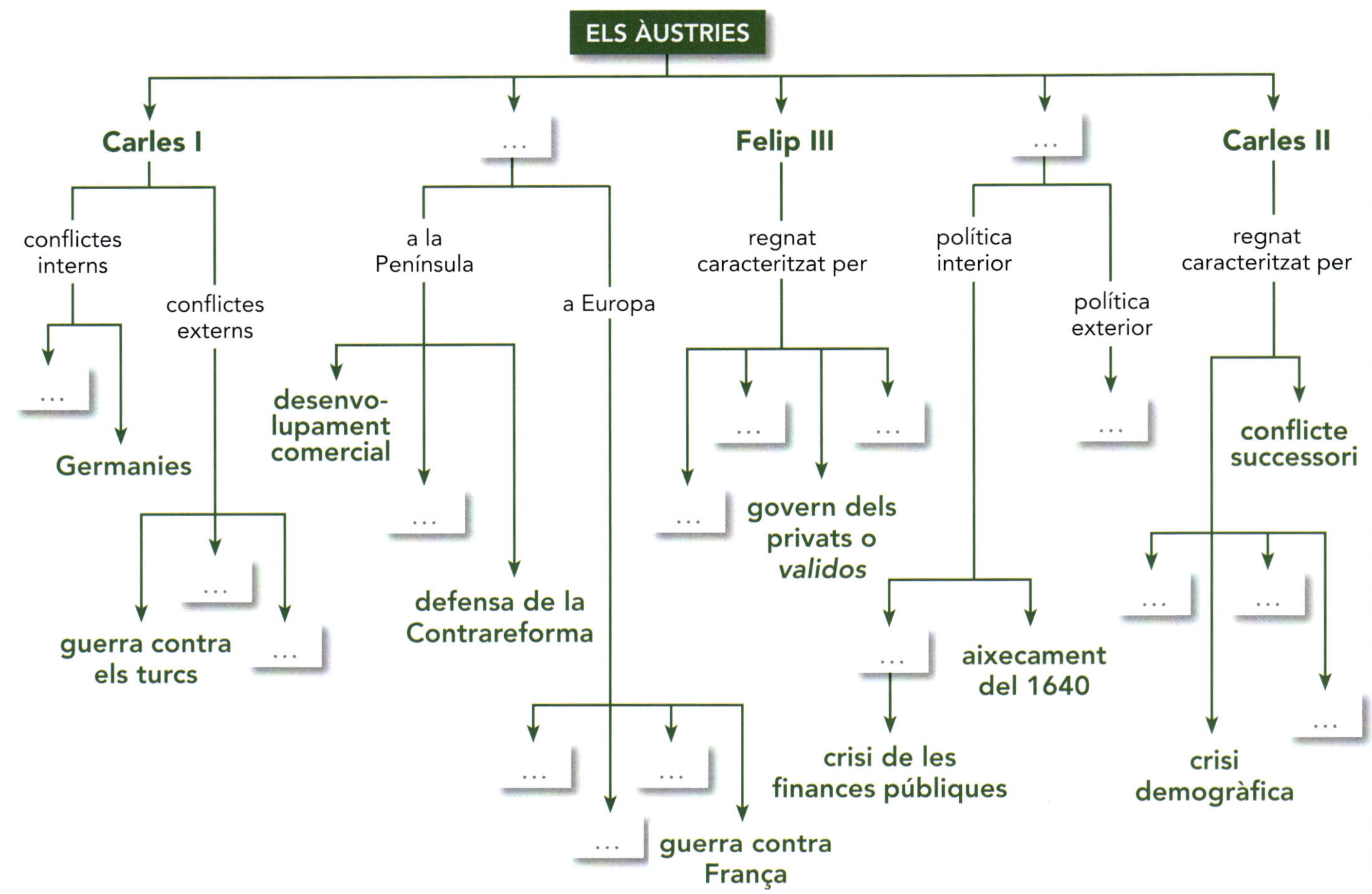

2. Sintetitza

1. Quina herència va rebre el rei Carles I? Quins van ser els conflictes més importants durant el seu regnat?
2. Explica les característiques del govern de Felip II i els objectius del seu regnat.
3. Digues el nom dels monarques del segle XVIII i resumeix l'acció de govern de cadascun.
4. Explica les característiques de la societat i de l'economia del segle XVI.
5. Quines van ser les causes de la decadència de l'imperi dels Àustries durant el segle XVII?

3. Defineix conceptes

- inquisició
- corral de comèdies
- *hidalgo*
- terços
- privat (valido)
- Armada Invencible
- Germanies
- comuners

4. Estableix la cronologia

a) Elabora al quadern un eix cronològic sobre l'època dels Àustries. Divideix l'eix per regnats:

Regnat de Carles I | Regnat de Felip II | Regnat de Felip III | Regnat de Felip IV | Regnat de Carles II

b) Situa-hi aquests esdeveniments: Revolta de les Comunitats, Germanies, Pau d'Augsburg, Armada Invencible, Expulsió dels moriscos, Aixecaments a Catalunya i a Portugal i Pau dels Pirineus.

5. Aprèn a analitzar un gràfic

Aquest gràfic mostra l'or i la plata que arribaren a Espanya a partir del 1530 i l'evolució dels preus en aquest mateix període. Per analitzar el gràfic pots seguir aquests punts:

a) Descripció de les variables

- Quines dues variables presenta el gràfic? Amb quina unitat es mesura cadascuna?
- A quin període fan referència les dades del gràfic?
- A quina època van arribar a Espanya més metalls preciosos (or i plata)? Quan en va començar el retrocés?
- Quina evolució van seguir els preus en aquest mateix període?

b) Anàlisi i comparació

- Compara l'arribada de metalls preciosos i la corba de preus. Quines similituds hi trobes?
- Quina penses que va ser la causa de l'augment dels preus? Relaciona totes dues corbes i treu-ne alguna conclusió.

c) Interpretació de les dades

- D'on provenien l'or i la plata que arribaven a Espanya? Com es repartien aquestes riqueses?
- Digues en què es van utilitzar la majoria d'aquestes riqueses.

L'OR I LA PLATA AMERICANS I LA REVOLUCIÓ DELS PREUS

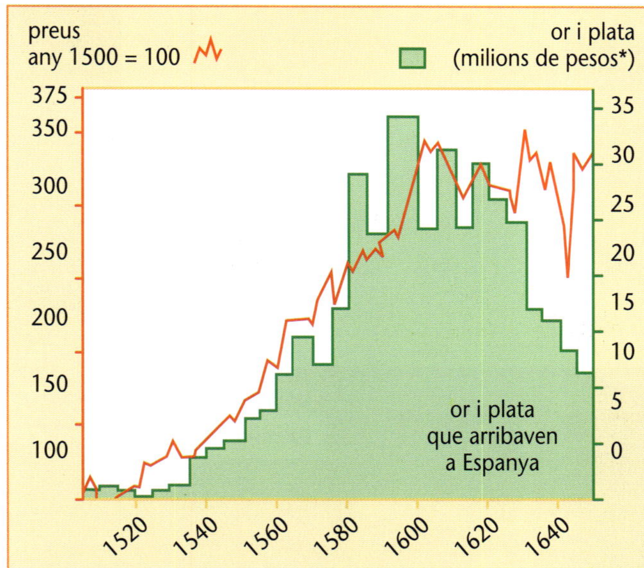

* Un peso = 28 g de plata

d) Context històric

- Relaciona l'arribada d'or i de plata i l'alça de preus amb les causes de l'esplendor i de la decadència de l'imperi espanyol als segles XVI i XVII.
- Quins reis van governar als segles XVI i XVII?

6. Comenta el text

El nombre de moros que s'han revoltat a Granada s'ha multiplicat i [...] han cremat esglésies, han assassinat sacerdots i cristians vells [...]. La causa és que han estat retirades algunes prebendes que fins avui els eren concedides, és a dir: la llengua i la indumentària morisca, rentar-se en determinats banys, fer diversos tipus de danses, festes i rituals propis de la llei de Mahoma, coses que Sa Majestat ha decidit prohibir-los, perquè realment, si bé estan batejats, pel que fa a la fe encara són més moros que els que viuen a Àfrica.

Carta del nunci apostòlic sobre la insurrecció morisca de Las Alpujarras, 1568.

a) A quines causes atribueix el text la rebel·lió dels moriscos?

b) A quin regnat va tenir lloc aquesta rebel·lió? A què responia la política de la monarquia contra els moriscos?

c) Explica com es va desenvolupar el conflicte i de quina manera es va acabar.

d) Quines van ser les conseqüències econòmiques que comportà l'expulsió dels moriscos tenint en compte que es dedicaven a l'agricultura?

7. Compara els termes

Explica els termes següents i compara'ls:

- Rebel·lió de les Germanies / Aixecament de Las Alpujarras
- Pau d'Augsburg / Pau de Westfàlia
- Armada Invencible / Terços de Flandes

Activitats@web

www.vicensvivesdigital.com/activitatsweb

- **Completa.** Conflictes interns i externs
- **Selecciona.** Les polítiques de Felip II
- **Tria.** L'economia del segle XVI
- **Veritable/fals.** Societat i vida quotidiana
- **Ordena.** El declivi dels Àustries
- **Relaciona.** La crisi del segle XVII

11

Família pagesa

Port d'Amsterdam

L'EUROPA DEL BARROC

El segle XVII a Europa va ser una època de crisi i de transformacions econòmiques. Així, durant aquesta centúria es van produir crisis agràries i epidèmies que van dificultar el creixement de la població. Però, alhora, també es van desenvolupar el comerç marítim i la producció de manufactures, que van fer augmentar la influència i el poder de la burgesia.

En l'esfera política, es va posar fi a l'hegemonia europea de l'Imperi Hispànic dels Habsburg i es va iniciar el poder de les **monarquies absolutes**, sobretot a la França de Lluís XIV.

En el camp científic, es va produir una ruptura amb la concepció medieval del món, que va obrir les portes a la **ciència moderna**.

En el camp artístic, el triomf d'una nova estètica, la del **Barroc**, va superar el classicisme renaixentista.

- Fixa't en l'eix cronològic i esmenta els esdeveniments més rellevants des del punt de vista polític, econòmic i cultural.
- Fixa't en el mapa. Quina va ser la zona d'origen de l'art barroc? Per on es va expandir? Quines zones van tenir més importància?
- Fixa't en la il·lustració del port d'Amsterdam. Quin aspecte econòmic del segle XVII reflecteix?

Galeria dels Miralls del Palau de Versalles (1678-1684)

GUERRA DELS TRENTA ANYS

REGNAT DE LLUÍS XIV DE FRANÇA

600 · 1610 · 1620 · 1630 · 1640 · 1650 · 1660 · 1670 · 1680 · 1690 · 1700

1600 Companyia Anglesa de les Índies Orientals

1602 Companyia Holandesa de les Índies Orientals

1612 *Davallament de la Creu* (Rubens)

1632 Teoria heliocèntrica (Galileu)

1637 *Discurs del Mètode* (Descartes)

1642 *La ronda de nit* (Rembrandt)

1648 Pau de Westfàlia

1656 *Las Meninas* (Velázquez)

1659 Pau dels Pirineus

1661 Govern absolutista de Lluís XIV de França

1667 Columnata i plaça de Sant Pere del Vaticà (Bernini)

1682 Trasllat de la cort francesa a Versalles

1689 Declaració de drets pel Parlament anglès

1696 *Retaule de Sant Esteve* a Salamanca (Xoriguera)

1 Crisi i transformació de l'economia

Al llarg del segle XVII, el conjunt d'Europa va viure una època de crisi econòmica, però també de transformacions importants. La crisi va afectar, sobretot, països com ara Espanya, Itàlia i Portugal, mentre que Holanda i Anglaterra van promoure canvis econòmics basats en la renovació de l'agricultura i del comerç marítim.

1.1. L'estancament demogràfic i agrícola

La població d'Europa va tenir un creixement molt baix durant la centúria, a causa de l'alta mortalitat ocasionada per la Guerra dels Trenta Anys (1618-1648) i per l'expansió pel continent europeu d'una epidèmia de pesta bubònica.

En general, la producció agrària es va estancar a causa de les guerres i de la falta de mà d'obra agrícola. Però el problema més important era la productivitat baixa, com a conseqüència d'uns sistemes de conreu molt rudimentaris. Aquest **creixement agrari escàs** va provocar l'alça de preus i la successió de períodes freqüents de fam, que van fer que les epidèmies fossin més terribles.

No obstant això, a **Holanda** i a **Anglaterra** es va iniciar una renovació important de l'agricultura que va aconseguir augmentar considerablement la producció, gràcies a l'aplicació de nous sistemes de rotació de conreus i de selecció de llavors. Aquestes millores van assentar les bases d'un **creixement econòmic** important que es va consolidar amb la Revolució Industrial del segle XVIII.

L'ECONOMIA D'EUROPA AL SEGLE XVII

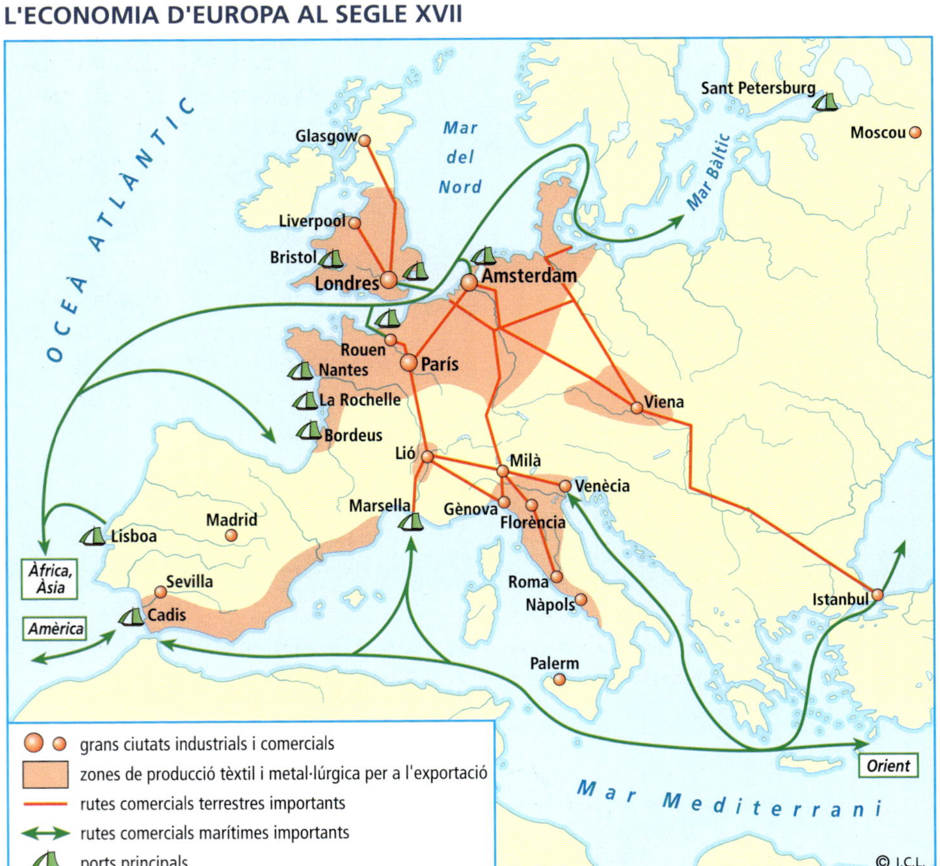

L'EVOLUCIÓ DE LA POBLACIÓ

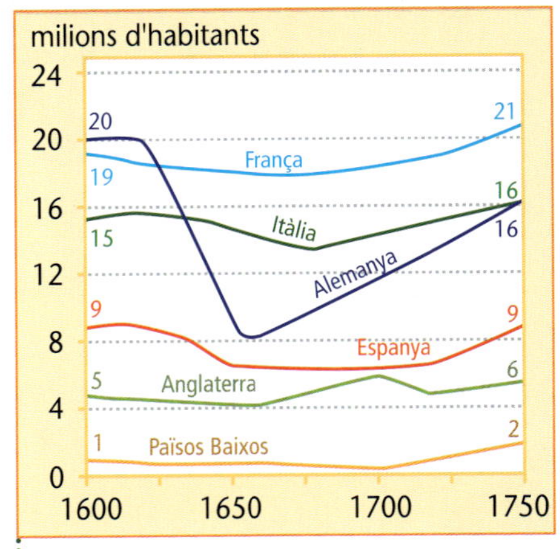

1. Quines característiques presentava la població europea durant el segle XVII?

Ho sabies?

El 1649 es va produir una epidèmia de **pesta bubònica** procedent d'Àfrica, que a Espanya es va estendre per Andalusia, Múrcia, València, Aragó i Catalunya. Només a la ciutat de Sevilla van morir unes 60000 persones.

Al llarg del segle XVII, les àrees més influents i dinàmiques d'Europa es van desplaçar del Mediterrani al nord d'Europa.

2. Quines eren les principals rutes comercials terrestres europees? I les marítimes?

3. Digues quines eren les zones i les ciutats de més importància industrial i comercial.

UN GALIÓ

El galió era el vaixell de comerç principal de les nacions europees. Era un vaixell sòlid, una mica feixuc perquè estava fortament armat amb canons.

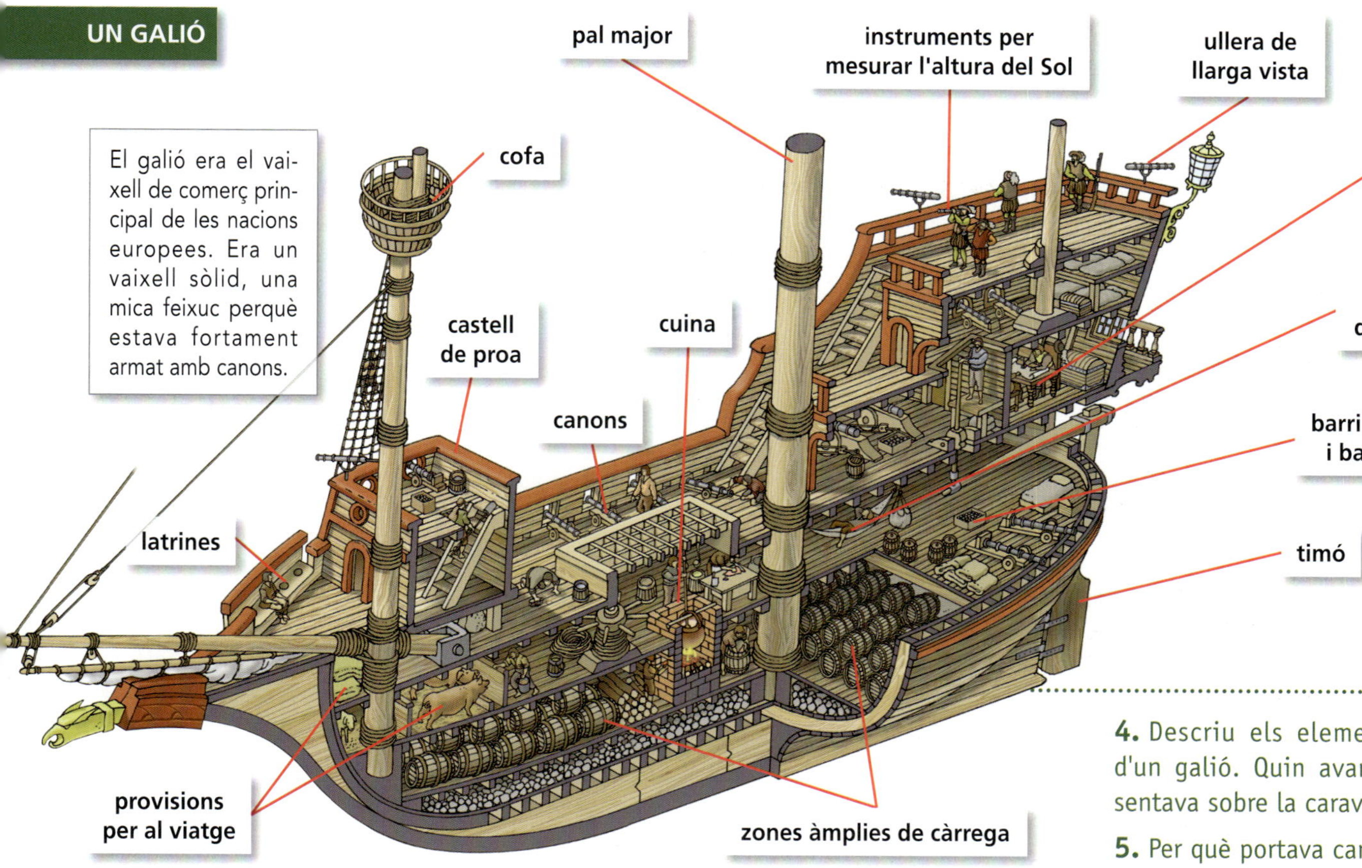

4. Descriu els elements bàsics d'un galió. Quin avantatge presentava sobre la caravel·la?

5. Per què portava canons?

1.2. La renovació del comerç

Durant el segle XVII es van consolidar les rutes marítimes iniciades durant el segle anterior, però les antigues potències comercials, com ara Espanya, Portugal, Itàlia i la Hansa (associació de ciutats del nord d'Alemanya i del mar Bàltic) van entrar en crisi, i el domini del comerç mundial va passar als Països Baixos i a Anglaterra. En aquest procés, el Mediterrani va anar perdent importància, i van créixer els **ports atlàntics** de Sevilla, Lisboa, Anvers, Amsterdam i Londres.

Per fomentar aquest comerç es van crear les companyies comercials, que eren d'iniciativa privada, però comptaven amb el suport de l'Estat. Holanda va crear la **Companyia Holandesa de les Índies Orientals**, i Anglaterra va establir la **Companyia Britànica de les Índies Orientals**. En la seva expansió, Anglaterra va iniciar el domini de l'Índia, mentre que Holanda s'instal·lava a Indonèsia i desplaçava Portugal de la zona.

1.3. La renovació de les manufactures

Davant del control que els gremis exercien sobre la producció, alguns comerciants van crear formes d'augmentar la producció i d'abaratir-ne el preu. Així, van sorgir les primeres **manufactures**, que reunien diversos treballadors en un mateix local i percebien un salari, i la **indústria a domicili**, per la qual els pagesos produïen béns a casa seva per complementar el treball agrícola. En ambdós casos, el comerciant hi posava l'utillatge i les matèries primeres, i venia la producció lliurement al mercat.

El desenvolupament del comerç i de noves formes de producció va implicar la proliferació de banquers i prestadors per finançar les noves empreses. Tot això va originar el **capitalisme comercial** i l'ascens de la **burgesia**, que impulsava els nous negocis.

Ho sabies?

Al segle XVII es va imposar el **mercantilisme**, una teoria que defensava que la riquesa d'un país es fonamenta en la quantitat de metall preciós (or i plata) que posseïa, i que el comerç era la millor manera d'aconseguir-ho.

Per tant, calia promoure la indústria nacional i el comerç d'exportació per acumular riqueses. Per impedir-ne la pèrdua, l'Estat havia d'implantar mesures proteccionistes, és a dir, impostos (aranzels) que encarissin les importacions.

SINTETITZA

6. Com es caracteritzava l'economia del segle XVII?

7. Quines transformacions van protagonitzar Anglaterra i Holanda?

8. Què era el mercantilisme? I el capitalisme comercial?

2 L'Europa de l'absolutisme

2.1. El canvi d'hegemonia a Europa

La primera meitat del segle XVII va estar marcada per l'esclat de la Guerra dels Trenta Anys (vegeu la unitat 10).

La **Pau de Westfàlia** (1648) i la **Pau dels Pirineus** (1659) van ratificar la fi de l'hegemonia de l'imperi espanyol a Europa i van consolidar l'ascens de noves potències, com ara els Països Baixos i Suècia, però sobretot de França.

També van significar la proclamació de la **llibertat religiosa** per a cada país i van posar fi a més d'un segle de guerres constants a causa de la religió.

Els països del nord d'Europa, Suïssa i Anglaterra van consolidar les seves esglésies nacionals luteranes, calvinistes o anglicanes, mentre que els països del sud d'Europa i Àustria van continuar mantenint la fidelitat a l'Església catòlica.

La derrota dels Habsburg va suposar la fi d'una concepció d'Europa, iniciada per Carles I, que es fonamentava en el predomini d'aquesta dinastia sobre el conjunt de prínceps i reis europeus i en la imposició del catolicisme com a religió de l'Imperi.

EUROPA DESPRÉS DE LA PAU DE WESTFÀLIA (1648)

1. Identifica les possessions europees dels Habsburg espanyols i alemanys després de la Pau de Westfàlia.

2. Esmenta els diversos estats de l'Europa del segle XVII. Quin va imposar la seva hegemonia a Europa?

@ Amplia a la Xarxa...

Per saber més sobre la Pau de Westfàlia, entra a www.tiching.com/73310

2.2. La monarquia absoluta

En alguns països europeus, encapçalats per **França**, la monarquia autoritària va evolucionar cap a la monarquia absoluta, en la qual el rei concentrava tots els poders i constituïa l'encarnació mateixa de l'Estat.

La monarquia absoluta, igual que a l'Edat Mitjana, es considerava d'origen diví, perquè es creia que l'autoritat del monarca provenia directament de Déu, en el nom del qual exercia el poder.

El rei era la llei, l'autoritat màxima de govern, el cap de la justícia, i dirigia la política interior i l'exterior. El seu poder no se sotmetia a cap control i no compartia la sobirania amb ningú. Per això, el rei governava al marge dels parlaments, que només convocava en comptades ocasions en què la situació econòmica era molt greu.

Per aplicar les seves decisions, el monarca estava auxiliat per **ministres**, **consellers** i **secretaris**, i també per un gran nombre de **funcionaris**.

ELS PODERS DE LA MONARQUIA ABSOLUTA

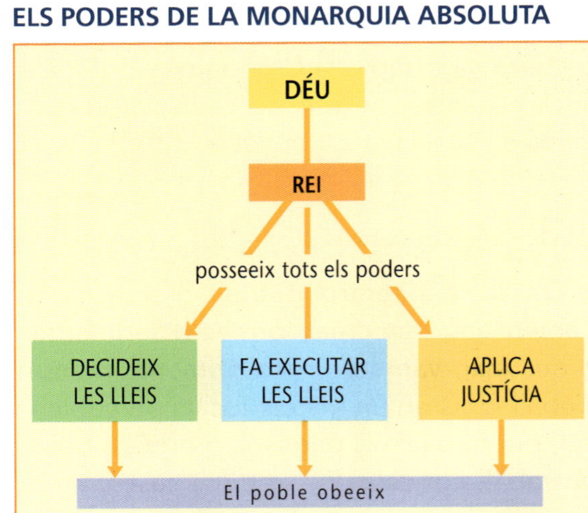

3. De qui prové el poder del monarca en la monarquia absoluta? Quins poders deté el monarca absolut? Quins drets té el poble?

2.3. La França de Lluís XIV

La segona meitat del segle XVII va estar marcada per l'hegemonia francesa a Europa, on va triomfar l'absolutisme monàrquic de Lluís XIV.

Lluís XIV, conegut com a "**Rei Sol**" perquè el seu poder era absolut, va imposar el seu domini sobre la noblesa i els parlaments, i va traslladar la seva cort al **Palau de Versalles**, a prop de París, on es va envoltar de cortesans i consellers fidels que l'assessoraven en el govern.

Reforçada la seva autoritat a l'interior del país, Lluís XIV va voler imposar el prestigi de França a l'exterior per mitjà de victòries militars. Per fer-ho, va desencadenar una sèrie de guerres destinades a ampliar les fronteres franceses cap a l'est (ocupació d'Alsàcia, 1681).

Sota el seu mandat, França va aconseguir imposar el seu poder polític i militar a Europa i va exercir una gran influència en el terreny cultural (Molière, Racine, Boileau, La Fontaine) i artístic.

El caràcter sagrat de la monarquia

Els prínceps (monarques) actuen com a ministres de Déu i com els seus lloctinents a la Terra. És per mitjà d'ells que Déu exerceix el seu poder. És per això que el tron reial no és el tron d'un home, sinó el tron de Déu mateix. Per tant, la persona dels reis és sagrada, i atacar-los constitueix un sacrilegi. S'ha d'obeir el sobirà per principis religiosos i de consciència.

Jacques B. Bossuet: *Política*, 1670.

- Per què la monarquia absoluta tenia un caràcter sagrat?

Lluís XIV, vestit de gala i amb els atributs reials.

2.4. Els inicis del parlamentarisme

Mentre que a la major part d'Europa triomfava l'absolutisme, a Anglaterra i als Països Baixos es va desenvolupar un sistema polític en què la monarquia cedia part del seu poder al Parlament. S'iniciava així una nova forma de govern: el **parlamentarisme**.

A **Anglaterra**, després de l'intent fracassat dels reis de la dinastia Stuart (Carles I i Jacob II) d'implantar l'absolutisme i eliminar el control del Parlament, es va nomenar rei l'holandès Guillem d'Orange.

El nou monarca va acceptar la Declaració de Drets, promulgada pel Parlament anglès el 1689, que contenia els drets dels ciutadans i fixava que el monarca no podia decretar lleis ni impostos sense l'aprovació del Parlament.

Després de la independència de l'Imperi Espanyol, els **Països Baixos** es van organitzar en una República que comprenia set províncies. Cadascuna comptava amb el seu propi Parlament i es reunien en els Estats Generals per adoptar decisions comunes.

Ho sabies?

A l'Europa del segle XVII van sorgir dues concepcions oposades sobre el poder de la monarquia:

- L'**absolutista**, teoritzada pels francesos Jean Bodin i Jacques Bossuet, defensava que tot el poder havia d'estar en mans del monarca, que no havia de respondre dels seus actes davant de cap Parlament.
- La **parlamentària**, representada per l'anglès John Locke, sostenia que el rei havia de compartir el seu poder amb el Parlament, que elaborava les lleis i controlava el govern.

Representació d'una reunió de la Cambra dels Comuns del Parlament anglès el 1710.

SINTETITZA

4. Quins canvis en l'hegemonia del poder a Europa es van derivar de la guerra dels Trenta Anys?

5. Resumeix les característiques de la monarquia absoluta. Què va significar la monarquia de Lluís XIV a França?

6. Què diferencia l'absolutisme del parlamentarisme? On es va iniciar aquesta nova forma de govern?

3 La revolució científica del segle XVII

3.1. Les bases de la ciència moderna

Durant l'Edat Mitjana es donava més crèdit al saber revelat a les Sagrades Escriptures i recolzat en la fe que a l'experimentació. Ni tan sols els coneixements científics de l'Antiguitat no eren acceptats si s'oposaven a la doctrina de l'Església o hi entraven en contradicció.

Durant el Renaixement, alguns científics van començar a qüestionar-se les creences de la seva època i van proposar noves teories basades en l'experimentació i en la raó.

Al segle XVI, **Nicolau Copèrnic**, el gran precursor de la ciència moderna, va transformar el concepte que fins aquell moment es tenia de l'Univers.

Copèrnic va formular la teoria de l'**heliocentrisme**, que situa el Sol al centre de l'Univers amb els planetes girant al seu voltant, i s'oposà al **geocentrisme**, acceptat universalment en l'època i defensat per l'Església, que sostenia que la Terra era el centre de l'Univers i que tots els astres hi giraven al voltant.

Representació de la teoria heliocèntrica copernicana, segons una obra del 1661.

1. Fixa't en el dibuix i explica en què consisteix la teoria heliocèntrica. Per què va suposar un canvi radical en la concepció de l'Univers?

3.2. El naixement de la ciència moderna

No obstant això, va ser al llarg del segle XVII quan es van consolidar els principis generals de les noves ciències. Els estudiosos van començar a preguntar-se com passaven les coses i van adoptar una actitud nova davant la ciència, que consistia a investigar la natura amb els propis sentits i expressar les observacions científiques en un llenguatge matemàtic exacte.

D'aquesta manera, el raonament especulatiu va ser substituït per l'**empirisme**, que defensava l'experimentació, i pel **raonament hipoteticodeductiu**, que constitueix el mètode científic per excel·lència.

Ho sabies?

El **mètode hipoteticodeductiu** combina la reflexió racional (racionalisme) amb l'observació de la realitat (empirisme).

La investigació es fa en quatre fases: l'observació del fenomen que es vol estudiar, la creació d'una hipòtesi per explicar el fenomen, la deducció de conseqüències o conclusions i la seva verificació comparant-les amb l'experiència.

@ Amplia a la Xarxa...
Per saber més sobre Nicolau Copèrnic, entra a www.tiching.com/73311

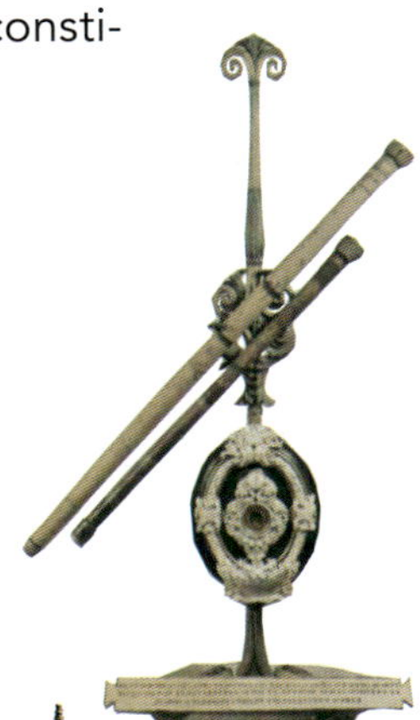

La ciència experimental exigia nous aparells per a l'observació i els mesuraments dels fenòmens que s'estudiaven. A l'esquerra, un microscopi, i a la dreta una ullera astronòmica.

2. Explica per què serveix cadascun dels instruments i compara'ls amb instruments científics actuals que coneguis.

Jan Vermeer: *L'astrònom*, 1668. La representació de científics va ser un tema d'interès de l'art barroc.

3.3. Els grans científics

El desenvolupament del nou pensament científic va ser degut, sobretot, a tres pensadors que van obrir el camí a la nova ciència: Galileu Galilei, René Descartes i Isaac Newton.

L'astrònom italià **Galileu Galilei** va combinar la creació de nous instruments per a l'observació amb l'aplicació del mètode matematicodeductiu per als seus raonaments.

D'aquesta manera, Galileu va ser capaç de reduir a lleis generalitzables els diversos fets observats. Ell mateix va perfeccionar el telescopi, i els seus estudis van confirmar de manera definitiva la **teoria heliocèntrica**.

El filòsof i matemàtic francès **René Descartes** va defensar la primacia de la raó per comprendre la realitat, va establir el **dubte metòdic** (necessitat de qüestionar tots els principis filosòfics i científics) i va proposar el llenguatge matemàtic com a model en el qual fonamentar el coneixement.

El físic **Isaac Newton** va enunciar la **llei de la gravitació universal** mitjançant el mètode d'investigació científica: després de l'observació del fenomen, venia la interpretació per mitjà de la raó per poder formular una llei matemàtica i comprovar-la.

3.4. La creació d'acadèmies científiques

A l'inici del segle XVII, els científics treballaven individualment, de vegades per a algun mecenes, però ignorats per les autoritats polítiques. No obstant això, a poc a poc, els poders públics i la societat es van anar interessant per la ciència.

Així, alguns monarques, nobles i burgesos rics van impulsar la creació de les acadèmies, la finalitat de les quals era promoure la investigació i el progrés tècnic. El 1662, a Anglaterra es va fundar la **Royal Society** i el 1666 es va crear a França l'**Académie des Sciences**.

Henri Testelin: *Jean Baptiste Colbert presenta els membres de la Reial Acadèmia de les Ciències davant de Lluís XIV*, 1667.

Ho sabies?

El 1633, **Galileu Galilei** va ser jutjat pel Tribunal del Sant Ofici de Roma perquè sostenia posicions contràries a les Sagrades Escriptures. El tribunal el va condemnar a presó i el va obligar a retractar-se de les seves idees. En la seva abjuració pública va sostenir que "mai més en el futur diré o afirmaré que el Sol és el centre del món i immòbil, i que la Terra no és el centre i és mòbil".

Després de l'abjuració, el papa va commutar la presó per arrest de per vida al seu domicili, on va continuar treballant en els seus experiments físics fins a la seva mort el 1642.

Galileu fent una demostració de l'ús del telescopi.

Descartes dóna una lliçó de geometria a la reina Cristina de Suècia en presència de la seva cort.

SINTETITZA

3. En què consistia el mètode científic que es va començar a aplicar durant els segles XVI i XVII per conèixer la realitat? Què el diferenciava del raonament especulatiu?

4. Per què la creació d'acadèmies va ajudar al progrés de les ciències?

5. Indica les aportacions científiques principals de Copèrnic, Galileu, Descartes i Newton.

4 L'art barroc. L'arquitectura

Al llarg del segle XVII es va estendre un nou estil artístic, el Barroc, que constitueix un reflex clar de les complexes circumstàncies religioses, polítiques i econòmiques que va viure Europa durant aquell segle.

Peter Paulus Rubens: *Davallament de la Creu*, 1614. Es presenta un tema religiós, que exalça el martiri de Crist i referma les creences cristianes.

4.1. La mentalitat del Barroc

El Barroc va proposar uns models estètics nous, en els quals l'equilibri i l'harmonia del Renaixement van ser substituïts per l'**exaltació** i la **asimetria**. També es va buscar representar el **moviment** amb la utilització de formes corbes.

L'objectiu dels artistes era crear una obra que exaltés els **sentiments** de l'espectador, i per això van recórrer a la representació d'escenes amb un gran sentit de la **teatralitat** i a la utilització de nombrosos **simbolismes**.

El naixement del nou art va estar molt condicionat pels enfrontaments religiosos entre catòlics i protestants, que van devastar Europa durant els segles XVI i XVII. Les diferències religioses es van plasmar, també, en concepcions diferents de l'art:

- Als **països catòlics**, el Barroc es va convertir en el gran **propagandista de la Contrareforma**. La representació de miracles, d'èxtasis místics i de martiris havia de promoure la fe i la pietat dels fidels. Així mateix, la fastuosa decoració de les esglésies era una demostració de força i riquesa enfront de l'austeritat dels temples protestants.
- Als **països protestants**, l'absència d'imatges als temples va comportar la inexistència d'un art de propaganda religiosa. Les obres artístiques eren encarregades per la nova burgesia i reflectien un **sentiment més intimista i quotidià** (retrats, temes domèstics, flors, etc.).

4.2. L'arquitectura

Itàlia, i Roma en concret, es va erigir en centre de la nova arquitectura barroca, que es va caracteritzar per la recerca de **moviment i dinamisme**.

Els arquitectes, com ara **Gian Lorenzo Bernini** i **Francesco Borromini**, van modificar les plantes i les façanes dels edificis, incorporant-hi línies ondulades i substituint les plantes de creu llatina o grega per d'altres de més complexes de formes el·líptiques o ovals.

Aquest dinamisme també es va accentuar mitjançant **efectes de llum i ombra** a l'interior; una **exuberància decorativa**, que ornamentava els murs i les columnes (**columna salomònica**), **cúpules** impressionants. A més d'esglésies, es van construir edificis civils (palaus), fonts i places d'aspecte majestuós.

A la resta d'Europa, es va mantenir una tendència més clàssica en plantes i façanes, tot i que hi va haver un predomini decoratiu clar, sobretot als interiors de catedrals, esglésies i palaus.

Vignola: *Església del Gesù*, a Roma, 1571. Aquesta església va servir de model a nombroses construccions posteriors.

UNA ESGLÉSIA BARROCA

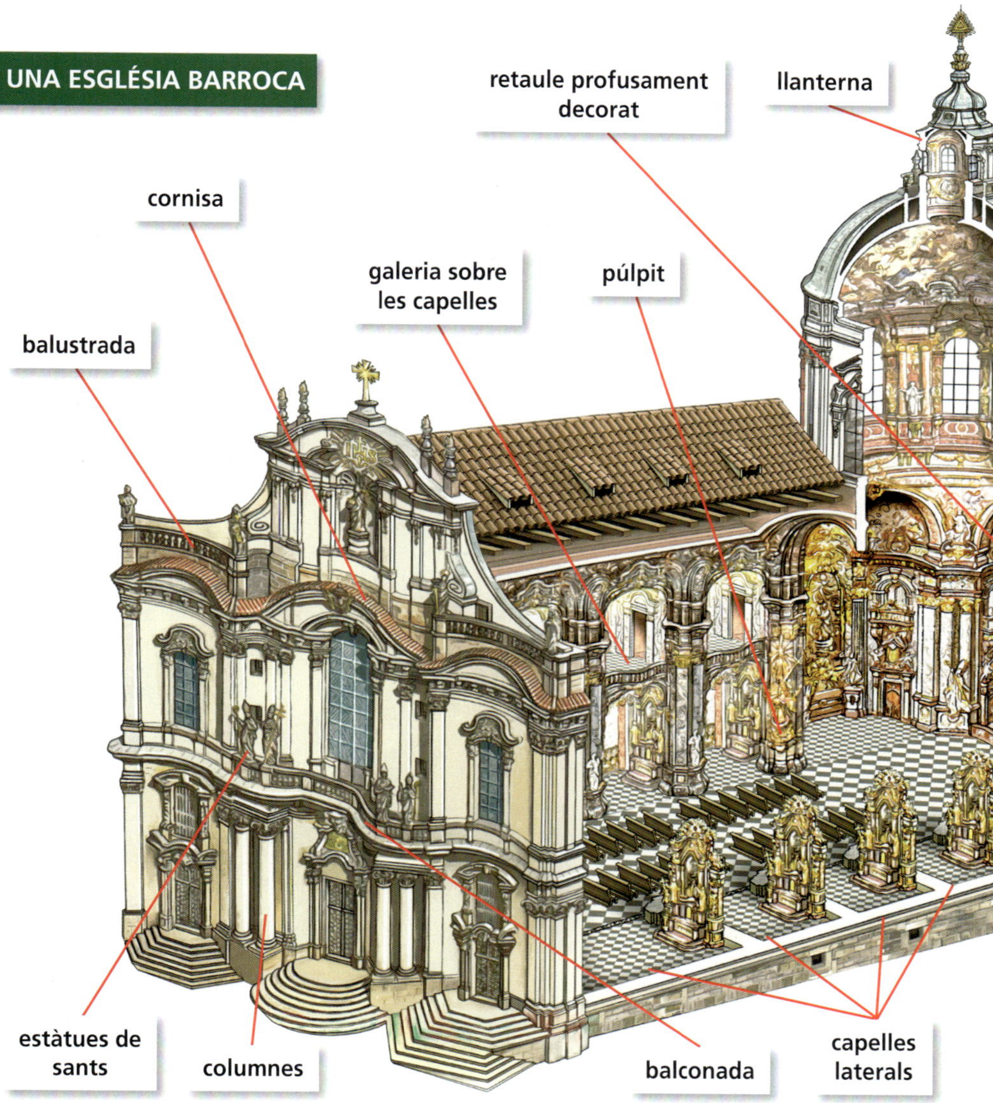

L'arquetip d'església barroca presenta una nau única, una cúpula sobre el creuer i les naus laterals convertides en capelles separades. A la façana, hi proliferen superfícies ondulades i línies corbes per produir la sensació de moviment.

G.L. Bernini: *Plaça i columnata de Sant Pere del Vaticà*, 1667. Aquestes construccions simbolitzen que l'Església abraça els seus fidels.

Francesco Borromini: *Cúpula ovalada de l'església de San Carlo alle Quattro Fontane*, 1641.

SINTETITZA

1. Resumeix les principals aportacions estètiques de l'art del Barroc. En què es distingeixen de les del Renaixement?

2. Quines diferències hi ha entre el Barroc de l'Europa catòlica i el de la protestant? A què són degudes?

3. Esmenta les característiques de l'arquitectura barroca. A més d'esglésies, quines altres edificacions es van construir?

4. Fixa't en el dibuix de l'església barroca i descriu cadascun dels elements que la caracteritzen.

5 La pintura i l'escultura barroques

5.1. Característiques generals

Malgrat la diversitat d'escoles i tendències, la pintura barroca presenta elements comuns:

- Predomini del **color sobre el dibuix** i de la **pintura a l'oli sobre tela**, tot i que també es continua pintant al fresc.
- Ús del contrast entre llum i ombra (**clarobscur**) per modelar les formes i atorgar profunditat a les composicions.
- Recerca del **moviment** per mitjà de composicions asimètriques, línies ondulades i cossos en posició obliqua (escorç).
- Proliferació de temes mitològics, històrics i retrats, que coexisteixen amb temes religiosos als països catòlics. També van ser freqüents la representació d'objectes inanimats (natures mortes) i, sobretot a Holanda, les escenes de la vida quotidiana i els paisatges.

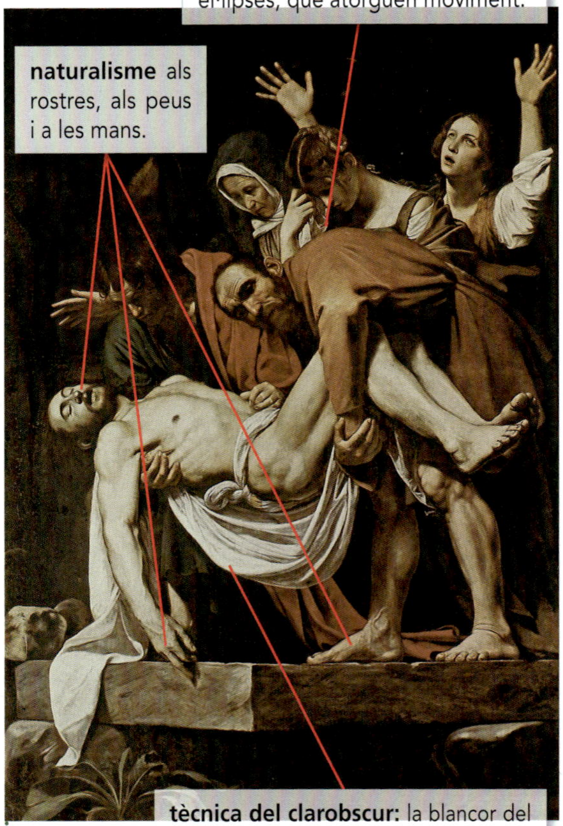

Caravaggio: *Enterrament de Crist*, 1604. L'escena mostra les innovacions principals introduïdes pel pintor.

1. Sintetitza els trets característics de la pintura de Caravaggio.

5.2. Tendències pictòriques a Europa

La pintura barroca europea del segle XVII no va ser homogènia, i es poden diferenciar **diverses escoles o tendències**.

L'escola italiana

Es divideix en dos grans corrents. La tendència **classicista**, representada per **Annibale Carracci**, mostra més rigidesa i ordre en les composicions, i busca la bellesa ideal. L'escola **naturalista**, la màxima figura de la qual va ser **Caravaggio**, pren la realitat com a model per aplicar-la a temes històrics, religiosos i mitològics.

L'escola francesa

La pintura francesa, en la qual destaca **Nicolas Poussin**, és més **academicista**, perquè les seves obres segueixen unes regles estrictes en la composició i el dibuix. Hi predominen els temes cortesans.

Nicolas Poussin: *El regne de Flora*, 1631.

Ho sabies?

Caravaggio utilitzava persones corrents com a models per representar personatges mitològics i religiosos; també utilitzava la llum de manera artificial, i així provocava forts contrastos entre les zones clares i les fosques (**clarobscur**).

La manera de representar els personatges i la seva tècnica van influir en nombrosos pintors, com ara Ribera, Rembrandt i Velázquez.

Peter Paulus Rubens: *El rapte de les filles de Leucip*, 1618. Les corbes i els revolts, juntament amb les línies diagonals, creen el dinamisme propi del Barroc.

Rembrandt: *La ronda de nit*, 1642. El retrat de grup és un tema molt reproduït a l'escola holandesa.

2. Descriu l'ús de la llum que fa el pintor en aquesta obra. Quin altre artista del Barroc italià la utilitzava de manera similar?

L'escola flamenca

A Flandes, la pintura **barroca** va tenir com a màxim exponent **Peter Paulus Rubens**. La seva obra reuneix les característiques principals de l'estètica barroca, com ara el predomini del color sobre el dibuix, i el dinamisme i la sensualitat de les composicions.

L'escola holandesa

A Holanda es va desenvolupar la tendència **realista**, caracteritzada per agafar els models directament de la realitat. En aquest sentit, va ser important el paper de la **burgesia** holandesa, que va impulsar la pintura d'escenes de la vida quotidiana, de retrats i de paisatges, per sobre dels temes religiosos.

Rembrandt van Rijn, **Franz Hals** i **Jan Vermeer** van ser els artistes més representatius d'aquesta escola pictòrica.

5.3. L'ESCULTURA

La representació del **moviment** també va ser l'objectiu principal dels escultors barrocs. En conseqüència, van utilitzar línies corbes i obliqües per donar la impressió d'equilibri inestable, com si els personatges haguessin estat captats en un **moment fugaç** de l'acció. Així mateix, es representen els vestits i els cabells com si fossin agitats pel vent.

També es busca l'**expressió de sentiments**, com ara el dolor o l'alegria, i els **gestos dramàtics**, amb la intenció de commoure i sorprendre l'espectador.

El **marbre**, fins i tot de colors, i el **bronze** van ser els materials principals utilitzats, i preferentment es van esculpir temes religiosos i mitològics.

L'escultor que millor representa i sintetitza aquestes característiques és **Gian Lorenzo Bernini**.

Gian Lorenzo Bernini: *Apol·lo i Dafne*, 1625.

3. Com aconsegueix l'artista donar aquesta sensació de moviment?

@ Amplia a la Xarxa...

Per saber més sobre l'obra escultòrica de Bernini, entra a www.tiching.com/73313

SINTETITZA

4. Quines són les característiques de la pintura barroca? Quins temes són els més representats?

5. Quines diferents escoles es poden establir? Què caracteritza cadascuna?

6. Compara l'escultura barroca amb la renaixentista i extreu-ne similituds i diferències.

6 El Barroc a la Península Ibèrica

A Espanya, el Barroc també va ser un instrument idoni per propagar les idees contrareformistes i exalçar la figura del rei i exhibir-ne el poder.

6.1. L'EXUBERÀNCIA ARQUITECTÒNICA

En arquitectura, la inspiració clàssica i austera que Herrera havia proposat al monestir d'El Escorial va perdurar fins a mitjan segle XVII. A partir d'aquell moment, l'estètica barroca, complexa i decorativa, va connectar tant amb el gust dels qui encarregaven les obres (Església, monarquia, noblesa), com amb el de la gent del poble.

L'**arquitectura religiosa** es distingeix per la seva **exuberància decorativa**. Es van construir nous convents i esglésies, es van modificar nombroses capelles a les catedrals i es van acabar edificis d'estils anteriors amb **façanes barroques espectaculars**. Va destacar la façana de la catedral de Santiago de Compostel·la, construïda per **Fernando Casas y Novoa**.

En l'**arquitectura civil**, les obres són molt més serenes i equilibrades. En aquest àmbit, destaquen les **places majors**, com ara la de Madrid i la de Salamanca. L'urbanisme d'aquestes places presenta una forma rectangular i se solia organitzar al voltant d'una **estàtua eqüestre** del monarca.

Fernando Casas y Novoa: *Façana de l'Obradoiro* de la catedral de Santiago de Compostel·la, 1749. Aquesta portalada grandiosa s'eleva sobre la plaça com una escultura monumental.

Juan Gómez de Mora: *Plaza Mayor* de Madrid, 1620, reformada el 1672 i el 1790. La plaça constitueix un espai regular, completament tancat i amb nou portes d'accés.

1. Busca a Internet una imatge de la Plaza Mayor de Salamanca. Quins elements comuns té amb aquesta?

Façana del palau dels comtes de la Gomera a Osuna (Sevilla), 1770. Molts palaus nobiliaris presenten façanes esplèndides amb ornamentació barroca.

6.2. L'ESCULTURA

L'escultura barroca espanyola presenta un predomini clar de les **imatges religioses**, que s'utilitzen als retaules, al cadirat del cor, als passos processionals de Setmana Santa, etc.

Les imatges pietoses pretenien estimular la fe i la devoció dels feligresos. Per això es dotava les figures d'un gran **realisme** i es potenciava el **dramatisme** i l'heroisme dels personatges.

El material utilitzat va ser, sobretot, la **fusta policromada**. Per incrementar el realisme de les imatges, s'hi afegien perruques amb cabells naturals, ulls de vidre, dents de marfil i llàgrimes de resina. També se les vestia i calçava amb peces de roba reals.

Els principals tallers d'imatgeria eren a **Valladolid**, amb figures que presenten un realisme intens que exalta el dolor i el patetisme, i a **Andalusia**, on es plasma un realisme més serè.

Entre els escultors barrocs més destacats hi ha **Gregorio Fernández**, que pertany a l'escola castellana, i **Alonso Cano** i **Pedro de Mena**, que formen part de l'escola escultòrica andalusa.

Les obres d'escultura civil, menys abundants, es van centrar, sobretot, en **estàtues eqüestres** dels reis. També s'esculpien figures mitològiques i al·legòriques per ornamentar les fonts i els jardins.

Pedro de Mena: *Magdalena penitent*, 1664. L'obra transmet als fidels la intensitat del penediment per mitjà d'una imatge de gran realisme.

Gregorio Fernández: *Crist jacent*, 1614. El cos de Crist està cobert de ferides i el rostre mostra una expressió d'agonia i patetisme.

HO SABIES?

El **xoriguerisme** és el terme que s'utilitza per designar l'obra arquitectònica i escultòrica del primer terç del segle XVIII. Aquest nom deriva d'una família d'arquitectes i escultors, els Xoriguera, que van ser els màxims representants d'aquesta tendència.

Aquest estil es va caracteritzar principalment pel fet de presentar obres d'un gran dinamisme i una ornamentació molt recarregada, present, sobretot, a façanes d'edificis i a retaules.

José Xoriguera: *Retaule de San Esteban*, a Salamanca, 1696.

2. Descriu l'ornamentació del retaule. Per què se la qualifica de recarregada?

Alonso Cano: *Immaculada*, 1655. L'escultura presenta el prototipus de les anomenades immaculades, plenes de dolçor i puresa.

SINTETITZA

3. Quines característiques té l'arquitectura barroca espanyola? Quins en van ser els artistes més destacats?

4. Què és el xoriguerisme? En quina època es va desenvolupar? D'on prové aquest nom?

5. Descriu les característiques de les escultures representades en aquesta pàgina. Què es pretenia amb aquestes escultures?

DESCOBREIX

EL SEGLE D'OR DE LA PINTURA ESPANYOLA

Malgrat els problemes polítics, econòmics i socials que vivia l'imperi hispànic al segle XVII, la qualitat altíssima de les realitzacions pictòriques i literàries va originar l'anomenat *Siglo de Oro* espanyol.

La pintura barroca espanyola, igual que l'escultura, va estar dominada per la temàtica religiosa. No obstant això, també hi van tenir una presència important el retrat i, en menor grau, els quadres mitològics, les escenes de la vida quotidiana i les natures mortes.

Al començament del segle XVII, va sobresortir l'escola de Toledo, en la qual van destacar els seguidors de l'estil d'El Greco, com ara Luis Tristán.

No obstant això, durant la primera meitat del segle XVII, la pintura espanyola va estar dominada pel naturalisme tenebrista de Caravaggio. El valencià **Josep de Ribera** va ser el màxim seguidor de l'estil del pintor italià, tot i que a poc a poc va evolucionar cap a composicions barroques més complexes.

Altres pintors que, en major o menor grau, van rebre la influència de Caravaggio van ser:

- **Francisco de Zurbarán** i **Alonso Cano**, autors de nombroses obres de temàtica religiosa.
- **Bartolomé Esteban Murillo**, reconegut pels seus quadres de la Immaculada i d'escenes de la vida quotidiana protagonitzades per nens i murris.
- **Diego Velázquez**, considerat l'artista més genial del Barroc espanyol.

Durant la segona meitat del segle, la pintura va assumir un estil més teatral i decoratiu, amb una gran riquesa de colors, en la qual s'aprecia la influència de Rubens. A Sevilla va destacar **Juan de Valdés Leal**, i a la cort de Madrid, els retratistes **Claudio Coello** i **Juan Carreño de Miranda**.

Francisco de Zurbarán: *Sant Hug al refetor dels cartoixans*, 1655. El pintor va retratar, en aquesta escena, el recolliment i l'espiritualitat monacals.

José de Ribera: *Isaac i Jacob*, 1637. Ribera il·lumina els rostres i les figures, i se serveix de la llum per modelar els contorns.

Bartolomé Esteban Murillo: *Nens menjant meló i raïm*, cap al 1650. L'escena reflecteix, a través d'uns nens, l'ambient quotidià dels sectors menys afavorits de l'època.

Diego Velázquez

Diego Rodríguez de Silva y Velázquez (1599-1660) està considerat un dels genis de la pintura universal. Va ser nomenat pintor de la cort de Felip IV quan només tenia 24 anys, i va conrear tots els gèneres:

- Quadres costumistes (*Vella fent ous ferrats*).
- Retrats (*Las Meninas*) i quadres històrics (*La rendició de Breda*).
- Temes religiosos (*La coronació de la Verge*).
- Obres mitològiques (*La farga de Vulcà*, *El triomf de Bacus*, *Les filadores*), en les quals humanitza el mite utilitzant models populars.
- Paisatges (*Jardins de la vil·la Mèdici*).

De la seva tècnica destaquen:

- L'ús magistral de la llum i de la perspectiva aèria, és a dir, la sensació òptica de la llum que circula entre els objectes i les figures.
- La utilització del *sfumato* de les línies i de punts lluminosos en la mirada, que atorguen una gran força psicològica als personatges.
- Les composicions complexes, amb diversos plans i focus de llum que il·luminen les escenes esglaonadament i amb gran intensitat.

Diego Velázquez: *La farga de Vulcà*, 1629. El pintor humanitza la història mitològica no només utilitzant models populars, sinó també situant-los en escenes quotidianes de l'època.

Diego Velázquez: *Jesús amb Marta i Maria*, cap al 1620. La barreja d'una temàtica religiosa, en segon pla, amb una escena costumista s'utilitza com un recurs per humanitzar la representació divina.

Diego Velázquez: *Les filoses*, 1657. Per imprimir moviment, Velázquez crea una unitat entre la filosa que gira, el peu descalç, el braç estirat de la filadora i el personatge del fons que es gira per mirar-nos.

1. Per què parlem de segle d'or espanyol?

2. Quines dues generacions de pintors hi va haver a Espanya al segle XVII? Quines característiques presenta cadascuna? Esmenta'n els artistes més destacats.

3. Quin artista italià va tenir una influència més gran en la pintura espanyola del segle XVII? Com se'n pot apreciar la influència?

4. Consulta a www.tiching.com/73314 la vida i l'obra de Diego Velázquez. Fes una síntesi de la seva biografia i explica quines característiques el converteixen en el millor artista del *Siglo de Oro*.

Practica competències bàsiques

1. Completa el mapa conceptual

Copia el mapa conceptual al quadern i completa'l:

2. Sintetitza

1. Quines característiques presentaven la població i les activitats econòmiques del segle XVII a Europa?
2. Què és l'absolutisme? Quin monarca en va ser l'exemple més destacat?
3. En què consisteix el parlamentarisme? On es va imposar aquest sistema polític?
4. Què va ser la revolució científica del segle XVII?
5. Quines són les característiques de l'art barroc?

3. Defineix conceptes

- mercantilisme
- manufactura
- capitalisme comercial
- parlamentarisme
- mètode hipoteticodeductiu
- clarobscur

4. Compara els textos

Els reis han estat anomenats déus perquè ells són, gràcies al seu poder, la imatge de Déu i uns mestres en obeir el seu dret. També són senyors i propietaris dels béns i de les vides dels homes. Els reis són sobirans, sense que tinguin cap altra persona per damunt seu, i protectors perquè són escut i muralla [...].

Sense els reis, la vida humana només seria desordre i confusió. El món no podria existir si no hi hagués reis. Són una segona ànima de l'univers, un contrafort que aguanta el món.

H. DUBOYS: *Tractat sobre l'origen i l'autoritat dels reis*, 1604.

És evident que la monarquia absoluta, que algunes persones consideren com l'únic govern possible, en realitat és incompatible amb la societat i no es pot considerar una forma de govern legítim [...].

Com que el príncep absolut reuneix en el mateix poder el legislatiu i l'executiu sense participació de ningú, no hi ha cap jutge capaç de decidir de manera imparcial.

El poder legislatiu [...] no pot ser absolut i arbitrari, el legislador no pot sobrepassar el poder que la societat li atorga i ha de legislar d'acord amb les lleis establertes i promulgades [...] i que han de ser idèntiques per al ric i per al pobre [...]. Tampoc no pot recaptar impostos sense el consentiment dels representants del poble.

J. LOCKE: *Dos tractats sobre el govern civil*, 1690.

a) Quin tipus de monarquia defensa cada autor? Amb quins arguments la defensen? Quin paper atorguen al monarca? I al poble?

b) A quins països es va imposar cadascun d'aquests sistemes?

5. Aprèn a analitzar una pintura: *Las Meninas*

Consulta a www.tiching.com/72339 la informació sobre el quadre *Las Meninas* (1656) de Velázquez i elabora l'anàlisi de l'obra tenint en compte els apartats següents:

a) Descripció de l'obra

- Descriu l'escena que hi ha representada i relaciona-la amb els dos títols de l'obra.
- Identifica'n els personatges i assenyala'n els que et sembla que són principals i els que són secundaris. On són els personatges que Velázquez està pintant?
- Descriu l'estança i el vestuari, els gestos, l'expressió i els detalls dels personatges.
- Fixa't en la figura de Velázquez, esbrina quina distinció important li van atorgar al final de la seva vida i quina llegenda hi ha al voltant de la creu que porta pintada al pit.

b) Anàlisi de la composició

- En quants plans podem dividir el quadre? Quins personatges apareixen a cada pla?
- Quins efectes de llum i ombra utilitza Velázquez per donar profunditat a l'obra?
- Identifica tots els recursos que va utilitzar el pintor (mirall, porta, autoretrat...).

c) Conclusió

- Fes una redacció breu sobre la importància de Velázquez en la pintura del segle d'or espanyol.

6. Analitza l'escultura

a) Què representa l'obra de Bernini *Èxtasi de Santa Teresa* (1648-1652)?

b) Quins personatges apareixen a l'escultura?

c) Quines característiques de l'escultura barroca pots destacar en aquesta obra?

d) Què pretén mostrar l'escultor? Per què s'ha dit que aquest tipus d'obra és com un "espectacle sagrat"?

7. Interpreta les dades

CIUTATS EUROPEES MÉS POBLADES

	1550	1600	1650	1700
París	–	300 000	–	500 000
Sevilla	100 000	150 000	125 000	–
Venècia	160 000	150 000	120 000	140 000
Nàpols	210 000	250 000	300 000	210 000
Amsterdam	35 000	100 000	135 000	180 000
Londres	80 000	170 000	350 000	550 000

a) Quines ciutats europees van tenir un creixement més gran al segle XVII? Quines estaven més estancades?

b) Relaciona aquesta evolució amb l'expansió del comerç del segle XVII.

Activitats@web

www.vicensvivesdigital.com/activitatsweb

- **Tria.** Crisi i recuperació al segle XVII
- **Compara.** Absolutisme i parlamentarisme
- **Relaciona.** Noves teories científiques
- **Selecciona.** Trets generals del Barroc
- **Completa.** El Barroc a Europa
- **Veritable/fals.** Art barroc espanyol

Activitats mercantils a la costa catalana, segons una ceràmica del segle XVII

El port de Barcelona al segle XVII

12

CATALUNYA DINS LA MONARQUIA HISPÀNICA (SEGLES XVI I XVII)

El matrimoni de Ferran d'Aragó amb Isabel de Castella va ser l'origen de la **monarquia hispànica**, que va heretar el seu nét Carles I l'any 1517, en què va ser proclamat rei de Castella i de la Corona d'Aragó. Des de llavors Catalunya va quedar vinculada al conjunt de territoris governats per la dinastia dels Àustria.

Durant l'Edat Moderna (segles XVI-XVII) Catalunya, com tots els territoris de l'antiga Corona d'Aragó, va mantenir les **institucions**, les **lleis**, la **moneda** i la **llengua**.

Però la tendència dels monarques de la casa d'Àustria va ser reforçar l'**autoritarisme** de la monarquia i **centralitzar-ne** el poder, la qual cosa va provocar tensions amb les institucions catalanes.

El conflicte va esclatar l'any 1640, en què a Catalunya va tenir lloc una **revolta** contra els intents uniformadors impulsats per Felip IV. Després de tretze anys de guerra, Barcelona va capitular davant les tropes castellanes.

Aquesta va ser una època de poc **creixement econòmic** i de problemes socials greus (**bandolerisme**), però a la darreria del segle XVII la situació a Catalunya va millorar respecte d'altres territoris hispànics.

- Per què Catalunya va quedar incorporada a la monarquia hispànica al segle XV?
- Fixa't en l'eix cronològic. Quins van ser els fets més rellevants del regnat de Felip IV?

Rajoles policromades que representen una filadora, segle XVII

CARLES I	FELIP II	FELIP III	FELIP IV	CARLES II

1525 · 1550 · 1575 · 1600 · 1625 · 1650 · 1675 · 1680

- **1519** Primera reunió de les corts catalanes de Carles I
- **1560** Detenció dels representants de la Generalitat, acusats d'heretgia
- **1609** Expulsió dels moriscos
- **1626** Unión de Armas d'Olivares
- **1634** Execució de Joan de Serrallonga
- **1635** Inici de la guerra amb França
- **1640** Revolta dels Segadors
- Guerra amb la monarquia hispànica
- **1652** Capitulació de la ciutat de Barcelona
- **1659** Pau dels Pirineus. Pèrdua dels territoris de la Catalunya del Nord
- **1683** *Fénix de Catalunya*, de Narcís Feliu de la Penya

1 Les institucions de poder a Catalunya

1.1. La monarquia hispànica

L'herència que va rebre **Carles I** el convertí en el primer monarca que posseïa alhora els títols de **rei de Castella**, de la **Corona d'Aragó** i de **Navarra**, i el d'emperador del Sacre Imperi Romanogermànic.

La nova monarquia hispànica va estar liderada per Castella, on residien el rei i la cort i des d'on es governaven tots els territoris. La majoria dels càrrecs polítics, religiosos i militars eren en mans de la noblesa castellana.

Per contra, **Catalunya**, amb una població escassa i una economia que havia perdut la prosperitat de l'Edat Mitjana, va esdevenir un **territori perifèric** del gran imperi governat des de Castella.

1.2. Les institucions de govern de Catalunya

A més de les institucions (el **virrei** o **lloctinent** i el **Consell d'Aragó**) creades per Ferran el Catòlic (vegeu el tema 8) Catalunya va continuar mantenint els organismes de poder tradicionals, encara que, cada cop més, confrontats amb la voluntat uniformitzadora de la nova monarquia.

Les corts catalanes

La tendència autoritària de la monarquia i la seva bona situació econòmica va fer que, al llarg dels segles XVI i XVII, els reis convoquessin molt poques vegades les corts catalanes.

Aquest fet va provocar la **paràlisi del sistema** administratiu i legal de Catalunya, al qual no s'hi podia fer cap canvi sense l'aprovació de les corts.

La Diputació del General o Generalitat

Aquesta institució va continuar existint amb els mateixos components i funcions. Com que les corts es reunien en ocasions molt comptades, la Generalitat es va convertir en l'**òrgan de govern** més representatiu de Catalunya.

El govern de les ciutats: els consells

Les ciutats van continuar sent governades per uns consells municipals formats per representants dels tres braços o estaments, que es renovaven anualment pel sistema d'insaculació (vegeu el tema 8).

La novetat principal va ser que la **noblesa** prengué part en aquests consells, perquè durant l'Edat Mitjana la seva participació havia estat molt minsa.

El poder a Catalunya

Però realment a Catalunya sa Majestat no té ell sol el poder suprem i la jurisdicció de la Província, sinó que els tenen sa Majestat i els tres braços, i els estaments de la Província, que tenen poder absolut i suprem per fer i desfer lleis, i alhora per canviar la màquina i el govern de la Província. [...]

De *Per los Diputats del General de Cathalunya, en defensa*, 1622.

- Explica què estableix aquest text sobre el poder reial a Catalunya.
- Quin nom rep aquesta forma de govern? Quan es va originar i per què?

Reunió de les corts catalanes (segles XVI i XVII)

Reis	Anys
Carles I	1519 1528 1532 1537 1542 1547 1552
Felip II	1563 1585
Felip III	1599
Felip IV	1626 1632
Carles II	No es van reunir cap vegada.

1. Per què a partir de Felip II les corts catalanes es van convocar poques vegades? Què va comportar aquest fet?

Ho sabies?

Pel que fa a l'**organització del territori** i la seva administració es mantenien les fórmules medievals. Una part del territori estava sota jurisdicció dels senyors i l'Església, i un altra molt petita, sota la del rei.

A totes les poblacions hi havia batlles nomenats per nobles, per l'Església o pel rei.

EL GOVERN DE CATALUNYA SOTA ELS ÀUSTRIES

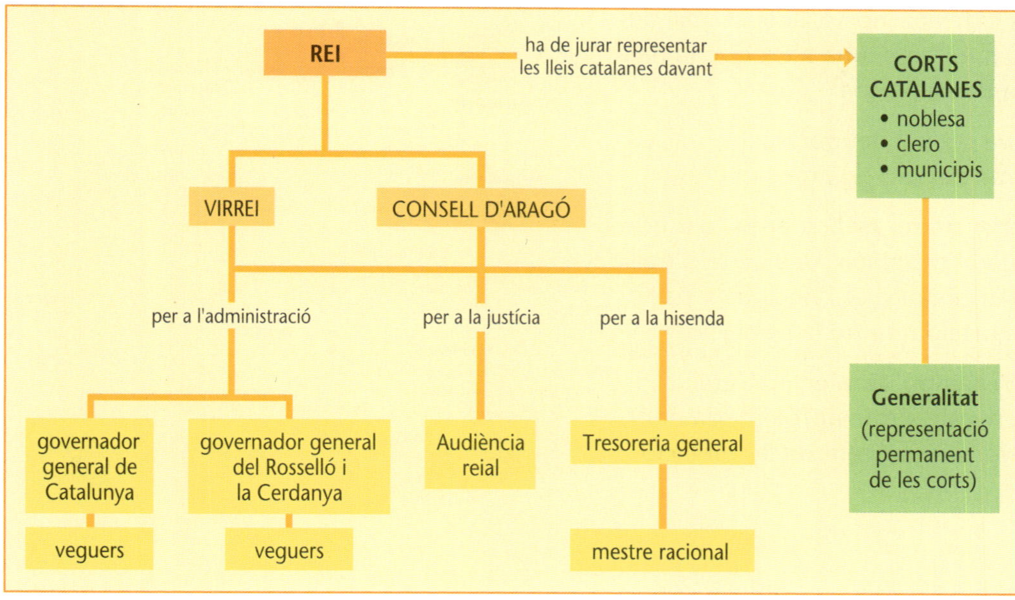

2. Quins eren els dos òrgans de govern de la monarquia a Catalunya?

3. Què eren les corts i la Generalitat?

1.3. Els conflictes de la Generalitat amb l'autoritat reial

Les intromissions i la **violació dels drets tradicionals** del Principat, per part de les autoritats de la monarquia hispànica, no van ser ben acceptades pels grups dirigents catalans. En conseqüència, els enfrontaments entre la Generalitat i la corona van ser molt freqüents.

Les peticions de nous impostos i subsidis, demanats pels monarques a les corts catalanes, eren acceptats en ocasions, però sempre sota el control de la Generalitat, molt gelosa en defensar els drets de les institucions de Catalunya en aquesta matèria.

Al segle XVI van ser constants les queixes tant pels abusos de la inquisició, amb autoritat sobre el Principat, com per l'incompliment dels funcionaris reials respecte a les lleis i els costums de Catalunya.

Però el gran enfrontament es va produir el 1640, arran dels **intents centralitzadors** de la monarquia de Felip IV.

Ho sabies?

Al 1560, el rei Felip II, en lluita contra el calvinisme, va dictar una sèrie d'**ordres de control** de la frontera catalana amb França i va intentar obligar a pagar un nou impost sobre els béns de les parròquies.

La Generalitat de Catalunya es va negar a acceptar-ho i els seus representants van acabar empresonats, acusats d'heretgia.

Constitucions de la Cort del 1599, impreses el 1603.

SINTETITZA

4. Explica el tipus de monarquia que va establir la dinastia dels Àustries.

5. Quina evolució van seguir les institucions de govern de Catalunya sota els Àustries?

6. Com s'organitzava el territori de Catalunya en aquesta època?

7. Quins enfrontaments es van produir entre la Generalitat i la monarquia? Per què?

2 Societat i economia als segles XVI i XVII

2.1. La població catalana

A l'Edat Moderna, Catalunya estava poc poblada. Al llarg dels segles XVI i XVII la població catalana no va aconseguir de superar mai el sostre dels 500 000 habitants, una xifra que ja havia assolit al segle XIV, abans de la Pesta Negra.

Durant el segle XVI la població va créixer lleugerament gràcies a l'arribada d'immigrants procedents del sud de França.

Però, al segle XVII, època de **crisi demogràfica** arreu d'Europa, la població a Catalunya va tornar a disminuir. Una sèrie d'**epidèmies** de conseqüències greus van assolar el Principat a partir del 1629 i hi van causar una gran mortaldat entre la població.

L'**expulsió dels moriscos** (1609) també va afectar Catalunya, encara que de forma limitada. En van sortir aproximadament unes 5 000 persones, que significaven l'u per cent de la població.

L'EXPULSIÓ DELS MORISCOS CATALANS

La majoria dels moriscos de Catalunya es localitzava a les comarques de l'Ebre i del Baix Segre i es dedicava principalment a l'agricultura.

1. On es localitzaven els nuclis de població morisca principals? Quins foren els més afectats?

2.2. Els grups socials

En la societat catalana dels segles XVI i XVII, la **noblesa** continuava sent el grup social predominant. Algunes de les famílies nobles catalanes més poderoses s'emparentaven per mitjà del matrimoni amb la noblesa castellana i s'integraven en les estructures cortesanes de la capital.

Mentre, la **mitjana** i la **petita noblesa**, que no podien fer carrera política ni militar, continuaven arrelades a la terra com a font d'ingressos principal. La crisi econòmica i la davallada de les rendes senyorials, arran de les reformes al camp de Ferran II, van empobrir aquests sectors.

La **burgesia** va perdre una bona part de la força que tenia a la Catalunya medieval. Els mercaders i els artesans van veure com se'ls reduïen els ingressos com a conseqüència de la davallada del tràfic comercial mediterrani.

La **pagesia** constituïa la majoria de la població. La fi del conflicte remença i la Sentència Arbitral de Guadalupe van beneficiar un sector dels remences. Però molts pagesos continuaren en una situació precària com a petits arrendataris o jornalers.

Rajoles del segle XVII que mostren les feines dels pagesos i els artesans.

El port de Barcelona a la darreria del segle XVII, en què va experimentar un creixement de la seva activitat.

2.3. La davallada econòmica

Les mesures implantades per Ferran el Catòlic a la darreria del segle XV van deturar la crisi econòmica a Catalunya. No obstant això, l'economia catalana dels segles XVI i XVII no va arribar a assolir el nivell de prosperitat anterior.

La **davallada del comerç** mediterrani en favor de les rutes atlàntiques cap a Amèrica va afectar directament les activitats comercials catalanes i, en conseqüència, les exportacions se'n van ressentir. A més, al llarg del segle XVI els ports catalans van restar exclosos del comerç amb Amèrica.

L'**agricultura** va esdevenir l'activitat econòmica principal. El conreu més extens eren els cereals (blat, ordi i sègol). També es conreaven lleguminoses i vinya.

A les ciutats la **indústria artesana** continuava en mans dels gremis, i es fabricaven teixits, sabó, vidre i objectes de cuir per abastar la població i també per a l'exportació.

EXPORTACIONS DEL PORT DE BARCELONA (en %)

Concepte	1664/1665	1695/1696
Teixits	65	80
Queviures	11,2	5,4
Pells	8,1	0,1
Metalls	1,8	0,9
Espècies	1,8	3,6
Rodes de molí	1,8	0,7
Diversos	9,9	8,4
Total	**99,6**	**99,1**

2. Quins eren els productes d'exportació principals?

2.4. El redreçament de l'economia catalana

A la darreria del segle XVII l'economia catalana va iniciar un període de recuperació que va posar les bases de les transformacions del segle XVIII i del procés d'industrialització posterior.

Algunes comarques del litoral van començar a especialitzar-se en la **vinya** i a d'altres es va iniciar una certa rotació de conreus entre **cereals** i **lleguminoses**. Tot això va fer possible una lenta millora de la producció agrícola.

A més, algunes famílies pageses van començar també a combinar les feines agrícoles amb l'elaboració de teixits. Així es va iniciar una **indústria a domicili**, en què un comerciant proporcionava al pagès la maquinària i les matèries primeres per a la elaboració del producte que posteriorment s'encarregava de vendre al mercat.

El comerç també va tenir una certa recuperació i alguns productes, com el vi, l'oli, l'aiguardent, els fruits secs i els teixits van començar a ser exportats cap als mercats del **Mediterrani** i de l'**Atlàntic**. Molts comerciants catalans van enviar representants al port de Sevilla i, posteriorment, també al de Cadis, per tal de poder comerciar amb les colònies americanes.

Ho sabies?

L'any 1683 **Narcís Feliu de la Penya** va escriure el llibre *Fénix de Catalunya*.

El text proposa uns mitjans de redreçament per a l'economia catalana, com la formació d'una gran companyia de comerç, sobre el model holandès, amb la funció de proporcionar capital a la indústria, el comerç i la navegació.

D'aquesta manera, el *Fénix* recollia les demandes de determinats grups mercantils de Barcelona.

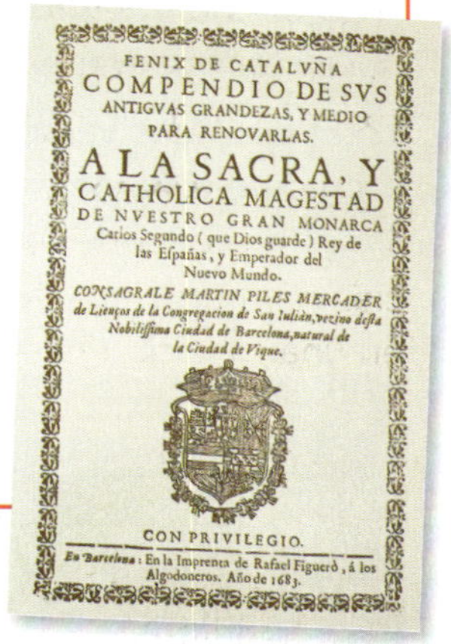
FENIX DE CATALVÑA
COMPENDIO DE SVS ANTIGVAS GRANDEZAS, Y MEDIO PARA RENOVARLAS.
A LA SACRA, Y CATHOLICA MAGESTAD DE NVESTRO GRAN MONARCA Carlos Segundo (que Dios guarde) Rey de las Españas, y Emperador del Nuevo Mundo.
CONSAGRALE MARTIN PILES MERCADER de Lienços de la Congregacion de San Iulián, vezino desta Nobilissima Ciudad de Barcelona, natural de la Ciudad de Vique.
CON PRIVILEGIO.
En Barcelona: En la Imprenta de Rafael Figuerò, á los Algodoneros. Año de 1683.

SINTETITZA

3. Com va evolucionar la població de Catalunya durant els segles XVI i XVII?

4. Quines van ser les causes de la davallada del comerç mediterrani català durant l'Edat Moderna?

5. Per què es parla d'un redreçament de l'economia catalana al segle XVII? Què va ser el *Fénix de Catalunya*?

6. Quina evolució van seguir els grups socials catalans als segles XVI i XVII?

ELS BANDOLERS

La societat catalana, especialment la rural, es va veure trasbalsada, al segle XVI i a la primera part del XVII, pel fenomen del **bandolerisme**. Els bandolers s'organitzaven en colles d'homes, sovint dirigides per un noble, que es dedicaven a fer robatoris, segrestos i contraban. Alguns bandolers van tenir força popularitat, com Perot Rocaguinarda i Joan Sala, àlies **Serrallonga**.

Les causes del bandolerisme cal buscar-les en l'empobriment de Catalunya, especialment a les zones agràries de muntanya.

D'una banda, va ser una sortida pels grups socials més humils davant la misèria, agreujada per les epidèmies periòdiques i les èpoques de fam.

D'altra banda, fou la resposta d'un sector de la petita noblesa a la disminució de les seves rendes i la impossibilitat d'integrar-se en l'estructura política d'una monarquia massa allunyada del Principat.

Les autoritats van perseguir durament els bandolers, encara que la seva presència es va mantenir fins a mitjan segle XVII.

Nyerros i cadells

Els enfrontaments entre la noblesa rural catalana van ser constants des del segle XIV. Als segles XVI i XVII, una bona part d'aquesta noblesa es va alinear en dos bàndols, el de la casa nobiliària dels Cadell i el dels senyors de Nyer.

Enfrontats entre sí per lluites de poder senyorial, van arrossegar una bona part de la població, per vincles de fidelitat, a un o altre bàndol, i van donar suport a grups de bandolers.

Un pedrenyal del segle XVI.

LLOCS D'ATACS DE BANDOLERS (SEGLES XVI i XVII)

Joan de Serrallonga

El bandoler Joan Sala Ferrer, àlias Serrallonga, va néixer a Viladrau el 1595. Inicialment compaginava les feines agrícoles del mas amb petits robatoris, però el 1622, després d'assassinar un veí que l'havia denunciat, va fugir i es va convertir en el bandoler més actiu del Principat. El seu caràcter de bandoler enfrontat al poder autoritari de l'estat li va fer guanyar les simpaties del poble menut.

Finalment va ser detingut i executat amb tota crueltat a Barcelona el dia 8 de gener del 1634.

Pieter Snayers: *Assalt de bandolers*, segle XVII.

El Quixot i els bandolers

Levantóse Sancho y [...] alzando las manos, topó con dos pies de persona con zapatos y calzas [...]. Tentólos don Quijote y cayó luego en la cuenta de lo que podía ser: y díjole a Sancho: –[...] Sin duda son de algunos forajidos y bandoleros que en estos árboles están ahorcados; que por aquí los suele ahorcar la justicia, cuando los coge, de veinte en veinte y de treinta en treinta; por donde me doy a entender que debo estar cerca de Barcelona.

Miguel de CERVANTES: *El ingenioso hidalgo don Quijote de la Mancha*, 1605.

PIRATES I CORSARIS

Un altre element de convulsió entre la població catalana dels segles XVI i XVII van ser els atacs freqüents de pirates i corsaris, provinents del Magrib i de l'Imperi Otomà, a la costa catalana.

Els atacs a les naus comercials van dificultar el comerç a través del Mediterrani i moltes ciutats costaneres van ser **saquejades**.

Per defensar-se de la pirateria, al llarg de la costa del Principat s'hi van aixecar **torres de defensa** (de guaita) i a les ciutats costaneres s'hi van construir muralles. La Generalitat va disposar també de galeres pròpies per vigilar el litoral i va organitzar expedicions de defensa.

Torre de guaita situada a la costa de Sant Antoni de Calonge (Baix Empordà), del segle XVI.

@ Amplia a la Xarxa...

Per saber més sobre els pirates i les torres de guaita, entra a www.tiching.com/81038

Vistes del port de Mataró en una il·lustració del segle XVII.

Un atac dels pirates a la costa catalana

A punta de dia es va descobrir a la punta de Begur que s'hi havien unit, com si anessin entre el cap de Creus i Roses, sis vaixells [...]. Però la gent encara no s'havia pogut reunir, que ja els moros havien llançat quatre-cents homes a terra i havien cremat una trista masia a la Murtra i cremaren algunes garbes i van prendre una vaca.

De sobre la serra va sortir Pere Domènech, administrador del comtat d'Empúries, amb setanta homes [...]. I de Cadaqués també va sortir una escuadra amb gent. I quan els moros van veure que la terra s'havia alçat, van tornar a embarcar.

Dietari de Jeroni Pujades, 1627.

Assalt i defensa del litoral

Un **pirata** i un corsari no eren el mateix. Un pirata era un delinqüent que pel seu compte capturava vaixells en alta mar o assaltava ciutats de la costa per endur-se'n un botí o segrestrava persones per reclamar-ne un rescat.

El **corsari** era semblant a un pirata, però actuava amb el suport i el permís del rei amb la voluntat d'afeblir econòmicament l'enemic. Sovint els corsaris sortien amb les seves naus per defensar la població del litoral dels atacs dels pirates.

1. Què va ser el bandolerisme? Quines causes el van provocar? Quin tipus de bandolers hi havia?

2. Quins indrets eren els més freqüentats pels bandolers en les seves accions?

3. Quines mesures es van prendre per defensar la costa catalana dels pirates?

4. Informa't sobre com el bandolerisme i la pirateria van afectar a la societat catalana dels segles XVI i XVII.

3 La revolta catalana del 1640

L'any 1640 va esclatar a Catalunya la revolta pagesa dels Segadors, que va derivar en una llarga guerra contra la monarquia hispànica.

3.1. Les causes del conflicte

La revolta va tenir un doble component, social i polític:

- Va ser una **revolta pagesa** contra els senyors i les autoritats com a protesta per la situació de misèria en què es trobaven les famílies catalanes a causa de les fortes càrregues fiscals que suportaven.
- Va ser una **revolta dels grups socials benestants** catalans contra els intents del comte duc d'Olivares, privat de Felip IV, d'uniformar la monarquia segons les lleis i les institucions de Castella.

Els problemes es van iniciar l'any 1626 quan, per tal d'enfortir l'exèrcit que lluitava en la Guerra dels Trenta Anys, Olivares va impulsar la creació de la **Unión de Armas**, per repartir entre tots els regnes de la monarquia hispànica el manteniment de l'exèrcit del rei. Llavors, les corts catalanes van negar-se a aportar els 16 000 homes que proposava el rei.

La situació va empitjorar a partir del 1635 amb l'inici de la guerra amb França, en què el rei va obligar els pagesos catalans a allotjar i alimentar els soldats que formaven els terços castellans.

Els continus robatoris i abusos que cometien els soldats, mal pagats per l'exèrcit, van ocasionar conflictes amb els pagesos.

A més, es va obligar els catalans a crear un exèrcit propi per defensar la frontera del Rosselló.

3.2. La revolta dels Segadors

L'any 1640 va esclatar la guerra dels Segadors, una **insurrecció pagesa** contra els senyors que els ofegaven amb impostos i contra les autoritats polítiques que els obligaven a fer-se càrrec de les despeses de la guerra.

La revolta es va iniciar l'abril d'aquell any a la població de Santa Coloma de Farners quan els pagesos es van negar a allotjar els soldats.

La insurrecció es va estendre per diverses zones de Catalunya (l'Empordà, Osona, el Ripollès, la Selva), on grups de pagesos armats animaven a l'aixecament contra els soldats del rei i contra els senyors i les autoritats locals.

El moment culminant de la revolta es va produir els dies 7, 8 i 9 de juny amb els esdeveniments del **Corpus de Sang**, en què un grup de segadors, que havien anat a Barcelona per ser contractats per a la sega, es va enfrontar a les autoritats i hi hagué alguns morts.

LA UNIÓN DE ARMAS D'OLIVARES

Estats i territoris	Homes que calia pagar
Catalunya	16000
Aragó	10000
València	6000
Castella i les Índies	44000
Portugal	16000
Nàpols	16000
Sicília	6000
Milà	8000
Flandes	12000
Illes del Mediterrani i de l'Atlàntic	6000

1. Què suposava per a Catalunya el projecte de la Unión de Armas?

Ho sabies?

Els primers dies de juny, en què se celebrava la festa del **Corpus**, van entrar a Barcelona uns 500 pagesos, molts d'ells vinculats a les bandes armades que s'anaven estenent pel Principat. La baralla entre un d'aquests segadors i un dels servents del virrei va ser l'espurna que va fer esclatar la revolta.

Els amotinats van saquejar i incendiar les cases dels qui tenien càrrecs en l'administració i dels jutges de l'Audiència.

El virrei, que era el comte de Santa Coloma, va intentar fugir en un vaixell, però un grup d'homes armats el van agafar i el van assassinar.

Antoni Estruch: *Corpus de Sang*, 1904.

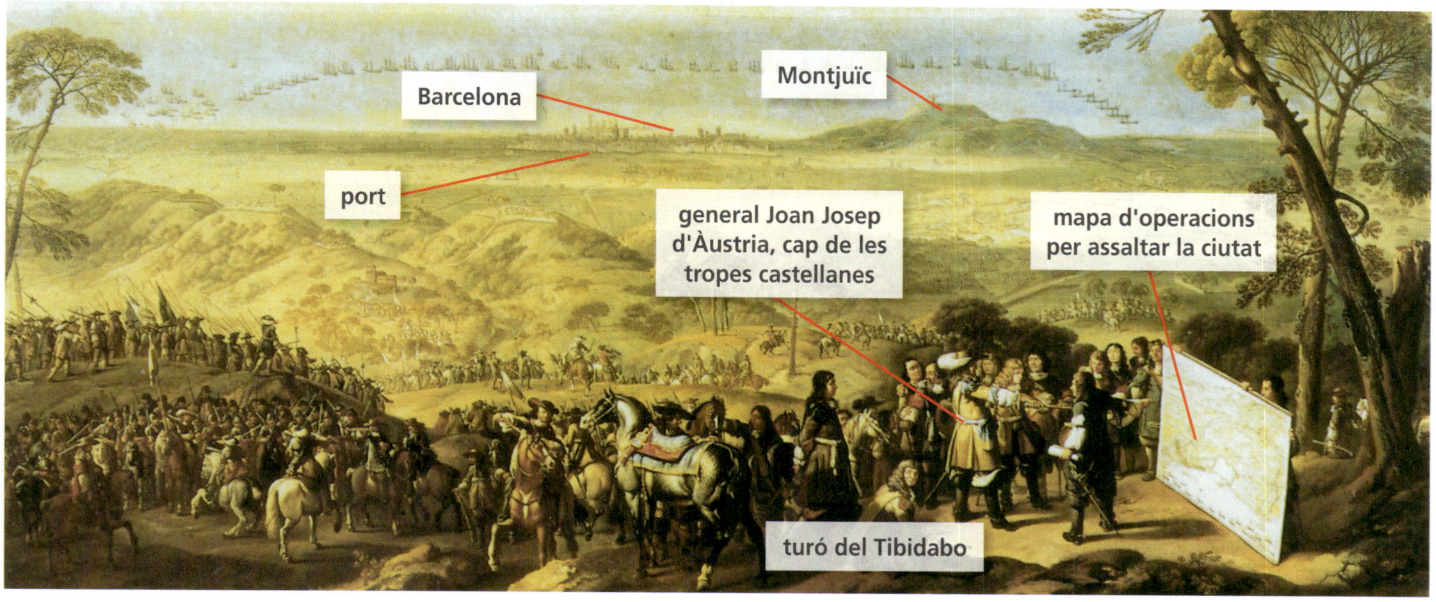

El setge de Barcelona (1650-1652) el va dirigir Joan Josep d'Àustria, fill de Felip IV.

3.3. La guerra amb la monarquia (1640-1652)

Els grups benestants i els governants del Principat es van atemorir davant la revolta pagesa, el control de la qual se'ls escapava. Però davant la imminent intervenció de les tropes castellanes, van voler aprofitar la situació de revolta per deslliurar-se del domini de la monarquia hispànica.

Pau Claris, president de la Generalitat, va establir contactes amb França per rebre ajuda militar i enfrontar-se a l'exèrcit de Felip IV. El 16 de gener del 1641 es va proclamar la República Catalana sota la protecció de França, i pocs dies després es va reconèixer Lluís XIII de França com a comte de Barcelona i Catalunya es va integrar a la corona francesa.

Aleshores va començar una guerra que va durar tretze anys i que va enfrontar catalans i francesos amb la monarquia dels Àustries.

La guerra a Catalunya es va acabar el 1652, en què la ciutat de **Barcelona va capitular**, després d'un setge de dos anys per les tropes de Felip IV.

Catalunya va acceptar la sobirania del rei d'Espanya i aquest va atorgar un perdó general i es va comprometre a respectar les lleis, les institucions i els privilegis del Principat.

La guerra entre França i la monarquia hispànica es va prolongar fins l'any 1659, en què es va signar la **Pau dels Pirineus**, per la qual Espanya lliurava a França el Rosselló i una part de la Cerdanya.

LA POR A LA REVOLTA POPULAR

En la Junta de Braços tinguda el 16 del corrent, es resolgué acceptar la protecció que el senyor Bisançon nos oferí, en nom de son rey [Luís XIII de França]. [...]

Aquesta província i ciutat estan tan exhaustos per los gastos de la guerra, que tenim ja a les portes de la ciutat, [...] que demana posar el principat de Catalunya sota la seva obediència, *com ja en temps de Carlemany ho feren els nostres avantpassats*, amb el pacte que el rei es comprometi a jurar i acceptar els nostres usatges, constitucions, privilegis, usos, llibertats i honors [...].

Proposició de la Junta de Braços de les corts, 1641.

- Què va proposar la Junta de Braços? Amb quines condicions? Quina situació va provocar aquest fet?
- Explica a què es refereix la frase en cursiva.

SINTETITZA

2. Què proposava el programa del comte duc d'Olivares per a Catalunya?

3. Contra què protestaven els grups més pobres de la societat amb la revolta dels Segadors?

4. Què va succeir a Catalunya a partir del 1640? Què va proposar Pau Claris?

5. Què va ser la Pau dels Pirineus? Quins territoris hi va perdre Catalunya?

4 El Renaixement i el Barroc a Catalunya

El Renaixement no va ser un estil gaire important a Catalunya. Per aquest motiu, el Gòtic hi va continuar molt arrelat, fins a mitjan segle XVII, moment en què el Barroc es va imposar al Principat.

El Barroc, a causa de la complexa situació econòmica i política, tampoc no hi tingué una implantació molt forta. No era el moment per construir grans edificis institucionals, eclesiàstics o nobiliaris, ni per fer costosos encàrrecs de pintura o escultura.

Pati del *col·legi de Sant Lluís* de Tortosa, 1544.

4.1. El Renaixement

En **arquitectura**, a Catalunya, el Renaixement es presenta sovint com un recurs decoratiu que servia per ornamentar i complementar l'estructura gòtica, tal com es pot veure a la *Casa de l'Ardiaca* de Barcelona.

Algunes vegades, però, es mostra amb els seus elements característics, com ara els arcs de mig punt, les columnes d'ordre clàssic o els frontons. En són exemples el conjunt dels *Reials col·legis de Tortosa*, l'*església de Sant Andreu* a la Selva del Camp i la façana del *Palau de la Generalitat,* construïda per **Pere Blai**.

En escultura i en pintura les novetats renaixentistes les aportaren gairebé sempre artistes forans (castellans, italians i flamencs). Les seves propostes es barregen amb la tradició pròpia, dominada encara per l'estructura i els elements decoratius gòtics, com es pot apreciar en molts retaules.

En **escultura** els artistes més destacats que van treballar a Catalunya van ser el burgalès **Bartolomé Ordóñez** (*rerecor de la catedral de Barcelona*) i el valencià **Damià Forment** (*retaule major de Santa Maria de Poblet*).

En **pintura** destaquen els flamencs **Ayne Bru** i **Joan de Borgonya** (vegeu el tema 8) i els catalans **Pere Mates**, **Damià Vicens** i **Jaume Huguet**.

Pere Mates: *Santa Magdalena escolta la prèdica de Crist*, 1526. Museu de la catedral de Girona.

Pere Blai: façana del *Palau de la Generalitat*, Barcelona, 1597-1619.

@ Amplia a la Xarxa...

Per saber més sobre l'art del Barroc a Catalunya, entra a www.tiching.com/81039

4.2. El Barroc

Les obres barroques més significatives a Catalunya es troben a les esglésies, com a expressió d'una religiositat molt lligada a l'esperit de la Contrareforma.

En **arquitectura** destaca la *Casa de Convalescència* de l'antic Hospital de la Santa Creu de Barcelona, la portalada de l'*església de Caldes de Montbui*, la façana de la *catedral de Tortosa*, la de la *catedral de Girona* i la de la *Universitat de Cervera*.

Com a culminació d'aquest estil barroc, destaquen l'*església de Betlem*, a la ciutat de Barcelona, obra de **Josep Juli**, que presenta una important façana decorada amb columnes salomòniques i volutes.

En **escultura** també són representatius els retaules que ornamenten moltes esglésies del Principat, com ara el d'Arenys de Mar (Maresme). La majoria són fets de fusta policromada i daurada.

En **pintura** cal destacar, al segle XVII, **Francesc Ribalta** i, al segle XVIII, **Antoni Viladomat**, autor de l'important cicle de la *Vida de Sant Francesc* i de la sèrie de les estacions (*La primavera*, *La tardor*...).

La *Universitat de Cervera* (1718-1740) és una de les mostres representatives de l'art barroc català.

Antoni Viladomat: *La primavera*, 1730-1735.

Pau Costa: *retaule de l'església d'Arenys de Mar*, 1711.

SINTETITZA

1. Explica quines van ser les causes de la relativa feblesa del Renaixement a Catalunya.

2. Com es va manifestar la nova estètica renaixentista en l'art català?

3. Descriu què va aportar el corrent artístic del Barroc a l'art català.

4. Enumera les obres i els artistes més importants del Barroc a Catalunya.

Practica competències bàsiques

1. Completa el mapa conceptual

Copia el mapa conceptual al quadern i completa'l:

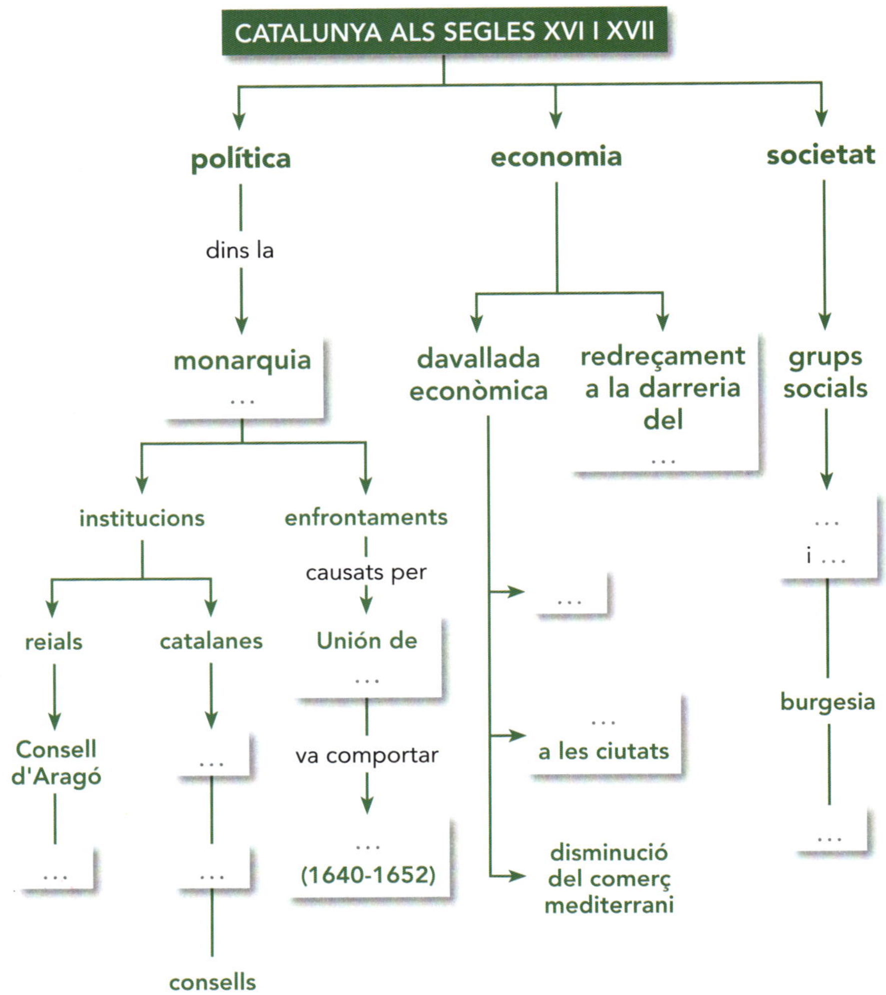

2. Sintetitza

1. Com es governava Catalunya dins la monarquia hispànica?
2. Quina va ser l'evolució demogràfica i econòmica de Catalunya als segles XVI i XVII?
3. Quins grups socials formaven la societat catalana dels segles XVI i XVII?
4. Quins van ser els orígens de la revolta catalana del 1640? Com es va acabar?
5. Què va suposar per Catalunya la Pau dels Pirineus?
6. Quina importància van tenir el Renaixement i el Barroc a Catalunya?

3. Fixa't en el mapa

a) Quines comarques de Catalunya concentraven una major densitat de població al segle XVI?

b) Quines comarques eren les més despoblades?

c) Explica les possibles causes d'aquest repartiment de la població.

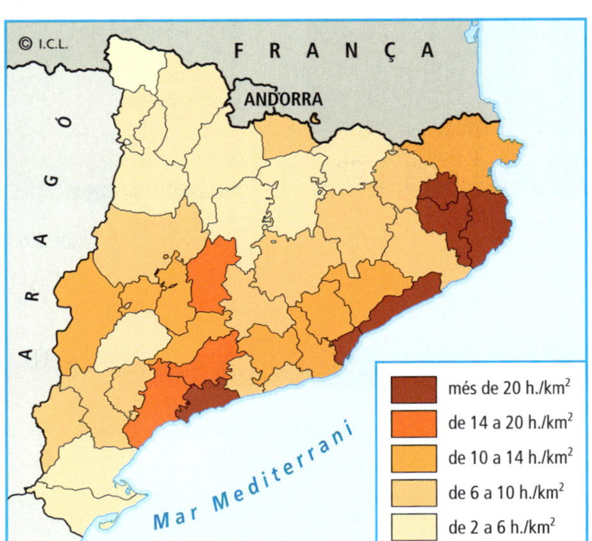

4. Defineix conceptes

- bandolerisme
- corsaris i pirates
- Corpus de Sang
- Unión de Armas
- revolta dels Segadors

5. Interpreta la cançó

Catalunya, comtat gran,
qui t'ha vist tan rica i plena!
Ara el rei Nostre Senyor
declarada ens té la guerra.

Segueu arran!
Segueu arran,
que la palla va cara!
Segueu arran!

Fragment de la versió tradicional d'*Els Segadors*, segle XVII.

a) Per què la cançó es refereix a Catalunya com a comtat gran? Quins elements fan referència a la guerra del 1640?

b) Busca'n a Internet la versió completa del segle XVII i compara-la amb l'actual.

6. Aprèn a explicar la composició d'una institució catalana de l'Edat Moderna

Els mètodes pels quals els tres diputats i els tres oïdors eren elegits per al càrrerc apareixen, vist per sobre, com un exemple perfecte de la imparcialitat més estricta. Cada tres anys, el 22 de juliol, un nen extreia d'una safata de plata sis noms a l'atzar, i els afortunats formaven la Diputació durant els tres anys següents. Amb dos *clergues*, dos *militars* i dos membres del *braç reial* component la Diputació, les tres classes tradicionals de la societat catalana gaudien d'igual representació [...].

La forma com els noms eren extrets de la safata de plata és prou coneguda, però hom no acaba d'escatir com era que els noms anaven a parar abans a la safata. En realitat, la cerimònia del 22 de juliol era només la darrera etapa d'un procés llarg i apassionat. Tot i que només la sort determinava el resultat de la loteria final, es requeria bastant més que sort per qualificar-se per a l'elecció.

J. Elliot: *La revolta catalana (1598-1640)*, 2006.

REPRESENTANTS A LES CORTS ELEGIBLES COM A MEMBRES DE LA GENERALITAT

Grup social	Nombre de persones
Braç eclesiàstic (altes jerarquies del clero, bisbes, abats, etc.)	66
Braç reial (representants de les ciutats)	208
Braç militar (tots els nobles catalans)	250
Total	**524**

a) Quantes persones formaven part de la llista per elegir els membres de la Generalitat?

b) Quin era el grup social que presentava més candidats? Quants membres s'elegien per grup social?

c) Explica com es duia a terme el procés d'elecció dels sis membres. Quin nom rep?

d) Quina relació hi havia entre les corts i la Generalitat?

e) Recorda quines eren les funcions de la Generalitat de Catalunya a l'època moderna.

Pere Blai: *saló de Sant Jordi*, Palau de la Generalitat, final del segle XVI.

7. Comenta el text

L'horrenda i espantable quantitat que Sa Majestat demana [...] ha de ser la total i perpètua destrucció de tot aquest regne [...] i hauríem de veure que si tenen lloc aquestes opressions no sols nosaltres que avui vivim, sinó encara perpètuament els nostres successors, seran captius i esclaus fets; i al Sr. nostre Rei l'hem de voler, com es de raó, però de manera que tots visquem majoritàriament no sent com no som tots conquistats, sinó un poble franc i lliure.

Resposta de Pau Beulò, ciutadà de Vic i membre de les corts a la proposta del comte duc d'Olivares.

a) Quina es la petició que provoca la indignació del diputat Beulò? Quines consequències creu que tindrà?

b) Amb quins arguments refusa la petició? Quins fets tindran lloc davant la negativa del Principat a acceptar la proposta reial?

Activitats@web

www.vicensvivesdigital.com/activitatsweb

- **Relaciona.** Institucions de poder
- **Selecciona.** L'economia catalana als segles XVI i XVII
- **Completa.** Els grups socials
- **Veritable/fals.** Bandolerisme i pirateria
- **Ordena.** La revolta catalana
- **Identifica.** Renaixement i Barroc

GEOGRAFIA

Anomenem **població** el conjunt de les persones que habiten un territori. Aquesta població s'organitza en societats que tenen una identitat i una cultura pròpies. Les **societats** humanes són molt diverses i s'hi observen fortes desigualtats.

La característica principal de la població mundial és el seu **dinamisme**. Factors com la **natalitat**, la **mortalitat** i les **migracions** han fet evolucionar la població al llarg de la història i han donat lloc, els dos darrers segles, a un **creixement demogràfic** important.

Un dels factors que influeixen més en aquest dinamisme demogràfic són els **moviments migratoris**. Cada any milers de persones es veuen forçades a emigrar per millorar les seves condicions econòmiques i de vida.

Actualment, el creixement de la població a nivell mundial tendeix a la desacceleració, però la dinàmica demogràfica varia molt segons el grau de desenvolupament econòmic de cada país.

Una altra característica de la població mundial és la seva **desigual distribució al territori**. En general, es concentra als llocs on hi ha feina, ja sigui pels recursos naturals o per les activitats industrials i de serveis; per això, actualment, la població mundial és majoritàriament **urbana**.

Pel que fa a **Espanya**, aquest és un país poc poblat, amb desequilibris molt pronunciats en la distribució de la població al territori.

Els trets més característics de l'evolució recent de la població espanyola són: la **davallada de la natalitat**, l'**augment de la població urbana** i les **profundes transformacions socials**.

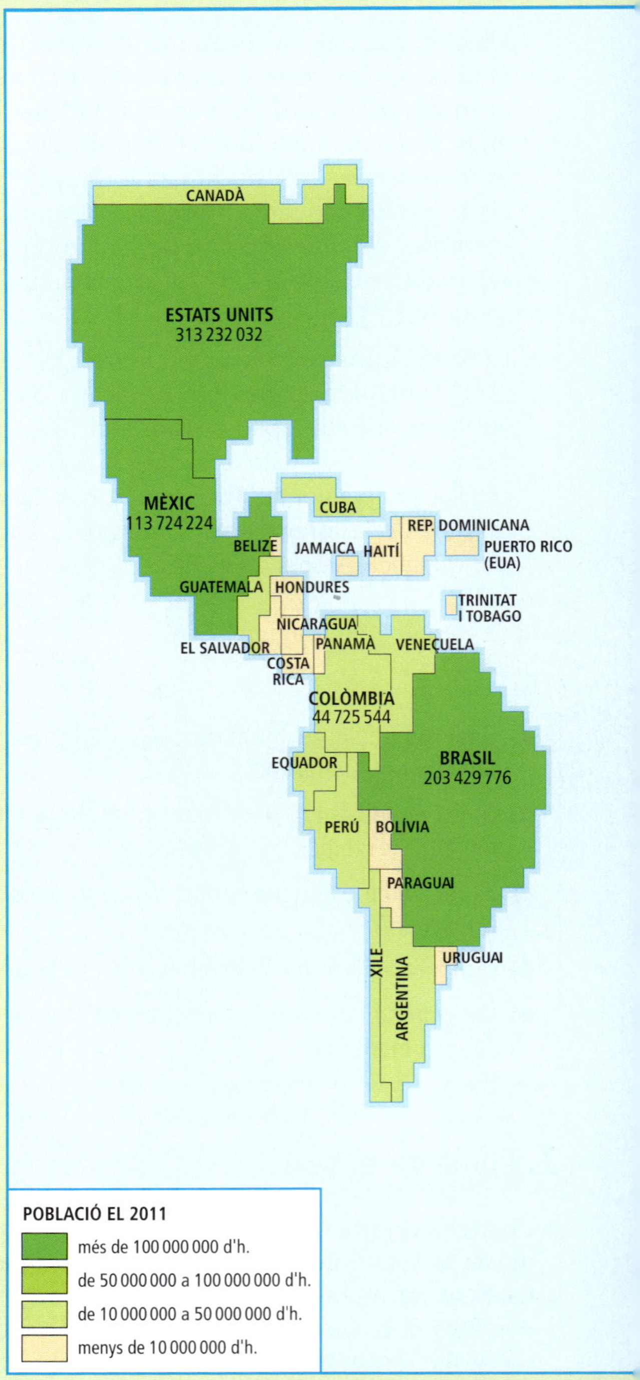

- Mira el cartograma de la població mundial:
  - Quin és el continent més poblat? Compara el Canadà i els Estats Units. Què justifica que el Canadà tingui un espai tan reduït?
  - A quina categoria de països s'inclou Espanya? Compara la població d'Espanya amb la d'uns altres països europeus: França, Regne Unit, Alemanya i Itàlia. Treu-ne conclusions.
- Què et suggereixen les fotografies? Amb quins aspectes de la població relacionaries cadascuna?

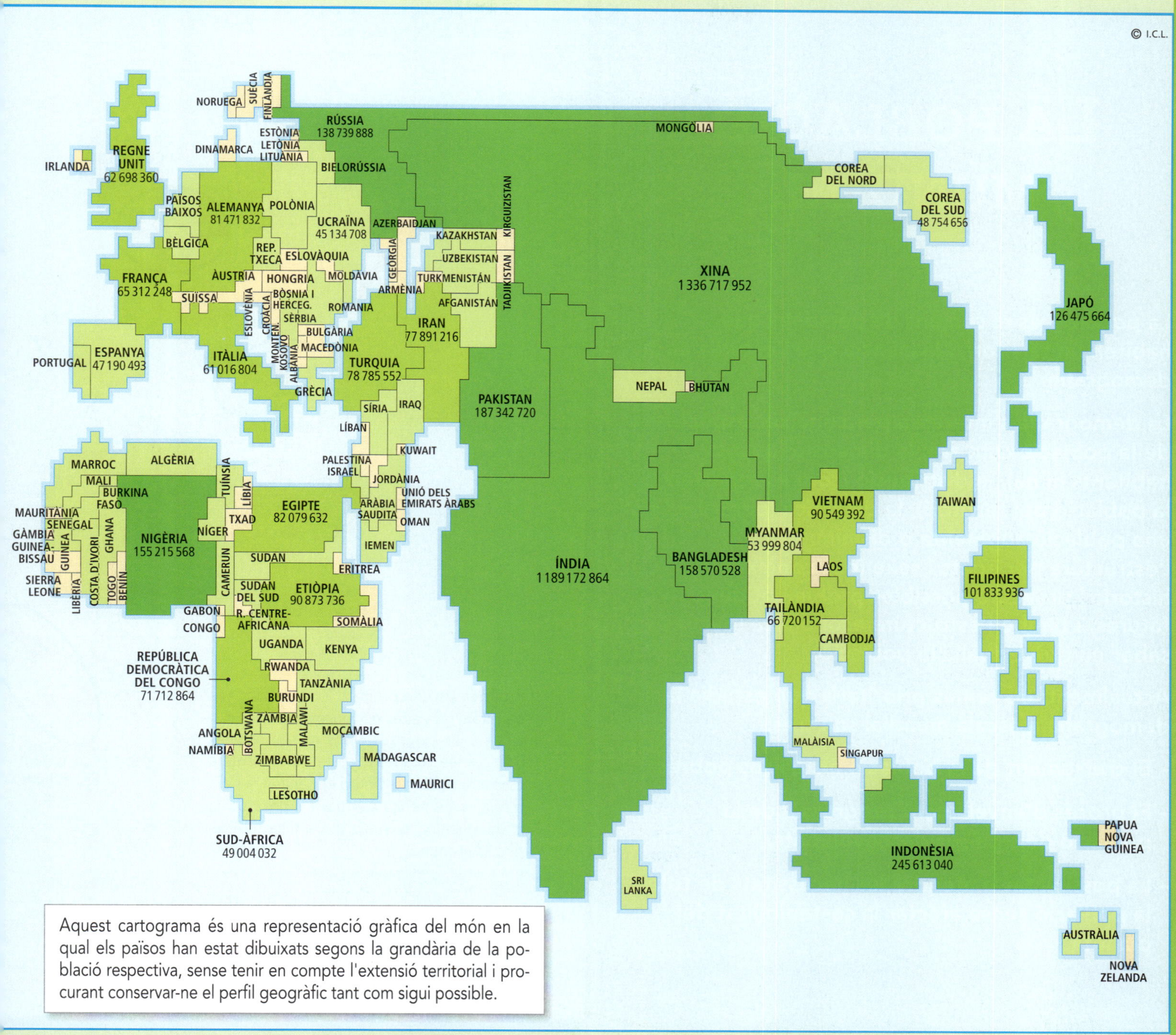

Aquest cartograma és una representació gràfica del món en la qual els països han estat dibuixats segons la grandària de la població respectiva, sense tenir en compte l'extensió territorial i procurant conservar-ne el perfil geogràfic tant com sigui possible.

b

c

d

13

LA POBLACIÓ MUNDIAL

La població és el conjunt de persones que habiten un territori, i la ciència que l'estudia és la demografia.

La demografia s'interessa per conèixer aspectes de la població com ara: la dimensió (quants habitants hi ha), la distribució (com es reparteix la població pel territori), la dinàmica (per saber si una població augmenta o disminueix), l'estructura per edats i sexe (per conèixer la història i preveure possibles problemàtiques futures) i també l'estructura econòmica (per saber en què treballa la població).

Actualment, els temes prioritaris que estudia la demografia a escala mundial són tres:

- El creixement de la població als països pobres.
- El procés d'envelliment progressiu de la població dels països desenvolupats.
- La possibilitat d'atendre les necessitats de tota la població sense afectar la sostenibilitat del planeta.

- A quin continent o a quins continents hi ha més concentració de població?
- Quines són les àrees principals de població? Ordena-les segons el nombre d'habitants que tenen.
- Què són les zones de buit demogràfic? Quines característiques tenen les zones poc poblades?

Població jove

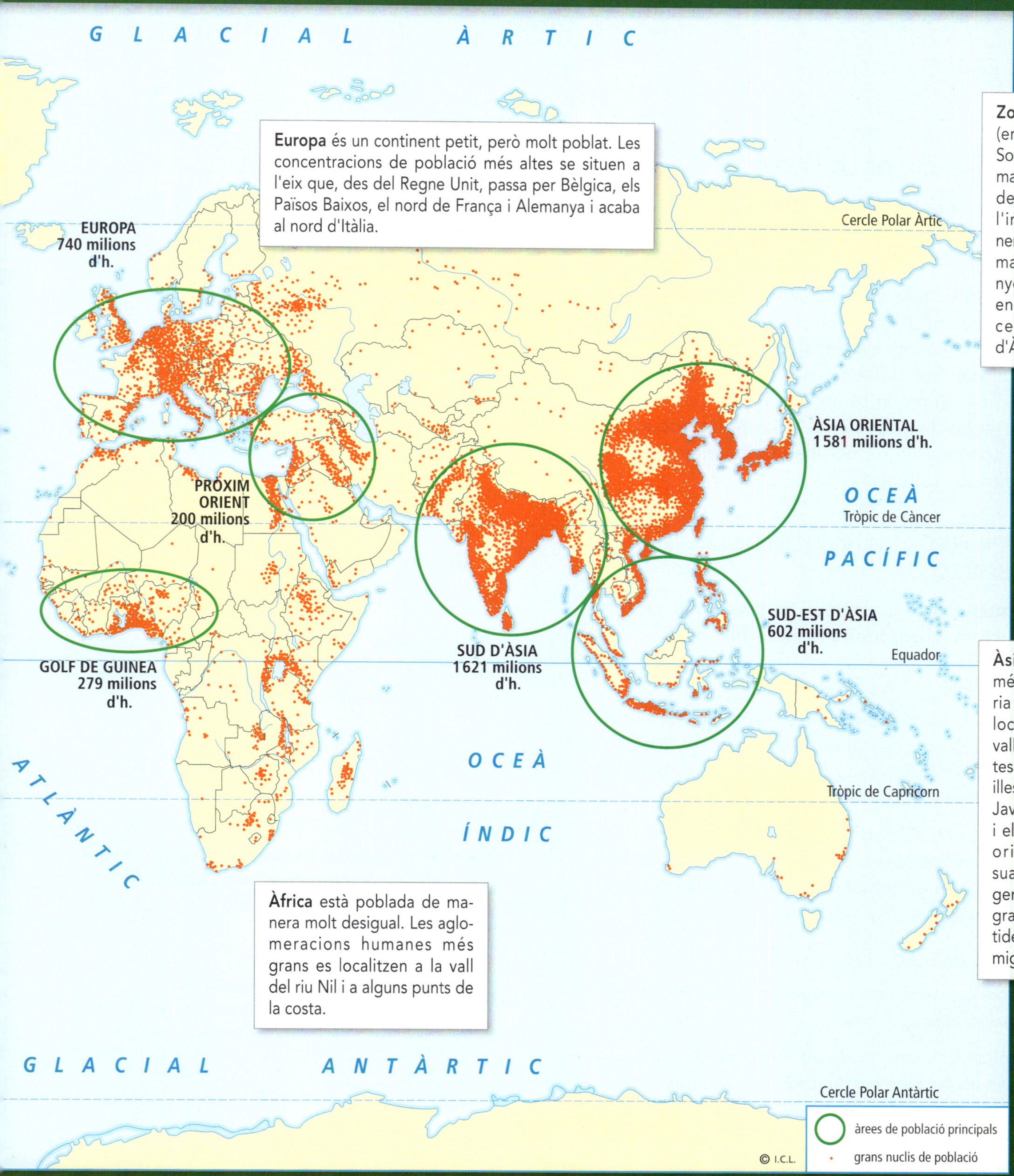

Europa és un continent petit, però molt poblat. Les concentracions de població més altes se situen a l'eix que, des del Regne Unit, passa per Bèlgica, els Països Baixos, el nord de França i Alemanya i acaba al nord d'Itàlia.

Zones poc poblades (entre 1 i 10 h./km^2). Solen ser terres de clima extrem i sec, situades lluny del mar, a l'interior dels continents, o separades del mar per altes muntanyes. Al mapa, fixa't en els exemples del centre d'Amèrica, d'Àsia i d'Àfrica.

Àsia és el continent més poblat. La majoria de la població es localitza prop de les valls fèrtils i dels deltes dels grans rius, en illes com ara el Japó o Java, i a les planures i els turons de la Xina oriental, de clima suau i sòls fèrtils. La gent es concentra en grans ciutats, convertides en autèntics formiguers humans.

Àfrica està poblada de manera molt desigual. Les aglomeracions humanes més grans es localitzen a la vall del riu Nil i a alguns punts de la costa.

Població envellida

Immigració

1 La població mundial i la seva distribució

1.1. La població de la Terra

L'any 2011, la població del nostre planeta va superar els 7 000 milions d'habitants, amb una distribució molt irregular sobre la superfície terrestre.

Per conèixer com és aquesta distribució i per poder comparar el volum d'una població amb el d'una altra, es fa servir el concepte de **densitat de població**, que relaciona el nombre d'habitants d'un territori amb la seva superfície. Si en un territori petit s'hi concentren molts habitants, diem que està densament poblat. Si en un territori gran hi ha poc habitants, diem que té poca densitat de població.

1.2. Factors de distribució de la població

En la distribució de la població mundial, hi influeixen diversos **factors**, que poden ser **físics** i **humans**.

Els factors físics

Els factors físics principals són el **relleu**, el **clima** i el **sòl**. La població es localitza preferentment als llocs on els relleus tenen poca altitud, els climes són temperats i hi abunden els sòls fèrtils.

En canvi, la població sol ser més escassa o nul·la als llocs on els relleus són elevats o amb pendents, les temperatures són extremes, els sòls són àrids o bé la humitat és excessiva.

Els factors humans

Els factors humans que intervenen en la distribució de la població són:

- **Econòmics**. En general, la població tendeix a concentrar-se als llocs on els recursos són abundants (terres productives, aigua, minerals) o als llocs on s'hagin establert activitats industrials i terciàries, com passa a les grans ciutats.
- **Històrics**. Moltes de les zones més densament poblades són herència del passat, com per exemple la creació d'imperis a valls fèrtils, com ara Egipte o Mesopotàmia, i els grans moviments de població per causa de guerra o violència, com el tràfic d'esclaus, èxodes i migracions intercontinentals.
- **Polítics**. Algunes decisions preses pels governs o per organismes internacionals impliquen l'expulsió o l'arribada de molta població, com passa, per exemple, quan es modifiquen fronteres o en el cas de refugiats de guerra.

LA POBLACIÓ MUNDIAL PER CONTINENTS EL 2011

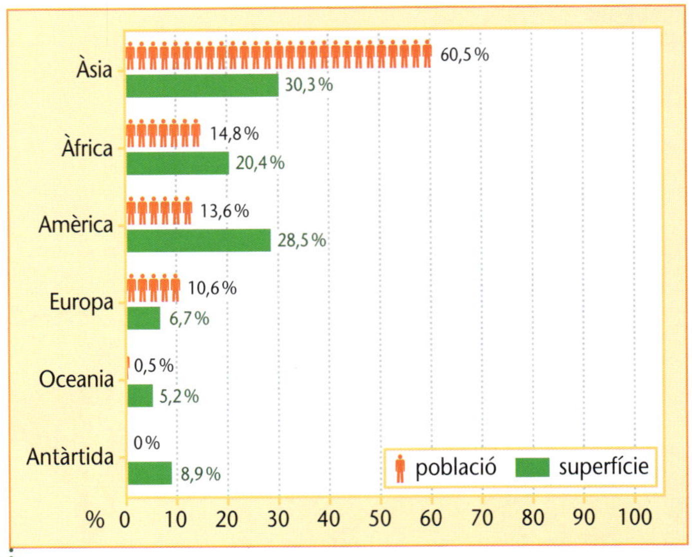

1. Consulta el gràfic i, amb aportació de dades, comenta aquesta frase: *Els habitants del planeta estan repartits de manera desigual sobre la superfície terrestre.*

LA DENSITAT DE POBLACIÓ

La **densitat de població** expressa el nombre d'habitants que hi ha en un territori per cada quilòmetre quadrat (h./km^2), en el cas que la població es repartís uniformement sobre aquest territori.

$$\text{Densitat de població} = \frac{\text{Població (h.)}}{\text{Superfície del lloc (km}^2\text{)}}$$

ELS PAÏSOS MÉS POBLATS DEL MÓN

país	població 2011 (en milions)	país	població 2050 (en milions)
Xina	1 336,7	Índia	1 690
Índia	1 189,2	Xina	1 310
Estats Units	313,2	Nigèria	433
Indonèsia	245,6	Estats Units	423

2. Quins són els dos països més poblats del planeta l'any 2011? Compara la llista de països del 2011 amb les previsions de població per al 2050 i comenta-ho.

LA DENSITAT DE POBLACIÓ AL MÓN

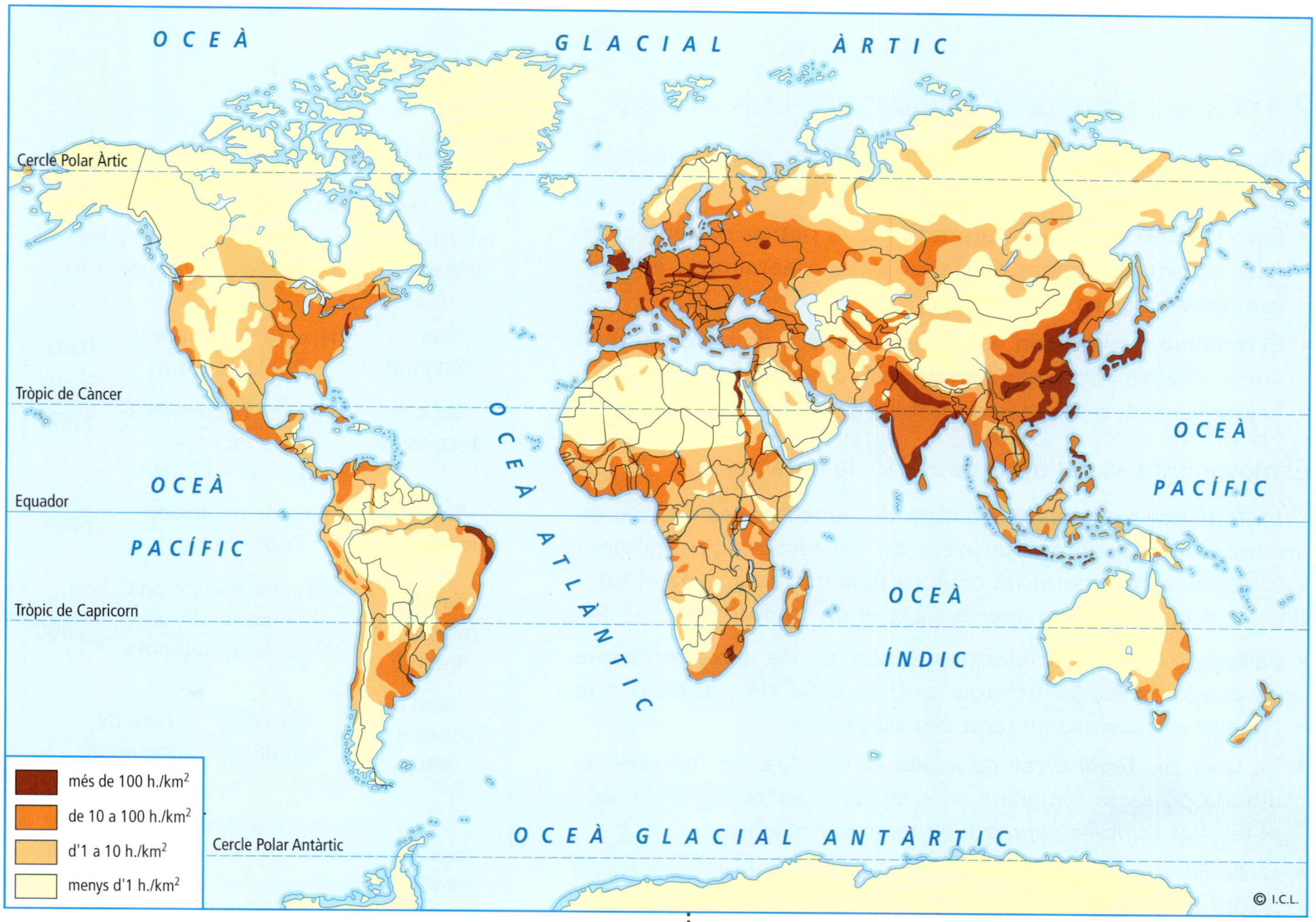

1.3. Els recomptes de població

El nombre d'habitants del planeta es coneix gràcies a uns recomptes anomenats **censos de població**, que s'elaboren a la majoria de països cada deu anys. En aquests censos, es recullen informacions com ara el nombre de persones que viuen en un habitatge, l'edat, el lloc de naixement, la professió, etc.

En els censos de població, sempre s'ha d'acceptar un marge d'error, perquè les dades d'alguns països estan basades en estimacions poc fiables.

Espanya, a més, compta amb estadístiques procedents dels **padrons municipals**. A diferència del cens, el padró municipal s'actualitza informàticament i se'n publica la revisió cada any.

3. Quin hemisferi està més densament poblat? A quines àrees geogràfiques es concentra la majoria de la població mundial?

4. Quines són les zones més deshabitades? Esmenta'n una de cada continent.

5. Compara la densitat de població espanyola amb la d'altres països europeus i del món i comenta-ho.

@ Amplia a la Xarxa...

Per saber més sobre la distribució de la població mundial, entra a www.tiching.com/69594

- Quina és la previsió de creixement de la població mundial per als anys 2050 i 2100?

SINTETITZA

6. De quina manera es distribueix la població per la superfície terrestre? Per què serveix la densitat de població?

7. Quins són els factors més importants que intervenen en la distribució de la població?

8. Identifica dos llocs del planeta poc habitats i dos de molt poblats. Explica'n els motius en cada cas.

9. Explica què és un cens de població i en què es diferencia del padró municipal.

2 La dinàmica de la població

2.1. Com s'estudia la dinàmica de la població

El nombre d'habitants que viuen en un lloc depèn essencialment de dos factors:

- El **moviment natural** o **vegetatiu** de la població, que es calcula segons el nombre de naixements, o **natalitat**, i el nombre de defuncions, o **mortalitat**.
- El **moviment migratori** és el desplaçament de població d'un lloc a un altre i comprèn l'**emigració**, o sortida de població, i la **immigració**, o arribada de població.

El moviment natural de la població: la natalitat

La **natalitat** expressa el nombre de nens i nenes nascuts en un lloc concret, durant un període de temps (generalment s'acostuma a considerar un any). La natalitat determina el futur d'una població. Per conèixer-la cal tenir en compte:

- La **taxa de natalitat** relaciona el nombre de naixements que es produeix en un territori amb el total de població que l'habita i s'expressa en tants per mil (‰).
- La **taxa de fecunditat** relaciona el nombre de naixements amb la població femenina en edat fèrtil (entre 15 i 49 anys) i el resultat també s'expressa en tants per mil (‰).
- El **nombre mitjà de fills per dona** ens diu si una generació podrà ser reemplaçada per una altra. El nombre de 2,1 fills per dona assegura el **relleu generacional**.

LES TAXES DEMOGRÀFIQUES

Les **taxes demogràfiques** són índexs que serveixen per poder comparar les dades de població de diferents països i àrees de la Terra.

$$\text{Taxa de natalitat} = \frac{\text{Nre. de naixements}}{\text{Població total}} \times 1000$$

$$\text{Taxa de fecunditat} = \frac{\text{Nre. de naixements}}{\text{Nre. de dones entre 15 i 49 anys}} \times 1000$$

$$\text{Taxa de mortalitat} = \frac{\text{Nre. de defuncions}}{\text{Població total}} \times 1000$$

$$\text{Taxa de mortalitat infantil} = \frac{\text{Nre. de defuncions de menors d'1 any}}{\text{Nre. de naixements}} \times 1000$$

$$\text{Taxa de creixement natural}^{1} = \text{Taxa de natalitat} - \text{Taxa de mortalitat}$$

1. *La taxa de creixement natural es pot expressar en tants per cent (%). Per passar de ‰ a % només cal dividir per 10.*

LA NATALITAT AL MÓN EL 2010

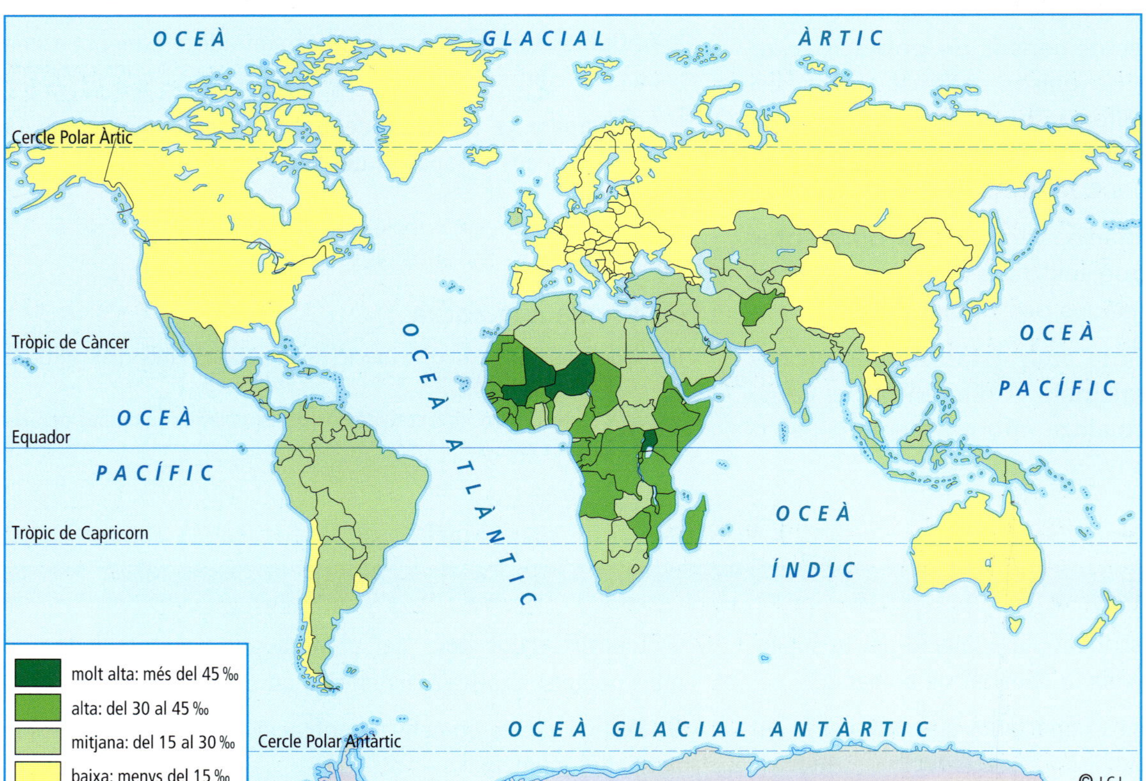

1. Comenta el mapa de la natalitat al món i posa exemples de països amb una natalitat molt alta i països amb una natalitat baixa.

2. Quines diferències de natalitat observes entre països i continents?

LA MORTALITAT AL MÓN EL 2010

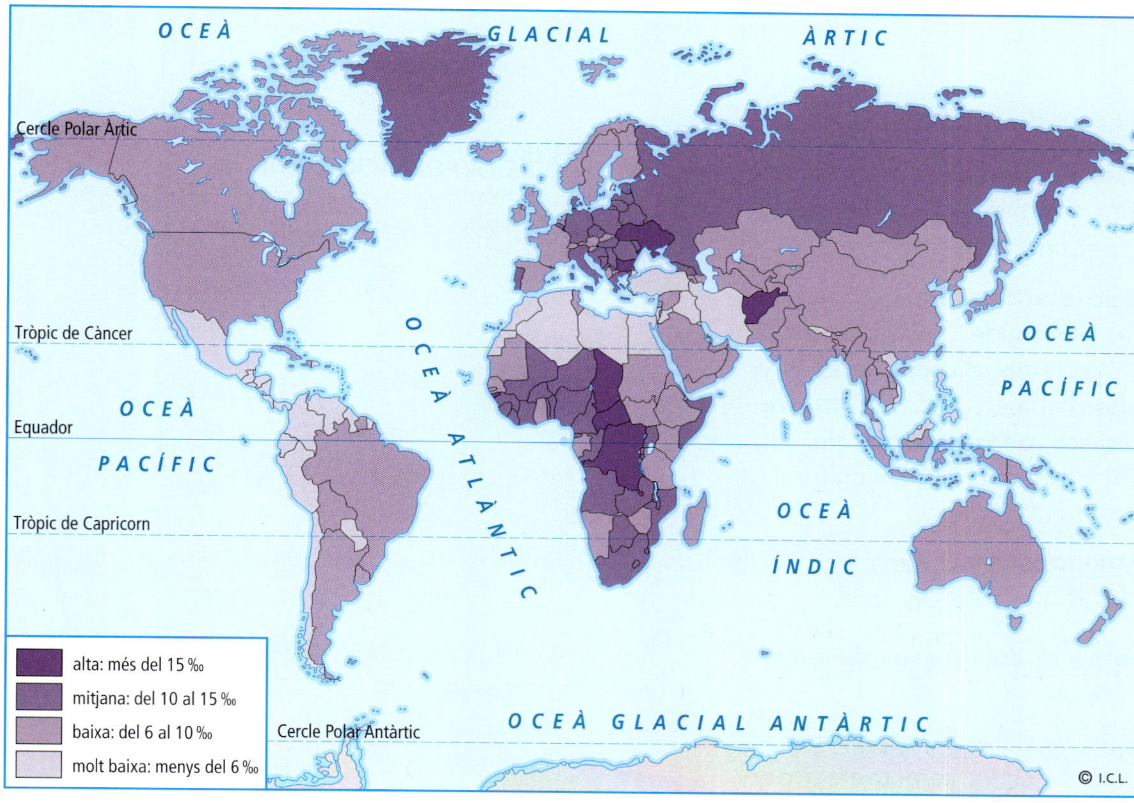

3. A quins països són més altes les taxes de mortalitat? On estan situats aquests països?

4. Quines diferències de mortalitat observes entre països i continents?

El moviment natural de la població: la mortalitat

La **mortalitat** indica el nombre total de persones que moren en un lloc concret durant un període de temps determinat (generalment també es considera un any). La mortalitat s'analitza a través de:

- La **taxa de mortalitat** indica el nombre de persones mortes respecte al total de la població. El resultat s'expressa en tants per mil (‰).
- La **taxa de mortalitat infantil** relaciona el nombre de nens i nenes que han mort abans de fer un any amb els nascuts vius en un territori. El resultat s'expressa en tants per mil (‰).
- L'**esperança de vida** expressa la mitjana d'edat que s'espera que visqui una persona quan neix. Actualment, l'esperança de vida al món és de 69,2 anys, tot i que varia segons els països.

  L'esperança de vida és més alta als països desenvolupats (al Japó, 82 anys) que als països pobres (a Angola, 38 anys). Per sexes, l'esperança de vida és més alta en les dones que en els homes.

El creixement natural o vegetatiu

El **creixement natural** o **vegetatiu** és la diferència entre els nombres absoluts de naixements i de defuncions. Aquesta diferència també es pot calcular entre la taxa de natalitat i la taxa de mortalitat. S'obté, llavors, la **taxa de creixement natural**, que se sol expressar en tant per cent (%).

Si el creixement natural és **positiu**, la població augmenta; si és **negatiu**, disminueix. Si coincideixen els valors de les taxes de natalitat i de mortalitat, el creixement és **zero**.

@ Amplia a la Xarxa...

Per saber més sobre la dinàmica de la població al món, entra a www.tiching.com/69596

- Elabora un rànquing dels deu primers països del món segons la natalitat i la mortalitat.

SINTETITZA

5. Quins són els dos factors essencials que intervenen en la dinàmica de la població?

6. Quina diferència hi ha entre la natalitat i la taxa de natalitat?

7. És el mateix la taxa de natalitat que la taxa de fecunditat? Quina de les dues taxes reflecteix amb més precisió la natalitat d'una població?

8. Per què serveix conèixer el nombre mitjà de fills per dona?

9. Què diferencia la mortalitat de la taxa de mortalitat? És el mateix taxa de mortalitat que taxa de mortalitat infantil? Quina de les dues reflecteix millor la mortalitat d'un lloc?

10. Què és l'esperança de vida?

11. Què és el creixement natural o vegetatiu? Quines tres situacions poden derivar-se del creixement vegetatiu?

3 L'evolució de la població mundial

3.1. L'evolució de la població

L'**evolució de la població mundial** es caracteritza per un creixement lent fins a mitjan segle XVIII, i després, durant el segle XX, per una acceleració.

La **teoria de la transició demogràfica** explica que l'evolució de la població depèn del balanç entre la natalitat i la mortalitat, i reconeix diverses etapes o règims demogràfics. El pas d'una etapa a una altra varia segons els diferents països, perquè depèn del seu grau de desenvolupament econòmic, social i cultural.

3.2. La població dels països desenvolupats

En l'**evolució de la població dels països desenvolupats**, hi distingim tres etapes:

- **Règim demogràfic antic**. Va durar des de l'Antiguitat fins a mitjan segle XVII i es va caracteritzar per un **creixement lent de la població**. La natalitat i la mortalitat eren elevades. Els fills eren una ajuda familiar en el treball, però molts nens morien durant el primer any de vida.

  A més, les collites eren insegures, i la fam, les epidèmies, les guerres i les catàstrofes naturals feien estralls en la població. L'esperança de vida se situava al voltant dels 40 anys.
- **Règim de transició demogràfica**. Va tenir lloc a Europa entre mitjan segle XVIII i mitjan segle XIX. Es caracteritza per un **creixement accelerat de la població**, o **explosió demogràfica**, a causa d'una disminució creixent de la mortalitat, mentre que la natalitat es mantenia elevada.

  La disminució de la mortalitat va ser deguda a la **millora de l'alimentació** per les noves tècniques agrícoles, a **progressos en la higiene** gràcies al sabó i la recollida d'escombraries, i a **avenços sanitaris**, com les pràctiques antisèptiques i les vacunes.
- **Règim demogràfic modern**. Comprèn des de mitjan segle XX fins ara, i es caracteritza per una **desacceleració demogràfica**.

  Els motius són la baixa mortalitat (avenços de la medicina, ús de vacunes i lluita contra la mortalitat infantil) i un descens de la natalitat de manera progressiva (endarreriment en l'edat de matrimoni i de la maternitat per poder assegurar als fills unes atencions i una educació que a vegades resulten costoses, creixent incorporació de la dona al mercat laboral remunerat, etc.).

L'EVOLUCIÓ DE LA POBLACIÓ MUNDIAL

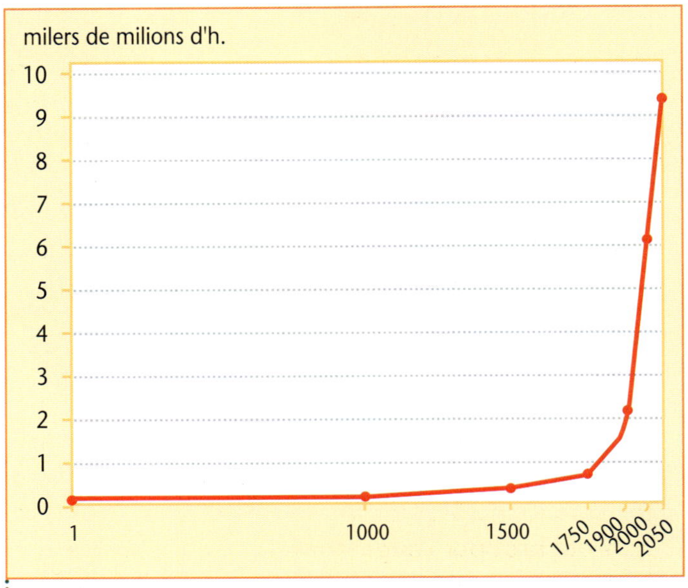

1. Descriu quina ha estat l'evolució de la població mundial fins als nostres dies i quina és la seva previsió.

Ho sabies?

Durant els segles XVIII i XIX, Europa va viure una **explosió demogràfica** o ***boom***. Aquest fenomen es coneix com a **explosió blanca**, perquè l'augment d'habitants explica, en part, l'expansió dels europeus per Amèrica i la colonització de territoris d'Àsia i Àfrica.

EL MODEL DEMOGRÀFIC DELS PAÏSOS DESENVOLUPATS

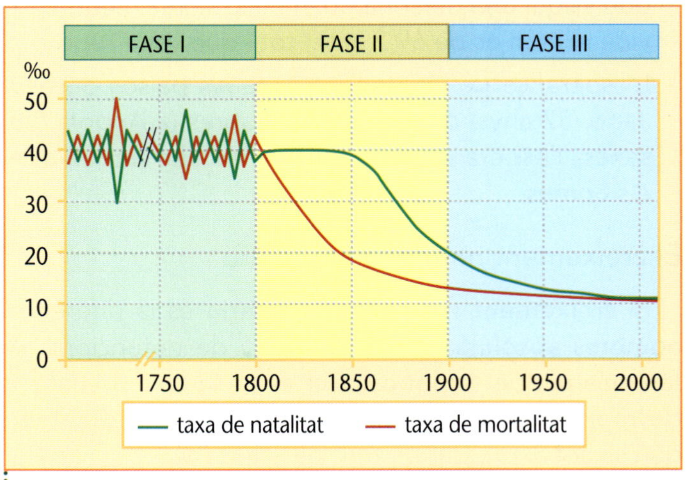

2. Fixa't en la natalitat i en la mortalitat i explica la teoria de la transició demogràfica als països desenvolupats.

3.3. La població als països pobres

En l'**evolució de la població dels països pobres**, s'hi distingeixen dues fases:

- **Règim demogràfic antic**. La primera etapa perdura fins ben entrat el segle XX. I, igual que als països desenvolupats, es caracteritza per una **natalitat** i una **mortalitat molt altes** (epidèmies, fam, etc.).
- **Règim de transició demogràfica**. El gran creixement de la població no es va produir fins a la darreria del segle XX, quan va tenir lloc un notable **descens de la mortalitat**.

  L'ajuda dels països desenvolupats va facilitar que es disposés de mitjans sanitaris i medicaments per combatre malalties, especialment les de naturalesa contagiosa. Aquestes malalties es poden transmetre amb molta facilitat fora del territori on se'n produeix el brot per l'augment de la població que viatja constantment i també per la rapidesa de les comunicacions aèries.

  A partir del 1975, va continuar el descens de la mortalitat, però sobretot el de la natalitat, perquè molts països van iniciar polítiques per controlar-la. Tot i així, el nombre de naixements encara continua sent elevat, perquè hi ha molta població jove.

EL MODEL DEMOGRÀFIC DELS PAÏSOS POBRES

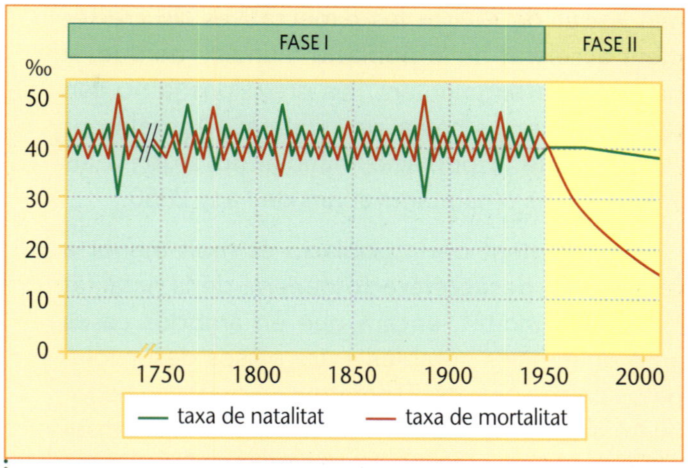

3. Fixa't en la natalitat i la mortalitat per explicar la teoria de la transició demogràfica als països pobres.

@ Amplia a la Xarxa...

Per saber més sobre el model de transició demogràfica, entra a www.tiching.com/69597

- Explica la dinàmica de la població en l'etapa de transició.

DESIGUALTATS EN LA POBLACIÓ MUNDIAL: LA SALUT

En general, els habitants dels països pobres estan en desavantatge en els factors relacionats amb la **salut**: són més propensos a tenir malalties per manca de recursos financers, el coneixement de les qüestions de salut és escàs i la possibilitat d'utilitzar serveis de sanitat és limitada.

Altres factors que també hi influeixen són el medi ambient i la geografia. Les persones que viuen en àrees rurals i remotes poc ateses tenen menys accés a aigua neta, habitatges sans i bon transport. A les comunitats pobres, les normes socials, fins i tot les relatives a contraure matrimoni a edats encara infantils o molt joves i a tenir grans famílies, i la discriminació contra la dona tendeixen a fomentar conductes que porten a la mala salut.

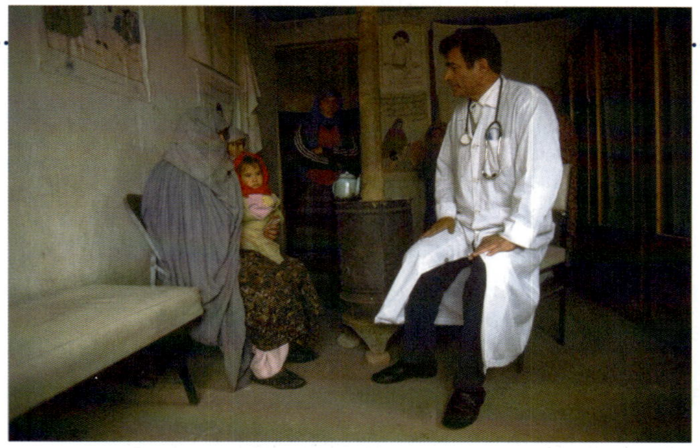

Als països pobres no s'hi han desenvolupat els recursos necessaris per atendre el creixement demogràfic.

SINTETITZA

4. Què és la teoria de la transició demogràfica?

5. Què passarà als països desenvolupats quan la natalitat sigui gairebé igual que la mortalitat i al mateix temps augmenti l'esperança de vida de manera considerable?

6. Quins factors han ajudat a disminuir la mortalitat als països pobres?

7. Com influeixen el medi ambient i la geografia en la salut dels països pobres?

4 Els desequilibris demogràfics

4.1. Desacceleració del creixement

Al començament del segle XXI, els demògrafs han hagut de revisar les expectatives de creixement accelerat de la població mundial, perquè, si bé continua augmentant, les previsions ja no són tan altes com s'havia pronosticat. Actualment s'estima que la població mundial no arribarà als 9 000 milions d'habitants abans de l'any 2050.

El creixement de la població és molt menor a causa de la **desacceleració** general de la natalitat i de la fecunditat, encara que en ambdós casos amb diferències notables entre països desenvolupats i països pobres. Tanmateix, la població continuarà augmentant durant força anys com a conseqüència de l'amplitud de les **generacions joves** en edat de procrear.

La població als països desenvolupats

El tret principal de la població dels països desenvolupats és l'**envelliment**, que té dues causes:

- La **disminució de les taxes de natalitat** produïda, entre moltes altres raons, per la dificultat de trobar una feina estable i ben remunerada, pel desig de mantenir un bon nivell de benestar, per les dificultats de viure en pisos petits, de la incompatibilitat dels horaris laborals amb la vida familiar...
- L'**augment de l'esperança de vida**, a causa dels avenços notables en medicina, d'una alimentació millor i d'una vida més sana. Com que els naixements disminueixen i s'allarga la vida de les persones, el conjunt de la població envelleix.

L'augment de l'esperança de vida representa un gran avenç social, però també comporta haver de proveir fons per a les pensions i serveis dignes i adequats.

La població dels països pobres

La característica de la població dels països pobres és el fet de tenir una **taxa de natalitat elevada**:

- Hi ha molta **població jove** en edat de tenir fills; per tant, la població augmenta, encara que la taxa de fecunditat tendeix a baixar pràcticament a tots els països.
- Per a la família, els **fills** representen una assegurança per a la vellesa, una ajuda al camp o un ingrés econòmic, perquè treballen des de molt petits.

L'augment de la població als països pobres pot comportar manca de treball i d'atencions sanitàries, fam, desnutrició, analfabetisme, etc. Per això, seran necessaris llocs de treball, hospitals, aliments, escoles, habitatges, etc.

DEMOGRAFIA D'ALGUNS PAÏSOS DEL MÓN EL 2011

país	taxa de natalitat (en ‰)	taxa de mortalitat (en ‰)	creixement vegetatiu (en ‰)	fills per dona
Països desenvolupats				
Canadà	10	8	2	1,6
Estats Units	14	8	6	2,1
França	12	9	3	2,0
Japó	9	9	0	1,4
Regne Unit	12	9	3	1,9
Països en via de desenvolupament				
Albània	12	6	6	1,5
Egipte	25	5	20	3,0
Pakistan	25	7	18	3,2
Perú	19	6	13	2,3
Veneçuela	20	5	15	2,4
Països molt pobres				
Etiòpia	43	11	32	6,0
Mali	46	14	32	6,4
Mauritània	33	9	24	4,3
Somàlia	43	15	28	6,4
Rwanda	37	10	27	4,9

1. Considera les dades de la taula i justifica les diferències que hi ha entre els grups de països.

LA SUPERPOBLACIÓ

La **superpoblació** es produeix quan l'increment de la població supera el creixement econòmic. Les conseqüències són:

- Crea treballs precaris i poc satisfactoris per als joves que pretenen incorporar-se al mercat laboral.
- El camp està sotmès a la sobreexplotació dels sòls i al desboscament per augmentar la producció d'aliments.
- El món urbà creix a causa de les migracions procedents del camp. Les grans ciutats tenen dificultats per satisfer les necessitats dels seus habitants.

- Per què penses que la superpoblació és un problema per als països pobres?

EL CREIXEMENT VEGETATIU DE LA POBLACIÓ AL MÓN EL 2010

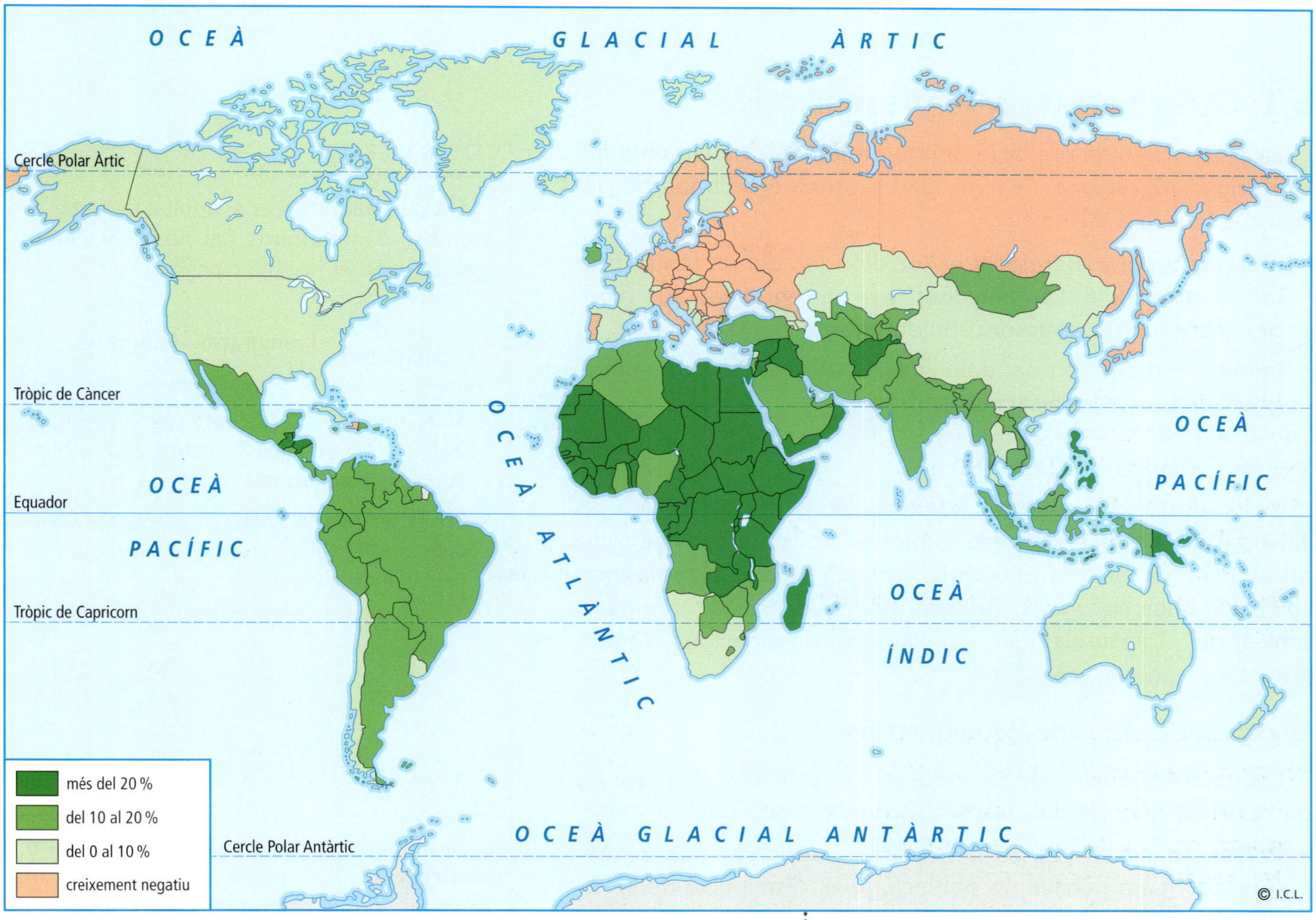

2. Consulta en un atles els noms dels països que tenen un creixement vegetatiu més alt. De quins continents són?

3. Digues els noms d'alguns països amb el creixement vegetatiu més baix.

4. Quina posició ocupa Espanya?

4.2. Les polítiques de població

Les **polítiques de població** són mesures que els països adopten per solucionar els problemes demogràfics.

Aquestes mesures són diferents segons els països, perquè els problemes a què s'enfronten també ho són:

- Als **països desenvolupats** s'hi apliquen **polítiques natalistes** amb la finalitat de contrarestar l'envelliment i el creixement escàs de la població.

  Algunes d'aquestes polítiques consisteixen a ampliar els permisos de maternitat i de paternitat, crear guarderies, reduir la jornada laboral dels pares i les mares, ajudar les famílies nombroses (de tres o més fills), etc.

- Als **països pobres** s'hi apliquen **polítiques antinatalistes** per limitar el creixement accelerat de la població i evitar així la **superpoblació**. Per aquesta raó s'adopten mesures per al control de la natalitat, com ara l'ús d'anticonceptius, l'aplicació de lleis que penalitzen les famílies nombroses o els matrimonis infantils o abans d'una edat determinada, etc.

  Actualment, a més de la planificació familiar, els països se centren a desenvolupar programes per a la salut, la situació de la dona, l'educació, etc., que també contribueixen al control de la natalitat.

SINTETITZA

5. Quina és la característica general de l'evolució de la població mundial?

6. Explica quins són els desequilibris demogràfics que hi ha entre els països desenvolupats i els països pobres.

7. Comenta alguna de les causes que intervenen en la desacceleració general de la natalitat.

8. Quines necessitats demogràfiques tenen els diferents països del món per aplicar polítiques de població?

5 Els moviments migratoris

5.1. Què són els moviments migratoris

La dinàmica de la població també depèn dels **moviments migratoris** o **migracions**, és a dir, de la sortida o arribada de població a un lloc o territori:

- **Emigrar** suposa abandonar el lloc d'origen per un temps prolongat o indefinit. Les persones que deixen el seu lloc d'origen o **comunitat emissora** són **emigrants**.
- **Immigrar** implica arribar a un lloc per establir-se com a **immigrant** en una **comunitat receptora**.

Les causes de les migracions

Les **causes principals** per les quals les persones deixen els seus països d'origen són: **econòmiques**, com ara falta de feina (atur), millores salarials...; **socials**, com ara persecucions religioses, polítiques (refugiats, exiliats), bèl·liques, de discriminació ètnica, etc., i **naturals**, com ara sequeres, inundacions, sismes, huracans, tsunamis, etc.

Les conseqüències de les migracions

Les **conseqüències** de les migracions són diferents per als països emissors i per als països receptors d'emigrants:

- **Països emissors**. Les conseqüències poden ser **demogràfiques**, com ara pèrdua de població jove, disminució de la natalitat i envelliment; **econòmiques**, com ara disminució del nombre de persones que busquen feina, entrada de divises (els emigrants envien diners a la família i amb això també poden ajudar al desenvolupament del seu país d'origen), i **socials**, perquè el descontentament social és menor.
- **Països receptors**. Les conseqüències també són **demogràfiques**: increment de la població adulta en edat de treballar, índex de fecunditat elevat, rejoveniment de la població; **econòmiques**: disponibilitat de mà d'obra per a feines menys qualificades, i **socials**: la immigració aporta diversitat cultural, tot i que, de vegades, la presència i l'activitat dels immigrants són utilitzades per alguns ciutadans com a argument per crear conflictes contra la convivència natural.

Els tipus de migracions

En el món actual hi ha diferents tipus de migracions, que podem classificar segons tres criteris:

- La **durada**. Les migracions són **temporals**, si l'emigrant torna al lloc d'origen, o **definitives**, si l'emigrant s'estableix permanentment al lloc de destinació.
- La **destinació**. Les migracions són **interiors**, quan es fan dins del mateix país, o **exteriors**, quan es produeixen entre països diferents.
- El **caràcter**. Les migracions són **forçades**, causades per desastres naturals, guerres, etc., o **voluntàries**.

EL SALDO MIGRATORI

El **saldo migratori** és el resultat de restar el nombre d'immigrants del nombre d'emigrants, i pot ser negatiu o positiu.

Saldo migratori = Immigració – Emigració

- Si el nombre d'immigrants és superior al d'emigrants, el saldo migratori és positiu i la població augmenta.
- Si el nombre d'emigrants és superior al d'immigrants, el saldo migratori és negatiu i la població disminueix.

HO SABIES?

La **immigració** pot ser **regular** (o **legal**) o bé **irregular**. Els immigrants que entren legalment en un país tenen permís de residència i de treball.

Els immigrants sense papers es poden trobar en una situació de desprotecció i subjectes a una explotació laboral: llargues jornades de treball per un escàs salari. Aquests treballadors no tenen cap tipus de garanties laborals i reben poques prestacions socials.

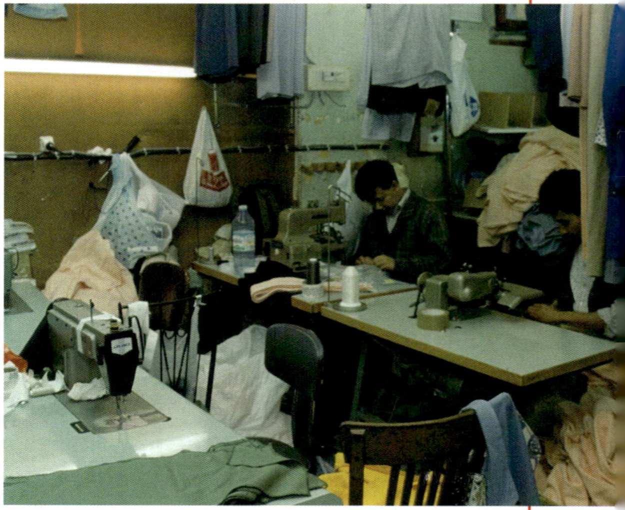

Les activitats de l'economia submergida escapen a qualsevol control legal i es consideren treball clandestí.

MIGRACIONS ECONÒMIQUES ACTUALS

1. Cap a on es dirigeix l'emigració procedent d'Àsia?

2. Quines rutes segueix l'emigració procedent d'Àfrica?

3. Cap a on es dirigeixen els emigrants de l'Amèrica Llatina?

4. Hi ha fluxos migratoris entre els països de la Unió Europea?

5.2. Les migracions actuals

En el món globalitzat d'avui, els corrents migratoris més importants estan causats per raons econòmiques i els formen dos grups de persones: els **treballadors qualificats** (executius, empresaris, investigadors, artistes, esportistes...), que van, indistintament, d'un lloc a un altre del món, i els **treballadors no qualificats**, que van des dels països pobres cap als països més desenvolupats.

Els treballadors no qualificats són els que formen el grup més nombrós per volum, i emigren per millorar el seu nivell de vida. Els punts d'emissió principals són aquests:

- **Territoris molt poblats del Sud-est asiàtic**. Emigren cap als països desenvolupats més pròxims, com ara el Japó o l'Aràbia Saudita, la Unió Europea, els Estats Units, el Canadà i Austràlia.
- **Països d'Àfrica**. Busquen rutes per arribar fins a Europa. Una part d'aquesta emigració és legal, però també n'hi ha d'il·legal que intenta entrar al país de la manera que sigui, fins i tot arriscant-hi la vida.
- **Països de l'Est d'Europa**. Actualment integrats a la Unió Europea, però amb un desenvolupament econòmic molt menor, es dirigeixen als països de l'oest i del sud d'Europa. També és destacable la migració des de Turquia, que s'estableix prioritàriament a Alemanya i a Àustria.
- **Països d'Amèrica**. Mèxic, Cuba, Colòmbia, Equador, el Perú, Bolívia, etc., emigren cap a l'Amèrica del Nord, Europa i Àsia-Pacífic.

SINTETITZA

5. Defineix què són els moviments migratoris.

6. Quines són les causes principals que provoquen les migracions? I les conseqüències?

7. Explica els grans trets de les migracions actuals.

6 L'estructura demogràfica de la població

6.1. La població segons l'edat i el sexe

L'estructura demogràfica d'una població és la seva distribució per grups d'**edat** i per **sexes**, i la seva representació gràfica més característica és la **piràmide de població** o **piràmide d'edats**.

La població segons l'edat

En l'estructura de la població, en funció de l'edat, s'hi distingeixen tres grans grups: **nens** o **joves** (de 0 a 14 anys), **adults** (de 15 a 64 anys) i **ancians** (de 65 anys o més).

Segons el grup d'edat que predomina en un país, les característiques demogràfiques són diferents:

- Un país amb molta **població jove** compta amb una natalitat elevada. Per a la població adulta suposa que s'ha d'atendre, mantenir i educar molta població infantil i crear llocs de treball.
- Un país amb molta **població adulta** indica una natalitat baixa o un flux important d'immigració. El predomini d'adults significa que hi ha moltes persones en edat de treballar.
- Un país amb molta **població envellida** mostra una reducció de la natalitat i de la mortalitat, així com també un augment de l'esperança de vida.

  L'envelliment de la població suposa una disminució del nombre de persones en edat de treballar i la necessitat de disposar de pensions de jubilació i serveis sanitaris i socials adaptats.

La població segons el sexe

L'estructura de la població per sexes determina el **percentatge d'homes** i **dones** que hi ha al món, en un país o en una ciutat.

A la majoria de països el nombre d'homes és superior al de dones, tot i que aquesta superioritat és petita, perquè no acostuma a superar l'1 %. Ara bé, quan l'anàlisi dels grans grups d'edat fa evidents diferències molt notables:

- En el **grup dels joves**, el nombre d'homes supera al de dones.
- En el **grup dels adults**, homes i dones tendeixen a equilibrar-se entre els 45 i els 60 anys.
- En el **grup dels ancians**, hi ha més població femenina que masculina.

En definitiva, neixen més homes que dones i, en canvi, és més nombrosa la població envellida femenina que la masculina.

L'ENVELLIMENT DE LA POBLACIÓ MUNDIAL

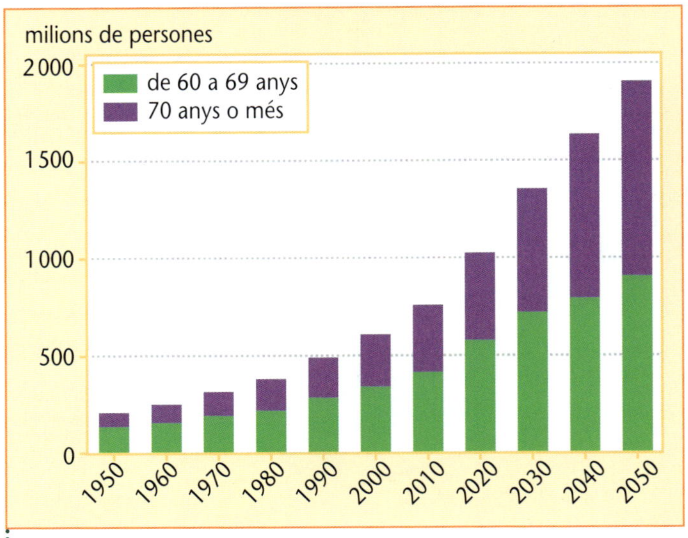

1. Quines conseqüències té per a la població mundial l'envelliment cada vegada més gran dels habitants?

Ho sabies?

El Japó és el país de la Terra on viuen més persones centenàries i també on hi ha el primer poble construït només per a ancians: Shinseika, situat a 150 km al nord de la ciutat de Tòquio.

A l'arxipèlag japonès, hi viuen més d'un milió de centenaris, i més del 20 % de la població del país és més gran de 65 anys.

LA POBLACIÓ MUNDIAL, SEGONS EDAT I SEXE, EL 2010

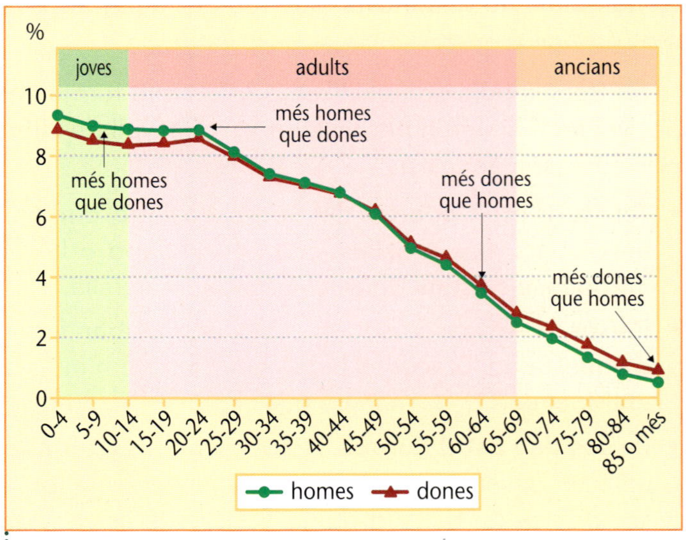

2. Hi ha el mateix nombre d'homes que de dones en funció de l'edat?

LA PIRÀMIDE DE POBLACIÓ D'EUROPA EL 2010

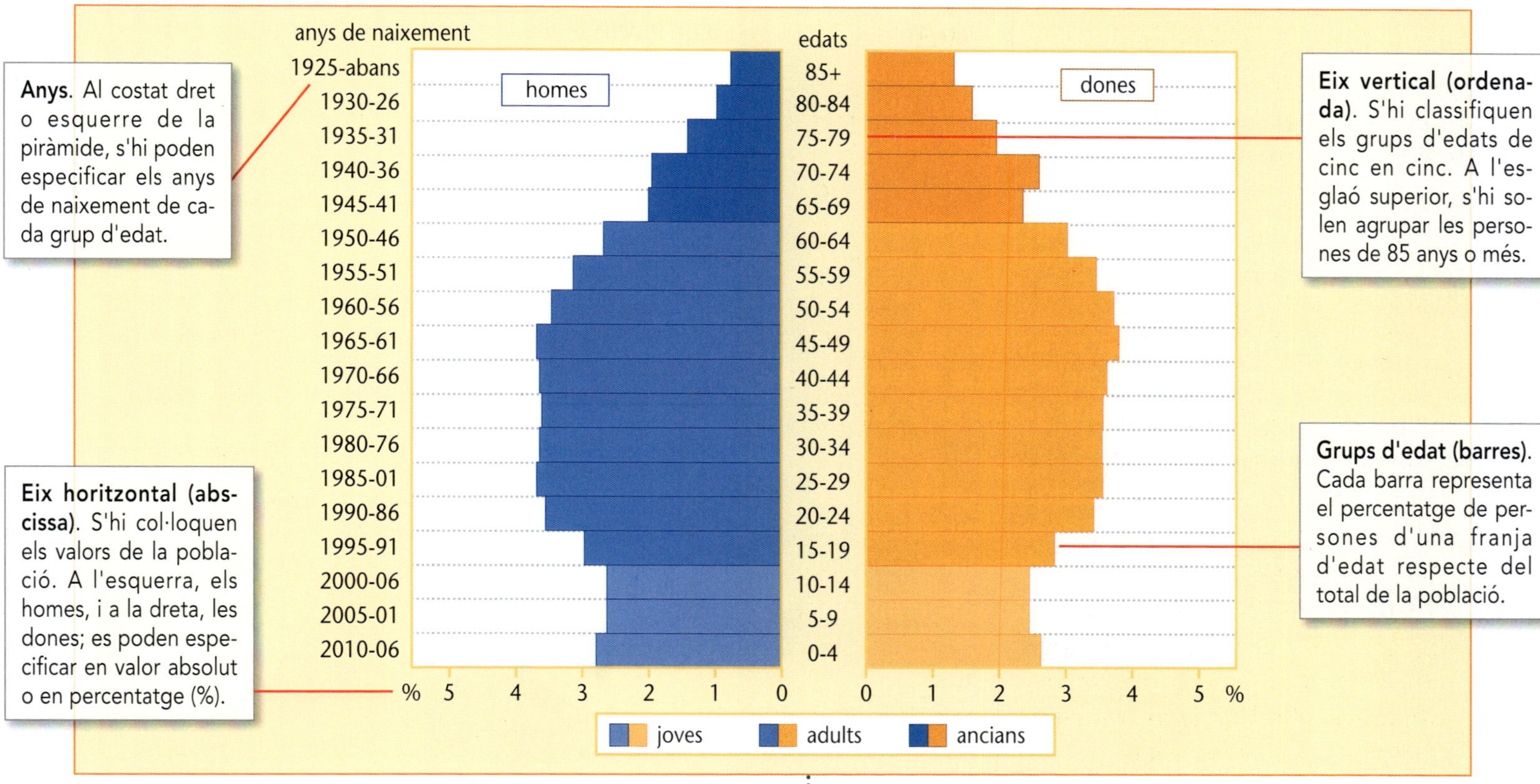

6.2. La piràmide de població

La **piràmide de població**, també anomenada **piràmide d'edats**, és la representació gràfica de la població, d'un lloc i en un moment determinat, en funció de l'edat i el sexe.

La piràmide de població és el resultat de la combinació de dos gràfics (un per a la població masculina i un altre per a la població femenina) que s'uneixen en un eix comú:

- A l'**eix vertical** de la piràmide, comú per a homes i dones, s'hi representen les edats agrupades en intervals de cinc anys i en ordre creixent.
- Als dos **eixos horitzontals**, s'hi especifiquen els valors de la població per sexe: a l'esquerra, els homes, i a la dreta, les dones.

  El nombre d'homes i de dones de cada grup d'edat es pot expressar en valor absolut (milers d'habitants) o en valor relatiu (percentatge).

Parts de la piràmide de població

Les piràmides de població consten de tres parts:

- La **base** correspon al grup de joves (0-14 anys).
- El **tronc** mostra el grup d'adults (15-64 anys).
- El **cim** representa el grup d'ancians (65 anys o més).

3. Quines informacions ens pot proporcionar una piràmide de població?

4. Com s'hi representen els grups d'edat?

5. On es col·loquen els valors de la població? Quin lloc hi ocupen els homes? I les dones?

@ Amplia a la Xarxa...

Entra a www.tiching.com/45286 per saber més sobre les piràmides de població.

- Mira l'evolució de la piràmide de la població mundial del 2011 al 2050. Comenta les teves observacions.

SINTETITZA

6. Quins paràmetres intervenen per conèixer l'estructura demogràfica d'una població?

7. Quins són els tres grans grups d'edat i quines edats comprèn cada grup?

8. Segons els grups d'edat, com es distribueix la població per sexes?

9. Defineix què és la piràmide de població.

DESCOBREIX

COM SÓN ELS TIPUS DE PIRÀMIDES DE POBLACIÓ

Les piràmides de població, a més de representar la composició dels habitants per edat i sexe, ens faciliten moltes més informacions, com per exemple si s'han produït moviments migratoris, guerres, epidèmies, mortalitat infantil, polítiques relacionades amb la natalitat, etc.

És a dir, l'anàlisi d'una piràmide de població ens permet interpretar com és la dinàmica i l'evolució d'una població.

El perfil que resulta de la piràmide, és a dir, el contorn o línia exterior imaginària que uneix tots els grups d'edat, indica el tipus global de la població en un moment determinat.

D'acord amb la forma que adquireix aquest perfil, se solen establir tres tipus de piràmides que representen tres tipus de població diferents:

- La forma triangular o de para-sol reflecteix una població que creix o expansiva.
- La forma d'ojiva o de campana indica que es tracta d'una població estable.
- La forma d'urna o de bulb manifesta una població que no creix o regressiva.

Expansiva

Estable

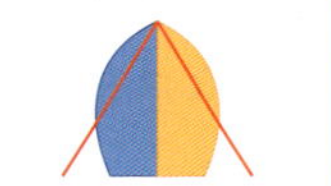
Regressiva

EL TRIANGLE IDEAL I LA PIRÀMIDE DE POBLACIÓ

La forma ideal de la piràmide de població és el **triangle** equilàter, perquè generalment els grups dels més joves són més nombrosos que els dels ancians. Però aquesta forma és simplement una forma ideal, perquè, en la realitat, els esdeveniments demogràfics i històrics que viu una població són els que determinen el perfil de la piràmide.

El triangle ideal s'obté unint la base, des del 5,5% de cada sexe, amb la cúspide. La superposició del triangle ideal i el perfil real de la piràmide permet observar i valorar les desviacions entre la piràmide i el model (triangle ideal).

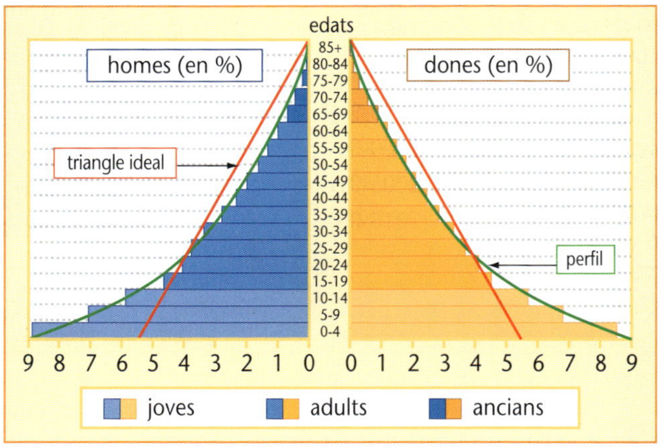

- Prenent com a referència el triangle ideal, analitza els grans grups d'edat en cada un dels tipus de piràmides de població.

La piràmide triangular o de para-sol

La piràmide amb forma triangular o de para-sol correspon a una **població jove**.

Es caracteritza pel fet de tenir una base ampla o molt ampla com a resultat d'una natalitat alta. La mortalitat infantil també és alta (molts nens i joves no arriben a l'edat adulta), fet que es reflecteix en un estrenyiment progressiu del tronc de la piràmide.

L'estrenyiment del cim és degut al fet que la mortalitat entre els adults també és alta, cosa que dificulta que la població arribi a edats avançades.

En general, com a conseqüència d'unes condicions alimentàries, higièniques i sanitàries deficients, l'esperança de vida és curta.

LA PIRÀMIDE DE POBLACIÓ JOVE

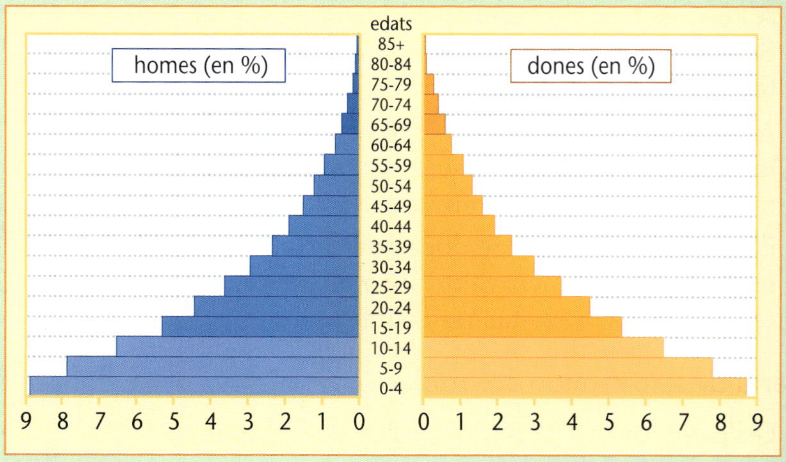

Aquesta piràmide és pròpia dels països menys desenvolupats d'Àfrica i Àsia.

La piràmide d'ogiva o de campana

La piràmide en forma d'ogiva o de campana és el gràfic que correspon a una **població adulta**.

El cim és estret, el tronc és ample i la base és redüida. La reducció de la base significa que les taxes de natalitat han baixat com a conseqüència d'un control de la natalitat.

La disminució de la mortalitat infantil, resultat d'una millora en l'alimentació i de les condicions higièniques i sanitàries, repercuteix en un augment de la població adulta i de persones grans.

D'aquesta manera, els joves tenen moltes possibilitats d'arribar a adults i aquests, tot i que en menys proporció, d'arribar també a la vellesa.

LA PIRÀMIDE DE POBLACIÓ ADULTA

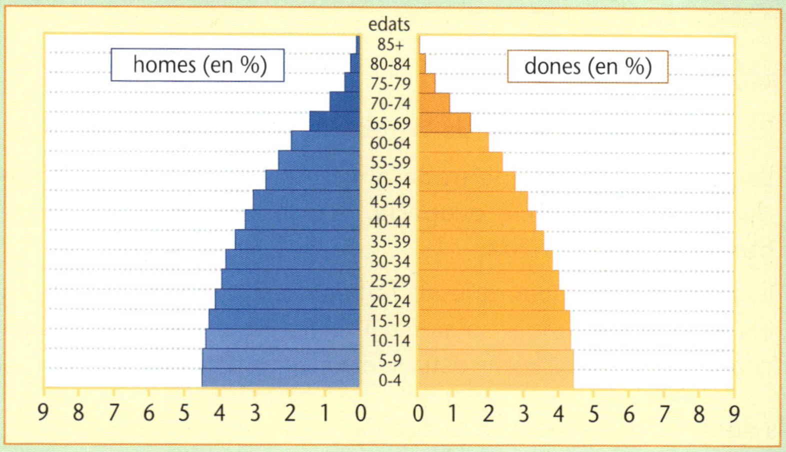

Aquesta piràmide és pròpia de països en via de desenvolupament de l'Amèrica Central, Amèrica del Sud, i del continent asiàtic.

La piràmide d'urna o de bulb

La piràmide amb forma d'urna o de bulb correspon a una **població envellida**.

La base és molt estreta, resultat d'un control rigorós de la natalitat i de l'aplicació de diversos programes de planificació familiar. La mortalitat infantil és poc significativa.

Les condicions alimentàries, higièniques i sanitàries són òptimes, fet que provoca una disminució notable de la mortalitat en totes les edats i un augment de l'esperança de vida.

La població arriba molt fàcilment a la vellesa i per això la cúspide és bastant més ampla que en els altres dos models de piràmides de població.

LA PIRÀMIDE DE POBLACIÓ ENVELLIDA

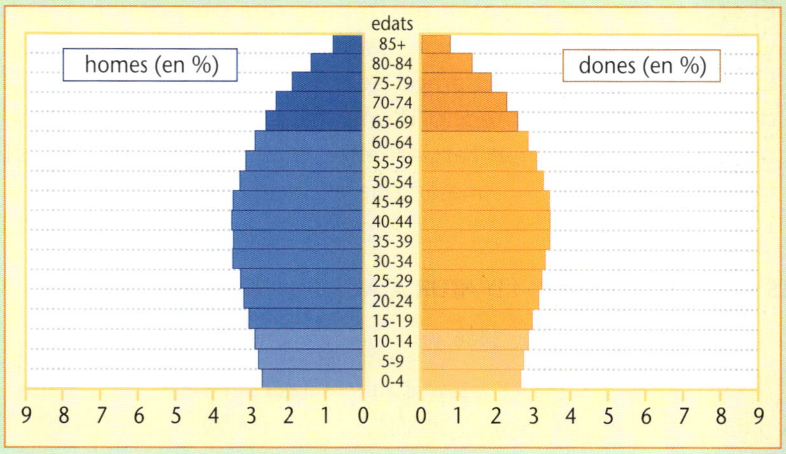

Aquesta piràmide és pròpia dels països desenvolupats de l'Amèrica del Nord, Europa, Àsia (Japó) i Oceania.

1. **Quines són les formes que pot tenir una piràmide de població? Amb quin tipus de població s'identifica cadascuna d'aquestes formes?**

2. **Com són la base, el tronc i la cúspide en cada un dels tres models de piràmides?**

3. **Quines són les característiques principals de població jove, adulta i envellida? De quins països és propi cadascun dels tres models de piràmide?**

4. **Fixa't en la piràmide de població d'Europa el 2010 de l'apartat anterior i coménta-la.**

7 L'estructura econòmica de la població

7.1. L'estructura econòmica

Per saber les característiques econòmiques d'un país, és important conèixer l'activitat de la població i la seva distribució per sectors econòmics.

L'activitat de la població

En l'estudi de l'activitat de la població, hi intervenen:

- La **població activa** que treballa o busca una feina remunerada. Inclou la **població ocupada**, la **població en atur** i la que **busca la primera feina**.
- La **població inactiva**, que no fa feina remunerada. La formen els menors en edat escolar, els jubilats, les persones discapacitades per treballar, els estudiants i les mestresses de casa.

Els sectors d'activitat econòmica

Tradicionalment distingim **tres sectors** que agrupen les diferents activitats econòmiques:

- El **sector primari** inclou les activitats que tenen com a finalitat obtenir productes directament de la natura: agricultura, ramaderia, pesca i explotació forestal.
- El **sector secundari** engloba les activitats professionals que transformen els productes que s'obtenen de la natura en productes semielaborats i elaborats: mineria i producció d'energia, indústria i construcció.
- El **sector terciari** comprèn els treballs que proporcionen serveis a les persones: educació, sanitat, transport, comerç, etc. El sector terciari és molt ampli perquè abasta des dels serveis de neteja fins a la direcció d'empreses. Per aquesta raó alguns autors anomenen **terciari alt** o bé **sector quaternari** els treballs que exigeixen una àmplia especialització i formació.

LES TAXES D'OCUPACIÓ I D'ATUR A ALGUNS PAÏSOS DEL MÓN

país	any 2006		any 2010	
	taxa d'activitat (en %)	taxa d'atur (en %)	taxa d'activitat (en %)	taxa d'atur (en %)
Bulgària	58,6	9,0	53,0[1]	9,2
Dinamarca	77,4	3,9	75,7[1]	4,2
EUA	72,0	4,6	67,6[1]	9,6
Espanya	58,3	8,5	60,0	20,1
Japó	70,0	4,1	70,0[1]	4,9
Polònia	54,5	13,8	59,3[1]	11,8
Tunísia	38,6	14,0	47,3[1]	14,7
Turquia	45,9	8,4	44,3[1]	10,0

LES TAXES D'ACTIVITAT I ATUR AL MÓN

La **taxa d'activitat** és el percentatge d'actius que té una població (%).

Les taxes més altes (més del 50 %) es registren als països desenvolupats, on hi ha molta població adulta i un nombre important de dones que fan feina remunerada. Les taxes d'activitat més baixes (menys del 30 %) es donen als països pobres, on hi ha molta població jove i on la dona fa sobretot feines no remunerades.

$$\text{Taxa d'activitat} = \frac{\text{Població activa}}{\text{Població de 16 anys i més}} \times 100$$

La **taxa d'atur** és el percentatge de població en atur respecte a la població activa (%).

Als països desenvolupats, les principals causes de desocupació són: la mecanització i informatització de les feines i la deslocalització de les empreses a altres llocs on la mà d'obra és més barata.

Als països pobres, l'atur i la falta de feina són habituals. Hi ha molta població, l'activitat principal és el treball agrícola i no hi ha terres per a tothom o bé les que hi ha no estan disponibles per al conreu.

$$\text{Taxa d'atur} = \frac{\text{Població en atur}}{\text{Població activa}} \times 100$$

HO SABIES?

Per alleugerir la situació de les persones sense feina, a molts països desenvolupats, com passa a Espanya, l'Estat paga un **subsidi d'atur**, que consisteix en el pagament d'una quantitat mensual a les persones que estan en atur laboral.

1. Comenta les taxes d'activitat i d'atur tenint en compte la situació econòmica actual.

1. Dades 2009.

7.2. Els països segons l'estructura econòmica

Els països del món tenen diferents nivells de **població activa per sectors econòmics**:

- Als **països desenvolupats**, el percentatge de població activa al sector primari és molt baix, perquè els treballs estan molt mecanitzats, i el resultat és molta quantitat de producció amb poca mà d'obra.

  A més, també és un procés natural que la població activa que treballa al sector secundari disminueixi, a causa de la tecnificació i l'automatització progressiva dels processos industrials. Igualment, el sector terciari creix i es diversifica, de manera que el percentatge de població activa que ocupa aquest sector és superior al 50 %.
- Als **països pobres**, més de la meitat de la població activa treballa al sector primari, perquè un dels problemes prioritaris en aquests països és la falta d'aliments.

A mesura que millora el desenvolupament econòmic d'un país, es produeix un transvasament de població activa del sector primari als sectors secundari i terciari.

L'ACTIVITAT ECONÒMICA PER PAÏSOS EL 2010

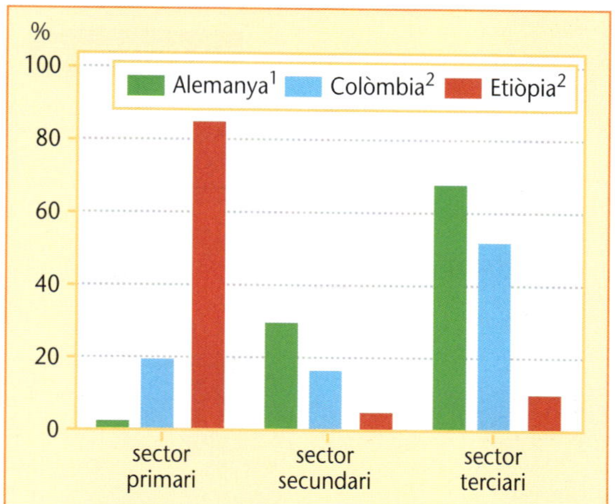

1. Dades 2010. 2. Dades 2007.

2. Comenta els contrastos entre els sectors econòmics d'aquests tres països.

EL TREBALL I LES DESIGUALTATS DE GÈNERE

Des de l'Antiguitat, les dones han treballat, però el seu treball no sempre ha estat considerat i valorat.

Als països desenvolupats, a mitjan segle XIX, les dones es van incorporar al treball remunerat fent tasques poc qualificades a la indústria. Més endavant, al llarg del segle XX, van accedir a totes les professions reservades abans als homes. Als països menys desenvolupats, les desigualtats de gènere són més accentuades i hi ha una gran discriminació de la dona, fins al punt que no té accés a l'educació bàsica, molts llocs de treball li estan vetats i queda relegada a les feines domèstiques o sense qualificar.

Als països desenvolupats, malgrat que les lleis reconeixen la **igualtat de gènere**, és molt freqüent que les dones guanyin menys que els homes per fer la mateixa feina, que hi hagi professions majoritàriament masculines a què accedeixen poques dones i que els llocs de responsabilitat estiguin ocupats per homes. Ara bé, cal reconèixer que la igualtat laboral entre tots dos sexes és cada dia més gran.

- Expressa la teva opinió sobre aquest tema.

Al món agrícola dels països menys desenvolupats, la collita i la sembra se solen considerar *feines femenines*.

SINTETITZA

3. Explica els conceptes: *població activa, població ocupada* i *població inactiva*.

4. Defineix *taxa d'activitat* i *taxa d'atur*. Quines diferències hi ha segons el grau de desenvolupament dels països del món?

5. En quins sectors econòmics treballa la població mundial? Quines activitats inclou cadascun?

6. Quin sector econòmic ocupa més població als països desenvolupats? I als països pobres? Per què?

Practica competències bàsiques

1. Completa el mapa conceptual

Copia el mapa conceptual al quadern i completa'l:

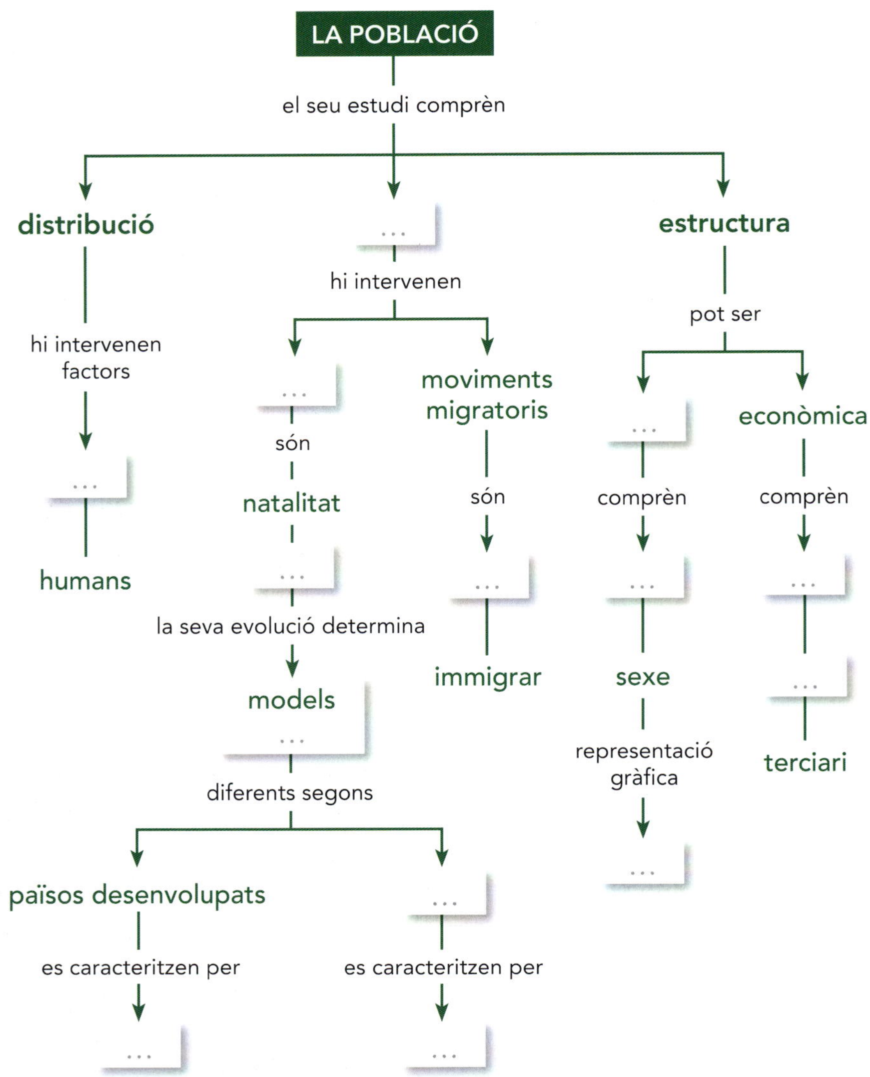

2. Sintetitza

1. Quins factors físics i humans intervenen en la distribució de la població?
2. Quines variables intervenen en el moviment natural o vegetatiu de la població?
3. Quins aspectes analitza el model de transició demogràfica?
4. Quins són els desequilibris demogràfics que hi ha entre els països desenvolupats i els països pobres?
5. Explica com poden ser les migracions al món, segons: la *durada*, la *destinació* o bé el *caràcter*.
6. Com es representa gràficament la distribució d'una població per edat i sexe?

3. Defineix el vocabulari

- densitat de població
- creixement natural o vegetatiu
- saldo migratori
- taxa d'activitat
- taxa d'atur
- sector econòmic

4. Relaciona els conceptes

Classifica els aspectes demogràfics següents, segons si corresponen als països desenvolupats o als països pobres:

- Piràmide de població envellida.
- Taxa de natalitat elevada.
- Esperança de vida major de 80 anys.
- Migracions per motius econòmics.
- Disminució de la taxa de natalitat.
- Nombre més alt de fills per dona.
- Piràmide de població jove.
- Reducció de la natalitat.

5. Calcula dades demogràfiques

Aplica les fórmules matemàtiques corresponents per calcular les dades següents de l'any 2011: *taxa de natalitat, taxa de mortalitat* i *creixement natural* o *vegetatiu*.

països	habitants	naixements	defuncions
Alemanya	81 471 834	676 216	889 672
Angola	13 338 541	572 353	312 122
Xile	16 888 760	242 016	100 826
Kuwait	2 595 628	55 339	5 477
Portugal	10 760 305	106 957	116 211

6. Raona i contesta

La densitat de població ens indica com es distribueixen els habitants sobre la superfície terrestre. Treballa aquest aspecte fent els exercicis següents:

a) Calcula la densitat de població dels països de la taula i ordena'ls per densitat, de més gran a més petit.

b) Quines són les raons que poden justificar les baixes densitats de població de Mauritània, Austràlia i el Canadà?

c) Per quina raó si la Xina és el país més poblat de la Terra té molta menys densitat de població que Bangla Desh?

d) Quines raons expliquen la densitat diferent que hi ha entre Itàlia i Finlàndia?

e) Per què és tan baixa la densitat de Mongòlia?

f) Mira un mapa i indica per què Egipte i Mauritània presenten densitats tan diferents si tots dos països tenen extenses zones de desert.

POBLACIÓ I SUPERFÍCIE EL 2011

país	habitants	superfície (en km^2)
Austràlia	21 766 711	7 659 861
Bangla Desh	158 570 535	147 570
Canadà	34 030 589	9 984 670
Xina	1 336 718 015	9 572 900
Egipte	82 079 636	1 002 000
Estats Units	313 232 044	9 372 614
Finlàndia	5 259 250	339 000
Itàlia	61 016 804	301 338
Mauritània	3 281 634	1 030 000
Mongòlia	3 133 318	1 564 160

7. Analitza el gràfic

Considera el gràfic i contesta les preguntes:

a) Quina tendència s'observa comparant les dades de la mortalitat infantil? A quines parts del món és més important el problema?

b) Quina és la situació d'Europa? Assenyala tres zones del planeta on la mortalitat infantil hagi disminuït més.

c) Expressa la teva opinió sobre el que s'hauria de fer per reduir la mortalitat infantil al món.

MORTALITAT INFANTIL AL MÓN EL 2011

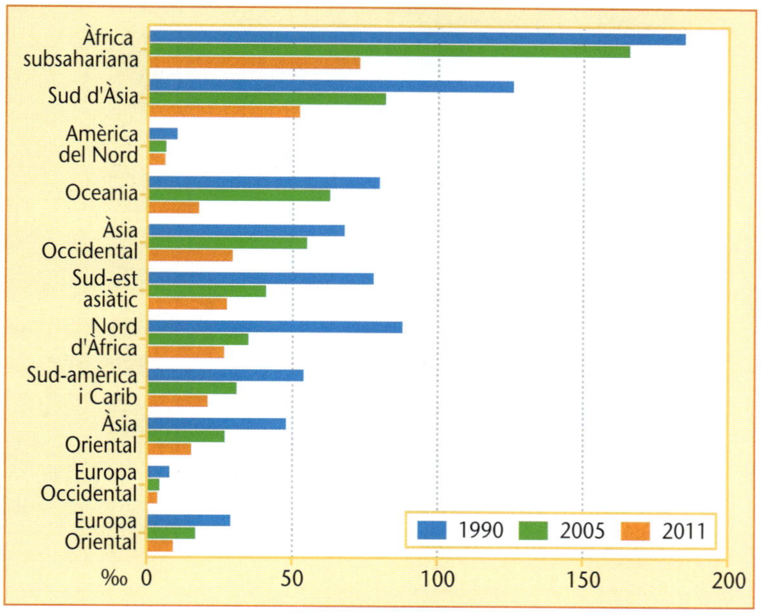

8. Reflexiona i argumenta

a) Justifica amb raons la frase següent:

La incorporació de la dona al treball remunerat és un índex per valorar la igualtat de gènere.

b) Penses que la igualtat de gènere també és un bon indicador per mesurar el grau de desenvolupament d'un país? Per què?

Activitats@web

www.vicensvivesdigital.com/activitatsweb

- **Relaciona**. Indicadors demogràfics
- **Identifica**. Evolució de la població
- **Selecciona**. Problemes demogràfics
- **Corregeix**. Moviments migratoris
- **Veritable o fals**. Estructura demogràfica
- **Completa**. Sectors d'activitat econòmica

14

LA POBLACIÓ D'ESPANYA I DE CATALUNYA

Esperança de vida

Població immigrant

Canvis en l'estructura familiar

Espanya és un país poc poblat en comparació amb altres països europeus. Malgrat això, durant el segle XX i fins al moment actual, la població espanyola ha experimentat un gran creixement.

A la primeria del segle XX, la població d'Espanya no arribava als 19 milions d'habitants, mentre que actualment compta amb gairebé 47,2 milions de residents, 7,5 milions dels quals viuen a Catalunya.

Els trets que han caracteritzat l'evolució més recent de la població espanyola són la **davallada de la natalitat**, l'**elevada esperança de vida**, i la presència d'una forta **immigració**.

També cal considerar les profundes transformacions socials de resultes de la incorporació de la dona al treball remunerat, els nous models de vida urbana i els canvis en l'estructura familiar.

- Fixa't en el gràfic. Explica com ha evolucionat la població espanyola.
- Quina relació hi ha entre l'augment de l'esperança de vida i l'envelliment de la població? I entre l'augment del nombre total de naixements i l'arribada de població immigrant?
- Quines transformacions socials influeixen sobre l'evolució de la població?
- Quines característiques de la població espanyola s'il·lustren amb aquestes fotografies?

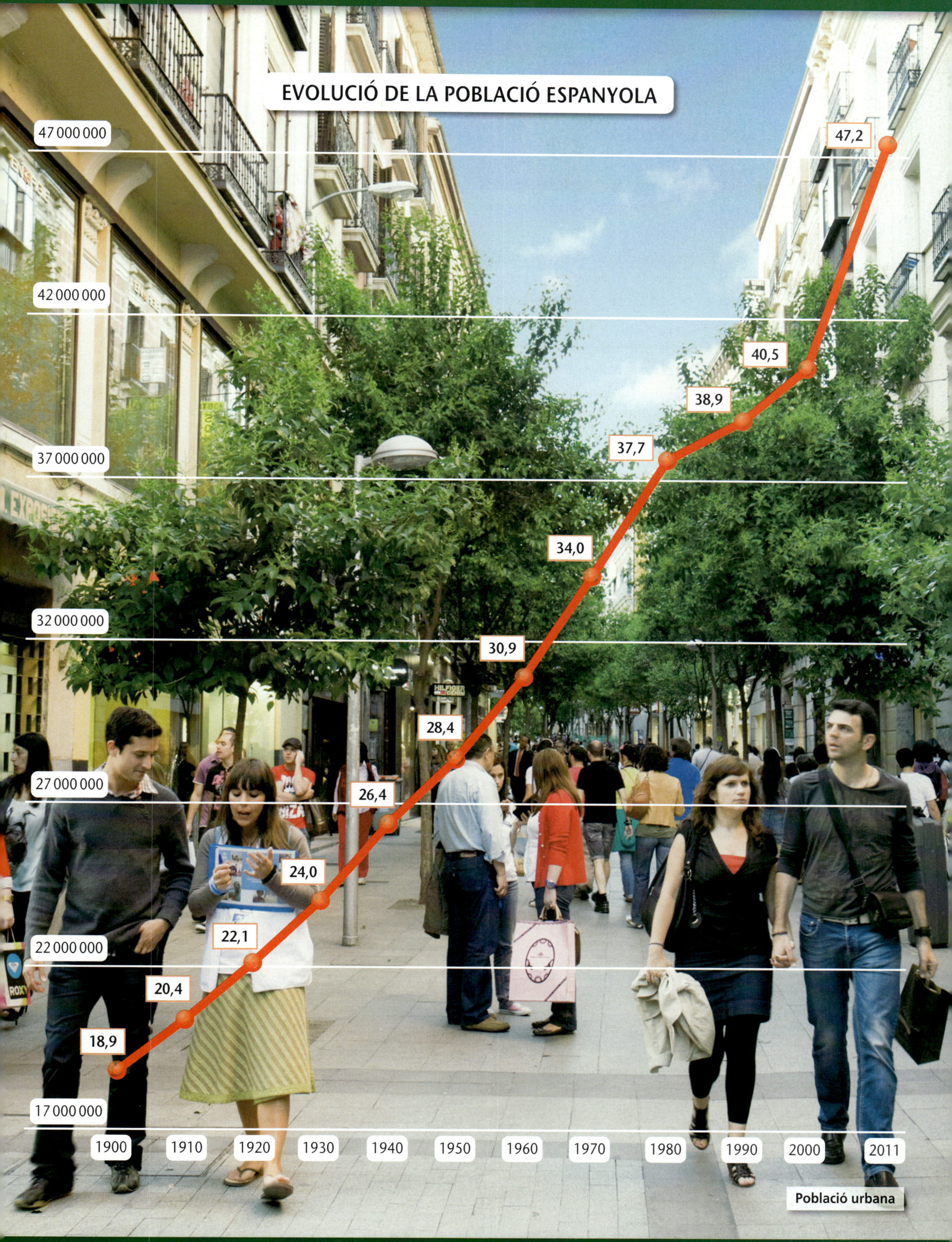
EVOLUCIÓ DE LA POBLACIÓ ESPANYOLA
47 000 000
42 000 000
37 000 000
32 000 000
27 000 000
22 000 000
17 000 000
18,9
20,4
22,1
24,0
26,4
28,4
30,9
34,0
37,7
38,9
40,5
47,2
1900
1910
1920
1930
1940
1950
1960
1970
1980
1990
2000
2011
Població urbana

1 La població espanyola i la seva distribució

1.1. La població espanyola

Espanya té una població pròxima als 47,2 milions d'habitants i una densitat mitjana de 93,3 h./km², xifra notablement inferior a la mitjana de la Unió Europea, que és de 116 h./km².

Si agafem com a referència la **densitat de població** per estudiar la distribució de la població al territori espanyol veurem que es reparteix d'una **manera molt desigual**:

- Les **zones més densament poblades** es troben a la perifèria peninsular o a zones pròximes a la perifèria. Les excepcions són la Comunitat de Madrid (808,4 h./km²), els arxipèlags (Balears i Canàries) i les ciutats autònomes de Ceuta (4 228,7 h./km²) i Melilla (5 852,1 h./km²).
- Les **zones menys densament poblades** es troben a l'interior i les densitats més baixes són les d'algunes àrees muntanyoses. Per comunitats autònomes, destaquen Castella-la Manxa (26,6 h./km²) i Extremadura (26,6 h./km²).

1.2. Els factors de distribució de la població

L'alta densitat de població de Madrid és deguda, sobretot, al fet de ser la **capital de l'Estat**, però també a la seva activitat econòmica. A les ciutats costaneres i o a les zones pròximes a la costa, l'elevada densitat s'explica pel gran desenvolupament que hi tenen les **activitats industrials** i els **serveis**, principalment del turisme.

En canvi, a l'interior de la Península, les zones agrícoles de secà i les zones de muntanya han anat perdent població. A més, la pràctica d'una agricultura cada cop més tecnificada fa que no sigui necessària gaire mà d'obra, fet que també influeix en el despoblament d'alguns llocs.

LA POBLACIÓ DE LES COMUNITATS AUTÒNOMES SOBRE EL TOTAL D'ESPANYA EL 2011

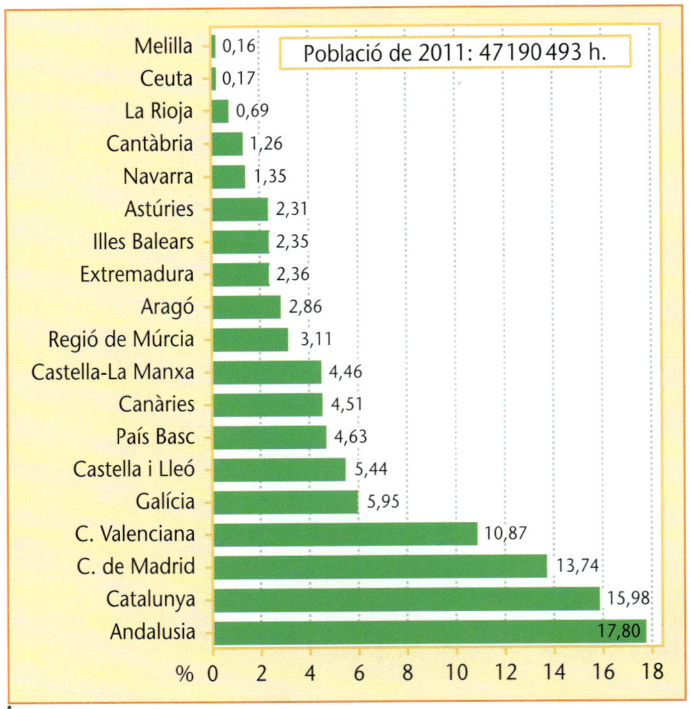

1. Quines comunitats representen un percentatge de població més alt respecte al total de l'Estat?

2. Quin valor té Catalunya? Et sembla elevat? Per què?

La distribució de la població espanyola al territori és molt desigual.

3. Fixa't en les fotografies des de la perspectiva de la distribució de la població. A quin lloc de Espanya les situaries? Explica'n el perquè.

LA DENSITAT DE POBLACIÓ DE LES PROVÍNCIES ESPANYOLES EL 2011

POBLACIÓ PROVINCIAL D'ESPANYA EL 2011

províncies més poblades		províncies menys poblades	
Madrid	6489680	Àlaba	319227
Barcelona	5529099	Guadalajara	256461
València	2578719	Osca	228361
Alacant	1934127	Conca	219138
Sevilla	1928962	Zamora	193383
Màlaga	1625827	Àvila	172704
Múrcia	1470069	Palència	171668
Cadis	1243519	Segòvia	164169
Biscaia	1155772	Terol	144607
La Corunya	1147124	Sòria	95223

4. Sabent que la població d'Espanya és de 47190493 habitants, calcula quin percentatge representen les set províncies més poblades. Quines conclusions en treus?

5. Quines són les províncies amb més densitat de població? Què suposes que tenen en comú?

6. A quines comunitats autònomes s'hi observa més desequilibri en la distribució de la població?

7. El mapa mostra algunes províncies que estan força densament poblades i que no es troben a la perifèria peninsular. Quines són?

SINTETITZA

8. Com es distribueix la població espanyola al territori?

9. A quins llocs es concentren les densitats de població més grans?

10. Quins factors expliquen la distribució desigual de la població espanyola al territori?

2 L'evolució de la població espanyola

2.1. Model de transició demogràfica

A Espanya, el **model de transició demogràfica** es va iniciar tard respecte a altres països europeus, però la seva evolució va ser similar a la dels països desenvolupats que has estudiat a la unitat anterior:

- **Règim demogràfic antic**. Fins al començament del segle XX, la taxa de natalitat era elevada, però també ho era la de mortalitat. És el que anomenem fase d'**estabilitat demogràfica**, perquè si bé hi havia molts naixements també es produïen moltes defuncions. El creixement natural era baix.
- **Règim de transició demogràfica**. Des del 1900 fins al 1975, la **mortalitat va començar a disminuir** de manera continuada, però amb algunes crisis catastròfiques causades per l'epidèmia de grip del 1918 o la Guerra Civil espanyola (1936-1939). Paral·lelament, la natalitat també va disminuir, tot i que de manera més lenta. El creixement natural era molt alt.
- **Règim demogràfic modern**. A partir del 1975, la **taxa de natalitat** va caure de manera espectacular. Els seus valors es van situar prop dels de la taxa de mortalitat. El creixement vegetatiu era molt baix.

2.2. La dinàmica actual de la població

En general, la dinàmica actual de la població espanyola es caracteritza per uns valors molt baixos de la natalitat i la mortalitat, propis del règim demogràfic modern. A més, el reduït nombre de fills per dona i una llarga esperança de vida tenen com a resultat un creixement natural baix o molt baix i l'envelliment de la població.

La taxa de natalitat

La **disminució de la taxa de natalitat** (10,5‰) es comprèn millor si s'analitza la taxa de fecunditat, perquè, si la població és jove, el percentatge de dones en edat fèrtil és més alt.

A Espanya, des del 1981, la fecunditat ha estat inferior al nivell de reemplaçament (2,1 fills per dona). El 2011, el nombre mitjà de fills per dona era d'1,38. A més, la mitjana d'edat de maternitat de les mares espanyoles segueix augmentant (31,3 anys).

Però l'arribada durant els últims anys de població jove estrangera, entre la qual hi ha moltes dones en edat de procrear, ha originat un lleuger augment de la taxa de natalitat. La mitjana d'edat de les dones immigrants és de 28,8 anys.

EL MOVIMENT NATURAL DE LA POBLACIÓ A ESPANYA

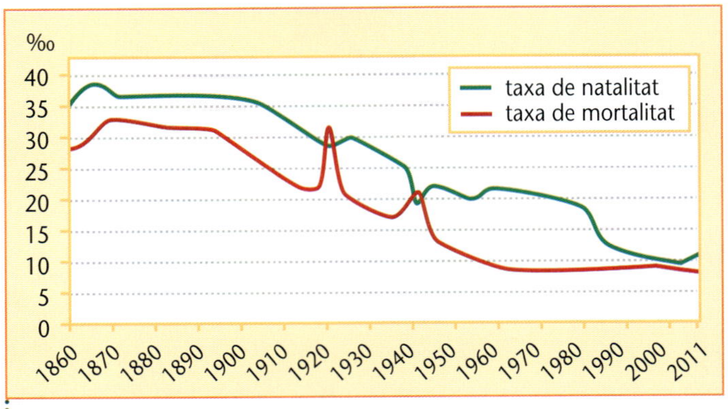

1. Descriu l'evolució de les taxes de natalitat i de mortalitat d'Espanya.

DADES DE POBLACIÓ D'ESPANYA

període / any	natalitat (en ‰)	mortalitat (en ‰)	fills per dona
1901-1910	34,5	24,4	11,5
1951-1955	20,3	9,8	7,7
1997	9,2	8,8	1,2
2006	10,9	8,4	1,4
2008	11,4	8,4	1,5
2011	10,5	8,4	1,4

2. Compara les taxes de natalitat i mortalitat del 1901 al 1910 amb les dels anys més recents.

L'ESPERANÇA DE VIDA EN NÉIXER A ESPANYA

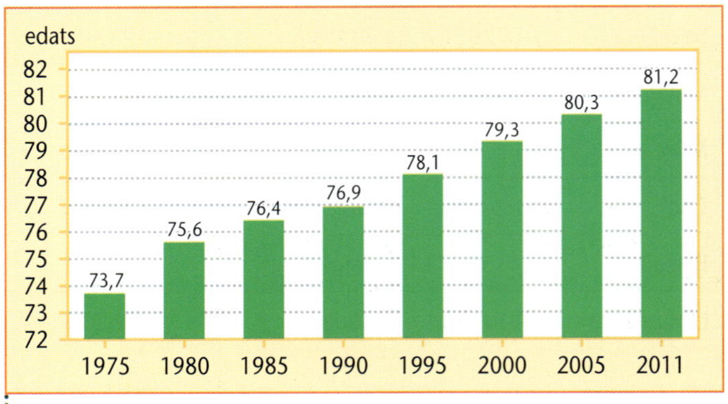

3. Calcula quina és la mitjana de creixement de l'esperança de vida per cada grup d'anys i en el total del període.

EL CREIXEMENT VEGETATIU DE LES PROVÍNCIES ESPANYOLES EL 2011

4. Recorda què és el creixement vegetatiu. Quines províncies tenen un creixement positiu? Principalment, on se situen?

5. Quines són les províncies amb creixement natural negatiu? Des del punt de vista demogràfic i social, quines implicacions té aquest fet?

La taxa de mortalitat

La **taxa de mortalitat** a Espanya presenta **valors molt baixos** (8,4 ‰). Ara bé, l'augment progressiu del percentatge de persones d'edat avançada influeix en aquesta taxa i en fa preveure un augment, tal com passa a gran part dels països desenvolupats europeus.

Les tres causes principals de mort per grans grups són: malalties del sistema circulatori, tumors i malalties del sistema respiratori. Altres causes de mortalitat són els accidents de trànsit, que, malgrat que s'han reduït molt, superen les morts ocasionades per homicidis, drogues i sida junts.

L'esperança de vida

Durant el segle XX i fins als nostres dies, Espanya ha passat d'una **esperança de vida** pròxima als 40 anys de mitjana a una esperança de vida que supera els 80 anys, una de les **més altes de la Unió Europea** i, fins i tot, del món.

L'esperança de vida en néixer a Espanya és de 85 anys per a les dones i de 79 anys per als homes. La possibilitat d'allargar els anys de vida és el resultat d'un nivell elevat de benestar i dels èxits aconseguits per la medicina.

SINTETITZA

6. Quines particularitats presenta el model de transició demogràfica a Espanya?

7. Explica l'evolució del creixement vegetatiu a Espanya a partir del 1975.

8. Quina taxa de fecunditat es considera necessària per al reemplaçament generacional? Què pot passar si no s'arriba a assolir aquesta taxa?

9. Quina esperança mitjana de vida té la població espanyola? I per sexes?

3 Els moviments migratoris a Espanya

3.1. L'EMIGRACIÓ ESPANYOLA EN EL PASSAT

Les **raons** que expliquen l'**emigració** espanyola en el passat són moltes, però la més important va ser la **motivació econòmica**: la necessitat de trobar una feina per superar la situació de pobresa i obtenir unes condicions de vida millors.

L'emigració exterior: l'Amèrica Llatina i l'Europa occidental

L'**emigració exterior espanyola** va tenir lloc entre mitjan segle XIX i la crisi econòmica del 1975. Les destinacions principals van ser:

- L'**Amèrica Llatina**. Tot i que els orígens de l'emigració espanyola transoceànica es remunten al descobriment d'Amèrica i a l'emigració a les colònies, no és fins a mitjan segle XIX que l'emigració es torna massiva. Molts pagesos, procedents de Galícia, Astúries i les Canàries, van veure en Amèrica possibilitats de terres i feina.

  A més, l'inici de la industrialització va permetre que els vaixells de vapor transportessin més persones i que els viatges fossin menys arriscats.

  L'emigració a Amèrica va continuar durant la primera meitat del segle XX, fins que la crisi econòmica del 1929 va fer disminuir aquest flux.

- L'**Europa occidental**. Entre el 1960 i el 1975 es va produir un moviment migratori important de **mà d'obra agrària** i **industrial** cap als països industrialitzats d'Europa.

  Aquesta emigració procedia de totes les regions espanyoles, especialment d'Andalusia i Galícia, i, en segon lloc, de Castella, València i Extremadura. Els països de destinació van ser, preferentment, Alemanya, Suïssa i França.

  La crisi econòmica del 1973, com a resultat de l'encariment del preu del petroli, va marcar el final de l'emigració exterior. L'atur va augmentar a Europa i els governs van dictar lleis que restringien la immigració. Una part de la població emigrant va tornar a Espanya i una altra part es va quedar definitivament a l'estranger.

La migració interior: l'èxode rural

La **migració interior** més important a Espanya va ser l'**èxode rural** o transvasament de població camp-ciutat i cap a les regions industrials. Encara que es va iniciar tímidament a la darreria del segle XIX, es va intensificar a partir del 1950 i va ser intensa entre el 1959 i el 1970.

Els emigrants eren pagesos que abandonaven les zones rurals davant de l'augment de població i la mecanització del camp. Les primeres destinacions van ser els centres urbans i industrials de Catalunya i el País Basc. A partir del 1950, i en particular durant la dècada del 1960, les migracions es van accentuar, sobretot cap a les províncies de Barcelona, Madrid, València i Biscaia.

Als pobles, l'emigració interior va generar l'envelliment de la població i a vegades que fossin abandonats. Mentrestant, les ciutats d'acollida creixien precipitadament i la indústria disposava de mà d'obra barata, però l'arribada d'immigració va ocasionar problemes greus, com ara la proliferació de barris pobres a zones perifèriques de la ciutat, els **suburbis**.

HO SABIES?

En el període 1911-1915 van emigrar d'Espanya 800000 persones, de les quals 650000 van anar a l'Amèrica Llatina.

Moltes famílies espanyoles tenen parents llunyans que viuen a l'Argentina, Mèxic, Cuba o Veneçuela. Algunes d'aquestes famílies van fer la seva fortuna a Amèrica, ja fos en plantacions (sucre), en la indústria o en el comerç.

Emigració espanyola a Amèrica en la primera meitat del segle XX.

TESTIMONIS DE L'EMIGRACIÓ EN EL PASSAT

Juan:

La nostra emigració comença en la misèria que vam patir (...). Si mirem enrere, la tenim com a record principal. Va ser aquesta vida tan terrible la que finalment ens va obligar a deixar la nostra terra. Era només treballar i treballar, sense descansos ni diumenges (...), era treballar contra la fam: llevar-se a les quatre de la matinada, aguantar el fred, caminar quilòmetres de distància. Aquelles eren feines per a les bèsties i, al final, els diners no entraven a casa (...).

- Llegeix el text. Quina conclusió en treus, d'aquest testimoni?

LES MIGRACIONS INTERIORS A ESPANYA A LA DÈCADA DEL 1960

1. Cap a on es van dirigir preferentment els emigrants procedents de Galícia? I els emigrants andalusos? I els emigrants extremenys?

2. Quines àrees d'emigració es van dirigir de manera majoritària a Madrid? I a Barcelona? I al País Basc?

3. Quines ciutats van atreure molta població de la seva província?

@ Amplia a la Xarxa...

Per saber més sobre les migracions a Espanya, entra a www.tiching.com/68336

- En el període 1961-1975, quantes persones van emigrar d'Espanya? Amb quina destinació i en quin nombre?

3.2. L'EMIGRACIÓ EXTERIOR ESPANYOLA MÉS RECENT

L'emigració espanyola del segle XXI és diferent de l'emigració que hi va haver en el passat. En els últims anys, i coincidint amb la crisi econòmica complexa que afecta Espanya des del 2008, sorgeix novament la necessitat d'emigrar fora del país per **falta de feina**.

La situació de desocupació repercuteix en treballadors de diferents àmbits i de totes les edats, però és la **població més jove** la que se n'ha vist més perjudicada.

Els emigrants espanyols d'avui tenen entre 25 i 35 anys i estan altament qualificats, amb llicenciatures i idiomes: enginyers, informàtics, metges, biòlegs, arquitectes... Aquesta nova emigració s'anomena **migració selectiva** o **fuga de cervells**. També formen part d'aquest grup els joves que acaben estudis d'investigació a l'estranger.

Les destinacions d'aquesta emigració són països de l'Amèrica Llatina que no senten la crisi econòmica, com ara el Brasil, i també països d'Europa, com ara Alemanya o el Regne Unit, on les expectatives laborals són millors. Durant l'any 2010, prop de 120000 espanyols van emigrar del nostre país.

TESTIMONIS DE JOVES EMIGRANTS D'AVUI

Diego:

Tinc 27 anys i un títol d'enginyer informàtic, desenvolupo *software* per al control del trànsit aeri, però no estava satisfet amb les condicions de treball. Una beca Erasmus em va obrir les portes a l'exterior.

Ara treballo a Berlín, com a desenvolupador de *software* per a jocs. Un sou més alt i la perspectiva d'una vida millor em van empènyer cap a una nova experiència laboral a Alemanya.

- Comenteu a classe la història d'aquest jove emigrant.

SINTETITZA

4. Quins eren els motius que van portar els espanyols a emigrar a Amèrica?

5. En què treballaven prioritàriament els espanyols que van marxar cap a l'Europa occidental?

6. Quines van ser les causes que van desencadenar la migració interior a Espanya?

7. Explica l'emigració espanyola actual. S'assembla a l'emigració del passat? Per què?

4 La immigració estrangera a Espanya

4.1. La immigració estrangera

A partir de la dècada del 1990, Espanya es va convertir en un **país d'immigració**. Les expectatives de feina que hi havia llavors al nostre país van desencadenar una arribada d'immigrants que va culminar entre els anys 2001-2006, moment en què es va arribar a una mitjana anual de mig milió de persones.

Actualment, els estrangers que resideixen a Espanya s'estimen en una mica més de 5,7 milions, que representen el 12,2 % de la població total.

Els últims anys, el creixement de la població immigrant s'ha alentit. La situació de desocupació creada per la crisi econòmica del 2008 ha obligat molts immigrants a tornar als països d'origen.

Malgrat tot, encara continuen arribant immigrants llatinoamericans. Alguns ho fan a través de processos de reagrupació familiar, per mantenir la unitat de la família (pares, fills, etc.) o bé per estudis.

Composició de la immigració

La immigració estrangera que arriba a Espanya es pot classificar en tres grans grups:

- **Immigració econòmica i laboral**. Formen aquest col·lectiu les persones procedents de països pobres que busquen feina i unes condicions de vida més dignes. Aquesta immigració recorda l'emigració espanyola de la dècada del 1960.

  L'arribada d'aquests immigrants de vegades es fa de manera regular i altres vegades de manera clandestina, sense tenir el permís d'immigració i exposant la vida en l'intent d'arribar al país de destinació.
- **Immigració d'alt nivell professional i estudiants**. És gent molt qualificada com ara tècnics, enginyers, metges, economistes, etc. En aquest grup també s'hi inclouen els estudiants estrangers. La majoria arriben d'altres països de la Unió Europea i viuen de manera temporal a Espanya.
- **Immigració residencial**. Majoritàriament integren aquest grup persones jubilades procedents de països del nord d'Europa. És gent que busca un lloc agradable per viure, on el clima sigui benigne i l'entorn urbà compti amb bons serveis, per això elegeixen Andalusia, la costa mediterrània i els arxipèlags balear i canari.

Un altre grup d'immigrants el formen els **refugiats** o persones perseguides per motius polítics, ètnics o religiosos.

LA POBLACIÓ RESIDENT A ESPANYA

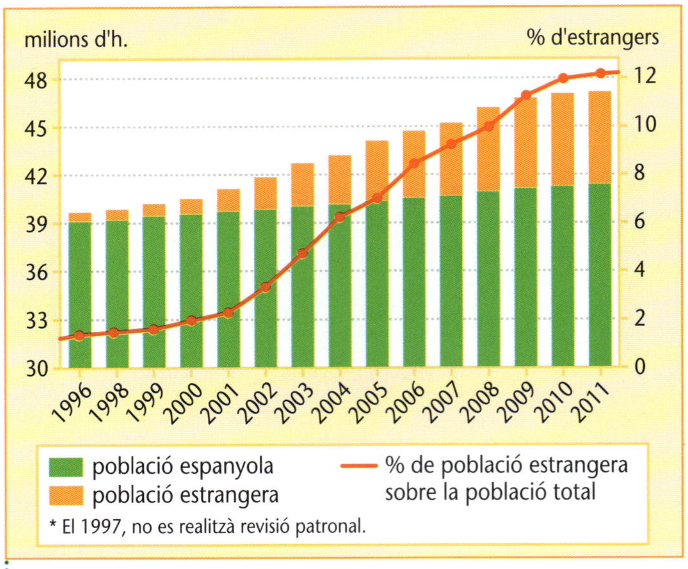

1. Com ha estat l'evolució de la població estrangera al llarg d'aquests anys?

2. A partir de quin moment s'incrementa el nombre de residents estrangers? Per què?

Ho sabies?

Després d'anys de davallada de la immigració clandestina a Espanya, l'any 2011 hi van entrar més immigrants clandestins per mar (5443) que el 2010 (3632). Les ciutats de Ceuta i Melilla van ser els llocs que van registrar un increment d'estrangers sense papers més gran.

PROCEDÈNCIA DELS ESTRANGERS RESIDENTS A ESPANYA EL 2011

País	Total d'estrangers	País	Total d'estrangers
Romania	864278	Bolívia	197895
Marroc	769920	Alemanya	195842
Regne Unit	390880	Itàlia	187847
Equador	359076	Bulgària	172634
Colòmbia	271773	Xina	166223

3. Quin és l'origen majoritari de la població estrangera resident a Espanya? Calcula quanta població estrangera pertany a països de la Unió Europea.

LA POBLACIÓ ESTRANGERA PER COMUNITATS AUTÒNOMES EL 2011

4. Quines comunitats autònomes tenen un nombre més alt de població estrangera? Quines en tenen el nombre més baix?

5. Quin percentatge de població estrangera té Catalunya? És molta o poca? Explica-ho.

@ Amplia a la Xarxa...

Per saber més sobre la immigració estrangera a Espanya, entra a www.tiching.com/68342

- Busca les últimes dades del *percentatge de població estrangera* i el *nombre total d'immigrants* de la teva província. Comenta els resultats.

4.2. Les conseqüències de la immigració

L'arribada de població immigrant a Espanya té diverses conseqüències:

- **Augment de la població**. No només pel nombre de persones que hi arriben, sinó també perquè s'hi produeix un increment de la natalitat (dones joves amb una taxa de fecunditat elevada).
- **Contribució al pagament de les pensions**. Els immigrants són treballadors que amb el seu sou també cotitzen a la Seguretat Social.
- **Disponibilitat de mà d'obra**. En la majoria dels casos, es tracta de treballadors que fan les feines menys qualificades i a un preu més baix, ja sigui en l'agricultura, en la construcció o en el sector dels serveis: treballs d'hoteleria, neteja de la llar, atenció a les persones grans, etc.
- **Diversitat cultural**. La convivència entre persones de cultures diferents pot ser enriquidora, però s'ha de desenvolupar en un marc de respecte a les lleis del país d'acollida. Aquestes lleis s'han d'aplicar a tota la població de la mateixa manera i tothom les ha de respectar.

QUÈ OPINA LA SOCIETAT DE LA IMMIGRACIÓ?

Davant de la diversitat cultural i del contacte amb persones d'altres ètnies o cultures, la societat d'acollida pot adoptar diferents posicions:

- **Exclusió**: rebuig, xenofòbia, discriminació, racisme, menyspreu cap a les altres cultures perquè la pròpia es considera superior.
- **Assimilació**: etnocentrisme, els altres s'han d'adaptar a la cultura del país d'acollida perquè és superior.
- **Multiculturalitat**: totes les cultures tenen el mateix valor, totes les cultures s'han de respectar sense judicis de valor, s'accepta a tothom amb les seves característiques específiques, però separats de la resta.
- **Interculturalitat**: valoració i diàleg entre totes les cultures, interrelació cultural com a font de riquesa; es tracta tothom d'igual a igual, es creen vincles de cooperació i solidaritat.

- Considera les dificultats que pot tenir un immigrant quan arriba al nostre país. Quina opinió en tens? Comenteu-ho a classe.

SINTETITZA

6. Quin percentatge de la població resident a Espanya representa la immigració?

7. En quina situació es troba la immigració estrangera que arriba avui a Espanya?

8. Quina és la composició majoritària de la immigració que rep Espanya?

9. Quines conseqüències té per a Espanya l'arribada d'immigració estrangera?

5 L'estructura de la població espanyola

5.1. L'estructura demogràfica: edat i sexe

La **distribució per edats** de la població espanyola mostra una estructura envellida. Les causes són les taxes baixes de natalitat i l'esperança de vida elevada. El 2011, la distribució per grans grups d'edat era: població jove de fins a 15 anys, 15,8 %; població adulta d'entre 16 i 64 anys, 67,1 %, i població anciana de 65 anys i més, 17,1 %.

Per comunitats autònomes, les que tenen més població major de 65 anys són Castella i Lleó, Astúries, Galícia i Aragó, on un de cada cinc habitants supera aquesta edat. Per contra, les Canàries, les Illes Balears i Múrcia són les comunitats amb la població més jove.

Les conseqüències de tenir una població envellida són l'augment de la despesa de les pensions, la sanitat i els serveis d'atencions especials.

Pel que fa a la **distribució per sexes**, la població espanyola sempre ha mostrat un nombre més alt de dones que d'homes, tot i que aquestes diferències tendeixen a disminuir. El 2011 la **taxa de feminitat** era de 102,6 dones per cada 100 homes.

Malgrat que neixen més nens que nenes, són les dones les que arriben als grups de més edat, perquè la mortalitat entre els homes és més alta.

POBLACIÓ ESPANYOLA PER EDAT

Grup d'edat	1900 (en %)	2011 (en %)
De 0 a 14 anys	33,5	14,9
De 15 a 29 anys	24,4	17,3
De 30 a 44 anys	19,2	25,5
De 45 a 59 anys	13,9	20,1
De 60 a 74 anys	7,6	13,5
De 75 anys i més	1,4	8,7

1. Compara la distribució de la població espanyola per grups d'edat entre l'any 1900 i el 2011. Comenta les teves observacions.

5.2. L'estructura econòmica

Recorda que per saber el grau de desenvolupament d'un país és important conèixer-ne l'**estructura econòmica**, és a dir, quanta població treballa i en quins sectors econòmics ho fa.

La **població activa** comprèn la població adulta que està ocupada, que està a l'atur o que busca la primera feina. A Espanya, la població activa representa més del **60 %** de la població total, i, en la distribució per sexes continua sent més alta en el cas dels homes (68,1 %) que en el cas de les dones (52,3 %).

LA TAXA DE FEMINITAT

La **taxa de feminitat** serveix per conèixer la relació que hi ha entre la població femenina i la població masculina. S'obté de dividir el nombre de dones pel nombre d'homes i multiplicar-ho per 100.

$$\text{Taxa de feminitat} = \frac{\text{nombre de dones}}{\text{nombre d'homes}} \times 100$$

L'EVOLUCIÓ DEL MERCAT LABORAL A ESPANYA

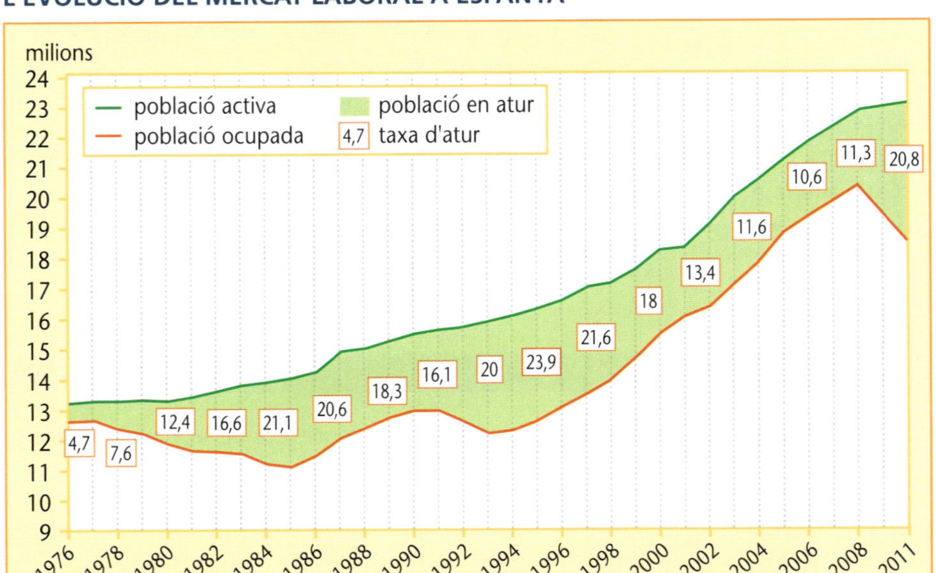

2. Quines variables s'analitzen en aquest gràfic?

3. Comenta quina ha estat l'evolució de la població activa al llarg d'aquests trenta-cinc anys.

4. La diferència entre la població activa i la població ocupada és la població en atur. Què passa el 2008?

Població ocupada

L'**estructura econòmica** de la població espanyola ha variat amb els anys. Actualment és la pròpia dels països desenvolupats:

- **Sector primari**. Al començament del segle XX, el 65,3 % de la població treballava en aquest sector. Actualment, només ho fa el 4,3 %. La causa principal de la disminució de l'ocupació és la mecanització del camp.
- **Sector secundari**. La població que treballa en aquest sector va créixer fins al 1975, a causa del desenvolupament de la indústria moderna. Des de llavors, ha anat disminuint a causa del tancament de les mines i de l'automatització dels processos industrials. A més, algunes empreses han traslladat les fàbriques a altres països on la mà d'obra és més barata. El sector secundari (23,1 %) engloba la població que treballa a la indústria (14,1 %) i a la construcció (9 %).
- **Sector terciari**. És el sector econòmic que creix més d'una manera continuada (72,6 %). La millora del nivell de vida i l'Estat del benestar fan que la població espanyola necessiti un nombre més gran de serveis i més especialitzats, de manera que els últims anys aquest sector s'ha diversificat molt.

Població en atur

A Espanya s'han registrat **taxes d'atur** molt altes quan la demanda de feina no ha anat paral·lela a la creació d'ocupació. El 1994, l'atur va arribar al 23,9 % de la població, fet que va significar un problema social greu. Des de llavors, la creació d'ocupació ha estat una prioritat, especialment en el sector serveis i en la construcció.

La crisi econòmica iniciada el 2008 ha arribat a situar l'atur l'any 2011 en xifres al voltant del 20 % de la població activa. La manca de feina crea un problema social greu i explica que un nombre de joves senti la necessitat d'emigrar a altres països.

HO SABIES?

Amb la finalitat de conciliar la vida laboral amb la vida familiar, a Espanya es regulen una sèrie de permisos i reduccions de jornada per atendre els fills.

La **Llei d'igualtat per cuidar els fills** va entrar en vigor el març del 2007. Des de llavors, la Seguretat Social concedeix un permís de paternitat de 13 dies (15 comptant els dos ja reconeguts anteriorment) perquè el pare pugui cuidar el seu fill o la seva filla. Aquest permís el poden sol·licitar tots els treballadors.

@ Amplia a la Xarxa...

Per saber més sobre la població espanyola, entra a www.tiching.com/68348

- Llegeix la *Nota de Premsa* i esbrina quina és la distribució per edat i sexe de l'ocupació i l'atur a Espanya?

LA INCORPORACIÓ DE LA DONA AL MÓN LABORAL

Des de sempre, la dona ha treballat atenent els fills, en les feines domèstiques, al camp... I des de ja fa anys lluita per la igualtat de drets laborals, socials i polítics. La legislació espanyola reconeix aquesta igualtat, però a la pràctica, de vegades, les dones encara se senten discriminades. L'accés de la dona a tota mena d'estudis, a la cultura i al treball ha suposat un enorme potencial de pensament i d'acció. A Espanya, el 2011, una mica més del 44 % de la població ocupada eren dones.

En canviar la consideració i la situació de la dona a la societat actual, també canvia el paper de la dona a la família. Moltes feines, abans reservades exclusivament a la dona, es comparteixen amb els homes o es fan per mitjà de serveis externs. Els drets i la llibertat de la dona no han estat acceptats fàcilment per persones intolerants o intransigents; per això, encara s'han de lamentar actes de violència de gènere.

- Explica la situació de la dona al món laboral i les repercussions de la seva incorporació al treball remunerat.

SINTETITZA

5. Comenta com és l'estructura demogràfica de la població espanyola per edat i sexe.

6. Quines conseqüències té per a la societat una població envellida?

7. Quina informació ens aporta conèixer l'estructura econòmica d'un país?

8. Què diferencia els conceptes de *població activa* i *població ocupada*?

9. Quin percentatge de població activa treballa en els diferents sectors econòmics? Elabora un gràfic amb aquestes tres dades.

APRÈN

INTERPRETAR LA PIRÀMIDE DE POBLACIÓ D'ESPANYA EL 2011

Com deus recordar del tema anterior, la **piràmide de població** o **d'edats** és un gràfic que permet veure, entendre i explicar moltes de les característiques que té la població d'un país.

La piràmide ens mostra la història de la població: quan hi van néixer més nens, si hi ha hagut una catàstrofe com ara una guerra o una epidèmia, o si la població ha augmentat o disminuït en algun moment a causa de moviments migratoris (immigració o emigració).

A continuació, segueix els passos per interpretar la piràmide de població d'Espanya i aprèn contestant les preguntes.

Base de la piràmide: la població jove (de 0 a 14 anys)

- Fixa't en el primer esglaó, a la base de la piràmide. Representa el nombre de nens i nenes amb edats compreses entre els 0 i els 4 anys. Aquests nens i nenes van néixer entre el 2007 i el 2011.

  Quins percentatges representen? Comprova si neixen més nens o més nenes.

- Fixa't en el segon esglaó de la piràmide. Representa el grup de nens i nenes amb edats compreses entre els 5 i els 9 anys

  Mira la taula de la *Població d'Espanya per edat i sexe el 2011*. Quants nens i nenes entre els 5 i els 9 anys hi havia? Quins percentatges els corresponen a la piràmide?

- Llegeix el tercer esglaó, que representa els nens i les nenes que van néixer entre els anys 1997 i 2001.

  Compara el primer esglaó de la piràmide amb el tercer. És possible que en el futur es necessitin més escoles?

LAS PIRÀMIDES DE POBLACIÓ: VALORS ABSOLUTS O RELATIUS?

Les piràmides de població es poden construir amb **valors absoluts** (totals) o amb **valors relatius** (percentatges). La manera més aconsellable és fer-ho amb valors relatius, perquè permet fer més fàcilment comparacions amb altres piràmides, perquè totes tenen la mateixa escala a la base.

La manera de calcular els percentatges és prenent com a base la població total (la població masculina més la femenina), es divideix la població de cada grup d'edat i de cada sexe entre la població total i es multiplica per 100. Així se sap quin pes té cada grup d'edat segons el sexe dins de la població total.

LA PIRÀMIDE DE LA POBLACIÓ ESPANYOLA EL 2011

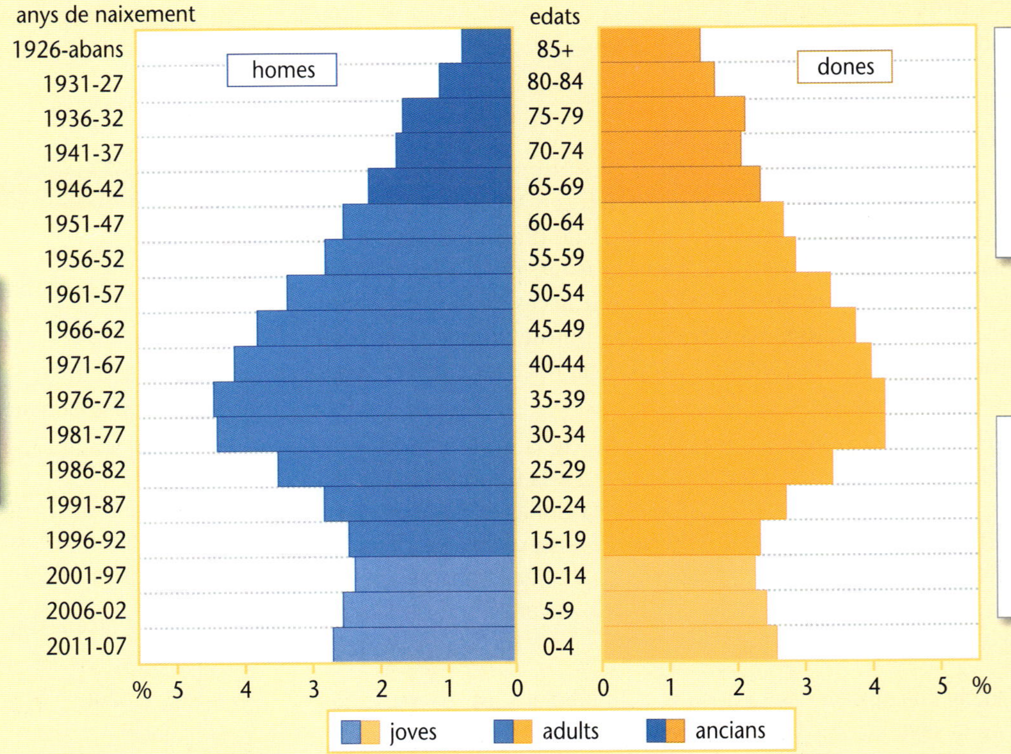

El grup d'edat **de 65 anys i més** representa el 17 % de la població total. Per sexes, el 7,3 % correspon als homes i el 9,7 % a les dones.

El grup d'edat **de 15 a 64 anys** representa el 68 % de la població total. Per sexes, el 34,4 % són homes i el 33,6 % són dones.

El grup d'edat **de 0 a 14 anys** representa el 15 % de la població total. Per sexes, el 7,7 % són homes i el 7,3 % són dones.

Tronc de la piràmide: la població adulta (de 15 a 64 anys)

- Fixa't que a Espanya hi ha moltes persones als esglaons de les edats compreses entre els 15 i els 64 anys. La majoria de la població situada en aquests grups d'edat treballa, i amb el seu salari ajuda a mantenir els joves que no treballen, els més grans que estan jubilats i les persones en atur.

Segons les dades del 2011, el 68 % de la població espanyola té entre 15 i 64 anys. Què podria passar si aquest percentatge fos cada dia més baix?

Cúspide de la piràmide: població anciana (de 65 anys i més)

- Fixa't que els últims esglaons de la piràmide representen la població més gran de 65 anys. Abans, el grup de població envellida era reduït, però avui els espanyols i les espanyoles tenen una esperança de vida més llarga.

Mira si, en general, viuen més anys les dones o els homes. Fixa't en la piràmide: Quin percentatge de la població espanyola tenia més de 65 anys el 2011?

- Fixa't que l'esglaó de les persones que el 2011 tenien entre 70 i 74 anys és més curt i dibuixa un entrant. Aquestes són les persones que van néixer durant o immediatament després de la Guerra Civil Espanyola.

Vista la piràmide de població de l'Estat espanyol en conjunt, penses que es necessiten serveis socials per atendre la població? Per què?

LA POBLACIÓ D'ESPANYA PER EDAT I SEXE EL 2011

Edat	Homes	Dones
0-4	1 273 539	1 197 021
05-09	1 208 743	1 147 612
10-14	1 124 459	1 062 804
15-19	1 167 727	1 100 177
20-24	1 326 358	1 284 889
25-29	1 662 639	1 611 628
30-34	2 088 902	1 970 510
35-39	2 112 291	1 983 502
40-44	1 967 008	1 886 437
45-49	1 801 840	1 778 681
50-54	1 587 776	1 603 658
55-59	1 317 232	1 360 582
60-64	1 195 059	1 275 852
65-69	1 013 458	1 119 276
70-74	817 643	976 497
75-79	760 014	1 002 575
80-84	510 779	795 604
85 y más	347 720	749 991
Total	**23 283 187**	**23 907 306**

1. Amb les dades de la taula, calcula els percentatges que per sexes representa cada grup d'edat respecte al total de la població d'Espanya.

Construeix i comenta una piràmide d'edats

2. Amb les dades de la taula, elabora la piràmide de població d'Egipte el 2011 perquè després la puguis comparar amb la d'Espanya.

3. Descriu el comportament de la població jove, adulta i anciana en totes dues piràmides. Explica els problemes possibles que tindrà Egipte i formula les teves conclusions.

Sexe/edat	0-4	5-9	10-14	15-19	20-24	25-29	30-34	35-39	40-44	45-49	50-54	55-59	60-64	65-69	70-74	75-79	80-84	85+
Homes (%)	6,0	5,6	5,1	4,8	4,8	4,9	4,2	3,1	2,5	2,3	2,2	1,8	1,4	0,9	0,6	0,4	0,2	0,1
Dones (%)	5,8	5,4	4,9	4,6	4,5	4,6	3,9	2,9	2,7	2,4	2,3	1,8	1,4	1,0	0,6	0,5	0,2	0,1

@ Amplia a la Xarxa...

Per saber més sobre les piràmides de població, entra a www.tiching.com/68354

- Amb quin dels tres tipus de piràmides identifiques la d'Espanya? Per què?

6 La població de Catalunya

6.1. Característiques de la població catalana

Catalunya té una població de més de set milions i mig d'habitants, que representen el 16% del total de l'Estat espanyol, i una densitat mitjana de 234,8 h./km². Les característiques de la població catalana són:

- **Distribució irregular al territori**. Les densitats de població més altes són les del Barcelonès i de les comarques que l'envolten; els valors van disminuint a mesura que ens endisem cap a l'interior.
- **Lleugera disminució de la natalitat**. La natalitat va anar augmentant des de l'inici del segle XXI, sobretot pel que fa a la població immigrant. L'any 2008 es va registrar a Catalunya la taxa de natalitat més elevada (12,2 ‰). Des del 2009 ençà la natalitat ha anat disminuint.
- **Esperança de vida elevada**. Hi ha una estabilització de la població adulta i un augment del nombre de persones de més de 65 anys, fet que fa evident l'envelliment de la població catalana.
- **Arribada d'immigrants**. Aquest ha estat el factor demogràfic més important per a l'augment del nombre total d'habitants a Catalunya.

INDICADORS DEMOGRÀFICS EL 2011

tipus d'indicador	valor
Població total Catalunya	7539618 h.
Taxa de natalitat[1]	11,4 ‰
Taxa de mortalitat[1]	8,2 ‰
Taxa de creixement natural[1]	3,2 ‰
Esperança de vida dels homes	79,1 anys
Esperança de vida de les dones	85,1 anys
Percentatge de joves	15,9 %
Percentatge de gent gran	16,9 %

[1] Període Juliol 2010-Juny 2011.

1. Com s'ha calculat la taxa de creixement natural d'aquesta taula? Comprova-ho.

2. Et sembla elevat el percentatge de gent gran respecte el de joves? Explica-ho.

6.2. El fet migratori a Catalunya

Històricament Catalunya ha estat una terra d'acollida d'immigrants. Des de la dècada del 1990 i fins a l'any 2007, l'arribada de població immigrant va experimentar un creixement incessant.

Les bones perspectives econòmiques de Catalunya, compartides amb uns altres països europeus, van arrelar profundament en les motivacions de la població immigrant. Aquestes persones deixaven el lloc d'origen amb l'objectiu de trobar feina i millorar les seves condicions de vida. Pel que fa a la immigració a Catalunya, cal destacar-ne els aspectes següents:

- **Quants són**. A partir de l'any 2004 el nombre d'immigrants es va incrementar de manera considerable fins al 2007, que va ser l'any de més arribada d'immigrants estrangers (201733); a partir d'aquella data, l'arribada d'immigració s'ha anat reduint progressivament cada any.

  L'any 2010 residien a Catalunya un total d'1091433 persones estrangeres, que representaven el 14,52% del total de la població.
- **D'on vénen**. Per continents, la majoria d'immigrants que arriba a Catalunya procedeix d'Europa (un 90% de la UE), amb poca diferencia hi ha els immigrants africans i els americans (especialment d'Amèrica del Sud); després, trobem els immigrants procedents d'Àsia.
- **On treballen**. La majoria dels estrangers arriben al nostre país com a mà d'obra i busquen feina en l'agricultura, en la construcció, en l'hoteleria i en el servei domèstic. Com a grup a part cal tenir en compte els immigrants d'Europa Occidental, amb condicions de treball diferents: executius d'empresa, estudiants, professions liberals, etc.
- **L'impacte demogràfic a Catalunya**. La conseqüència primera de la immigració ha estat l'increment de la població. La mitjana d'edat dels immigrants és baixa i això ha provocat l'augment del nombre de naixements; a més, importen els models de reproducció dels seus països d'origen, on els índexs de natalitat són molt alts.

ELS RESIDENTS ESTRANGERS A CATALUNYA EL 2011

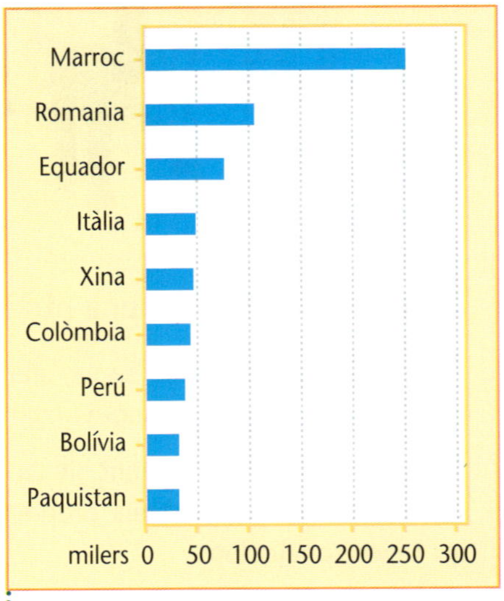

3. Quins són els tres grups més nombrosos de residents estrangers a Catalunya segons la procedència?

LA DENSITAT DE POBLACIÓ A CATALUNYA EL 2011

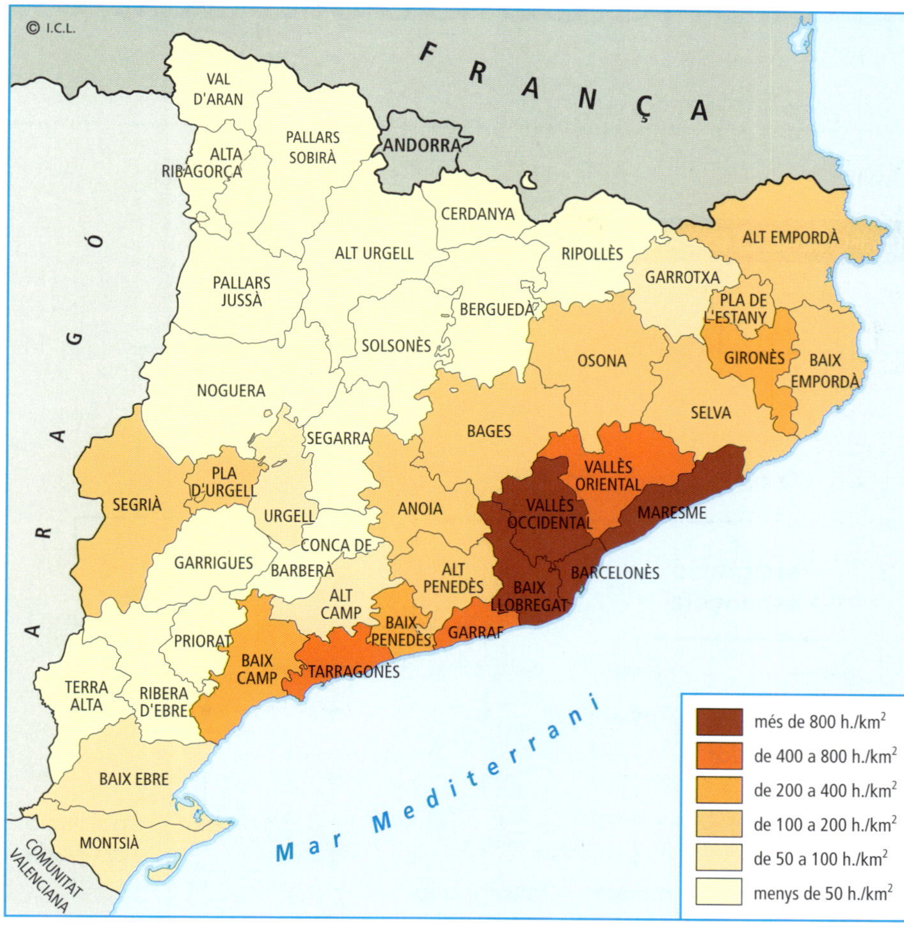

4. Com es distribueix la població catalana pel territori?

5. On se situen les comarques més poblades? Quines són?

6. On es troben les comarques amb menys població? Quines són?

7. Quins factors creus que poden explicar aquesta distribució?

@ Amplia a la Xarxa...

Per saber més sobre la població de Catalunya entra a www.tiching.com/78351

- Averigua la població del teu municipi i comenta el gràfic de l'evolució de la població femenina i masculina.

LES PERSPECTIVES DE LA POBLACIÓ A CATALUNYA

Segons les darreres projeccions, la població catalana continuarà augmentant. Es preveu que l'any 2030 Catalunya tindrà una població que superarà els 8,3 milions d'habitants. Els factors principals d'aquest creixement de població continuarà sent la **recuperació de la fecunditat** i també l'allargament de l'**esperança de vida**.

Es preveu que l'esperança de vida a Catalunya seguirà augmentant durant les pròximes dècades. Les dones arribaran a 84-88 anys el 2030, entre quatre i sis anys més que l'esperança de vida masculina.

- Quina és la previsió que segueix la població de Catalunya?
- Quins fets són els principals responsables del creixement demogràfic a Catalunya?

PROJECCIÓ DE LA POBLACIÓ A CATALUNYA

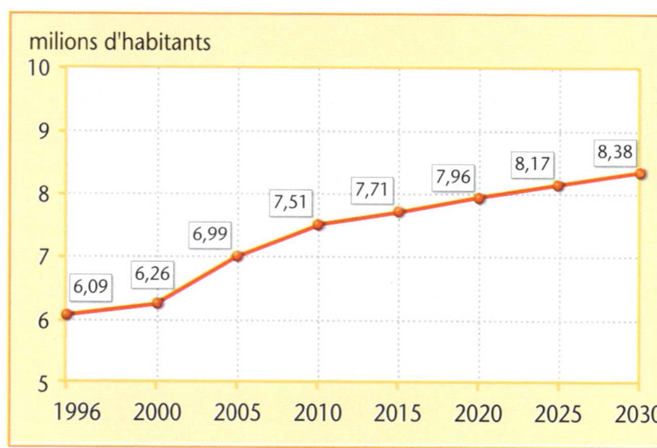

SINTETITZA

8. Quin impacte ha tingut i té la immigració en la població a Catalunya?

9. Quines raons creus que té la població marroquina per emigrar a Catalunya? Per què penses que és majoritari aquest col·lectiu d'immigrants?

10. De quins continents procedeix la població immigrant que arriba a Catalunya?

11. Creus que la immigració de ciutadans de la UE és comparable amb la de les persones procedents del continent africà? Raona la resposta.

Practica competències bàsiques

1. Completa el mapa conceptual

Copia el mapa conceptual al quadern i completa'l:

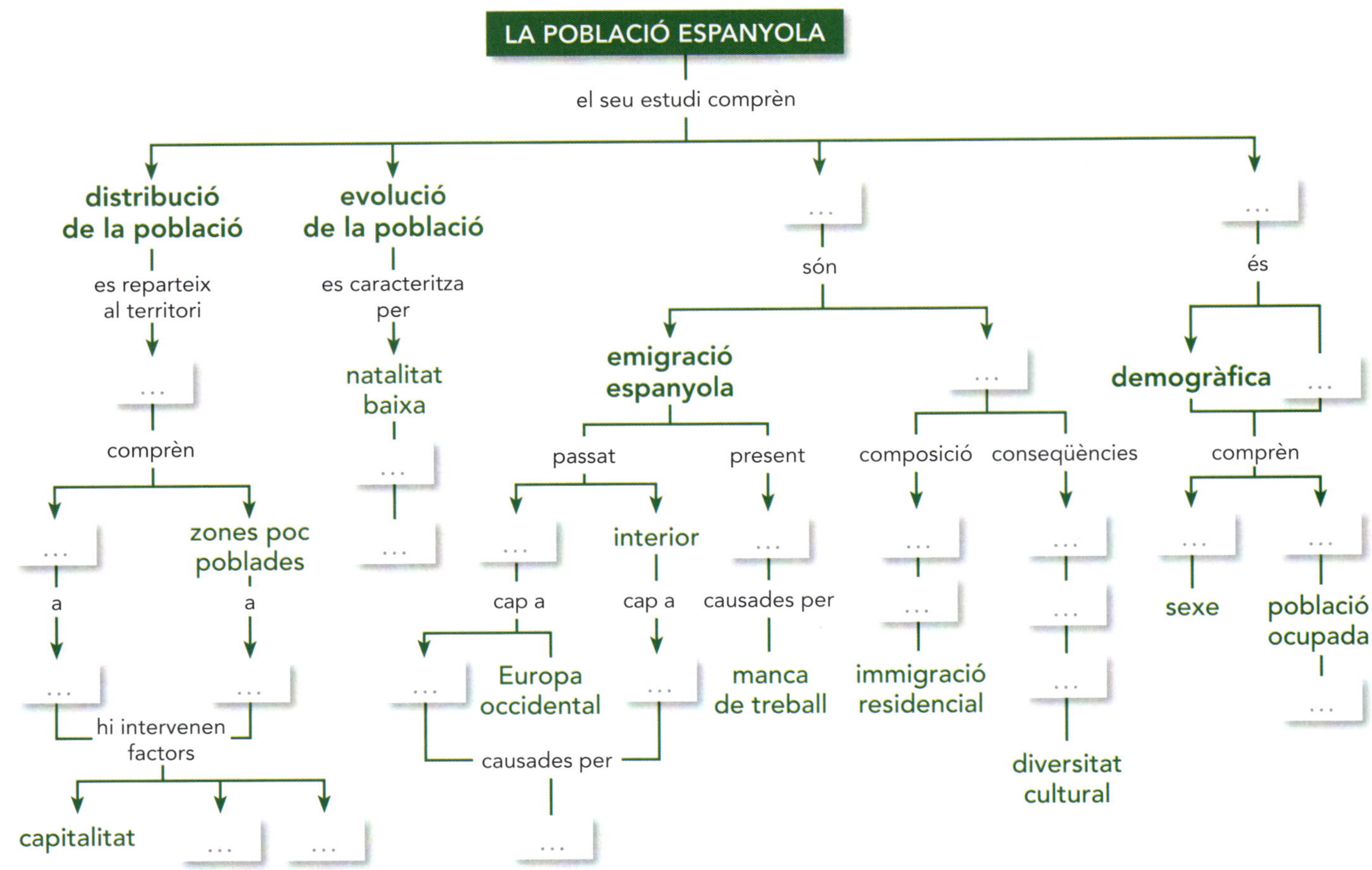

2. Sintetitza

1. Quanta població té Espanya? Quina n'és la densitat mitjana? Com es distribueix la població al territori?
2. Quin model demogràfic ha seguit la població espanyola?
3. Quina és la taxa de fecunditat necessària per assegurar el relleu generacional?
4. Comenta l'evolució dels moviments migratoris a Espanya.
5. Quina estructura econòmica té la població espanyola actual?

3. Defineix el vocabulari

- taxa de feminitat
- població activa
- població ocupada
- població en atur
- fuga de cervells
- multiculturalitat

4. Compara dades

Fixa't en el gràfic i contesta les preguntes:

L'EVOLUCIÓ DE LA POBLACIÓ ESPANYOLA

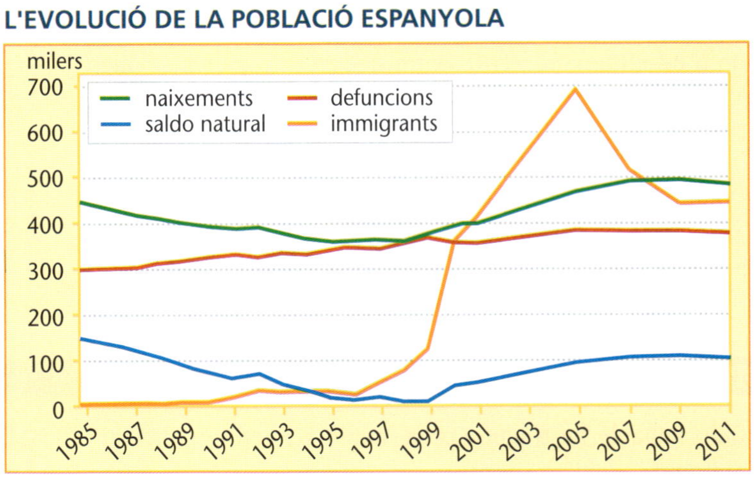

a) Com han evolucionat la natalitat i la mortalitat? Quin és el saldo natural o vegetatiu?

b) Quina és l'evolució de la immigració en aquest període?

5. Analitza piràmides de població de Catalunya

A través de l'estudi de les piràmides de població de Catalunya de dos anys diferents, 1976 i 2011, podrem identificar aspectes i fases en l'evolució de la població catalana.

Fixa't atentament en cadascuna de les piràmides de població i contesta les preguntes:

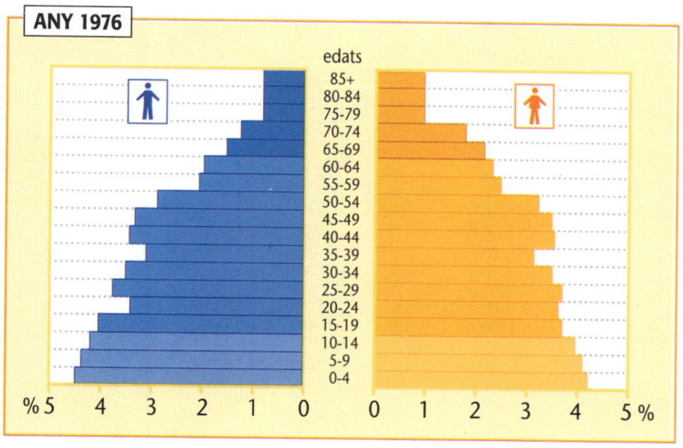

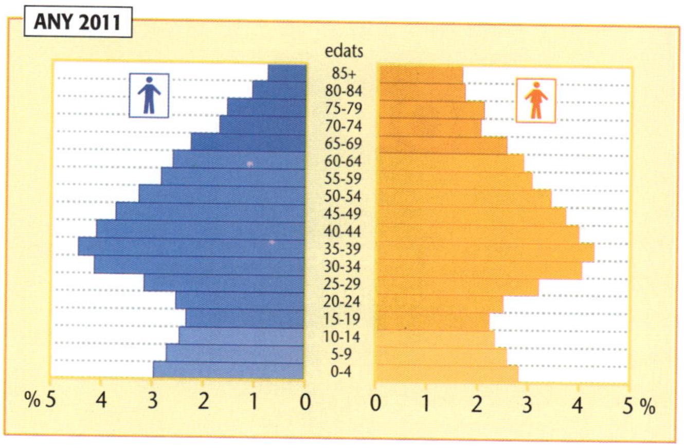

a) La piràmide de població del 1976.

- Com és la base de la piràmide? Amb quin aspecte relacionem l'amplitud de la base de la piràmide de població?
- Identifica el grup o els grups d'edat que es van veure afectats per la Guerra Civil (1936-1939).

b) La piràmide de població del 2011.

- Com són els esglaons de població infantil? Compara'ls amb els esglaons de població infantil del 1976.
- A partir de quin grup d'edat la població femenina supera la població masculina? Quines creus que en poden ser les causes?

6. Comenta el text

La feminització de la població és deguda a la diferència ancestral entre la mortalitat dels homes i la de les dones, que desequilibra la relació numèrica entre els dos sexes a mesura que la població envelleix. Als 80 anys, el nombre de dones dobla el d'homes. (...) Avui, les dones de 65 anys o més són la desena part de la població.

Julio Pérez Díaz: *L'envelliment de la població espanyola.*

a) Indica la causa i la conseqüència de la feminització de la població espanyola.

7. Investiga i calcula

Busca a Internet els *censos de població de 1991* i *2001* d'Espanya.

a) Consulta-hi la població d'Espanya dels anys 1991 i 2001.

b) Amb les dades que hagis trobat calcula la densitat de població de l'Estat els anys 1991 i 2001.

c) Compara les densitats de població dels tres anys: censos de 1991 i 2001 i dades 2011.

dades el 2011	Espanya
Superfície (km^2)	506019
Població 2011	47190493
Densitat de població	93,3 h./km^2

Activitats@web

www.vicensvivesdigital.com/activitatsweb

- **Completa**. Distribució de la població
- **Ordena**. Evolució demogràfica a Espanya
- **Relaciona**. Fluxos d'emigració espanyola
- **Veritable/fals**. Immigrants estrangers
- **Tria**. Trets de la població actual
- **Analitza**. Piràmide de la població espanyola

15

LA CIUTAT I EL MÓN URBÀ

Les ciutats són llocs on es concentra la població i les seves activitats, i canvien amb el pas del temps. Actualment, la majoria de les ciutats centralitzen una sèrie de funcions urbanes i un gran nombre de serveis.

El procés d'urbanització, al començament del segle XXI, afecta el conjunt del planeta, de manera que la població que viu a les ciutats ja és més nombrosa que la que viu al camp.

Les ciutats solen tenir uns límits difícils d'establir, perquè, de vegades, els edificis i el traçat dels carrers ocupen extenses àrees urbanitzades. A més, una ciutat arriba a contactar amb la ciutat veïna i ambdues formen una aglomeració urbana.

Hi ha dos models bàsics d'expansió urbana. Als països desenvolupats, el creixement actual és menor, i la ciutat ofereix una gran varietat d'equipaments. Als països en via de desenvolupament, les ciutats experimenten un creixement vertiginós i no tenen les infraestructures ni els equipaments necessaris.

Fixa't en el mapa i fes aquestes activitats:

- Identifica les zones més il·luminades d'Europa i, amb l'ajuda d'un atles, digues el nom d'alguna ciutat europea.
- Considera el cas de l'Amèrica del Nord i de l'Amèrica del Sud i comenta on hi ha una concentració urbana més gran.
- Quins continents estan menys il·luminats?

Un carrer de Berlín, Alemanya

Un carrer de Delhi, l'Índia

1 El poblament urbà. Una aproximació a la ciutat

1.1. El poblament rural i urbà

L'assentament humà d'un territori pot ser:

- **Poblament rural**. Inclou els petits assentaments, dispersos o concentrats en pobles i llogarets. Les activitats predominants són l'agricultura i la ramaderia. Fins a l'inici del segle XXI, la majoria de la població mundial era rural.
- **Poblament urbà**. El formen assentaments més grans, les **ciutats**. Les ciutats tenen un nombre elevat d'habitants, que no acostumen a dedicar-se al sector primari.

La ciutat és un lloc privilegiat per a la creativitat i el desenvolupament cultural, que s'adiuen amb un estil de vida urbà peculiar. A la imatge, detall de la ciutat de Florència.

1.2. El concepte de ciutat

Per definir el concepte de **ciutat** s'ha de tenir en compte:

- El **nombre d'habitants**: a escala mundial, no hi ha un criteri únic per decidir quin nombre de residents defineix una ciutat. A Espanya, es classifica com a ciutat qualsevol concentració de més de 10000 habitants.
- L'**ocupació dels seus residents**: la majoria de la població activa es dedica als **serveis** i a la **indústria**.
- La **forma** o **morfologia urbana**: la ciutat es relaciona amb un medi construït i amb **espais densament ocupats**.

1.3. La diversitat de les funcions urbanes

Les funcions urbanes són les activitats que es fan a les ciutats. Abans, les ciutats tenien una funció principal (militar, política, comercial, industrial, etc.). Amb el temps, les ciutats han crescut i les funcions s'han diversificat:

- La funció **residencial** i **convivencial** és la que ocupa més superfície. La quantitat de persones que habiten la ciutat afavoreix la convivència i fa necessari organitzar i gestionar espais i serveis comuns: traçat de carrers, zones verdes, equipaments, transports, aigua, llum, clavegueram...
- La funció **comercial** i **financera**. El comerç comporta nombroses activitats paral·leles amb els seus edificis corresponents (entitats bancàries, magatzems, transports, hotels, restaurants, etc.). Les ciutats poden exercir la seva funció comercial més enllà dels seus propis límits urbans, una zona que es coneix com a **àrea de mercat**.
- La funció **industrial**. Moltes ciutats han sorgit o, sobretot, han crescut gràcies a la implantació d'indústries. Als centres urbans es disposa de mà d'obra i accés fàcil a les matèries primeres i a la distribució dels productes. Durant les últimes dècades, les indústries han deixat les ciutats i s'han traslladat a les zones perifèriques.
- La funció **administrativa** i **política**. Les ciutats o urbs són centres de l'administració i del poder polític i, de vegades, nuclis **culturals** importants.

Al centre urbà de moltes ciutats hi ha les botigues petites i especialitzades, i a la perifèria s'han implantat les grans superfícies comercials. A la fotografia, un carrer comercial de Londres.

Ho sabies?

Un gran nombre de ciutats tenen l'origen en una **funció militar** de defensa i de protecció, a causa del lloc estratègic que ocupen. El nucli antic acostuma a estar situat dalt d'un turó, o bé al voltant d'un castell, tancat dins d'unes muralles, o en una zona on es domina el curs d'un riu, etc.

LA POBLACIÓ URBANA AL MÓN EL 2010

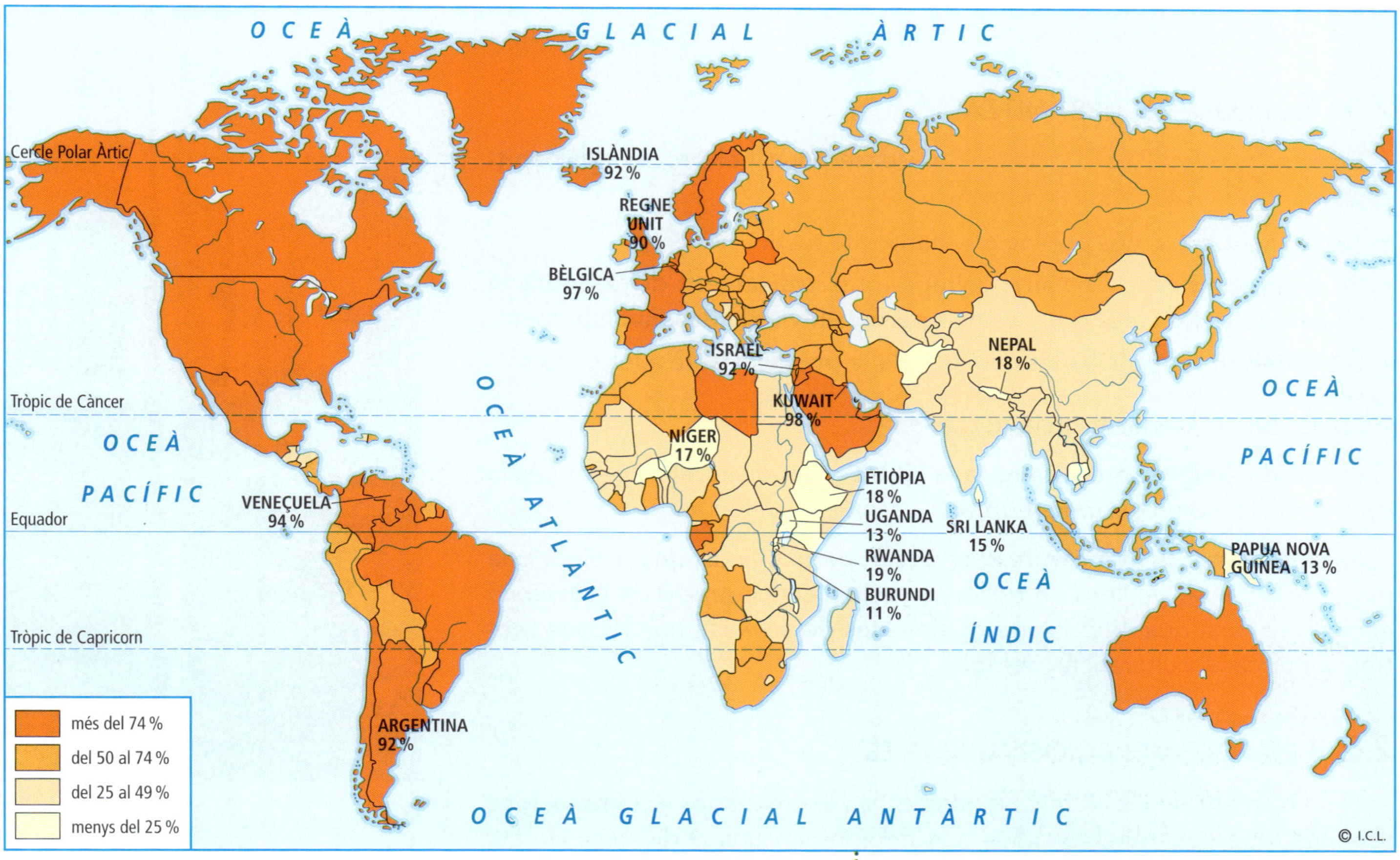

1. A quins continents hi ha un predomini absolut de població urbana?

2. Quins són els continents amb un percentatge menor de població urbana?

3. Esmenta els països africans on el percentatge de població urbana és més petit.

1.4. Ciutats amb una funció preponderant

Algunes ciutats destaquen perquè tenen una funció principal o perquè l'havien tingut en el passat, de manera que el seu creixement urbà és degut a una activitat concreta. En són exemples:

- La **funció religiosa**. És el cas dels centres de pelegrinatge, com ara Roma o la Meca.
- La **funció cultural**. Malgrat que la majoria de ciutats són centres culturals, algunes, com ara Oxford, Heidelberg o Salamanca, són conegudes com a **ciutats universitàries** i tenen nombrosos edificis i activitats vinculats directament amb el món acadèmic.
- La funció **política i administrativa**. Com les capitals estatals dels Estats Units (Washington) i del Brasil (Brasília).
- La **funció turística**. Ciutats com ara Venècia i Montecarlo tenen una gran tradició com a centres d'atractiu turístic, pels seus monuments, per les zones d'oci...

@ Amplia a la Xarxa...

Per saber més sobre el medi urbà al món d'avui, entra a www.tiching.com/69580

- Consulta el mapa de població urbana al món: Quins són els països de l'Amèrica del Sud amb un major percentatge de població urbana?

SINTETITZA

4. Explica la diferència que hi ha entre *població rural* i *població urbana*.

5. Relaciona el concepte *ciutat* amb *nombre d'habitants*.

6. Quines són les funcions principals que acostumen a desenvolupar la major part de les ciutats?

7. Què és la *funció preponderant* d'una ciutat?

8. Esmenta ciutats catalanes o de la resta de l'Estat que siguin exemples de cadascuna de les funcions urbanes.

9. Els estudiants de la teva localitat s'han de desplaçar a un altre lloc per poder cursar estudis universitaris? A on?

2 El creixement urbà actual

2.1. El procés d'urbanització

En el món actual, les ciutats creixen sense parar i el **procés d'urbanització** s'accelera progressivament:

- Actualment hi ha més **població urbana** que rural.
- En els pròxims vint-i-cinc anys gairebé tot el **creixement de la població** es produirà a les àrees urbanes dels **països en via de desenvolupament**.
- S'estima que l'any 2050 més del **70% de la població** viurà **a les ciutats**.

Causes del creixement urbà actual

L'elevada **emigració del camp a la ciutat** o **èxode rural** ha estat i és la causa principal del creixement urbà.

La ciutat actua com a **centre d'atracció**, perquè acostuma a oferir una major oportunitat de llocs de treball, una gran concentració de la inversió econòmica, una quantitat i varietat elevades de serveis i nombrosos centres d'intercanvi cultural i tecnològic.

S'estima que la ciutat de São Paulo (el Brasil), l'aglomeració urbana més gran de l'Amèrica del Sud, sobrepassarà els 20 milions d'habitants el 2015.

2.2. Les aglomeracions urbanes

El creixement de les ciutats ha generat les anomenades **aglomeracions urbanes**, que són zones àmplies que comprenen una o diverses ciutats amb les seves àrees circumdants. Les aglomeracions urbanes poden tenir diferents extensions o mides:

- L'**àrea metropolitana** agrupa una metròpoli o gran ciutat i la zona urbana que l'envolta.
- La **conurbació** és la unió de dues o més àrees metropolitanes que formen un continu urbà.
- La **megalòpolis** és una suma de conurbacions. Forma una zona urbana de quilòmetres d'extensió, com ara Boston-Nova York-Filadèlfia-Baltimore-Washington als Estats Units, i Tòquio-Nagoya-Osaka al Japó.

2.3. La jerarquia urbana

La **jerarquia urbana** és el grau d'importància que té una ciutat. La jerarquia depèn de la quantitat de funcions que concentra la ciutat i de l'extensió de la seva àrea d'influència:

- **Metròpolis globals**. Reuneixen un gran poder de decisió a escala mundial, tant polític com econòmic. Són seus de les borses de valors més influents i d'organismes internacionals. És el cas de Tòquio, Londres o Nova York.
- **Metròpolis mundials**. Són ciutats amb una elevada projecció internacional perquè són seu de bancs importants, multinacionals i nombroses activitats culturals. París, Amsterdam o Los Angeles en són alguns exemples.
- **Metròpolis nacionals**. Acostumen a ser les capitals de l'Estat, que concentren funcions i serveis, i encapçalen la jerarquia urbana del país.
- **Centres regionals i comarcals**. Són ciutats de grandària mitjana (capitals de província) i altres nuclis més petits que exerceixen una influència notable sobre els pobles de la rodalia.

SINTETITZA

1. Explica el creixement urbà actual i les seves causes.

2. Quina diferència hi ha entre *àrea metropolitana* i *conurbació*? I entre *conurbació* i *megalòpolis*?

3. Quins són els nivells de classificació de la jerarquia urbana de les ciutats actuals?

4. Quines ciutats, segons la teva opinió, concentren més poder al món? Per quina raó?

5. Quin lloc de la jerarquia de ciutats, a escala mundial, ocuparia la capital de la teva província? I la capital de l'Estat?

INVESTIGA

ELS TIPUS DE PLANS URBANS

La **morfologia urbana** estudia la ciutat tenint en compte la distribució dels carrers i edificis, és a dir, la **trama urbana**.

En una mateixa ciutat es poden trobar diferents tipus de trames urbanes. Les més freqüents es resumeixen en tres tipus de **plans**: irregular, radiocèntric i ortogonal.

6. Quines són les característiques principals dels plans *irregular, radiocèntric* i *ortogonal*?

7. Quins avantatges i quins inconvenients pot tenir cada tipus de pla en relació amb els transports?

8. És possible distingir diverses morfologies urbanes en el pla actual d'una mateixa ciutat? Explica suficientment per quines raons.

El pla irregular: Marràqueix (Marroc)

És propi de zones urbanes que han crescut de manera **espontània**. Es pot observar als barris medievals de les ciutats europees i a algunes ciutats dels països en via de desenvolupament d'Àsia, Àfrica i l'Amèrica Llatina.

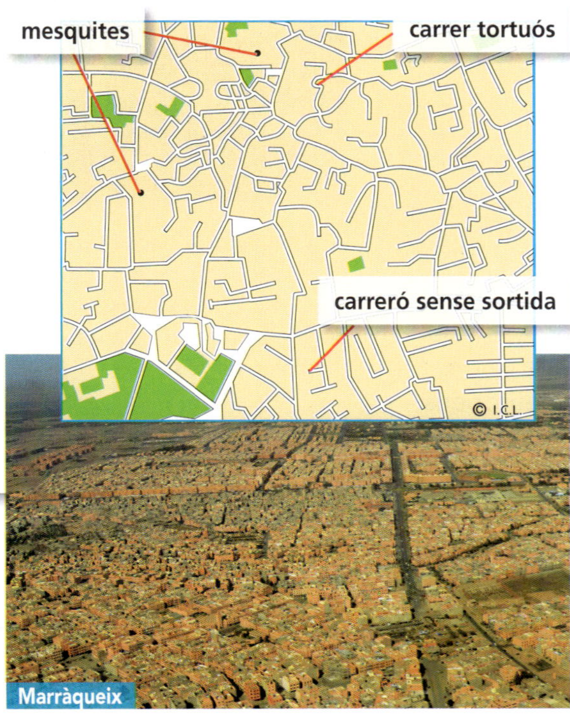

El pla radiocèntric: Moscou (Rússia)

Es **planifica** entorn d'un **nucli central** a partir del qual es projecten els carrers com si fossin els raigs de la roda d'una bicicleta, fet que permet un accés ràpid al centre urbà. Es construeixen avingudes que formen cercles concèntrics o vies de ronda.

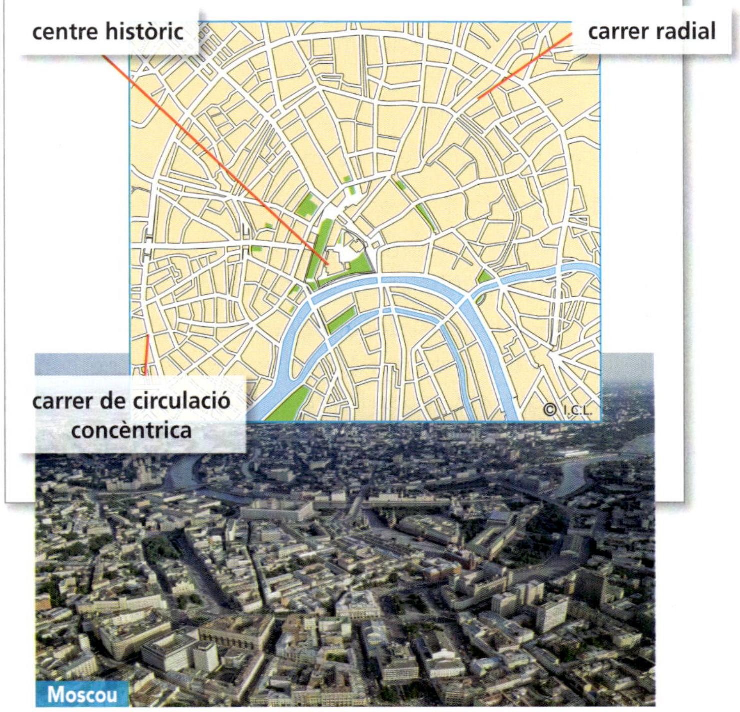

El pla ortogonal: Manhattan, Nova York (Estats Units)

Respon a una **planificació** feta en forma de **quadrícula**. La circulació és còmoda, i per facilitar el trànsit oblic, de vegades, es tracen carrers en diagonal. Va ser molt utilitzat en l'època romana. Posteriorment, durant el segle XIX, el pla ortogonal es va aplicar als eixamples de les ciutats industrials europees i a ciutats dels Estats Units.

3 Un món de grans ciutats

3.1. Les grans ciutats contemporànies

Les ciutats o **urbs** més importants del món acostumen a presentar unes característiques comunes:

- Són **aglomeracions urbanes enormes** que continuen creixent i atraient població rural.
- Mantenen **moltes desigualtats internes**, perquè classes adinerades i persones amb recursos escassos viuen en barris ben diferenciats.
- Tenen **nivells alts de desenvolupament**, perquè concentren les empreses amb major grau de tecnologia i innovació.
- **Són competitives entre elles**, perquè les metròpolis o grans ciutats intenten tenir un paper destacat a escala mundial per aconseguir influència política i poder econòmic.

Al Central Business District (CBD) de Chicago, s'han edificat una infinitat de gratacels que reuneixen les seus d'importants empreses, bancs, etc., a més de múltiples serveis.

3.2. Les ciutats dels països desenvolupats

Les grans urbs han frenat el seu creixement, perquè una part de la població ha anat a viure als afores o a ciutats més petites.

Les zones urbanes

Les ciutats tenen diverses zones, que es poden sintetitzar en tres sectors:

- El **centre urbà**, l'aspecte del qual depèn de l'origen de la ciutat:
  - A **Europa**, el centre acostuma a ser el **nucli històric**, perquè moltes ciutats es remunten a l'Antiguitat, a l'Edat Mitjana, etc.
  - Als **països nous desenvolupats** (els Estats Units, el Canadà, Austràlia), el **centre és modern**, perquè es va edificar a partir de la darreria del segle XIX, quan hi van arribar centenars d'immigrants europeus. El centre de negocis, anomenat **CBD** (Central Business District), reuneix les oficines principals de les empreses i dels bancs.
- Una **zona àmplia edificada densament** envolta el centre urbà. Inclou barris molt poblats i desiguals, segons els diversos nivells socials dels residents.
- Una **perifèria d'urbanització difusa**: són àrees d'habitatges unifamiliars amb jardí, destinades a les classes mitjanes i altes.

Les necessitats urbanístiques

Les ciutats desenvolupades satisfan una llista llarga de requisits:

- **Els equipaments i les infraestructures**. Les ciutats dels països desenvolupats acostumen a tenir un grau elevat de previsió per al proveïment (aigua, aliments, energia), per a la construcció d'equipaments públics (hospitals, escoles, zones universitàries, àrees d'oci), per aconseguir una xarxa de transports urbans, etc.
- **L'ordenament i la planificació urbana**. El govern ha de preveure plans urbanístics que equilibrin i millorin les diverses zones.
- **Les bones comunicacions i els transports**. Les diferents ciutats que componen una xarxa urbana ben jerarquitzada han de disposar d'infraestructures que connectin les metròpolis amb nombroses ciutats mitjanes i petites, i també amb les àrees rurals.

ELS PROBLEMES SOCIALS DE LES GRANS CIUTATS

Als països desenvolupats, de vegades, les minories ètniques es concentren a zones marginals. Són immigrants que ocupen els barris més degradats, en els quals hi ha un índex alt de conflictivitat. Aquest fet requereix polítiques d'integració per part del govern municipal i estatal.

Als països en via de desenvolupament, els problemes socials s'agreugen. La pobresa s'estén a àmplies zones d'habitatges insalubres, amb infants sense escolaritzar als carrers i índexs elevats d'atur i delinqüència.

- Explica els diferents problemes socials de les grans ciutats.

LES AGLOMERACIONS URBANES AL MÓN EL 2011

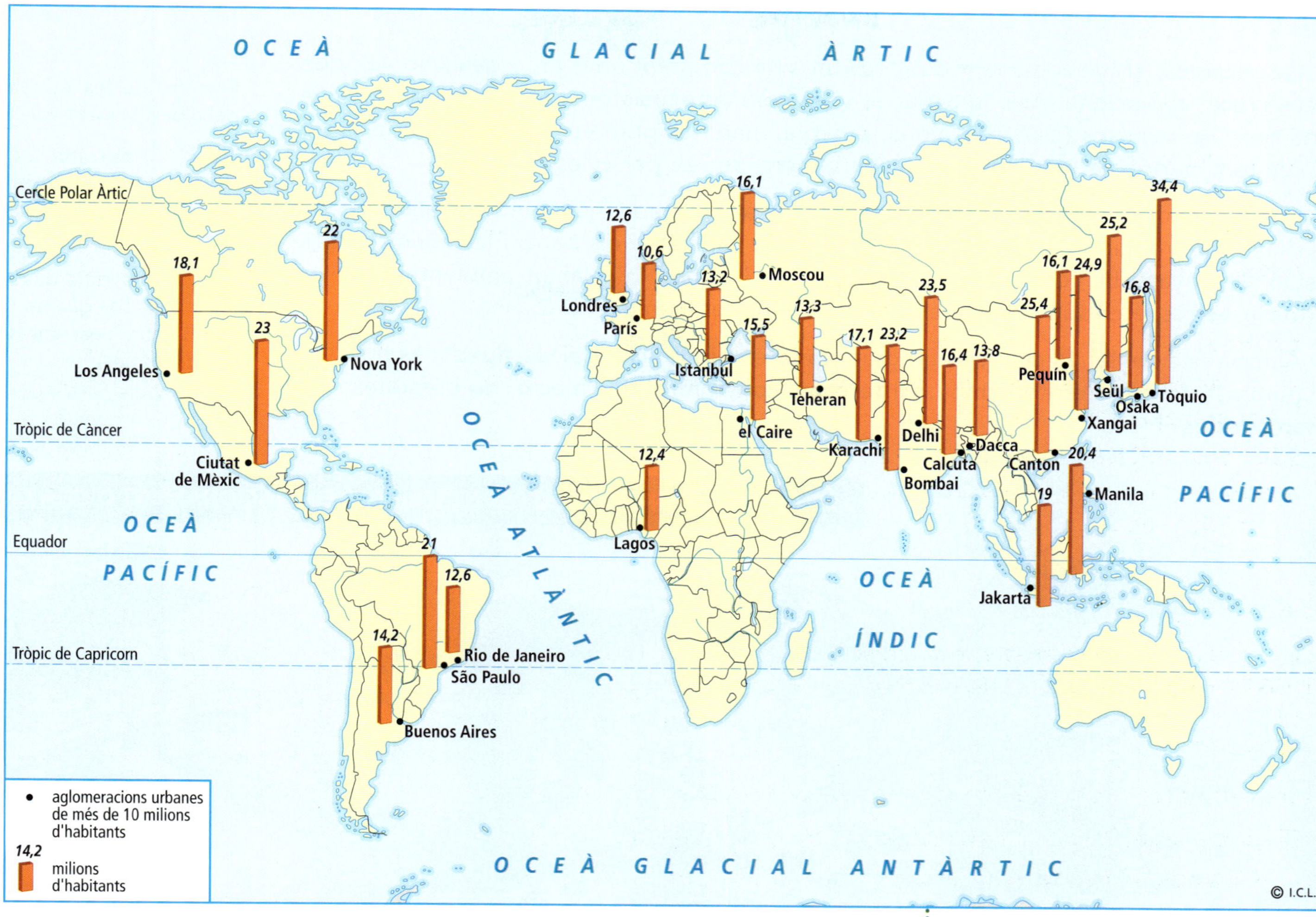

3.3. Les ciutats dels països en via de desenvolupament

Als països en via de desenvolupament d'Àsia, Àfrica i l'Amèrica Llatina, les ciutats han experimentat un creixement extraordinari a partir de mitjan segle XX.

Les característiques principals

Les ciutats són **aglomeracions urbanes enormes**, a causa dels nombrosos immigrants que, procedents del camp, busquen feina a les urbs. La densitat és molt elevada i les taxes de natalitat són altes. El creixement demogràfic genera la **urbanització espontània**, desordenada i sense planificar, i també la **carència d'infraestructures** i **equipaments** (escoles, hospitals, transports).

Els desequilibris urbans

L'espai urbà als països en via de desenvolupament presenta desequilibris profunds, tant de caràcter social com territorial:

- Els **desequilibris socials** són molt **accentuats**: hi ha centres importants de negocis i barris residencials de classe alta. No obstant això, s'acumulen multitud de barris de xaboles.
- La **distribució territorial de les ciutats** és **irregular** i mal jerarquitzada, perquè hi ha grans ciutats amb milions d'habitants, poques ciutats mitjanes i petites, i extenses àrees molt ruralitzades, que estan mal comunicades amb les zones urbanes i tenen un grau altíssim de pobresa.

1. A quin lloc del planeta hi ha una major concentració de grans aglomeracions urbanes?

2. Quines són les ciutats del món amb més habitants? On estan situades?

@ Amplia a la Xarxa...

Per saber més sobre les grans urbs, entra a www.tiching.com/69583

- Quines són les cinc ciutats més riques del món? A quin continent estan situades?

SINTETITZA

3. Quines característiques tenen en comú les grans ciutats actuals?

4. Compara els trets més importants de les ciutats dels països desenvolupats amb els de les ciutats en via de desenvolupament.

DESCOBREIX

LA CIUTAT COM UN ECOSISTEMA HUMÀ

De vegades, el funcionament d'una ciutat s'ha comparat amb un organisme viu, que neix, creix i evoluciona. Així, la ciutat és vista com un **ecosistema** al qual s'introdueixen una sèrie de recursos (aliments, aigua, energia, matèries primeres, persones) i del qual, al seu torn, surten altres productes (residus, mercaderies, persones).

Malgrat això, és cert que les ciutats són llocs cada vegada més artificials, allunyats de la dinàmica pròpia de la natura. Els carrers estan asfaltats i els parcs i les zones verdes estan dissenyats. La contaminació de l'aire i de l'aigua i la qualitat ambiental (sorolls, brutícia, estrès, etc.) són problemes creixents a moltes ciutats.

Al món occidental, la ciutat és un gran **node** enmig d'un **espai de fluxos**, és a dir, és el punt central d'un territori amb un **intercanvi constant d'informació, de persones i de mercaderies**.

El color de les etiquetes del dibuix fa referència a:

- entrada de recursos per al funcionament d'una ciutat (*inputs*)
- sortida de recursos que es deriven del funcionament de la ciutat (*outputs*)

ELEMENTS QUE INTERVENEN I ES GENEREN EN EL FUNCIONAMENT D'UNA CIUTAT

Energia elèctrica. L'electricitat es produeix a les centrals tèrmiques, nuclears i hidroelèctriques, i es distribueix pel territori mitjançant la xarxa elèctrica. Les ciutats són, en general, grans consumidores d'electricitat.

Residus orgànics i inorgànics. La gran quantitat de deixalles o residus que es deriven de les activitats urbanes, moltes vegades, no es poden reciclar dins dels límits del mateix municipi i es traslladen a plantes de reciclatge o abocadors situats a la perifèria de la ciutat. Les aigües residuals són canalitzades fins a la planta depuradora més pròxima.

Combustibles. Es necessita gasolina i gasoil per als vehicles, la calefacció... El gas natural s'ha implantat mitjançant canonades subterrànies. El consum elevat de combustibles i la contaminació atmosfèrica es podrien evitar amb l'ús del transport públic.

Aigua. Abastir d'aigua corrent tots els habitatges suposa haver de garantir una xarxa subterrània de canonades i un cabal d'aigua potable suficient. El consum d'aigua per ciutadà augmenta, mentre que els recursos d'aigua potable són cada vegada més escassos.

Persones. La facilitat per desplaçar-se en vehicle propi o amb transport públic fa que moltes persones que treballen a la ciutat visquin fora i que cada dia hi entrin i en surtin, amb els problemes de trànsit, contaminació, pèrdua de temps i cost econòmic que això suposa. A més de les persones que treballen a la ciutat, també hi arriben visitants i turistes.

Matèries primeres i productes per obtenir mercaderies i serveis. Tallers, indústries, oficines, etc., necessiten materials, recanvis i tot tipus de productes per fer la seva feina. Això genera un trànsit continu de mitjans de transport que en garanteixen la distribució.

Oci. Del flux continu de persones que entren i surten de la ciutat cada dia, moltes en surten per fer activitats d'oci. Els parcs naturals, les platges, etc., s'omplen d'*urbanites*.

Aliments. Actualment ens abastim de productes que arriben de qualsevol part del món. Les tècniques avançades de conservació dels aliments i la rapidesa de transportar-los garanteixen el subministrament de tot tipus de productes a les ciutats.

Productes. Mitjançant un sistema diversificat de transports (marítim, aeri, terrestre), els productes es distribueixen en una àmplia àrea d'influència i, així, es genera un tràfic continu d'entrada i sortida de mercaderies.

1. Per què diem que el funcionament d'una ciutat és com un ecosistema humà?

2. Fes una llista dels problemes principals que origina el funcionament de la ciutat. Dedueix-ho del dibuix.

3. Què es pot fer per reduir el flux diari de persones que es desplacen fora de les ciutats?

4. D'on ve l'aigua que es consumeix a la teva localitat?

5. Què es fa amb els residus orgànics que es produeixen al teu municipi?

4 La ciutat europea al llarg del temps

Europa té un llarg procés d'urbanització, que és paral·lel a la seva evolució històrica i a un desenvolupament econòmic complex.

4.1. La ciutat preindustrial

Des de l'origen i fins al segle XIX, hi va haver moltes ciutats europees que van ser **nuclis aïllats** enmig d'extensos territoris connectats escassament.

Les ciutats eren centres de poder polític i poder religiós, llocs amb mercat i focus d'activitats artesanals i comercials.

La ciutat antiga: Grècia i Roma

Els **grecs** i els **romans** van crear moltes ciutats per tot el Mediterrani, a mesura que estenien les seves colònies o les seves conquestes.

Els romans van edificar ciutats en antics campaments militars i en van mantenir l'estructura ortogonal. Les ciutats romanes tenien calçades pavimentades, conduccions d'aigua, canalitzacions per a les aigües residuals, teatres, temples, etc., i de vegades hi vivien milers d'habitants.

En van ser alguns exemples notables Roma i Tarraco (Tarragona).

La ciutat medieval

A l'**Edat Mitjana**, les ciutats eren petites, perquè l'economia estava basada en l'agricultura, mentre que les activitats urbanes, com ara l'artesania i el comerç, a penes prosperaven.

Els nuclis urbans, a causa del recinte emmurallat que els limitava, creixien apinyats, i els carrers eren estrets, amb un traçat irregular. Al centre, hi solia haver una plaça envoltada dels edificis més importants, com ara l'església.

Els tallers artesanals ocupaven la planta baixa de les cases i els oficis s'agrupaven per carrers.

La ciutat a l'Edat Moderna

Durant el **Renaixement**, es va estendre l'ideal de **planificació ordenada** de la ciutat: els carrers tenien un traçat regular i es van edificar palaus importants i nombrosos espais públics.

Durant el **Barroc**, va adquirir una importància notable la **capital de l'Estat**, que es va convertir en el reflex del poder del sobirà. En aquesta època van créixer les grans capitals europees, com ara Londres i París.

LES CIUTATS EUROPEES MÉS POBLADES I LES SEVES ÀREES METROPOLITANES EL 2011

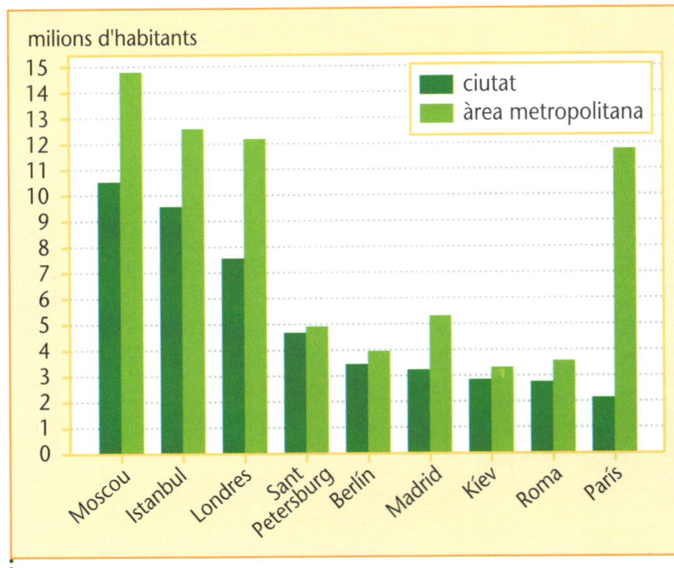

1. Quines ciutats presenten més diferència entre el nombre d'habitants de la mateixa ciutat i el de la seva àrea metropolitana?

La imatge il·lustra la reconstrucció de la colònia romana d'*Emerita Augusta* (Mèrida).

El recinte emmurallat d'Àvila s'ha conservat en molt bones condicions, fet que permet que ara puguem contemplar un exemple de ciutat medieval.

4.2. La ciutat industrial

Amb la Revolució Industrial, l'economia basada en l'agricultura va deixar pas a la indústria, que va concentrar les seves activitats a la ciutat. Es van construir grans edificis: les **fàbriques**, on es localitzava la maquinària per a la producció i on treballaven els obrers.

Les fàbriques van transformar el paisatge. L'arribada massiva de treballadors procedents de les zones rurals que buscaven una feina i millors condicions de vida va obligar a destruir les muralles. Així s'explica el creixement dels **eixamples** de les ciutats, la construcció de barris ben diferenciats segons les classes socials i l'aparició posterior de barris perifèrics.

Els elements característics de les ciutats industrials eren les fàbriques, amb les seves xemeneies fumejants, juntament amb els barris obrers d'habitatges humils.

4.3. La ciutat postindustrial

A la darreria del segle XX, el preu elevat del sòl al centre de les ciutats i les facilitats en les comunicacions i en els transports van desplaçar moltes activitats industrials: des de l'interior de la ciutat cap a emplaçaments perifèrics, com ara els **polígons industrials**, cap a llocs ben comunicats, o bé es van traslladar a països amb mà d'obra barata.

Actualment, els llocs que ocupaven les antigues fàbriques s'ha reconvertit en centres comercials i d'oci, en habitatges de qualitat o en oficines i seus de les empreses principals.

Aparentment, el nombre d'habitants que viuen a la ciutat s'estanca o, fins i tot, disminueix. En realitat, el que passa és que tant les persones com les activitats i els equipaments urbans es dispersen per un territori molt més extens que el dels límits d'una sola ciutat i així sorgeixen les **àrees metropolitanes**.

A les àrees o regions metropolitanes de la ciutat postindustrial, hi ha autopistes que uneixen diversos llocs, serveis i equipaments que es localitzen de manera més o menys dispersa per un territori cada vegada més extens.

@ Amplia a la Xarxa...

Per saber més sobre la sostenibilitat a les ciutats europees, entra a www.tiching.com/69585

- Quins són els projectes portats a terme a Hamburg per aconseguir una ciutat sostenible?

SINTETITZA

2. Resumeix les característiques principals de les ciutats romanes. Quin origen tenien?

3. Com eren les ciutats medievals i la seva trama urbana? Quines funcions tenien?

4. Per què la Revolució Industrial va ser decisiva per al creixement de les ciutats?

5. Quins són els aspectes que determinen les ciutats postindustrials?

5 L'espai urbà a Espanya

5.1. Problemàtica i planificació urbana

Les ciutats espanyoles són un reflex del procés europeu d'urbanització i tenen problemes similars: la construcció i el manteniment dels equipaments, l'eliminació dels residus, la contaminació i l'excés de trànsit, la pressió de l'espai urbà sobre l'espai rural, etc.

Per resoldre aquests problemes, els governs municipals i supramunicipals han de regular l'evolució de l'espai urbà mitjançant l'elaboració de **plans urbanístics**.

Els plans urbanístics són documents tècnics que recullen totes les disposicions i propostes relacionades amb el creixement i l'evolució de la ciutat.

5.2. El sistema urbà espanyol

El sistema urbà espanyol està format per una **jerarquia de ciutats** i uns **eixos de desenvolupament**.

La jerarquia de ciutats

Segons els habitants, les funcions urbanes i l'extensió de la seva àrea d'influència, les ciutats espanyoles es classifiquen en diversos nivells:

- **Metròpolis nacionals**. Les dues ciutats que tenen aquest nivell són Madrid i Barcelona, pel nombre d'habitants, per la centralitat que han establert en una extensa regió metropolitana i perquè la seva influència s'estén per tot el país i també té incidència internacional.

  Compten amb les principals institucions públiques i seus de grans empreses. Tenen una densa xarxa de comunicacions i una gran vitalitat cultural, econòmica i política.
- **Metròpolis regionals**. Són ciutats amb una població que oscil·la entre 500 000 i 1 500 000 d'habitants. València, Sevilla, Saragossa i Màlaga són ciutats grans i ben comunicades, la centralitat de les quals comprèn una regió extensa.
- **Metròpolis subregionals**. Inclouen ciutats d'entre 200 000 i 500 000 habitants. Disposen de serveis especialitzats, com ara universitats o grans hospitals. En són exemples: Múrcia, Valladolid i Vigo.
- **Centres subregionals** o **ciutats mitjanes**. Tenen entre 50 000 i 200 000 habitants. La majoria d'aquestes ciutats són capitals de província. El paper administratiu que tenen exerceix com a factor d'atracció per a la població i els serveis. En són exemples: Santander, Pamplona i Cadis.
- **Capitals comarcals**. Dins d'aquest grup queden incloses les poblacions d'entre 10 000 i 50 000 habitants. Són localitats que disposen d'equipaments i d'infraestructures bàsiques que els permeten influir en les localitats del seu entorn.

L'URBANISME I LA PLANIFICACIÓ

El sòl urbà i els edificis de la ciutat són mercaderies que es poden comprar i vendre. En aquest comerç, hi intervenen els **agents urbans**: els propietaris del sòl intenten poder edificar més cases; els promotors immobiliaris volen vendre més habitatges; els propietaris dels habitatges volen que les seves cases es revalorin; els empresaris volen facilitats en els accessos a les seves fàbriques; els ciutadans volen disposar d'infraestructures i equipaments.

L'administració pública encarregada de l'**ordenació del territori** és un altre dels agents que intervenen a la ciutat. La seva funció hauria de ser sempre intentar posar d'acord els agents urbans i beneficiar els interessos generals dels ciutadans.

La funció de l'**urbanisme** i dels plans urbanístics és solucionar els problemes actuals de la ciutat i plantejar-se l'evolució futura.

- Esmenta els agents urbans. Els seus interessos coincideixen amb els interessos dels ciutadans?

ELS MUNICIPIS ESPANYOLS AMB LES ÀREES METROPOLITANES MÉS POBLADES EL 2011

ciutat	municipi	àrea metropolitana
Madrid	605,8 km^2 3 273 049 h.	1 739,4 km^2 4 567 190 h.
Barcelona	97,6 km^2 1 619 337 h.	3 236,0 km^2 5 012 961 h.
València	134,6 km^2 809 267 h.	628,8 km^2 1 342 440 h.
Sevilla	141,3 km^2 704 198 h.	4 912,7 km^2 1 508 605 h.
Bilbao	41,3 km^2 353 187 h.	499,4 km^2 910 298 h.

1. Quin municipi té més habitants? Té l'àrea metropolitana més poblada?

2. Quina àrea metropolitana té més població? És també la que té més superfície?

LA JERARQUIA DE CIUTATS I ELS EIXOS DE DESENVOLUPAMENT URBÀ A L'ESTAT ESPANYOL EL 2011

Els eixos de desenvolupament urbà

El sistema urbà espanyol ha anat traçant uns **eixos de desenvolupament**. Aquests eixos es refereixen a l'espai on es relacionen ciutats vinculades per les activitats econòmiques principals i connectades amb xarxes de transport comunes:

- **Eix mediterrani**. S'estén des de la frontera francesa fins a Cartagena i forma part de l'eix urbà mediterrani europeu. Inclou grans metròpolis (Barcelona, València...). Hi passen autopistes i línies de ferrocarril que en faciliten la connexió, el desenvolupament turístic al llarg de la costa.
- **Eix cantàbric**. Des de França fins a l'aglomeració que formen les ciutats d'Oviedo i de Gijón, aquest eix discontinu inclou zones urbanitzades i abans molt industrialitzades. Hi destaquen Bilbao i Vitòria.
- **Eix de la vall de l'Ebre**. Uneix els dos eixos abans esmentats a través de Logronyo i Saragossa i de la vall del riu Ebre.
- **Eix atlàntic**. Entre Ferrol i Vigo, passant per la Corunya i Pontevedra, hi ha un contínuum urbà important.
- **Eix andalús**. Està format pel subeix de la vall del Guadalquivir i el subeix del litoral mediterrani. Ambdós s'uneixen en una franja urbana àmplia i densa a la costa occidental.

3. Fes una taula sobre els eixos de desenvolupament urbà. Hi han de figurar: tots els eixos, la seva situació a la Península i les diferents metròpolis i els centres subregionals que inclouen.

@ Amplia a la Xarxa...

Per saber més sobre les ciutats espanyoles, entra a www.tiching.com/69586

- Consulta la població de les capitals de província de Catalunya i després anota l'augment de població dels últims dos anys.

SINTETITZA

4. Detalla els problemes de les ciutats espanyoles. Quins instruments utilitzen els governs per solucionar aquests problemes?

5. Explica els diferents nivells de la jerarquia urbana espanyola.

6 El fet urbà a Catalunya

6.1. Evolució recent del poblament urbà

La població urbana va augmentar molt a Catalunya a partir de l'inici de la Revolució Industrial. L'increment va tenir dos moments importants:

- **Mitjan segle XIX**. Les ciutats catalanes van tenir molts canvis com a conseqüència del **procés d'industrialització**. La forta immigració, que va marxar del camp per treballar a les fàbriques dels nuclis urbans provocà la falta d'habitatges i d'equipaments. Moltes ciutats (Sabadell, Terrassa, Mataró, Girona i Vilanova i la Geltrú, entre d'altres) projectaren **plans d'eixample** per organitzar de manera ordenada el creixement urbà i donar cabuda als immigrants. Molts d'aquests plans s'inspiraven en el que **Ildefons Cerdà** ideà per a Barcelona el 1859.
- **Entre el 1950 i el 1975**. Es produí a Catalunya una altra gran **expansió industrial** que afavorí l'arribada de molts treballadors, ara provinents de la resta de l'Estat. La gran expansió urbana es produí d'una manera desorbitada i fins i tot caòtica: és el cas de Sant Boi de Llobregat, Cerdanyola del Vallès, Santa Coloma de Gramenet... Són d'aquesta època molts dels **polígons industrials** i **residencials** que avui hi ha a Catalunya. Els polígons residencials solien ser **blocs de pisos** fets en sèrie i sovint d'escassa qualitat constructiva.

6.2. Barcelona i el sistema urbà català

El sistema urbà català, amb les ciutats concentrades al litoral i al prelitoral, està dominat per Barcelona, que assumeix les funcions de metròpoli nacional i metròpoli regional. Catalunya presenta aquesta jerarquia urbana:

- **Barcelona i la zona metropolitana** on es poden diferenciar:
  - La **ciutat de Barcelona** i l'**àrea metropolitana**. En el sistema mundial de ciutats, la **capital catalana** és una metròpoli de **primer ordre** i també ho és dintre de l'anomenat **arc mediterrani**, que va des del sud de la Comunitat Valenciana fins al nord d'Itàlia.

    Des de mitjan segle XX Barcelona s'estengué més enllà del seu municipi i constituí un **contínuum urbà** amb les localitats veïnes més pròximes (Badalona, l'Hospitalet de Llobregat, etc.). La capital i els municipis que l'envolten han configurat una organització institucional pròpia: l'**Àrea Metropolitana de Barcelona** (AMB).
  - La **Regió Metropolitana de Barcelona**. La zona d'influència funcional configurà una **regió metropolitana** molt més àmplia i important. Tot i el pes que té Barcelona dins la seva **regió metropolitana**, hi ha diverses ciutats (Mataró, Granollers, Sabadell, Terrassa, Rubí, Mollet del Vallès...) que tenen un paper destacat en l'equilibri del sistema urbà metropolità.
- Les **capitals provincials**. A Catalunya també hi ha tres nuclis importants per a l'articulació de la xarxa urbana: **Girona**, **Lleida** i el triangle **Tarragona-Reus-Valls**. Concentren moltes funcions urbanes i mantenen una extensa influència al seu entorn. Pel que fa a la jerarquia urbana tenen el caràcter de centres subregionals.
- Les **capitals comarcals**. Hi ha unes altres localitats que fan un paper ben destacat a nivell comarcal: Tortosa, Manresa, Figueres, Vic, la Seu d'Urgell, Igualada...

ELS MUNICIPIS MÉS POBLATS DE CATALUNYA EL 2011

municipi	habitants
Barcelona	1615448
l'Hospitalet de Llobregat	256065
Badalona	219786
Terrassa	213697
Sabadell	207721
Lleida	138416
Tarragona	134085
Mataró	123868
Santa Coloma de Gramenet	120824
Reus	106709
Girona	96722
Cornellà de Llobregat	87243
Sant Cugat del Vallès	83337
Sant Boi de Llobregat	82860
Manresa	76589
Rubí	73979
Vilanova i la Geltrú	66905
Viladecans	64737
el Prat de Llobregat	63499
Castelldefels	63139
Granollers	60000

1. Indica quins municipis de la taula són capitals provincials.

SINTETITZA

2. Quina relació hi ha entre desenvolupament industrial, augment de la població i creixement urbà?

3. Fins on arriba la influència funcional de Barcelona?

4. Què és l'arc mediterrani?

5. Per què es pot dir que quasi tot el territori català és urbà?

NUCLIS URBANS DE CATALUNYA EL 2011

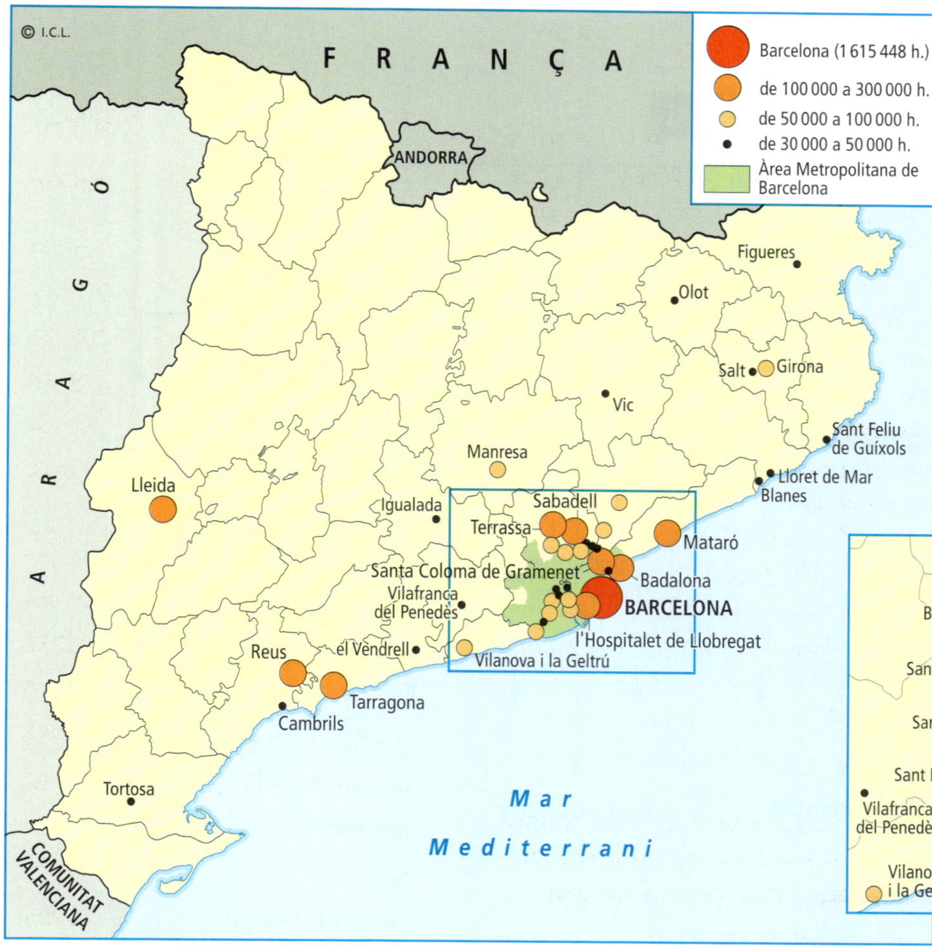

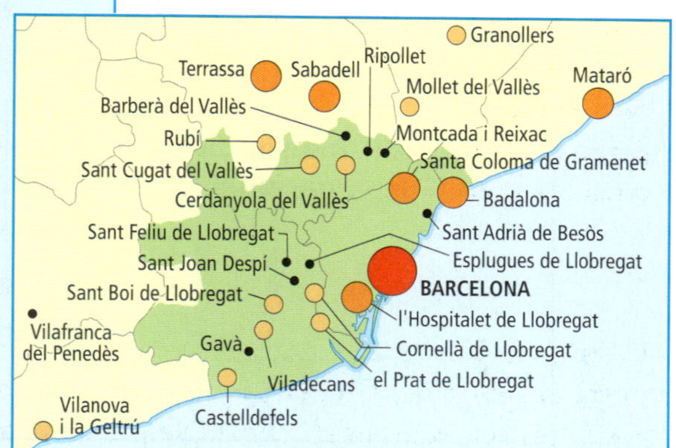

6. Fixa't en la distribució de les ciutats catalanes. Quines hi predominen: les de l'interior o les del litoral?

7. Creus que el sistema urbà català és equilibrat? Per què?

8. Classifica les ciutats del mapa en una taula, segons la jerarquia del sistema urbà català.

9. Esmenta algunes ciutats de la Regió Metropolitana de Barcelona. Quin paper fan aquestes ciutats?

EL CREIXEMENT URBÀ DE LA CIUTAT DE BARCELONA

@ Amplia a la Xarxa...

Per saber més sobre l'Àrea Metropolitana de Barcelona (AMB), entra a www.tiching.com/78354

- Quins són els objectius de l'AMB pel que fa al medi?

10. Quins trets presenta el nucli antic de Barcelona?

11. Quina és la principal característica de l'eixample de Barcelona? Quan es va construir? Qui el va dissenyar?

12. Digues el nom d'algunes ciutats situades a la zona metropolitana de Barcelona. Per què es parla de contínuum urbà?

Practica competències bàsiques

1. Completa el mapa conceptual

Copia el mapa conceptual al quadern i completa'l:

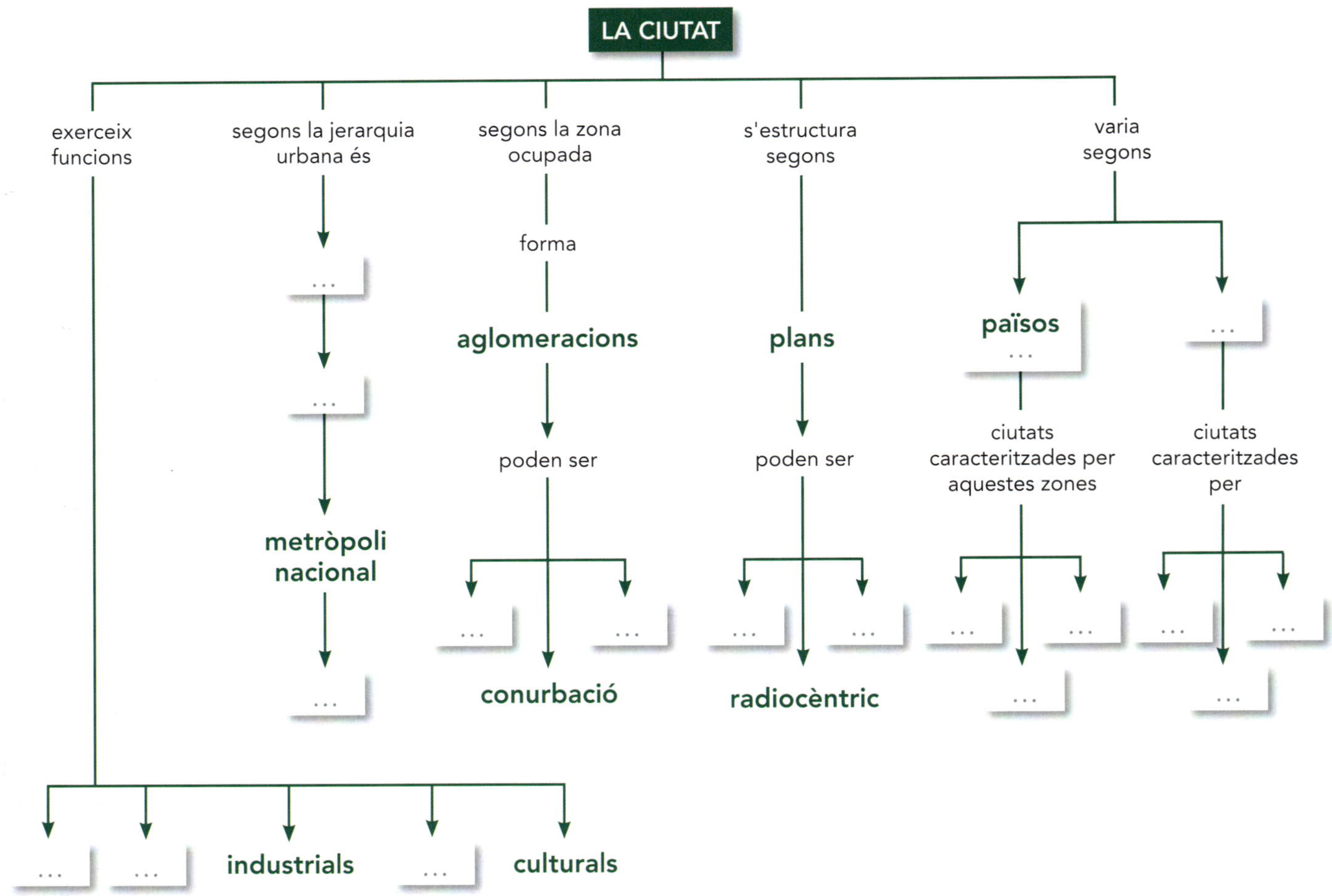

2. Sintetitza

1. Quins factors defineixen el concepte de ciutat?
2. Quina és la diferència entre el pla urbà radiocèntric i el pla irregular?
3. Indica quines són les necessitats urbanístiques de les grans ciutats dels països desenvolupats.
4. Quins són els desequibris urbans més freqüents a les ciutats dels països en via de desenvolupament?
5. Explica les tres etapes qui hi ha dins de la ciutat preindustrial europea.
6. Quina és la diferència entre la ciutat europea industrial i la postindustrial?
7. Explica la diferència entre la jerarquia urbana i els eixos urbans.
8. Explica la jerarquia urbana de Catalunya. Anota exemples de ciutat de cada tipus de nivell urbà.

3. Defineix el vocabulari

- àrea de mercat
- pla ortogonal
- CBD
- metròpolis nacional
- morfologia urbana
- ciutat universitària
- centre subregional
- conurbació
- megalòpolis
- assentament urbà

4. Relaciona els conceptes

Explica les semblances i les diferències en cada cas:

- Assentament urbà i assentament rural.
- Metròpolis global i metròpolis mundial.
- Urbanització espontània i urbanització ordenada.
- Funció convivencial i funció residencial.
- Centre subregional i centre comarcal.

5. Treballa amb il·lustracions

Fixa't en aquestes imatges i contesta les preguntes:

a) A quin tipus de pla correspon cadascuna? Com són les trames? Amb quines parts de la ciutat les identifiques?

b) Quin tipus d'activitats creus que predomina en aquestes zones?

c) Hi ha grans espais oberts? Hi veus moltes zones verdes o parcs? On es troben?

d) Com és la xarxa viària? Com són els carrers, amples o estrets? Quina forma tenen?

e) L'ús de l'automòbil és imprescindible perquè els habitants de la ciutat circulin per aquests llocs? Per què?

f) Creus que aquestes zones són el resultat d'un procés d'urbanització planificat? Explica'l.

2

1

3

6. Analitza una ciutat

Navega per Internet i cerca-hi informació sobre la teva ciutat o qualsevol altra ciutat per elaborar un petit dossier en què es doni resposta a les qüestions indicades a continuació.

Si és possible, il·lustra'l amb algunes imatges de la ciutat:

a) Nom, superfície i població. Calcula també la densitat de població de la ciutat.

b) Descriu el marc geogràfic i la seva localització.

c) Esbrina quin és l'origen històric de la ciutat.

d) Descriu les activitats econòmiques que s'hi fan. Quines funcions urbanes acompleix?

e) Explica com és la seva morfologia urbana. Assenyala'n alguns elements identificatius.

f) Comenta quins problemes té aquesta ciutat.

7. Reflexiona i argumenta

a) Per quines raons els transports de tota mena són fonamentals per al funcionament d'una ciutat?

Activitats@web

www.vicensvivesdigital.com/activitatsweb

- **Identifica.** Les funcions de les ciutats
- **Defineix.** Ciutats i aglomeracions urbanes
- **Selecciona.** Ciutats del món
- **Completa.** L'abastiment urbà
- **Relaciona.** El procés d'urbanització
- **Classifica.** El sistema urbà espanyol

16

Les societats humanes

Una de les característiques principals de les **societats humanes** al món d'avui és la notable **diversitat** que presenten.

Aquesta diversitat té l'origen en factors de tipus històric, polític, econòmic, cultural, religiós i, fins i tot, lingüístic, que han fet que les regions del nostre planeta evolucionin i s'organitzin de maneres molt variades.

A més, aquesta evolució no ha seguit el mateix ritme a tot arreu, de manera que algunes zones presenten índexs de progrés econòmic i de transformació social molt diferents entre elles.

La **diversitat cultural**, quan afecta les formes i els estils de vida, és molt **enriquidora** i creativa. Però si la diversitat afecta els **índexs de desenvolupament econòmic**, les diferències poden arribar a ser enormes i comportar desigualtats greus.

Els **desequilibris molt acusats** entre els grups humans o entre els territoris poden produir **conflictes** greus que cal evitar tant com es pugui.

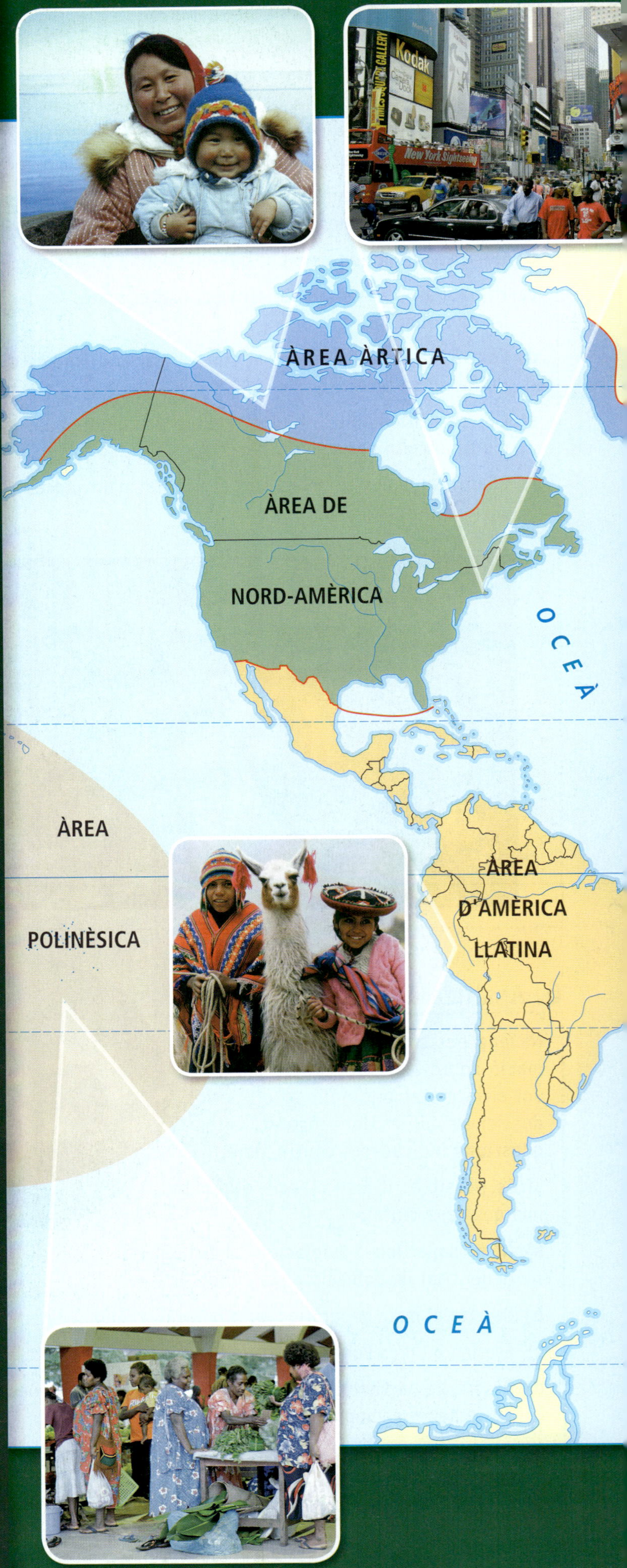

- Fixa't en el mapa. Quines són les civilitzacions o àrees culturals que hi ha al món?
- Fixa't en les fotografies i explica què entens per diversitat.
- Hi ha diversitat cultural a la teva ciutat? En quins aspectes ho has notat?

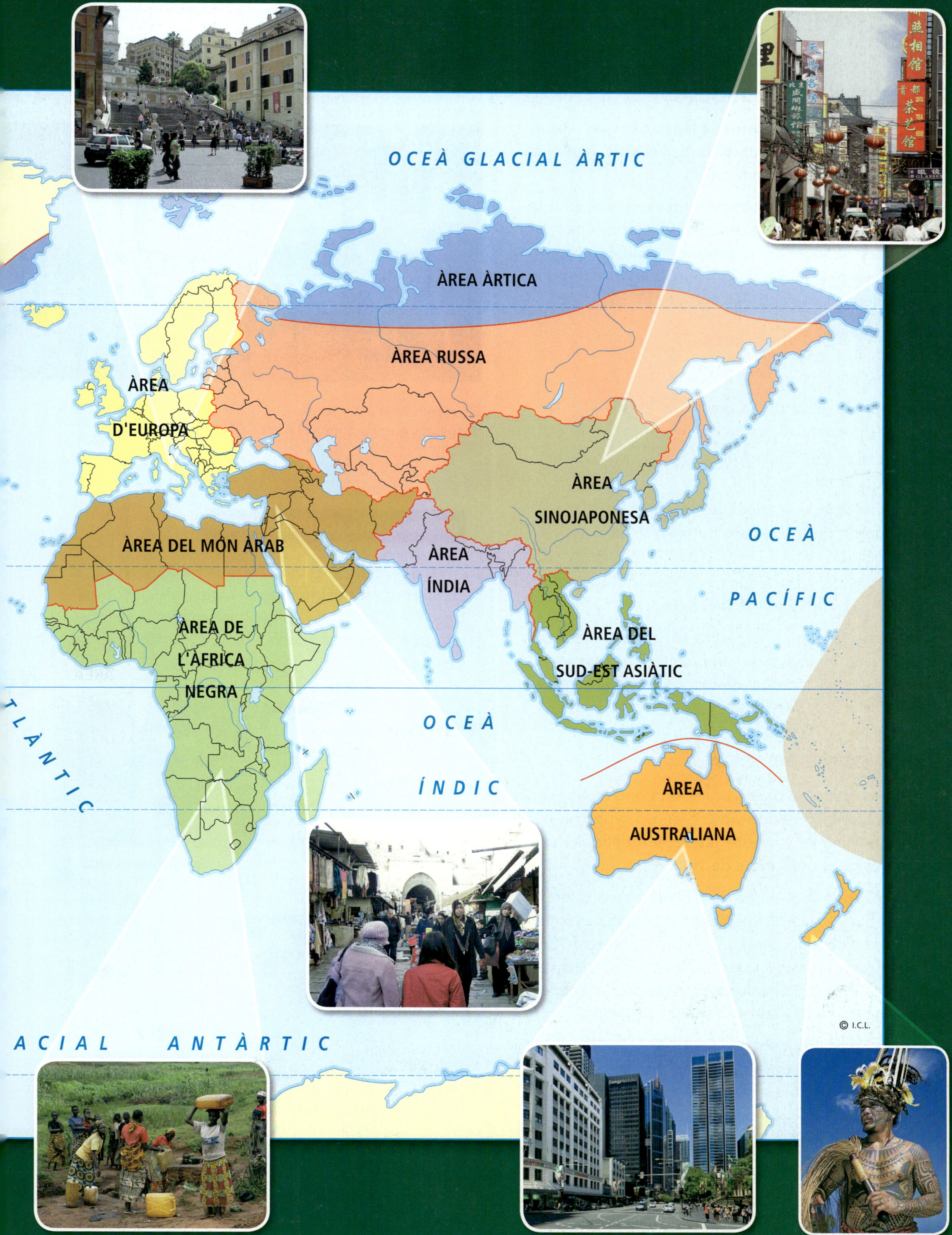
OCEÀ GLACIAL ÀRTIC
ÀREA ÀRTICA
ÀREA RUSSA
ÀREA D'EUROPA
ÀREA DEL MÓN ÀRAB
ÀREA SINOJAPONESA
ÀREA ÍNDIA
ÀREA DEL SUD-EST ASIÀTIC
ÀREA DE L'ÀFRICA NEGRA
OCEÀ ÍNDIC
OCEÀ PACÍFIC
ÀREA AUSTRALIANA
TLÀNTIC
ACIAL ANTÀRTIC
© I.C.L.

1 Organització de la societat humana

1.1. L'organització social

Una de les característiques distintives de l'ésser humà és que viu en **societat** i que, per tant, organitza la vida en comú sobre un territori.

Malgrat que no totes les persones que integren un grup social es coneixen, estan interrelacionades per uns **vincles econòmics**, **ideològics**, **polítics** i **territorials compartits**, i això els proporciona una **identitat de pertinença** i un **sentit de comunitat**.

L'**organització d'una societat** és una qüestió molt complexa i hi intervenen moltes variables. Les més importants són:

- L'**economia**, és a dir, la manera com s'organitza la producció del grup social.
- La **cultura**, que inclou elements com ara el llenguatge, l'art i la religió.
- La **tecnologia**, o la capacitat de disposar d'aparells electrònics, de mitjans de transport i de comunicació avançats, etc.
- Els **valors**, com ara la forma de govern i de propietat, l'estratificació social, la família, etc.

Aquestes variables evolucionen amb el temps i, quan n'hi ha alguna que varia, sol arrossegar les altres. Si no evolucionen al mateix ritme, sovint es produeixen desajustos en l'organització social.

1.2. La diversitat social

La **diversitat** ens parla de les diferències que podem identificar en els individus o en els grups de persones tenint-ne en compte les característiques pròpies, els orígens o els estils de vida.

Les persones som diferents perquè tenim diferents orígens ètnics, creences religioses, opinions polítiques, possibilitats econòmiques... També podem ser diferents pel que fa al físic, per la manera de vestir, per l'edat, etc. A més, cada individu té una intel·ligència, uns comportaments i uns valors culturals propis.

Les persones ens identifiquem amb alguns d'aquests trets i sovint ens agrupem amb altres persones que tenen les mateixes característiques que nosaltres. Això ens distingeix i ens identifica, però no ens dóna drets o privilegis especials.

Reconèixer l'existència de diferències entre individus i entre diversos grups i opcions dins d'un mateix territori és la base d'una societat plural.

Els membres d'una mateixa societat comparteixen un conjunt d'aspectes que els donen consciència de comunitat.

DESIGUALTATS SOCIALS AL MÓN

La diversitat fa referència a la varietat, però el concepte de **desigualtat** al·ludeix als **desequilibris**. Al món hi ha desigualtats socials profundes entre els diversos països i també a l'interior d'un mateix país.

Esperança de vida en néixer **81 anys**

Mitjana d'anys d'escolarització **12,1 anys**

Ingrés nacional brut per capita **36166 €**

Família del Canadà

Família de Burundi

Esperança de vida en néixer **50,4 anys**

Mitjana d'anys d'escolarització **2,7 anys**

Ingrés nacional brut per capita **368 €**

1. Compara les dades entre aquestes dues famílies. Indica altres diferències basant-te en les imatges.

1.3. Desigualtats i conflictes

En una societat diversa es produeixen situacions de **conflicte** quan sorgeix la **desigualtat**. És a dir, quan dintre d'un grup social algú és **discriminat** per raons d'ètnia, religió, orientació sexual, estètica, edat, nivell econòmic, etc., i no se li atorguen o reconeixen els mateixos **drets** ni les mateixes **oportunitats** de què gaudeixen les altres persones.

Per exemple, si en una societat determinada algú és menystingut pel color de la pell, s'hi creen divisions que porten aquesta societat cap a la **segregació racial** i **espacial**, amb els conflictes conseqüents que aquests fets solen generar.

1.4. Evitar conflictes i desigualtats, construir la diversitat

En general, els països amb sistemes de **govern democràtics** tendeixen a assegurar la **igualtat de drets per a tothom** i, conseqüentment, permeten exercir la diversitat i gaudir-ne: es promulguen **lleis** que garanteixen el dret de professar qualsevol religió o que ningú no sigui marginat o menystingut pel fet de ser immigrant o perquè té alguna discapacitat, etc.

A molts països desenvolupats del món occidental ha progressat l'anomenat **Estat del benestar**. L'Estat construeix equipaments i infraestructures en benefici de tota la població i també administra els serveis públics que pertanyen a tothom.

Les persones tenen **accés lliure**, **universal** i **equitatiu** a l'ensenyament, a la sanitat, als mitjans de transport, a les prestacions socials...

Per això, malgrat que la societat sigui diversa, l'Estat assegura un repartiment equilibrat i unes condicions mínimes de qualitat de vida i de benestar per a totes les persones que en formen part. Així, els governs eviten moltes desigualtats i molts desequilibris socials interns.

La majoria de conflictes armats actuals esclaten als països pobres i sovint tenen l'origen en enfrontaments ètnics. Camp de refugiats de Darfur (el Sudan).

Ho sabies?

La desaparició de les desigualtats, que origina la immigració, és un procés bastant llarg. Els immigrants de **primera generació** se saben estrangers i mantenen la seva pròpia cultura.

La **segona generació**, que ja ha nascut al país d'acollida, se sent dividida entre els valors de la cultura dels pares i els del nou país i, per això, pot presentar diversos conflictes d'adaptació.

La **tercera generació** ja està integrada, sobretot si els seus pares han aconseguit una situació econòmica, laboral i social estable.

@ Amplia a la Xarxa...

Per saber més sobre la desigualtat social al món d'avui, entra a www.tiching.com/70969

- Comenta els contrastos de les dues imatges d'un *partit de futbol* i els de les dues fotografies de *la llibertat costi el que costi*.

SINTETITZA

2. Quins vincles interrelacionen les persones que integren un mateix grup social?

3. Per què penses que de vegades hi ha conflictes socials? Quan es produeix una bona convivència entre comunitats culturals diferents?

4. És positiva la diversitat? Per què? Expresseu l'opinió de manera individual i després comenteu-ho a classe.

5. Penses que totes les persones tenen les mateixes possibilitats d'accés lliure i gratuït a l'ensenyament i a la sanitat? Explica-ho.

2 Evolució de la societat humana

Al llarg del temps la societat humana ha anat evolucionant, de manera que podem identificar tres tipus essencials de societats: les **tradicionals**, les **modernes** i les **postmodernes**.

2.1. Les societats tradicionals

Les **societats tradicionals** són les que corresponen a les formes d'organització política, econòmica i cultural que hi havia abans de la Revolució Industrial i del desenvolupament del capitalisme. És per això que sovint també són anomenades societats **preindustrials** o **precapitalistes**, i fins i tot **societats rurals**. Presenten aquestes característiques:

- Una **economia** basada en les activitats agrícoles i ramaderes. La **producció** està orientada a la supervivència, sempre és limitada i les activitats manufactureres són de tipus artesà.
- És una societat de caràcter essencialment **rural**. La immensa majoria de les persones viuen al camp i del camp, amb unes **formes de vida pageses**.
- La forma de poder és **personalista** i **autoritària**, pròpia dels reis i dels senyors feudals.
- Els **comportaments** solen ser molt estables pel fet d'estar sotmesos a codis religiosos o morals molt estrictes.
- La **comunicació** entre els pobles i entre les persones és molt limitada: hi ha poca gent que tingui l'oportunitat de viatjar més enllà del mercat local o de tenir notícies de fora del seu propi poble.

Al món occidental, la societat rural va anar desapareixent amb la Revolució Industrial i el capitalisme, però encara avui una bona part de la població mundial viu en una organització social preindustrial.

@ Amplia a la Xarxa...

Per saber més sobre la revolució digital, entra a www.tiching.com/70971

- Llegeix el text i indica com la Unió Europea facilita la revolució digital.

2.2. Les societats modernes

Les **societats modernes** també són conegudes amb el nom de **capitalistes** o **industrials**. El procés d'industrialització hi té un efecte desencadenant per a molts canvis culturals que donen pas a la *modernitat*. Les característiques principals són aquestes:

- El pas d'una economia basada en l'agricultura i la ramaderia a una economia **industrial**.
- Una part de la població abandona el camp i emigra cap a les **ciutats** a buscar feina a les fàbriques. Les **zones urbanes** creixen i a la seva rodalia s'hi van instal·lant les fàbriques i els magatzems de grans empreses industrials.
- La **burgesia** es consolida com a classe dominant perquè posseeix els mitjans de producció.
- S'estableix l'**Estat de dret** per mitjà del qual les lleis i la democràcia determinen la forma de gestió política de la societat.
- Els treballadors reivindiquen millores de les condicions laborals i de vida a través del **moviment obrer** i dels **sindicats**.
- Es disposa de **més informació** sobre el món, de manera que es facilita i s'agilita la **transmissió de coneixements** i la **difusió de la cultura**, que arriben a més persones i més lluny.

Molts països de l'est d'Europa es va industrialitzar molt tard. Per això actualment estan classificats dins de les societats industrials.

2.3. Les societats postmodernes

A la darreria del segle XX, el capitalisme s'allunya del seu origen industrial i avança cap a una economia basada en els serveis. Per això, les **societats postmodernes** són també conegudes amb el nom de **societats postindustrials**.

Els trets principals que caracteritzen les societats postmodernes d'avui dia són:

- La gran expansió del **sector de serveis** en comparació amb el sector industrial. A les fàbriques, la mà d'obra és substituïda per màquines cada vegada més tecnificades.

  La **informació**, el **coneixement** i la **creativitat** són les noves matèries primeres de l'economia.
- És una **societat plenament urbana**, basada en les grans ciutats i en les regions metropolitanes molt extenses i amb una urbanització de vegades difusa.
- El poder de la societat és a les mans de qui posseeix més coneixement: aquest **coneixement** no s'identifica amb el saber científic, sinó amb el **control de la informació** (hi ha qui parla de la **societat del coneixement**).
- A la societat postmoderna ja no és la classe social (és a dir, les raons de tipus econòmic i la posició de cada individu en el mercat laboral) allò que determina la **identitat** de les persones, sinó que aquesta identitat es construeix pel fet de pertànyer a una **comunitat de tipus cultural** (nacional, religiosa, de gènere, etc.).
- Es tracta d'una societat on no només l'economia, sinó també les mentalitats, els comportaments, els estils i les formes de vida estan molt fonamentats en el **consum**. Sovint, dut a terme de manera massiva i constant, perquè està fomentat per campanyes insistents de publicitat.
- Es produeixen un gran augment i una gran difusió de les **tecnologies de la informació** i **la comunicació**, i això fa possible la **globalització**, és a dir, que el món en el seu conjunt funcioni com si fos un lloc únic.

La globalització a la societat postmoderna

Una bona part dels països més desenvolupats es poden considerar com a part de la societat postmoderna i postindustrial.

Gràcies a les tecnologies de la informació i la comunicació, altres zones del món participen d'alguna manera en aquests mateixos processos.

De fet, la **globalització** ha permès incorporar 3 000 milions més de productors i de consumidors al mercat.

Malgrat això, la globalització no ha implicat un repartiment més just i equilibrat de la riquesa, perquè les desigualtats entre els països del món continuen existint.

Gràcies a les noves tecnologies i a instruments com ara Internet, en les societats postmodernes la difusió de la informació és immediata, fet que ha contribuït als processos de globalització.

SINTETITZA

1. Quines són les activitats predominants de les societats tradicionals?

2. En les societats modernes, quin tipus d'espai hi predomina: el *rural* o l'*urbà*?

3. Quines característiques principals diferencien les societats tradicionals de les societats modernes?

4. Penses que el sector econòmic dels serveis ocupa molta gent actualment? Per quina raó?

5. Per què el coneixement i la informació són tan importants en les societats postmodernes?

6. Explica què entens per *globalització*.

7. Ha disminuït en el món actual la desigualtat en relació amb les societats modernes? Raona la resposta.

8. Indica els aspectes que consideris positius i negatius de cadascun dels tipus de societats tradicionals, modernes i postmodernes.

3 La diversitat cultural al món d'avui

3.1. La cultura i la diversitat cultural

La **cultura** és un conjunt de **costums**, de **coneixements** i de **formes de vida** que un grup de persones considera propi i característic del seu grup enfront dels altres. La **llengua** i la **religió** són elements fonamentals de la cultura de les persones, com ho són també les tradicions, la història, les formes de treball i d'activitat econòmica, els valors, les pràctiques esportives i les formes de lleure, etc.; tot això contribueix a crear el sentiment de **comunitat**.

De vegades la **diversitat cultural** comporta que hi hagi grans diferències entre els grups humans que habiten un mateix país o una mateixa ciutat, i en alguns casos aquestes diferències poden generar conflictes. El **pluralisme cultural** o **multiculturalitat** defensa la coexistència de grups humans diversos, i es considera que pot representar un enriquiment mutu entre cultures.

3.2. La diversitat lingüística

Al món hi ha una gran diversitat lingüística: actualment s'hi parlen més de **6000 llengües**, que es troben en dues situacions diferents:

- Les **llengües oficials**, que són reconegudes per l'Estat i gaudeixen de protecció i difusió.
- Les **llengües no oficials**, moltes de les quals són minoritàries i estan en **perill de desaparició** davant les llengües dominants. No obstant, les llengües són un **patrimoni cultural de la humanitat** que ha de preservar-se i defensar-se.

3.3. La diversitat religiosa

Les **religions** són un factor cultural molt important perquè han contribuït a configurar les característiques de les àrees en les quals s'han desenvolupat.

Primerament van sorgir les **religions animistes**, que adoraven manifestacions de la natura (el Sol, la tempesta...). Encara avui es practiquen a zones d'Àfrica i d'Oceania. Després es van desenvolupar altres religions més complexes, com ara el judaisme, el cristianisme, l'islam, l'hinduisme, el budisme, el confucianisme, etc.

Hi ha un grup important de **religions monoteistes**, que creuen en un Déu únic. El formen el cristianisme (les esglésies catòlica, protestant i ortodoxa), l'islam i el judaisme.

A Àsia estan molt esteses les religions hinduista i budista, que creuen en la reencarnació dels éssers vius.

Diversitat i riquesa lingüístiques

Al món hi ha 6703 **llengües vives** o parlades com a llengües maternes; el país amb més llengües vives és Papua-Nova Guinea, amb 832. En canvi, el nombre de **llengües oficials** o **cooficials** és molt més petit (35 llengües oficials a Europa, 34 a Àsia, 14 a Àfrica, 5 a Amèrica i 4 a Oceania).

A més, sis llengües oficials tenen caràcter internacional pel fet de ser considerades llengües oficials a l'ONU: el xinès mandarí, l'anglès, l'espanyol, el francès, l'àrab i el rus.

L'espanyol, després del xinès mandarí, és la segona llengua més parlada al món (400 milions de persones).

LLENGÜES VIVES PER CONTINENTS

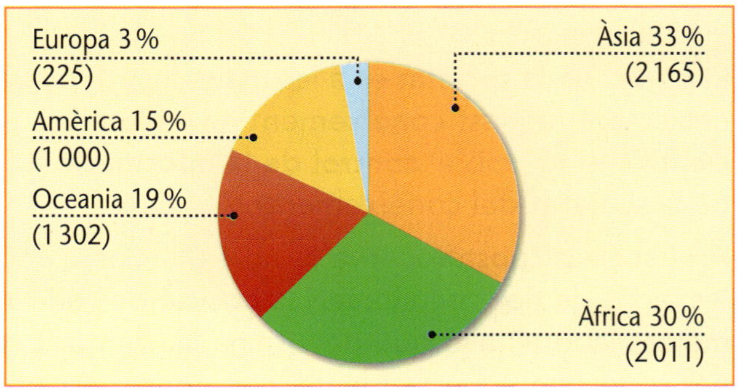

- Què és una llengua viva? Comenta, per a cada continent, la relació entre el nombre de llengües oficials que hi ha i el nombre total de llengües vives.

@ Amplia a la Xarxa...

Per saber més sobre la diversitat cultural i lingüística, entra a www.tiching.com/70980

- Llegeix el text i contesta aquesta pregunta: Per què la diversitat lingüística és una riquesa?

El budisme es va difondre per Àsia a partir del segle V a.C.

DESCOBREIX...

LA IMMIGRACIÓ I LA DIVERSITAT CULTURAL A OCCIDENT

Al món occidental i de manera especial a Europa hi havia uns trets culturals relativament comuns. Però la intensitat del procés immigratori ha generat una gran diversitat de cultures als països europeus receptors d'immigrants.

Adaptar-se als canvis

Els immigrants procedeixen de països molt diferents i porten uns **trets culturals propis**. Adaptar-se als canvis que comporta la immigració és un procés difícil. Alguns factors mostren la complexitat d'aquest procés d'adaptació:

- La **població immigrant acostuma a ser jove i sol tenir molts fills; per tant, la població infantil augmenta** i creix la necessitat d'escoles preparades per acollir també els alumnes amb una altra llengua materna.
- Alguns immigrants són de **religió musulmana** i, per tant, cal construir mesquites.
- Continuen consumint productes dels països de procedència, de manera que s'obren comerços i restaurants especialitzats.

1. Per què és complexa l'adaptació dels immigrants?

2. Què és més difícil, acceptar els canvis que aporten els immigrants o bé que els immigrants s'adaptin als costums i la llengua del país d'acollida? Raona la resposta.

El procés d'integració

La integració és un procés que es desenvolupa a dos nivells:

- Els immigrants han de **respectar les lleis** del país que els acull, perquè arriben a una societat que té unes normes de convivència, uns costums, una llengua...
- Les persones del país d'acollida han de **respectar les cultures** i els trets diferencials dels arribats de nou. No han de pretendre'n una assimilació que comporti la destrucció d'una cultura.

El procés d'integració és llarg, perquè els immigrants senten nostàlgia de la cultura que han deixat enrere. Per tant, cal **construir la diversitat**, **evitar els conflictes** i **les desigualtats** i donar lloc a una estructura social i cultural nova.

SINTETITZA

3. Què és la cultura? Què és el *pluralisme cultural*?

4. Explica què és una *lengua oficial*. Quines dificultats tenen les llengües no oficials? Per quina raó han de preservar-se les llengües minoritàries?

5. Quines són les llengües més parlades al món? Quin lloc hi ocupa l'espanyol?

6. Què són les religions animistes? A quines zones del món es practiquen actualment?

7. Què són les religions monoteistes? Quines en són les principals?

8. Diem que les llengües tenen un valor cultural: creus que les religions també tenen aquest valor? Per què?

4 La societat europea

4.1. El model social europeu

El **nivell de vida** de les ciutadanes i dels ciutadans europeus ha experimentat una millora notable des que es va fundar la Comunitat Econòmica Europea l'any 1957. Malgrat que només aplega un 7,2% de la població mundial, la Unió Europea (UE) destaca pel seu **potencial econòmic** i la seva **organització social** i **política**.

Europa disposa de lleis molt desenvolupades en relació amb les **polítiques socials** i gaudeix de la **societat del benestar**. Així, la Unió Europea garanteix a tots els treballadors europeus el **dret a circular**, **treballar** i **residir** a qualsevol dels països membres, en igualtat de drets i deures (assegurança mèdica, jubilació, prestacions familiars) que els ciutadans nadius de cada país.

Per **protegir la salut** i **la seguretat** dels ciutadans al seu lloc de treball, la Unió Europea ha establert uns requisits mínims que han d'aplicar-se de manera obligatòria.

La UE exerceix una influència decisiva per garantir la **igualtat d'oportunitats entre homes i dones** a tots els països membres. També protegeix els consumidors i els atorga drets en relació amb la qualitat dels productes que utilitzen.

Durant els darrers anys, el model social europeu passa per una etapa difícil a causa de la crisi econòmica, que ha provocat la inestabilitat del mercat laboral i l'augment dels treballadors temporers i de l'atur. Els països de la Unió Europea han pres mesures de retallades de pressupostos o subvencions per fer front a la crisi. No obstant això, un dels objectius més importants segueix sent el de preservar la seguretat social (pensions, sanitat i ajudes socials) i l'ensenyament.

L'ÍNDEX DE DESENVOLUPAMENT HUMÀ

Un dels indicadors que ens permet conèixer el nivell de benestar d'un país és l'**índex de desenvolupament humà (IDH)**.

L'IDH, expressat en una escala de 0 a 1, reflecteix:

- L'índex de salut, a través de l'esperança de vida en néixer.
- La renda o els ingressos nacionals per capita.
- El nivell educatiu, a través dels anys d'escolarització.

Tots els països del món estan classificats segons l'IDH. Entre els primers i més pròxims a 1 (0,9), hi ha països molt desenvolupats com ara el Canadà, Noruega, els Estats Units, Alemanya... Els últims llocs els ocupen països africans (Burundi, Sierra Leone, el Txad, Níger...), que no arriben al 0,4 de l'IHD.

- Què expressa l'IDH? Quines dades s'utilitzen per elaborar-lo?

L'ÍNDEX DE DESENVOLUPAMENT HUMÀ ALS PAÏSOS DE LA UNIÓ EUROPEA EL 2011

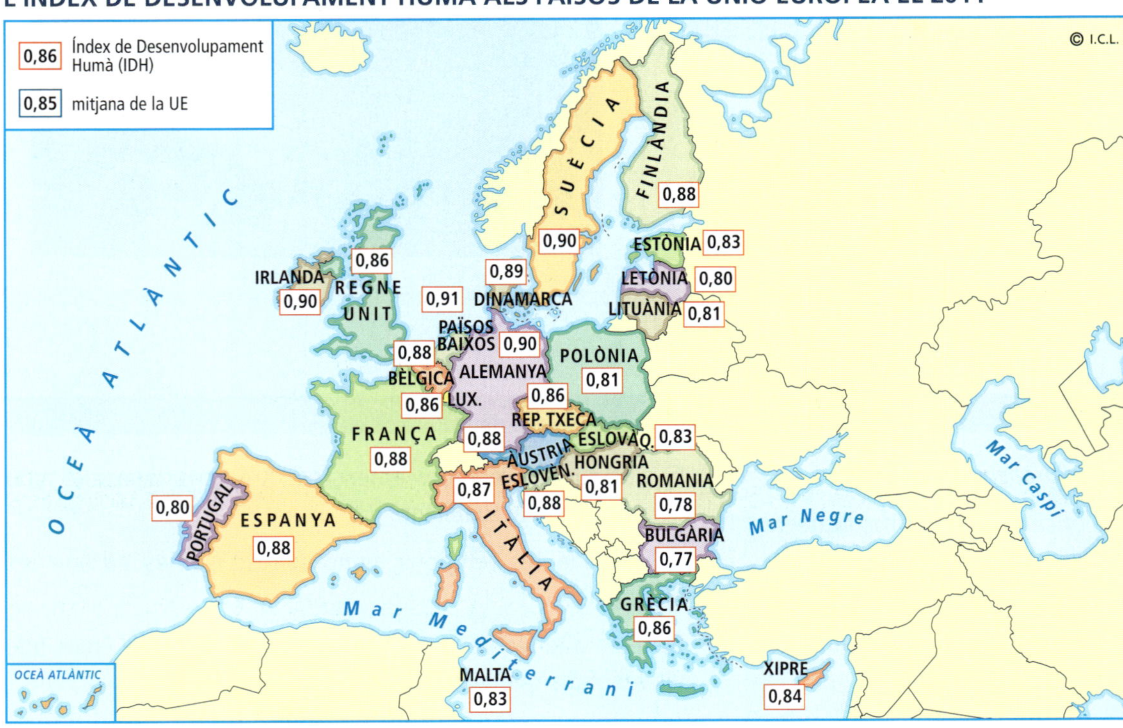

1. Quins són els països amb un IDH inferior a la mitjana de la Unió Europea? A quines zones estan situats?

2. Quina diversitat hi ha a la Unió Europea pel que fa a l'IDH?

3. Es pot considerar que la UE és un territori equilibrat pel que fa l'IDH? Justifica la resposta.

4.2. LA IMMIGRACIÓ I LA RIQUESA DE LA DIVERSITAT

Durant molts anys, Europa ha estat un **lloc atractiu** per a moltes persones d'altres llocs del món que buscaven millors condicions de vida, de feina i també de benestar. Altres immigrants, simplement, volen trobar un lloc on els drets siguin respectats i on la democràcia sigui la forma d'organització política.

Així doncs, els darrers anys han arribat a la Unió Europea milers d'immigrants procedents d'altres continents (Àsia, Àfrica i l'Amèrica Llatina). Alguns ciutadans europeus han vist aquesta arribada d'immigrants com una amenaça per als valors que regeixen a la societat europea i reaccionen davant d'això de manera conflictiva per por i per descontentament, i, de vegades, han sorgit problemes de **marginació** o **exclusió** i de **segregació ètnica** i **religiosa**.

A Europa, l'Estat de dret, la democràcia, el pluralisme de partits, el respecte i la tolerància són, entre d'altres, uns valors elementals que poden assegurar la **convivència** entre tots els ciutadans i que ajuden a valorar la riquesa que comporten les noves **diversitats**.

Les persones immigrants porten amb elles uns trets culturals propis, com per exemple les seves creences i pràctiques religioses o maneres de vestir.

LA DIVERSITAT DE LLENGÜES A EUROPA

4. Esmenta els grans grups lingüístics que hi ha a Europa.

5. Quins són a Europa els grups lingüístics dominants?

6. Investiga quines llengües inclou cada grup.

7. A quins Estats europeus es parlen llengües de diferents grups lingüístics?

8. A quin grup lingüístic pertanyen el català i el castellà?

SINTETITZA

9. Quins drets garanteix la UE als seus treballadors?

10. Comenta de quina manera el fet de pertànyer a la Unió Europea ha afavorit en gran manera les ciutadanes i els ciutadans europeus. Quins són aquests avantatges?

11. Esmenta les causes de l'arribada d'immigrants a la UE.

12. Quines mesures poden millorar la convivència entre els diferents ciutadans i ciutadanes que viuen a Europa i respectar, alhora, la diversitat?

5 La societat espanyola i catalana

5.1. L'evolució de la societat espanyola

Fins a la dècada del 1950, l'economia i l'organització social d'Espanya es basava encara en les activitats agrícoles i ramaderes. La major part de la població era rural, de manera que es podia considerar una **societat tradicional**.

A l'inici de la dècada del 1960, va començar a l'Estat espanyol un període d'industrialització que va comportar una intensa etapa de **progrés econòmic** i el desenvolupament d'una **societat industrial**.

No obstant, la modernització social en relació amb els països europeus va ser més lenta. No es va accelerar fins al darrer quart del segle XX de resultes dels canvis polítics i ideològics esdevinguts a Espanya i de l'entrada a la UE.

5.2. La societat espanyola actual

Actualment Espanya és un exemple de **societat occidental postindustrial**:

- Hi predomina el sector **serveis** i compta amb una indústria altament qualificada.
- Hi ha un clar **predomini de les zones urbanes** i **metropolitanes** per damunt de les rurals, perquè a partir de la primeria del segle XXI, més del 76% de la població espanyola viu a zones urbanes.
- S'hi ha produït una profunda **transformació de les mentalitats** i **dels comportaments**. Les noves tecnologies de la informació i la comunicació afavoreixen l'adopció de nous **estils de vida** i el pluralisme d'actituds, propi de la societat europea.
- La societat espanyola està immersa en els canvis propis de la revolució tecnològica.
- Els darrers anys l'Estat ha de fer cara a les qüestions derivades de les dificultats de l'accés de part de la població activa al món laboral.

Canvis en l'estructura familiar i laboral

Aquests darrers anys, la societat espanyola també ha experimentat transformacions importants en l'àmbit familiar i laboral. Són especialment notables les següents:

- El camí progressiu cap a **la igualtat real** de drets i deures en els àmbits laborals i familiars **entre homes i dones**.
- La incorporació de la **dona** al món laboral remunerat ha estat un factor de desenvolupament econòmic i ha suposat també un canvi en l'organització familiar i social.
- Juntament amb la **família extensa tradicional** (formada pels pares, els fills i els avis), s'hi han generalitzat les **famílies nuclears** (formades pels pares i els fills) i les **monoparentals** (el pare o la mare i els fills).

CANVIS EN L'ESTRUCTURA FAMILIAR

Família de la dècada del 1970

Esperança de vida: Homes **70** anys, Dones **76** anys

Edat mitjana de maternitat **28** anys

Edat de matrimoni més freqüent **20-24** anys

Fills per dona **2,7**

Família actual

Esperança de vida: Homes **79** anys, Dones **85** anys

Edat mitjana de maternitat **31,3** anys

Edat de matrimoni més freqüent **32-36** anys

Fills per dona **1,4**

1. Compara els canvis produïts en l'estructura d'ambdues famílies.

2. Indica les causes possibles d'aquests canvis.

@ Amplia a la Xarxa...

Per saber més sobre la societat espanyola, entra a www.tiching.com/76837

- Tria un dels indicadors socials i comenta'n l'evolució durant aquests darrers anys

INDICADORS SOCIALS A ESPANYA I A CATALUNYA

Per conèixer les característiques de la societat espanyola i catalana, l'INE (Instituto Nacional de Estadística) i l'Idescat (Institut d'Estadística de Catalunya) publiquen diversos tipus d'estudis:

– Els **indicadors socials**, amb aspectes com ara la població; l'economia (PIB, renda per habitant); la família i l'estructura familiar; els nivells educatiu i cultural; el treball; la riquesa; la salut...

– L'**enquesta de condicions de vida**. Analitza els ingressos de les llars, la pobresa, l'exclusió social i la situació laboral.

- Com es coneixen les característiques socials?
- Indica les comunitats autònomes que estan per sobre de la mitjana espanyola del PIB.
- Explica la situació de Catalunya respecte de la mitjana espanyola i respecte de les altres comunitats autònomes.

EL PIB PER CAPITA PER COMUNITATS AUTÒNOMES

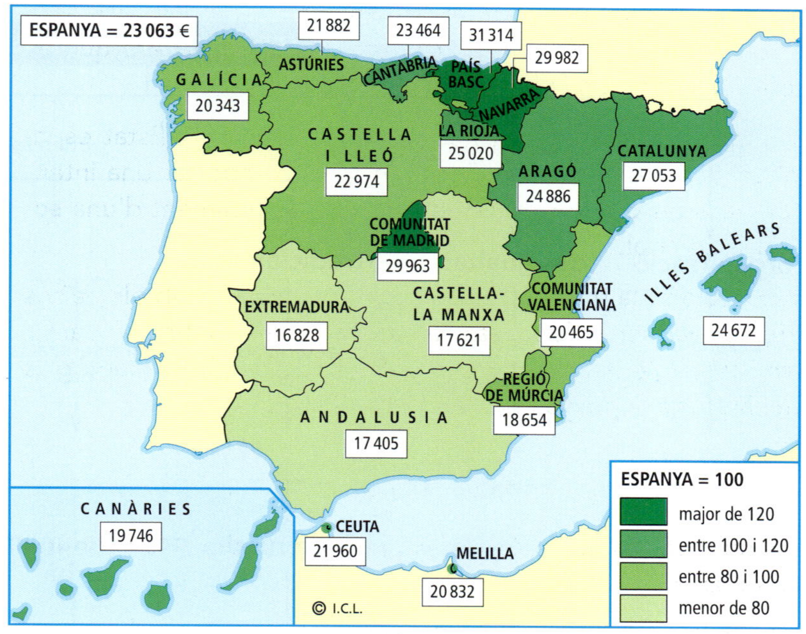

5.3. Evolució de la societat a Catalunya

Darrerament la societat catalana ha deixat de ser una societat industrial per convertir-se en una **societat postindustrial**:

- Ha passat de ser una societat amb una majoria de població activa industrial a una **societat plenament terciaritzada**, ja que el 72 % de la població activa treballa en el sector dels serveis. A més té un **percentatge de població ocupada femenina elevat** (el 46 % de la població ocupada).
- Tot i que la societat era ja predominantment urbana, en la primera dècada la **població urbana ha augmentat** de manera considerable, ja que era del 81 % l'any 2011.
- Les llars catalanes han aconseguit un grau d'**ús de las tecnologias de la informació i la comunicació** (TIC) similar a l'europeu.

5.4. Aspectes de la societat catalana actual

Dintre de la societat catalana actual, cal destacar també:

- **Aspectes demogràfics**. La població catalana té un **percentatge més alt de població jove** que a l'inici de segle (el 13,7 % de població jove respecte del total de població a l'any 2001; en canvi el 14,6 % el 2011); aquest fet és conseqüència de l'augment de la natalitat durant part de la primera dècada.
- **Estructura de les llars**. S'ha incrementat el nombre de **llars formades per una persona sola**, molt especialment **dones grans**. A causa dels trencaments familiars, ha augmentat també la quantitat de llars monoparentals, la majoria integrades per **mares amb un fill** o **filla**.

Ho sabies?

Segons estudis recents, dintre de la societat catalana s'hi poden trobar tres grans sectors:

- Més del 50 % de la població pertany a la **classe treballadora**. Cobreix les despeses bàsiques mensuals amb dificultat.
- Un 40 % de la població pertany a les **classes mitjanes assalariades**. És un grup molt heterogeni, que té bon accés a l'educació i a les noves tecnologies i pot arribar a llocs de treball ben qualificats.
- Quasi un 10 % de la població pertany a la **classe mitjana propietària**. Agrupa empresaris i treballadors autònoms d'empreses familiars.

SINTETITZA

3. Explica els canvis principals de la societat espanyola els darrers anys.

4. Quins aspectes destacaries de la societat catalana? Raona la resposta.

Practica competències bàsiques

1. Completa el mapa conceptual

Copia el mapa conceptual al quadern i completa'l:

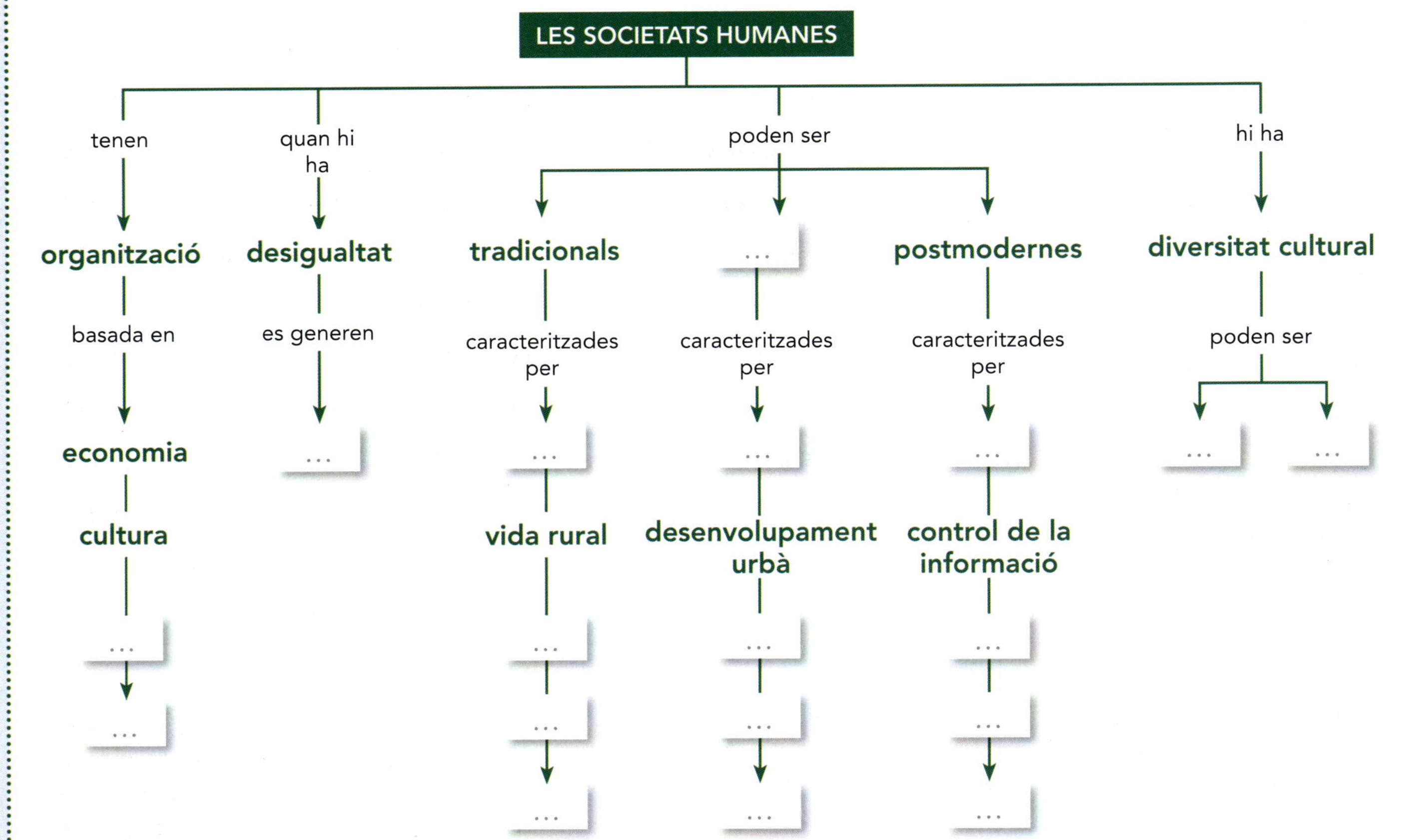

2. Sintetitza

1. Quines són les variables que intervenen en l'organització de la societat humana?
2. Per quines causes la diversitat social pot originar conflictes?
3. Quins són els tres tipus essencials de societats humanes? Esmenta alguna característica de cadascuna.
4. Per quina raó la cultura és un patrimoni de la humanitat?
5. Quines són les llengües internacionals? Per què en diem així?
6. Resumeix les característiques de les religions monoteistes que hi ha al món actualment.
7. Anota les característiques principals de la societat espanyola, que són pròpies de la societat postmoderna.
8. Quins nivells ha de seguir el procés d'integració de la població immigrant en una nova societat d'acollida?

3. Defineix el vocabulari

- llengua oficial
- religió animista
- minoritari
- multicultural
- pluralisme
- tolerància
- segregació
- convivència
- IDH
- burgesia
- hinduisme
- budisme

4. Relaciona els conceptes

Explica les semblances i les diferències entre:

- Diversitat social i desigualtat.
- Societat tradicional i activitats agràries.
- Societat moderna i societat postmoderna.
- Diversitat cultural i diversitat lingüística.
- Llengua oficial i llengua viva.
- Índex de desenvolupament humà i esperança de vida.
- Família nuclear i família monoparental.
- Segregació ètnica i segregació religiosa.

5. Raona i contesta

La renda mitjana anual per llar són els ingressos que perceben les famílies espanyoles en un any. La renda és un indicador que serveix per valorar les condicions de benestar.

La taula recull les dades per al 2009, publicades per l'INE el 2010. Fixa't en la taula i contesta aquestes preguntes:

a) Quin és l'ingrés mitjà que té una família espanyola?

b) Quines comunitats autònomes se situen per sobre de la mitjana espanyola?

c) Quines comunitats estan per sota?

d) Quina renda té Catalunya? Calcula la diferència que hi ha amb la mitjana de la renda espanyola.

renda mitjana anual per llar (en euros)			
Andalusia	22 754	Extremadura	19 858
Aragó	26 634	Galícia	26 139
Astúries, Principat d'	26 285	Madrid, Comunitat de	30 468
Balears, Illes	25 859	Múrcia, Regió de	22 200
Canàries	22 397	Navarra, Comunitat Foral de	34 409
Cantàbria	26 630	País Basc	30 456
Castella i Lleó	24 888	Rioja, La	25 420
Castella-la Manxa	23 356	Ceuta	29 254
Catalunya	27 834	Melilla	27 795
Comunitat Valenciana	24 982	Espanya	26 033

6. Analitza el gràfic

L'ús de les tecnologies de la informació i la comunicació (TIC) és fonamental per saber el grau d'integració a la societat postmoderna o postindustrial. Fixa't en les dades del gràfic i contesta les preguntes següents:

a) Quina és la tendència en l'evolució de l'ús de les TIC a les llars espanyoles?

b) Hi ha algun equipament que estigui en recessió? Quines en poden ser les causes?

c) Quin equipament ha tingut un creixement més gran? Per què?

d) Compara l'evolució del telèfon fix amb l'evolució del telèfon mòbil. Què hi veus?

EQUIPAMENT TIC A LES LLARS ESPANYOLES

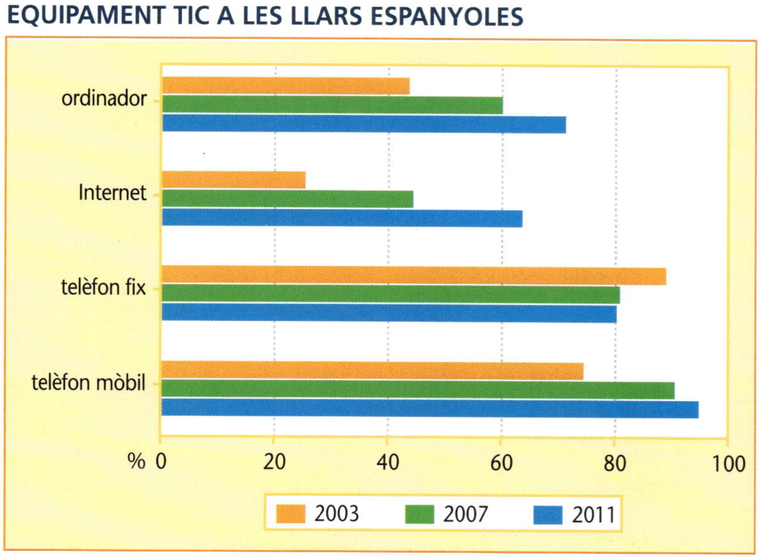

7. Comenta el text

A la primera dècada del segle XXI, la societat espanyola està emplaçada (...) davant d'un canvi en els models familiars, des del vell model de famílies patriarcals extenses cap a un tipus de famílies nuclears reduïdes i igualitàries (amb només un o dos fills). Ara, cada vegada es casen menys persones o ho fan més tard, i cada vegada es tenen menys fills o cap).

S. DEL CAMPO i J. F. TEZANOS: *La sociedad. España siglo XXI.*

a) Quins canvis s'exposen al text? Quins altres canvis socials ha experimentat la família espanyola?

Activitats@web

www.vicensvivesdigital.com/activitatsweb

- **Tria.** Diversitat i desigualtat social
- **Relaciona.** Tipus de societats
- **Contesta.** Llengües i religions diverses
- **Selecciona.** Trets de la societat europea
- **Corregeix.** La societat espanyola actual
- **Veritable o fals.** La diversitat cultural

Il·lustrat per: Joan Gómez, Isidre Monés, Josep Niubó, Carles Salom i Marcel Socias.

ADVERTIMENT

Totes les dades utilitzades en l'elaboració de les taules, els gràfics, els mapes, etc., que apareixen en aquest llibre s'han extret de les últimes estadístiques publicades fins al tancament d'aquesta edició.

S'incideix en la utilització adequada dels diferents recursos digitals incloent-hi informació sobre pàgines web per ampliar coneixements. Es pot accedir a aquestes pàgines a través de www.tiching.com.

Aquest llibre ha estat estat imprès en paper ecològic reciclable i amb tintes exemptes d'Elements Pesants Solubles (*Plom, Antimoni, Arsènic, Bari, Cadmi, Crom, Mercuri i Seleni*), que compleixen la Directiva Europea 88/378/UE, segons la norma revisada EN/71.

Primera edició, 2012

Dipòsit Legal: B. 14.687-2012
ISBN: 978-84-682-0897-8
Núm. d'Ordre V.V.: DV50

IMPRÈS A ESPANYA
PRINTED IN SPAIN

Editorial VICENS VIVES. Avda. de Sarrià, 130. E-08017 Barcelona.
Imprès per Gráficas INSTAR, S.A.

ATLES Vicens Vives

Temàtic del món

1. Planisferi polític
2. L'estructura de la població mundial
   - La densitat de població • La població infantil
   - El creixement anual de la població
   - L'esperança de vida
3. Riquesa i pobresa al món
   - El producte interior brut (PIB) • El creixement econòmic anual • El consum diari de calories
   - L'índex d'alfabetització
4. Llengües principals del món
   - El xinès mandarí • L'espanyol • L'anglès
   - L'àrab i l'hindi • Altres llengües oficials
   - Gràfic: Distribució de les llengües principals del món
5. Religions principals del món
   - El cristianisme • L'islamisme • Altres religions
   - Sense religió • Gràfic: Distribució de les religions principals del món

Institut Cartogràfic Llatí

Vicens Vives

1. PLANISFERI POLÍTIC

À R T I C
Terra de Francesc Josep (Rússia)
Terra del Nord (Rússia)
Illes Svalbard (Nor.)
Nova Terra (Rússia)
Illes de la Nova Sibèria (Rússia)
Wrangel
© I.C.L.
RÚSSIA
SUÈCIA
FINLÀNDIA
Helsinki
Estocolm
ESTÒNIA
Sant Petersburg
Moscou
Nižnij Novgorod
Ekaterinburg
Omsk
Novossibirsk
Samara
LETÒNIA
LITUÀNIA
Minsk
BIELORÚSSIA
POLÒNIA
Varsòvia
Katowice
UCRAÏNA
Kiev
Kharkiv
MOLDÀVIA
ROMANIA
Bucarest
Sofia
BULGÀRIA
GRÈCIA
Atenes
Istanbul
Ankara
TURQUIA
XIPRE
LÍBAN
SÍRIA
ISRAEL
JOR.
IRAQ
Bagdad
KUWAIT
IRAN
Teheran
GEORGIA
AZERBAIDJAN
KAZAKHSTAN
Astana
Almaty
UZBEKISTAN
Taixkent
TURKMENISTAN
Aixkhabad
TADJIKISTAN
KIRGUIZISTAN
AFGANISTAN
Kabul
Islamabad
Lahore
PAKISTAN
Karachi
Delhi
Nova Delhi
NEPAL
BHUTAN
ÍNDIA
Ahmadabad
Calcuta
Dacca
BANGLA DESH
Bombai
Haidarabad
Bangalore
Madràs
SRI LANKA
Colombo
MALDIVES
Male
MONGÒLIA
Ulan Bator
XINA
Pequín
Tianjin
Harbin
Shenyang
Xian
Chengdu
Chongqing
Nanjing
Wuhan
Xangai
Canton
Xianggang (Hong Kong)
TAIWAN
Taipei
COREA DEL NORD
Pyongyang
COREA DEL SUD
Seül
Pusan
JAPÓ
Tòquio
Nagoya
Òsaka
MYANMAR
Nay Pyi Taw
Rangun
TAILÀNDIA
Bangkok
LAOS
VIETNAM
Hanoi
CAMBODJA
Ho Chi Minh
FILIPINES
Manila
BRUNEI
MALÀISIA
Kuala Lumpur
SINGAPUR
INDONÈSIA
Jakarta
Surabaya
TIMOR ORIENTAL
PAPUA NOVA GUINEA
Port Moresby
ARÀBIA SAUDITA
Al-Riyad
BAHRAIN
QATAR
E.U.
OMAN
Masqat
IEMEN
San'a
EGIPTE
el Caire
Alexandria
LÍBIA
Trípoli
MALTA
TXAD
N'Djamena
SUDAN
Khartum
ERITREA
Asmara
DJIBOUTI
ETIOPIA
Addis Abeba
SUDAN DEL SUD
Juba
SOMÀLIA
Mogadiscio
Socotora (Iemen)
CENTREAFRICANA
Bangui
REP. DEM. DEL CONGO
Kinshasa
Brazzaville
RWANDA
BURUNDI
UGANDA
KENYA
Nairobi
TANZÀNIA
Dodoma
ANGOLA
Luanda
ZÀMBIA
Lusaka
MALAWI
Lilongwe
MOÇAMBIC
ZIMBABWE
Harare
NAMÍBIA
BOTSWANA
Gaborone
Tshwane
Maputo
Johannesburg
SWAZILÀNDIA
Bloemfontein
LESOTHO
SUD-ÀFRICA
Ciutat del Cap
COMORES
Moroni
Mayotte (Fr.)
MADAGASCAR
Antananarivo
MAURICI
Reunió (Fr.)
SEYCHELLES
Victoria
OCEÀ ÍNDIC
Kerguelen (Fr.)
OCEÀ PACÍFIC
Illes Marianes del Nord (EUA)
Guam (EUA)
ILLES MARSHALL
PALAU
ESTATS FEDERATS DE MICRONÈSIA
KIRIBATI
NAURU
SALOMÓ
TUVALU
Wallis i Futuna (Fr.)
VANUATU
Nova Caledònia (Fr.)
FIJI
AUSTRÀLIA
Perth
Brisbane
Sydney
Canberra
Melbourne
NOVA ZELANDA
Wellington
Escala 1: 92.000.000
0 1.000 2.000 3.000 4.000 km

2. L'ESTRUCTURA DE LA POBLACIÓ MUNDIAL

LA DENSITAT DE POBLACIÓ

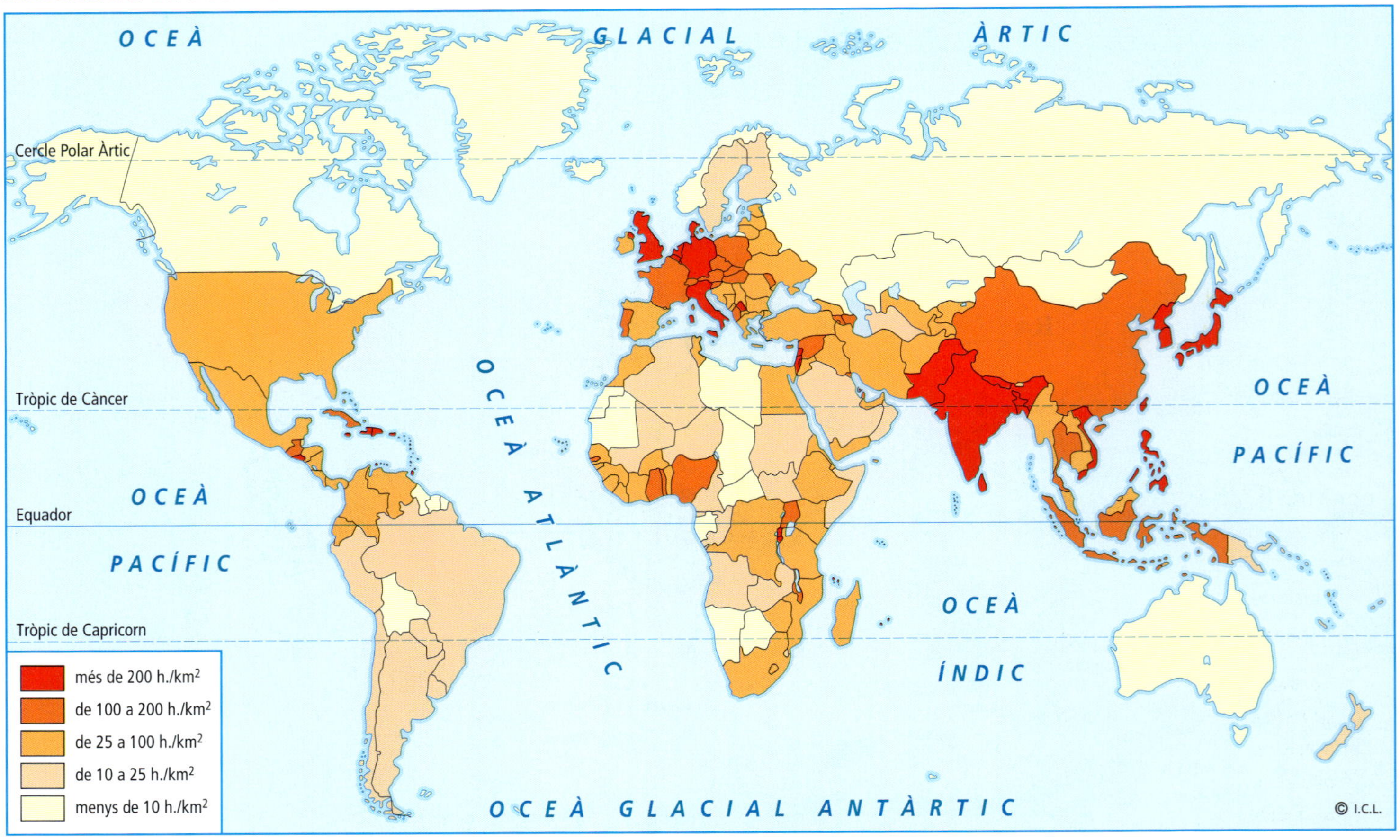

LA POBLACIÓ INFANTIL

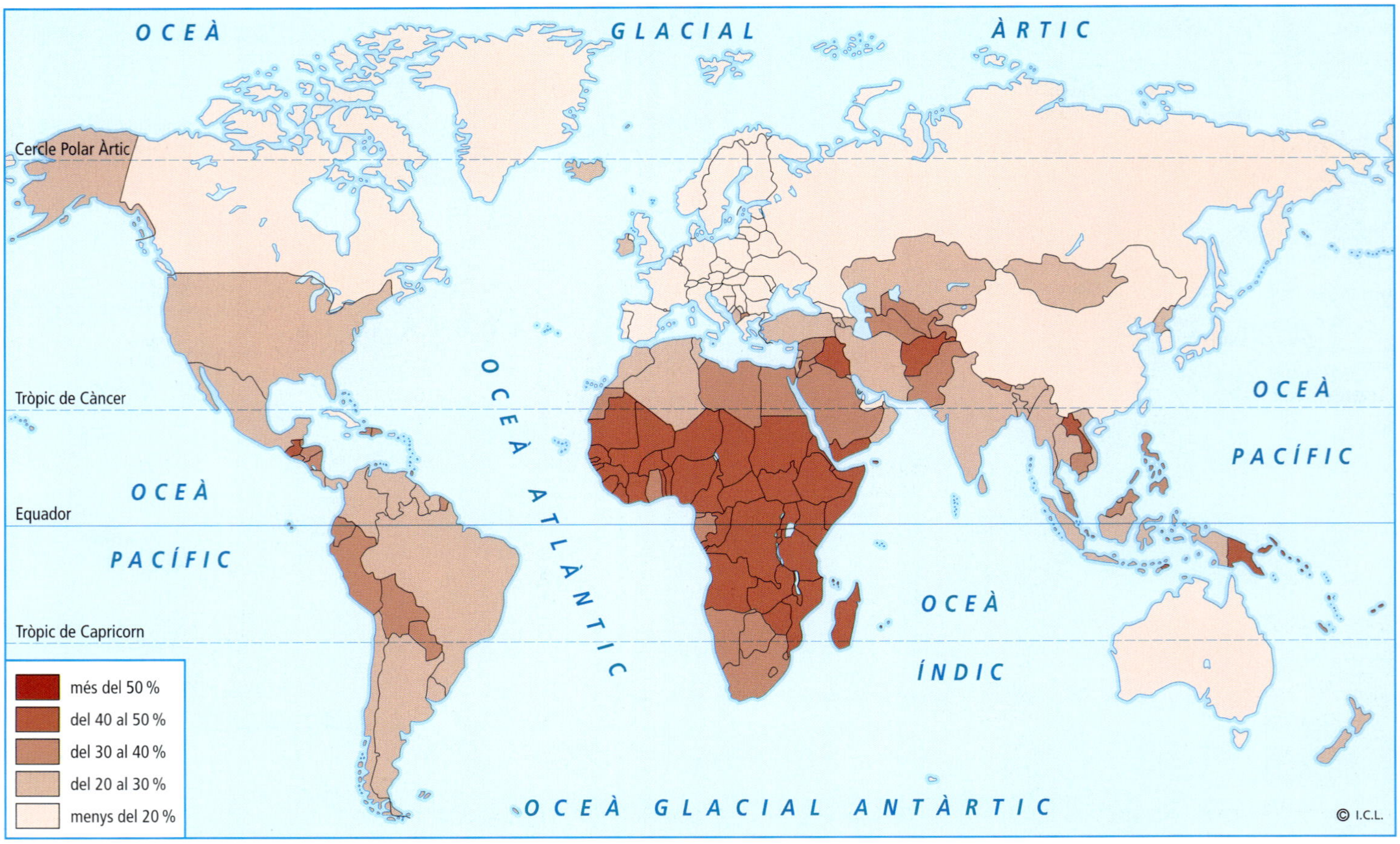

EL CREIXEMENT ANUAL DE LA POBLACIÓ

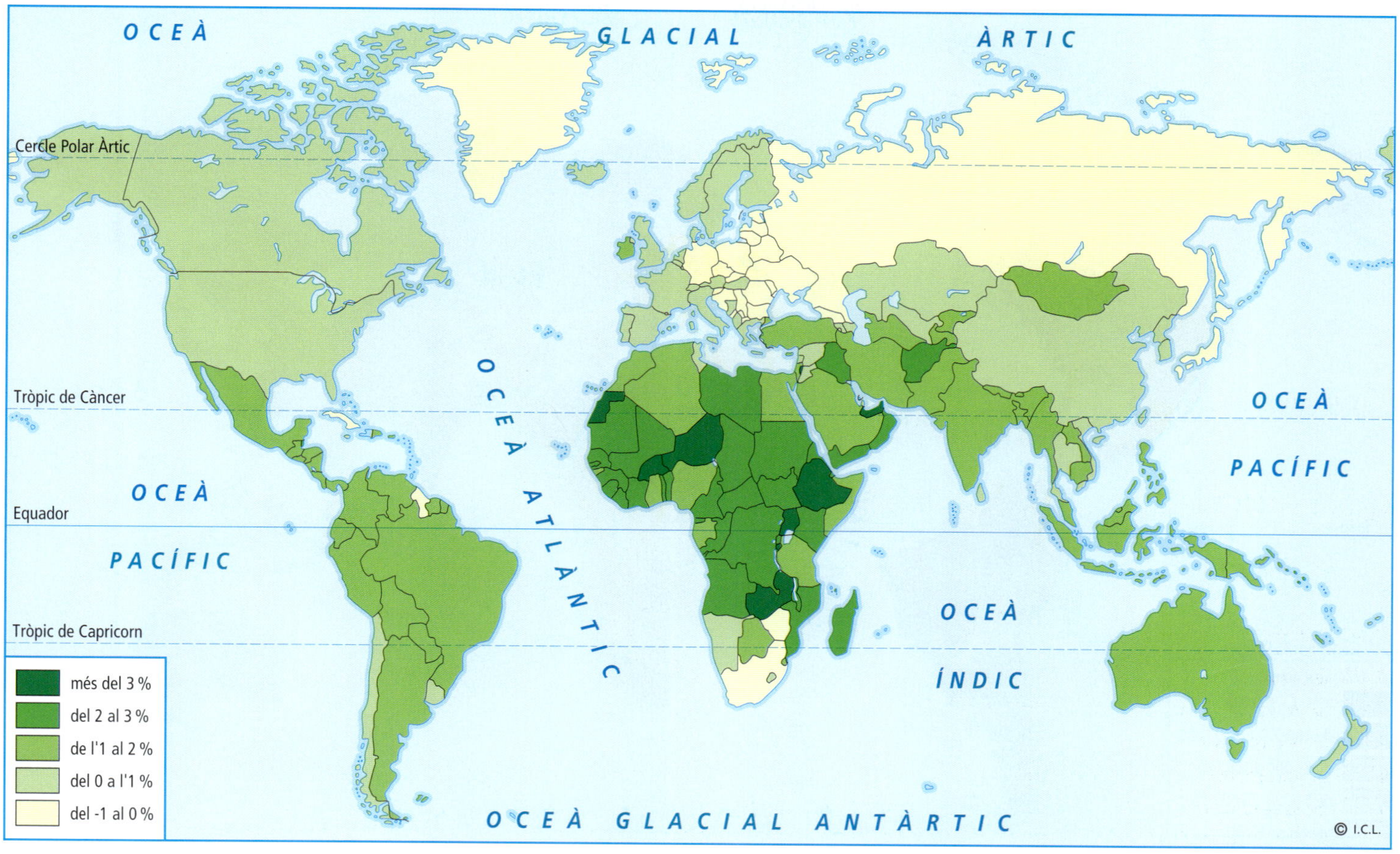

L'ESPERANÇA DE VIDA

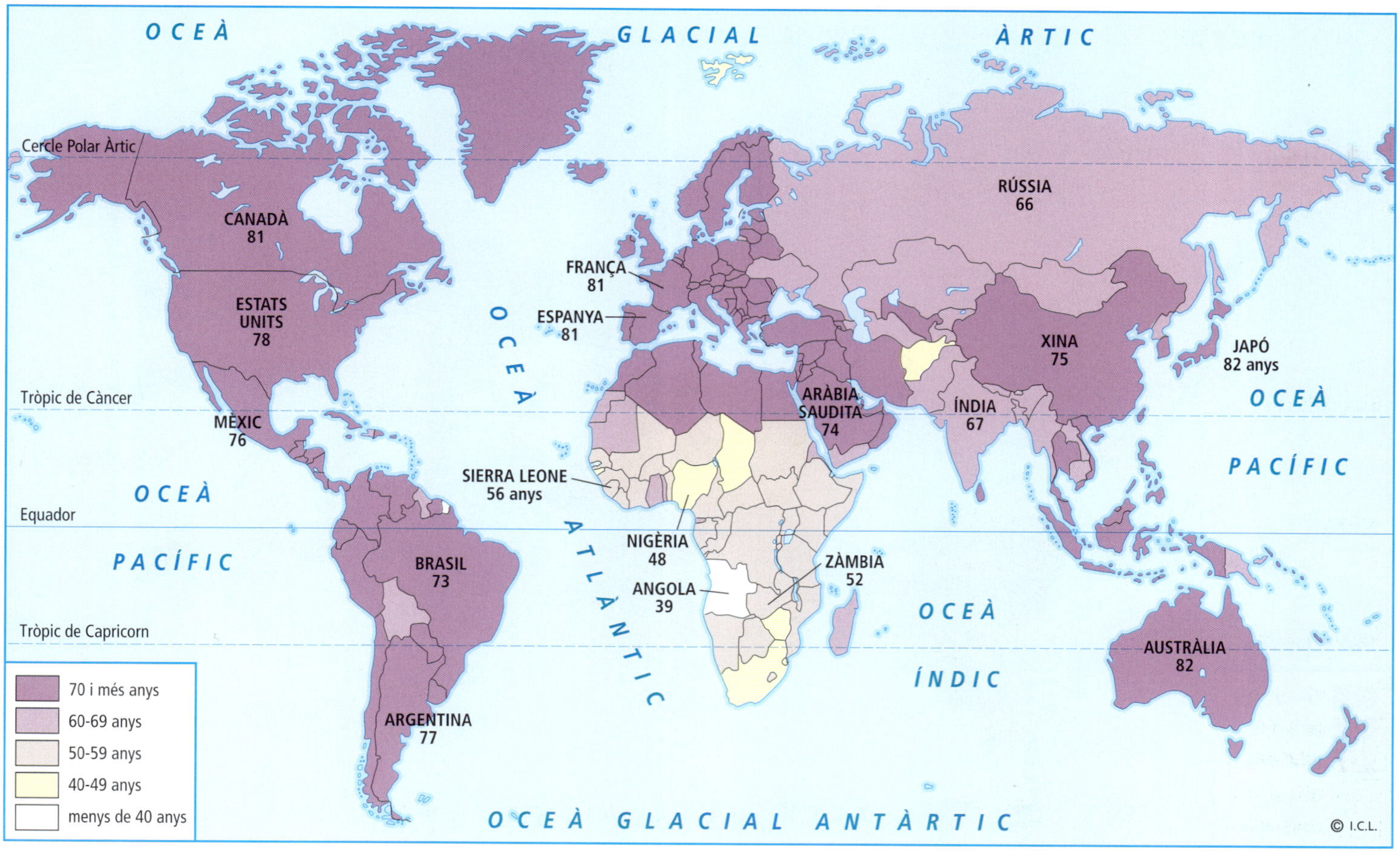

3. RIQUESA I POBRESA AL MÓN

EL PRODUCTE INTERIOR BRUT (PIB)

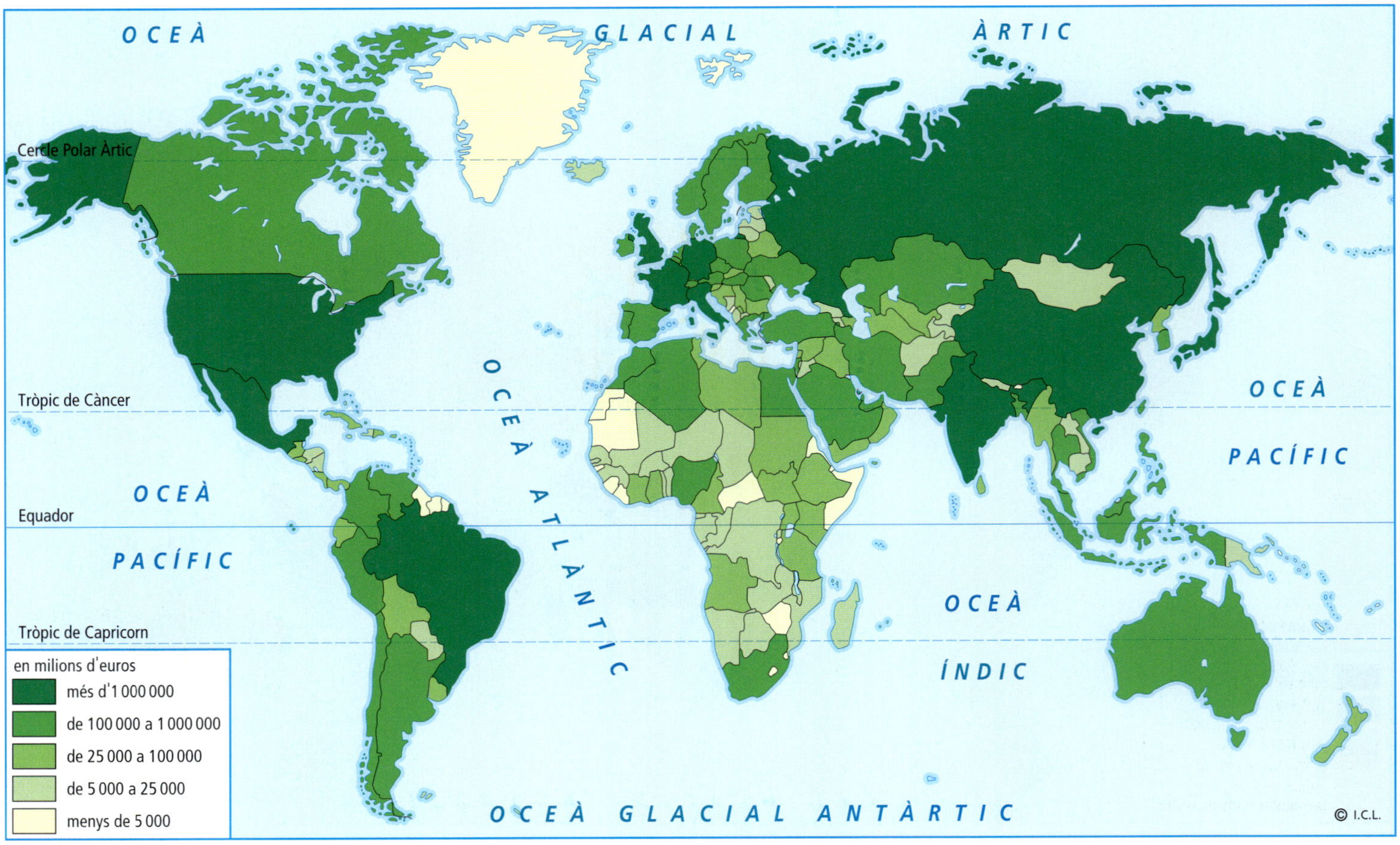

EL CREIXEMENT ECONÒMIC ANUAL

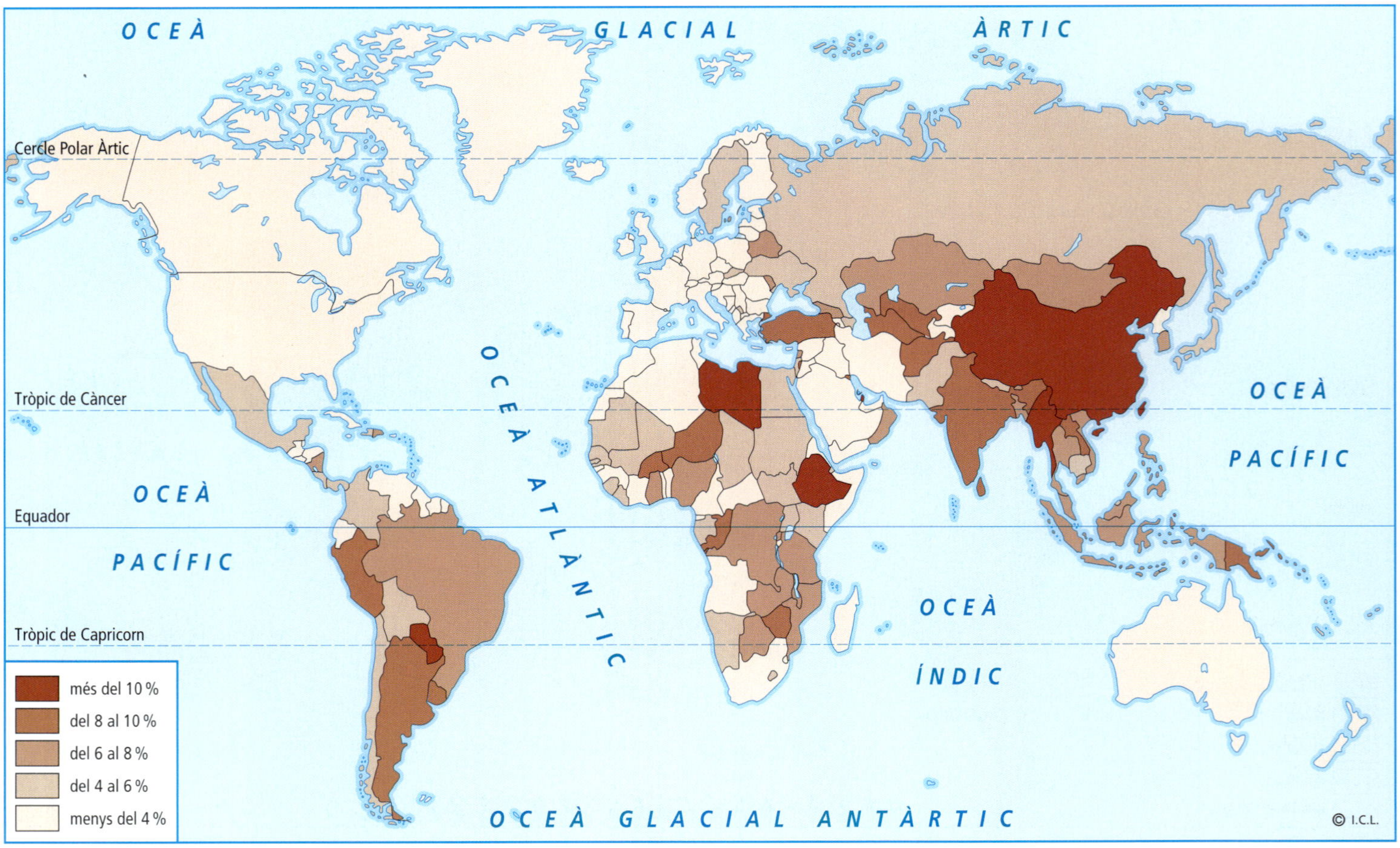

EL CONSUM DIARI DE CALORIES

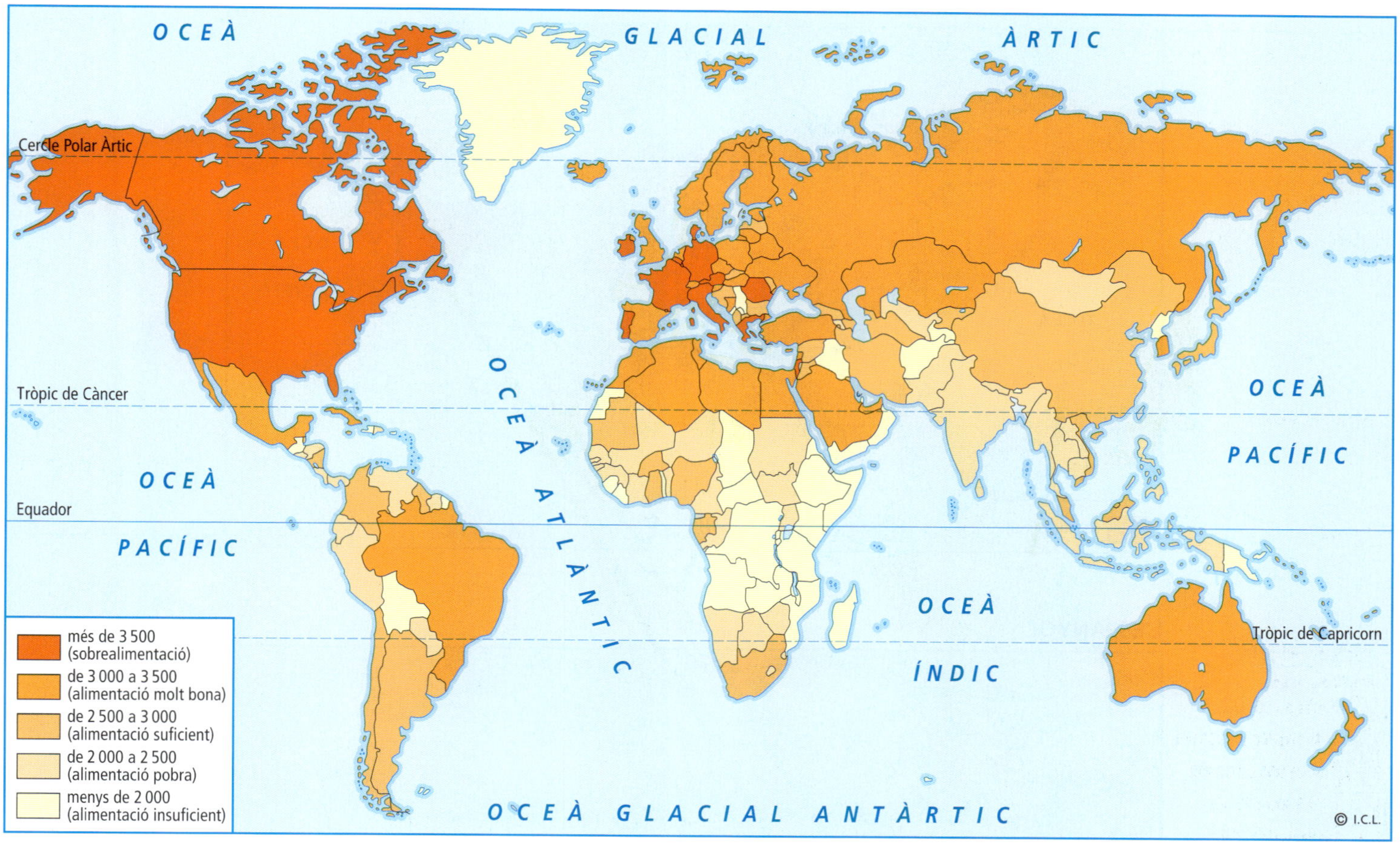

L'ÍNDEX D'ALFABETITZACIÓ

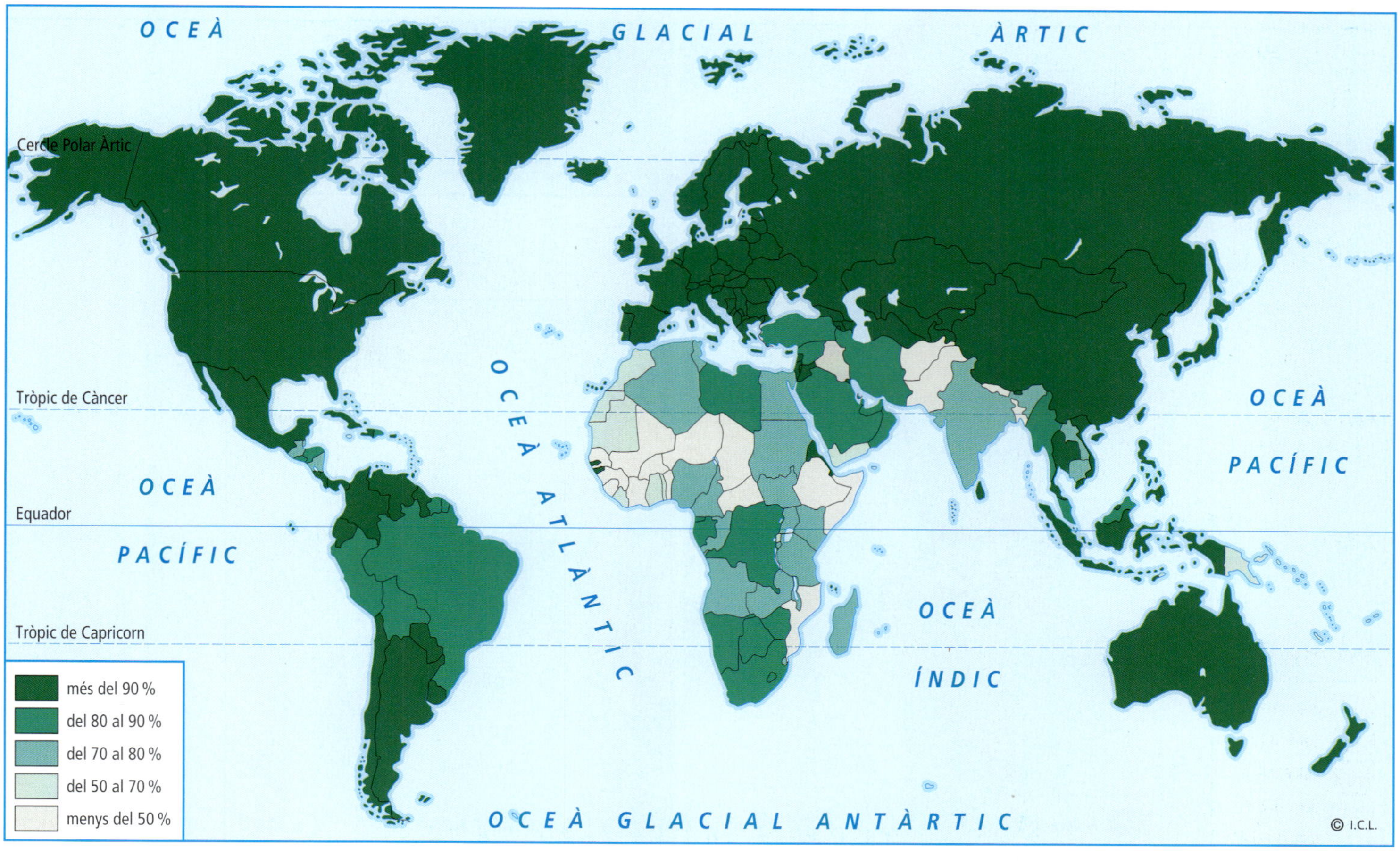

4. LLENGÜES PRINCIPALS DEL MÓN

EL XINÈS MANDARÍ

L'ESPANYOL

L'ANGLÈS

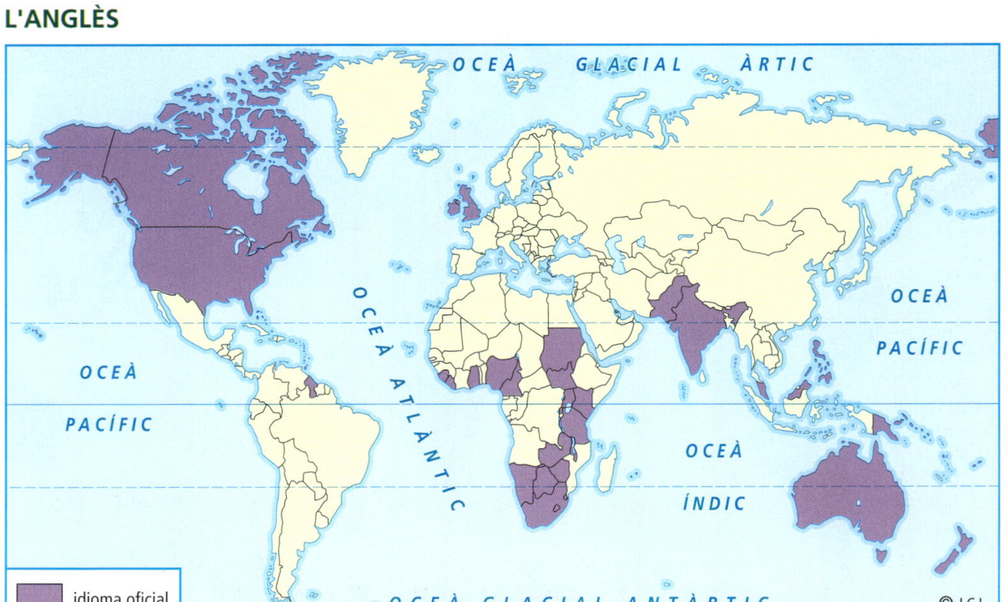

L'ÀRAB I L'HINDI

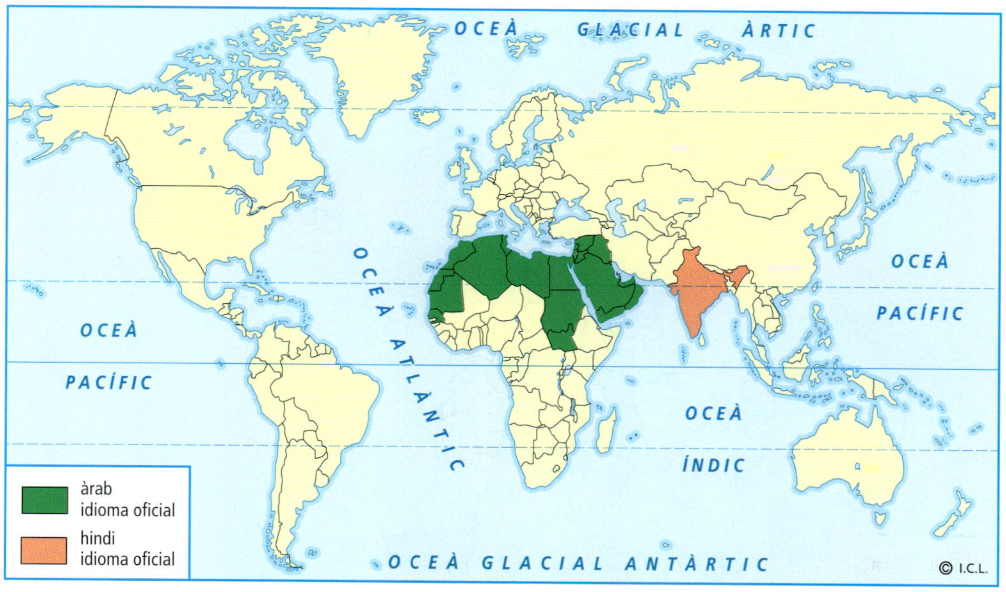

ALTRES LLENGÜES OFICIALS

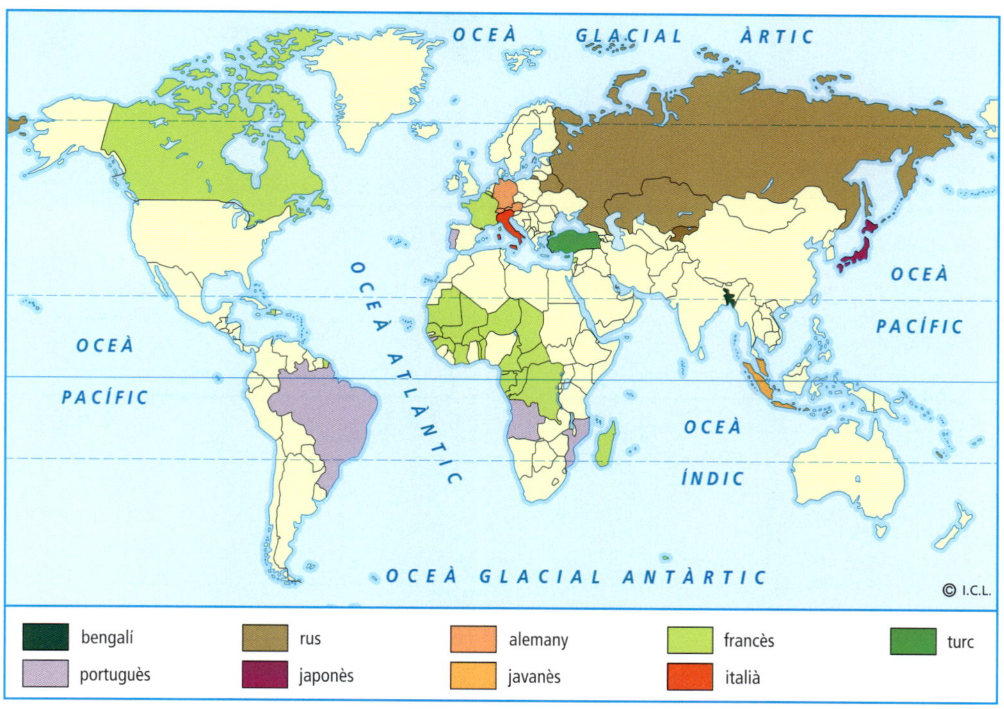

DISTRIBUCIÓ DE LES LLENGÜES PRINCIPALS DEL MÓN

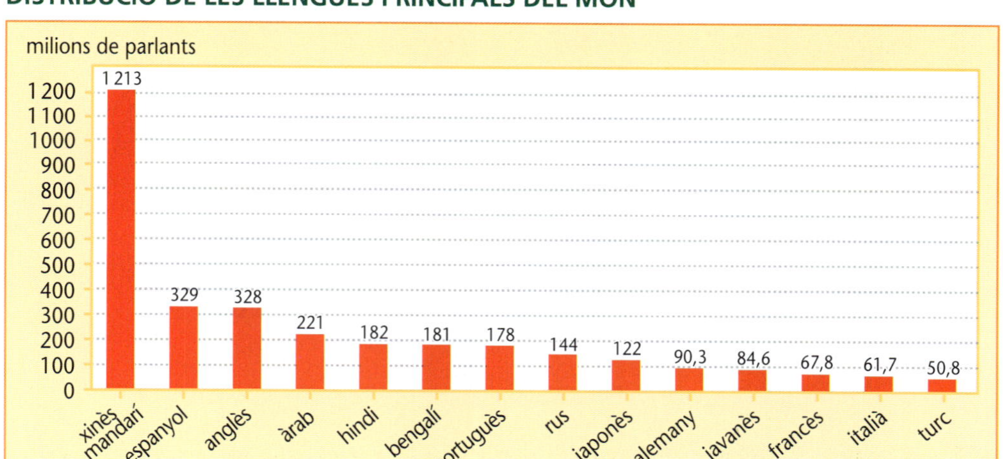

5. Religions principals del món

El cristianisme

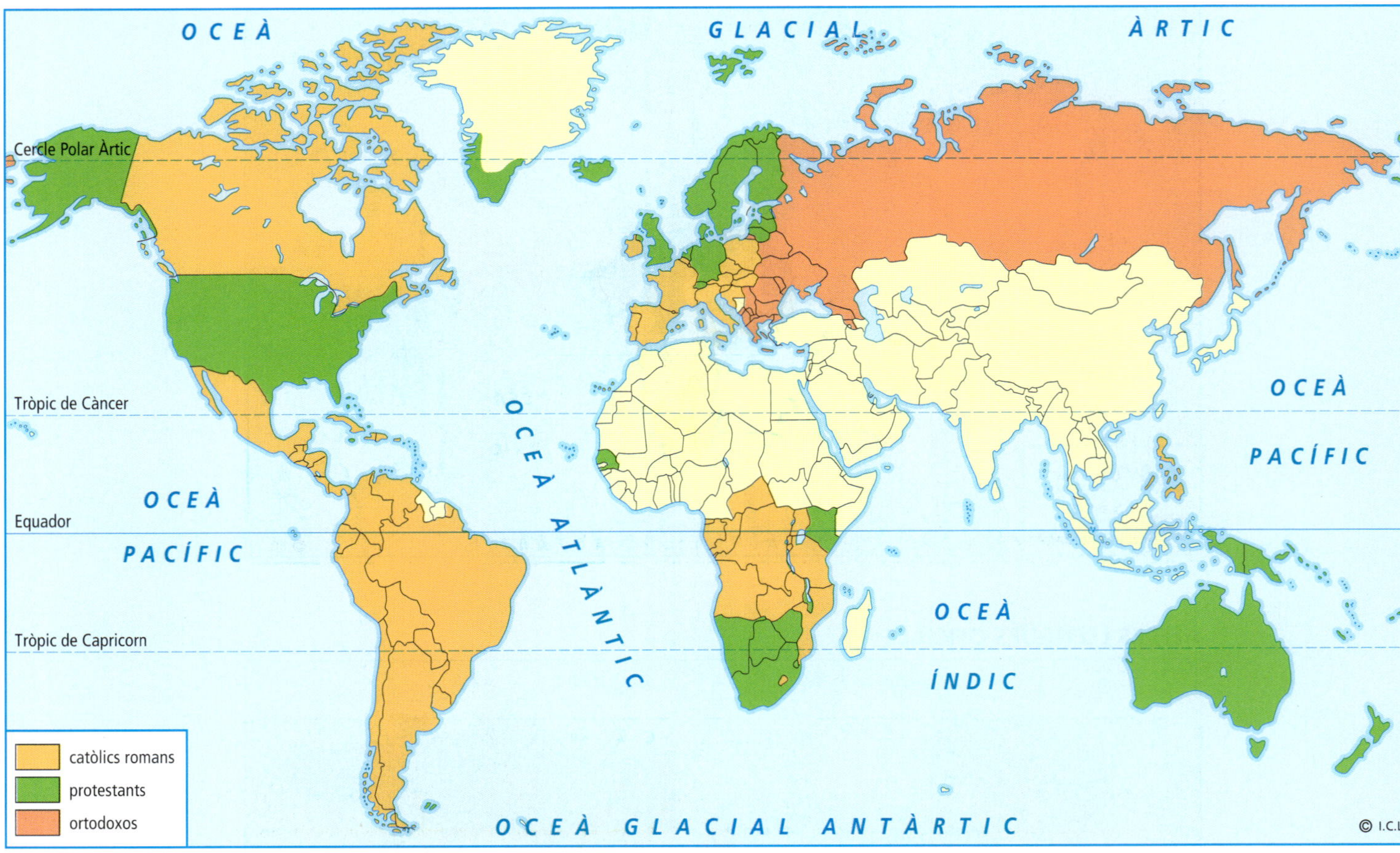

L'islamisme

ALTRES RELIGIONS

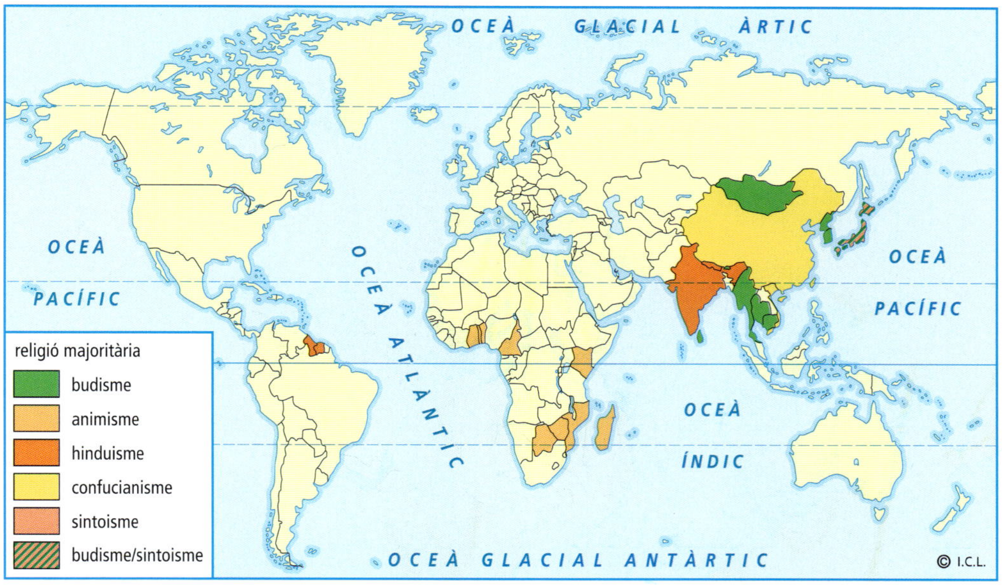

SENSE RELIGIÓ

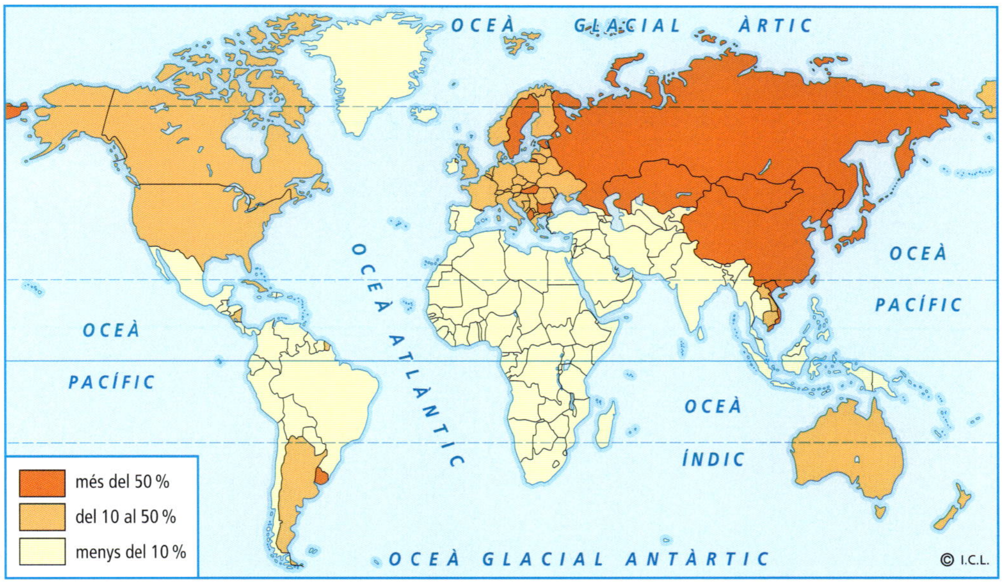

DISTRIBUCIÓ DE LES RELIGIONS PRINCIPALS DEL MÓN

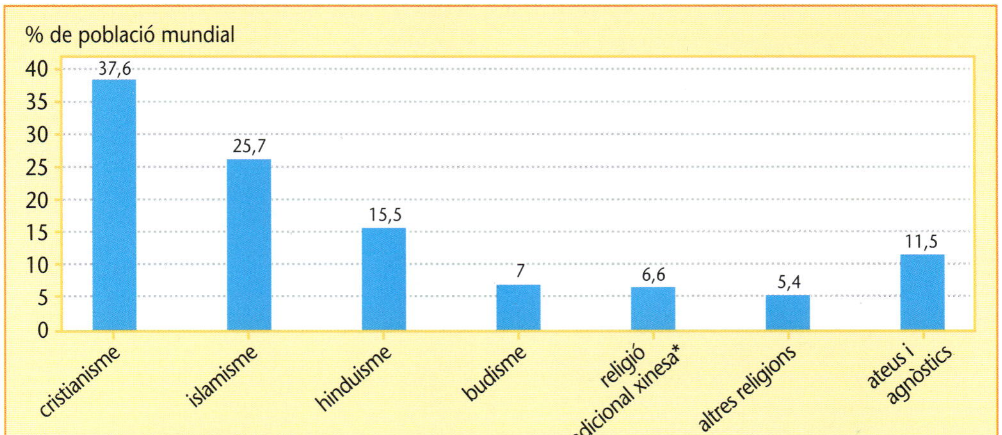

* Inclosos el taoisme i el confucianisme